John Eyton Bickersteth Mayor

The Latin Heptateuch

Published Piecemeal

John Eyton Bickersteth Mayor

The Latin Heptateuch
Published Piecemeal

ISBN/EAN: 9783337253097

Printed in Europe, USA, Canada, Australia, Japan

Cover: Foto ©Thomas Meinert / pixelio.de

More available books at **www.hansebooks.com**

THE LATIN HEPTATEUCH.

London: C. J. CLAY AND SONS,
CAMBRIDGE UNIVERSITY PRESS WAREHOUSE,
AVE MARIA LANE.

CAMBRIDGE: DEIGHTON, BELL, AND CO.
LEIPZIG: F. A. BROCKHAUS.

PUBLISHED PIECEMEAL

BY THE FRENCH PRINTER WILLIAM MOREL (1560)

AND THE FRENCH BENEDICTINES

E. MARTÈNE (1733) AND J. B. PITRA (1852—88)

CRITICALLY REVIEWED BY

JOHN E. B. MAYOR M.A.

PROFESSOR OF LATIN IN THE UNIVERSITY OF CAMBRIDGE
AND FELLOW OF ST JOHN'S COLLEGE

LONDON:
C. J. CLAY AND SONS,
CAMBRIDGE UNIVERSITY PRESS WAREHOUSE,
AVE MARIA LANE.
1889

[*All Rights reserved.*]

*P*ASCHALES quicumque dapes conuiua requiris,
  dignatus nostris accubitare toris,
pone supercilium si te cognoscis amicum,
  nec quaeras opus hic codicis artificis.
sed modicae contentus adi sollemnia mensae
  plusque libens animo quam satiare cibo.
aut si magnarum caperis dulcedine rerum
  diuitiasque magis deliciosus amas,
nobilium nitidis doctorum uescere cenis,
  quorum multiplices nec numerantur opes.
illic inuenies quicquid mare nutrit edendum,
  quicquid terra creat, quicquid ad astra uolat.
cerea gemmatis flauescunt mella canistris
  conlucentque suis aurea uasa fauis.
at nos exiguum de paupere carpsimus horto,
  rubra quod adpositum testa ministrat, holus.

SEDVLIVS c. p. praef.

*S*I QVI ad hoc opus legendum accesserint, ab his petitum sit, ne in his, quae numquam attigerint, statim studeant iudicare, neue, si quid in puerilibus disciplinis acceperint, id sacrosanctum iudicent, quandoquidem res teneris auribus commodatus saepe philosophiae senior tractatus eliminat. si quid uero his non uidebitur, ne statim obstrepant, sed, ratione consulta quid ipsi opinentur quidue nos ponimus, ueriore mentis acumine et subtiliore pertractatione diiudicent. et hi quidem, si nos, ut arbitror, non sufficimus, eos commentarios, de quibus haec protulimus, degustent blando forte sapore subtilitatis eliciti, quamuis infrenes et indomiti certatores sint, tamen ueterum uirorum inexpugnabilibus auctoritatibus acquiescent.

BOETHIVS de syllogismo categorico 1 prooem. (Migne LXIV 793 corrected from a 10th cent. ms. by Stangl in neue Jahrbb. CXXXVII 710).

SENI · EXIMIO

DE · RE · PVBLICA · LITTERARIA

TOTAQVE · ADEO · PER · ORBEM · TERRARVM · ECCLESIA

OPTIME · MERITO

IOANNI · BAPTISTAE · PITRA

QVO · DVCE · ET · AVSPICE

EX · VMBRA · BYBLIOTHECARVM

LAVDVNENSIS · PARISIENSIS · CANTABRIGIENSIS

SACER · IN · LVCEM · RESVRREXIT · VATES

QVI · POST · QVAM · IN · GALLIA

SEXTO · VT · VIDETVR · SAECVLO

ORIGINES · HEBRAEAS

HAVD · INFELICI · MVSA · CANTAVERAT

ANGLICAE · SIGNIFERIS · HVMANITATIS

ALDHELMO · BEDAE · ALCHVINO

IN · DELICIIS · HABITVS

ANTE · SEX · FERE · SAECULA

EX · OCVLIS · HOMINVM · ET · ORE · EVANVERAT

SPICAS · HAS · POST · MESSEM · HINC · INDE · LECTAS

GRATI · PIIQVE · ANIMI · TESTIMONIVM

VICINARVMQVE · GENTIVM · CONCORDIAE

AVGVRIVM · ESSE · VOLVI

SPONSORS FOR GENESIS.

At tu, qui nobis non tantum, docte Georgi,
  Pindaricaque pios diuidis aure modos:
militiamque canis sacram caelique triumphos,
  hymnisona Christi suppliciamque chely:
eruta nunc etiam ueterum sed paluere uatum
  das scripta, ut passim docta per ora uolent.
quam bene de studiis rectis cunctisque mereris,
  quos iuuat Aoniis inuigilare choris.
o utinam nobis multos superesque per annos
  talibus et possis utilis esse libris:
ex quibus addiscant pia dicere carmina Regi
  et Seruatori uirque puerque Deo.
    DE POETIS CHRISTIANIS ADAMI SIBERI AD GEORGIVM
      FABRICIVM CARMEN.

Prospiciens caeli Pietas de uertice nuper,
  priscorum uatum nobile uidit opus.
'quis' rogat 'auctorum nobis monumenta piorum
  'uno tot studuit claudere, quaeso, libro?'
hic ego: 'FABRICIVS, CHRISTI instillare timorem
  'sincerum pueris quem senibusque iuuat:
'et nomen, multis hominum prae milibus, idem
  'omnibus exoptat notius esse tuum.'
illa statim contra: 'nostri ergo pulsus amore
  'FABRICIVS librum tam dedit egregium?
'FABRICIO tribuat dignas ecclesia laudes,
  'cum puero grates dicat agatque senex.
'ast ego, praesentis quae praebeo munera uitae,
  'praemia non umquam quae peritura fero:
'dux ero per miserae discrimina plurima uitae
  'FABRICIO ad CHRISTI gaudia uera mea.'
    DE ISDEM POETIS IACOBVS HERTELIVS CVRIEN. VARISCVS.

HOLY LOVE.

*L*OVE'S holy flame for ever burneth,
   from heaven it came, to heaven returneth.
too oft on earth a troubled guest,
at times deceived, at times opprest,
it here is tried and purified,
then hath in heaven its perfect rest:
it soweth here with toil and care,
but the harvest time of love is there.

R. S<small>OUTHEY</small>.

DIVS AMOR.

*E*DITVS e caelo, caelo reddendus, in aeuum
   fulget inexhausti fons sacer ignis Amor.
saepius in terris mala sustinet anxius hospes,
   decipiturque dolis opprimiturque minis.
eluit hic uitae labem per mille dolores;
   at pura requie perfraiturus ibi est.
hic sementis habet curam durosque labores,
   ut metat in caelo commoda pacis Amor.

B. H. K.

WAS GOTT THUT, DAS IST WOHLGETHAN.

*K*OMMT dir ein Schmerz, so halte still
   und frage, was er von dir will.
die ew'ge Liebe schickt dir keinen
bloss darum, dass du mögest weinen.

E. G<small>EIBEL</small>.

SWEET ARE THE USES OF ADVERSITY.

*C*OMES to thee pain, then hold thee still,
   search meekly, what it of thee will.
Eternal Love ne'er deals a blow,
that human tears in vain may flow.

J. E. B. M.

THE VALUE OF LIFE.

*Nor love thy life, nor hate; but what thou liv'st,
live well; how long or short permit to heaven.*

MILTON.

CETERA MITTE DEO.

*Vitam, si sapias, Homo,
  nec magni facias, nec tamen oderis.
quod uiuis, bene uiuito;
  sit longum, breue sit, uiderit id Deus.*

B. H. K.

MEIN GLAUBE.

*Welche Religion ich bekenne? keine von allen
die du mir nennst. „und warum keine?" aus Religion.*

SCHILLER.

RELIGIO.

*Quae tua Religio? 'nulla harum quas mihi narras.'
his quid te prohibet fidere? 'Religio.'*

B. H. K.

UNTERSCHIED DER STÄNDE.

*Adel ist auch in der sittlichen Welt. gemeine Naturen
zahlen mit dem, was sie thun, edle mit dem, was sie sind.*

SCHILLER.

THE MORAL PEERAGE.

*Even the moral world has its peerage: commoner natures
pay but the things that they do: noble, the thing that they are.*

B. H. K. (altered)

NOBILITAS MORVM.

*Moribvs est sua nobilitas; uulgaria corda
quod faciant solum reddunt: industria, quod sunt.*

B. H. K. (altered)

ADVERTISEMENT.

Three hundred and twenty-nine years ago appeared in a small 8vo.

CL. MARII
VICTORIS ORA-
toris Massiliensis, ΑΛΗΘΕΙ-ΑΣ, seu commentationum in Genesin lib. III.

EPIGRAMMATA *Varia vetusti cuiusdam auctoris, inter quæ sunt & aliquot psalmi versibus redditi.*

HILARII *Pictauiensis episc. Genesis.*

CYPRIANI, *Genesis & Sodoma.*

DRACONTII, *De opere sex dierum.*

OMNIA *versibus, nunc primum è vetustis codicibus expressa.*

PARISIIS, M. D. LX.
Apud Guil. Morelium, in Græcis typographum Regium.
PRIVILEGIO REGIS.

Cypriani Genesis (1—165 of our poem) occupies pp. 126—132 and *Eiusdem Cypriani Sodoma* pp. 132—138. The dedication specifies the manuscript sources from which the editor, who was also the printer, had drawn.

AMPLISS. VIRO,

SIMONI AMAILLE, AR-
chiepiscopo Turonensi, G. Morelius, S.

Auspicio favoréque tuo humaniss. Antistes, cum superioribus hisce diebus eualuerem ditionis tuae aliquot Bibliothecas, in quibus peruetustorum librorum reliquiae non mediocres supressent, de ijs mihi licuerit volumina aliquot commodato habere, concessum est, vt siquando dignum quicquam appareret, quod in studiosorum gratiam edendum videretur, id typis mandarem. De multis igitur eorum cogitans publicandis, hisce pauculis nostrorum hominum animos praetentare, & ijs veluti gustum quendam praebinare reliquorum, sum aggressus, et quid de caeteris spei mihi habendum sit rescirem. Tibi enim huiusmodi rerum cupidissimo placitura probandáque non dubito, qui semper ad id genus euulgandum incitaris, fautor fueris, beneficijs adiuueris. E bibliotheca itaque S. Iuliani Turonensis, ea tibi erutos Marij Victoris in Genesin libros tres, auctoris et eruditissimi, ita & piissimi, nec minus antiquissimi. nam cum Trithemius claruisse dicit anno Christi 430. Cuius autem, vel potius quorum (diuersorum enim videntur) ea sint quae anonyma sequuntur, liber antiquus non indicat: nisi ea quaeque ad Victorem referamus. quanquam non dubitem Pontij Paulini quaedam esse, & Drepanij vnum epigramma dicatur, virorum magno Ausonio notissimorum et laudatissimorum. Quae Hilarii, Cypriani, & Dracontij subsequuntur, ea nobis S. Victoris Parisiensis libraria suppeditauit. Hos autem auctores non est quod ad legendos te inuitem, hominem, vt dixi, literarum sacrarum ardentissimum sectatorem, praesertim earum quae in libris sacris, & sacrorum vetustis interpretibus reconditae delitescunt. Exemplar quo vsi sumus vnico, multis sui partibus perturbatum atque confusum erat, et haud mirum videri queat, si qui loci labe non careant: quo carerent autem, omnem quam potui diligentiam adhibui: malui tamen locos integros et quales liber habebat, alijs diiudicandos, quàm mea emendatione ulla contaminatos exhibere. Vale praesul clariss. Lutet. Parisiorum. Idus Apriles. M.D.LX.

Four years later appeared in folio:

D. CAECILII
CYPRIANI EPI-
scopi Carthaginiensis, Marty-
RIS CHRISTI
OPERA, QVOTQVOT PERQVIRENTIBVS
reperire Dei munere concessum est, omnia: veterum exemplarium collatione accurate repurgata:& secundum sedulam illam doctorum hominum olim industriam, libris non paucis recens è tenebris atque situ erutis non infeliciter, vt speramus, aucta,
GVL. MORELLII TYPOGRAPHI
Regij diligentia ac labore.
CVM INDICE RERVM LOCVPLETISSIMO, ET OBSERVATIOnibus tam variæ lectionis, quàm aliorum quorundam maxime insignium sanè quàm non pœnitendis.

PARISIIS, M. D. LXIIII.
Apud Claudium Fremy, sub insigni D. Martini, via Iacobça.
CVM PRIVILEGIO REGIS.

Among the books thus 'disinterred from darkness and mould,' on pp. 458—461, was printed without a word of introduction,
'CAECILII CYPRIANI GENESIS'.

This edition has been strangely neglected by bibliographers[1]. Ebert and Graesse omit it; nor is it in the Bodleian catalogue. The title, printed above, is taken from a copy in the University library, Cambridge, and from another (the gift of Whitaker's biographer, Abdias Ashton) in St John's library. Each of these has a leaf of blank paper only between the title and sheet a. But from Schoenemann biblioth. patr. lat. I 122 and from Hartel's preface p. LXXXI I learn that other copies, of the same year, bear the imprint *Parisiis apud Guil. Desbois sub Sole aureo via Iacobaea*; and contain a letter from Turnebus to

---

[1] Maittaire annales typogr. III 730 knows the two imprints (Fremy and Morel), but not the third (Desbois).

Charles IX, entreating him to relieve the widow and children of Morel, who died while the work was at press. By the kindness of Dr Porter, Master of Peterhouse, I am enabled to add from a copy given by Andrew Perne to the library of that college, a third variation, with the letter of Turnebus and a wholly different title:

D. CÆCILIVS
CYPRIANVS
OPE VETERVM LIBRORVM REPVRGATVS, ET LIBRIS
AVCTVS,
GVL. MORELLII DILIGENTIA ET LABORE.

[Then a Cupid, seated on a cross-bar within an O, round which twine two dragons.]

PARISIIS, M.D. LXIIII.
Apud. Gul. Morellium, in Græcis typographum Regium.
CVM PRIVILEGIO REGIS.

The letter of Turnebus, without date, occupies two leaves. It discusses first the importance of true doctrine, the wars of religion, the necessity for suppressing dissent. Morel is then introduced:

Gulielmus Morellius rem magni et animi et impendii susceperat accommodatissimam ad horum temporum caliginem discutiendam, lumenque ueritatis hominibus ueluti praelucendum, antiquissimos quosque ecclesiae scriptores Graecos et Latinos emittere : iamque feliciter Dionysium eiusque interpretem et paraphrasten ediderat : Cyrilli Catecheses ad umbilicum paene perduxerat : Cyprianum multis undique conquisitis et corrogatis exemplaribus, libris etiam auctum prope absoluerat, cum repente horum auctorum editioni immortuus, familiam aere alieno coopertam, uxorem miseram[1], liberos inopes reliquit. is nunc pro sua familia Cyprianum ad

---

[1] This word is printed on a slip of paper pasted over the original epithet.

te, Rex Christianissime, allegat, quem in tuo nomine apparere noluit, per eumque te supplex rogat et obsecrat, suorum ut liberorum solicitudinis et inopiae miserearis, aliquidque elargiaris, ad aes alienum, non nequitia, sed studio de rep. bene merendi contractum, luendum atque dissoluendum. erant ei annua a patre tuo augustissimo rege Errico constituta : sed hisce proximis annis communium temporum iniquitas et angustiae aerarii non permiserunt ut illa liberalitate frueretur. erit igitur, Christianissime Rex, beneficentiae tuae, quod illi temporum calamitas ademit, nec tamen studium religionem iuuandi eripuit, ipsius liberis tuam per hunc pontificem implorantibus opem et fidem, iubere restitui atque persolui : ut non plus ei abstulisse fortunae iniuria uideatur, quam tua benignitas reddidisse. ille in eo diligenter elaborauit, sedulamque operam nauauit, ut tuam remp. his scriptoribus instrueret, quibus ad eam constituendam, et ex tanta disciplinae ueteris perturbatione, et belli intestini tempestate et iactatione recreandam atque reficiendam, animosque hominum de religione dissentientium placandos atque reconciliandos, tibi tuisque opus esset, re familiari interea neglecta, priuatisque commodis et ualetudine. tantam eius in patriam pietatem, te tanto et tam munifico Rege, et iam in primis incuntis aetatis tuae spatiis bonas artes, literas, studia ingenua, uirtutemque non solum admirante, uerum etiam prolixe liberaliterque donante atque munerante, non parem experiri in suos largitatem, tuae isti magnificae liberalique naturae consentaneum non fuerit nec decorum.

I leave to bibliographical experts the question of the relative dates of the three title-pages. It is possible that the letter of Turnebus may have given offence and been suppressed; and indeed it would be strange, if the imprint 'William Morel, typographer Royal,' came after the others.

Later editors have done justice to Morel. Baluze had seven copies of his edition with collations (Schoenemann). Hartel[1] says (praef. p. LXXXI) :

Nouam prorsus uiam eodem tempore ingressus est Gulielmus Morelius, qui prioribus editionibus neglectis, maximam scriptorum partem ex codicibus denuo imprimendam curauit et spuria complura adiecit.

Hartel accounts (p. LXXXII) for the neglect into which the book fell, by the absence of a critical preface :

integritatem eius solus Prudentius Maranus recte aestimauit in Baluzianae editionis praefatione scribens : *editio satis accurata est ac in multis, quae perperam in sequentibus editionibus mutata fuerunt, cum codicibus mss. consentit.* illi enim recentissimos codices respexerunt, Morelius in dige-

[1] Hartel strangely declares that the poems Genesis and Sodoma were first printed in 1564.

rendis et emendandis operibus uetustiores secutus est...carmina ex codice Victorico 380 accuratissime descripsit et emendauit. itaque Moreliana reliquas tam integritate superat quam recentiorum codicum plebeculam ab uetustioribus uirtute superari supra demonstratum est. Optimam Morelii editionem pessima Pamelii secuta est.

In the last edition of Cyprian, edited by Hartel, append. Vienna, 1871, the Genesis, from 'codex Victorinus 380, nunc Parisinus, sacc. XIII,' beginning 'incipit liber geneos (*sic*) metricus Cipriani,' appears pp. 283—289[1].

William Morel, a learned printer, born in 1505 at Tilleul in Normandy, died at Paris 19 Febr. 1564. Many members of his family were distinguished in letters. Like other early scholars, he was as much at home in the fathers as in the heathen classics. Many will remember the respect with which Madvig, a stern Rhadamanthus, speaks of his labours on Cicero *de finibus*. He was not unworthy to succeed (in 1555) Turnebus as printer to the king of France, and to provoke the professional jealousy of the great Henri Estienne. Like Estienne he at one time joined the standard of the Reformation, but recanted to save his preferment and his life. The poverty of Morel's later years making it impossible for him to maintain the typographical excellence of his prime, Estienne in a tart epigram ascribes his failure to a guilty conscience.

> Sed quod non huius respondent ultima primis,
>   ars bene fida prius, nec bene fida manet:
> ne mirare, fidem quod et ars sua fregerit illi;
>   namque datam Christo fregerat ille fidem.

William's martyred younger brother, John, is one of the noblest gems in the crown of the French Protestant church[2].

---

[1] Twice Hartel seems on the brink of discovering the complete Genesis—seems *warm*, as children say at play—(that he should know nothing of the *Spicilegium Solesmense* we will try to condone), once when (praef. p. XXII) he describes the ms. which Marténe employed, and again when (p. LXVI) he cites L. Müller's article (Rhein. Mus. 1867, p. 329) on the poems *Sodoma* and *De Iona*. Had he taken up the volume for 1866, he would have found Müller censuring Giles and Oehler for ignorance of Marténe's labours.

[2] See for both brothers Hoefer's *Biographie générale*, and for the younger Crespin's martyrology. No sooner had William's entreaties induced him to sign an abjuration, than, like our own still persecuted Cranmer, he condemned

About the same time with the Cyprian appeared in a small 4to[1]:

> # POETARVM VE-
> ## terum Ecclesiasticorū Ope
> ## ra Christiana, & operum reli-
> ## quiæ atq; fragmenta:
>
> # THESAVRVS CATHOLI-
> ## CAE ET ORTHODOXAE ECCLESIAE,
> ## & Antiquitatis religiosæ, ad utilitatem iuuen-
> ## tutis Scholasticæ:
>
> Collectus, emendatus, digestus, & Commentario quoq; ex-
> positus, diligentia & studio
>
> ### GEORGII FABRICII CHEMNI-
> #### CENSIS.
>
> Cum priuilegio Cæsareo ad sexennium.
>
> *BASILEAE, PER IOAN-*
> *nem Oporinum.*

his unworthy right hand: "incontinent que j'eu signé mes blasphèmes de ma main, mon signe me fut comme le chant du coq à S. Pierre."

[1] The book consists of two volumes, not numbered as such. The first has 16 pp. of prefatory matter, including a dedication to Alexander, 'duke' of Saxony, dated Meissen, 13 cal. Mart. 1562. Here Fabricius urges the claims of the Christian poets on classical scholars. Ludouicus Viues had denounced Iuuencus, Sedulius, Prosper, Paulinus, as muddy waters. Aldus Manutius asseverated that 'among the learned of Italy he had met not one who had read a line of ancient Christian poetry: students would not be so ignorant of Christian religion, if these authors received due attention.' The text of the poets fills 872 columns, and the index 84 columns. Vol. II contains the commentary, alphabetically arranged. This is dedicated to John Neuius, physician to the elector of Saxony (13 cal. Iul. 1562). The colophon bears date 1564 *mense Martio*.

George Fabricius, born at Chemnitz 23 April 1516, became for Saxony what his and Roger Ascham's friend John Sturm was for Strassburg. In early manhood he had the advantage of a long residence in Italy; the stores of the Vatican and of the Laurentian libraries (the latter then under Victorius) supplied materials for many learned works of his later life. Though a zealous Protestant, and one who suffered much for his faith, he is still cited with respect, even by writers of the Vatican communion. When he died, 17 July 1571, his elector exclaimed: *Das war ein Mann, den möchte man mit den Nägeln aus der Erde kratzen:* 'That was a man: one would like to dig him out of the earth again with one's nails[1].'

For some 170 years the fragment of 165 verses, printed in the editions of Cyprian and Tertullian, in *bibliothecae patrum* and among the Christian poets,—read no doubt by Milton together with Cl. Mar. Victor and Alcimus Auitus,—represented to the general public the whole of our author's Heptateuch. But one indefatigable explorer had anticipated the discoveries of Martène and Pitra, and yet deliberately refrained from publication. James Sirmond, the Jesuit, whose life of 92 years (1559—1651) seems all too short for the work he crowded into it, says in his edition of Alcimus Auitus (Par. Seb. Cramoisy, 1643, sm. 8vo, *notae* at end, pp. 62—4)

Sed alia tamen non pauca diuersis de rebus ab eo uersibus scripta docet epistola ad Apollinarem fratrem. de quibus sermo nobis hoc loco non est: sed de iis tantum libris, qui Mosaicam historiam continuantes, Exodum et reliquas Heptatenchi partes persequuntur, atque Alcimi Auiti nomine in nonnullis Bibliothecis reperiuntur. quos ego ut ad Auitum pertinere non abnuerim, adeo tamen rudes passim et impolitos ac mendis scatentes in tribus quae uidi exemplaribus animaduerti, ut religioni sit, opus, quod auctor ipse, ni fallor, hoc habitu premi mallet, in lucem euulgare. singulorum autem librorum initia, si cui animus est cognoscere, ex subiecto indice deprehendet.

---

[1] See his life by Kämmel in the *allgem. deutsche Biographie* vi (Leipzig 1877) 510—4, who has used the life by J. D. Schreber (Leipz. 1717), J. A. Müller, *Gesch. der Fürsten-und Landschule zu Meissen* ii, W. Baumgarten-Crusius, *de Geo. Fabricii uita et scriptis* (Meissen 1839). Baumgarten-Crusius also published the valuable correspondence; *Geo. Fabricii Chemn. epistolae ad Wolfg. Meurerum et alios aequales* (Leipz. 1845). The *itinerum liber unus* (Basel 1560) is well worth reading.

Then follow the first verses (from two to four in each case, correctly[1]) of the books from Exodus to Judges, with the number of lines in each book: E. 1327. L. 308. N. 689. D. 287. Jo. 452. Ju. 695. These numbers do not agree with the books as printed.

The list of Sirmond's works in De Backer's bibliography might be improved, if each work were placed in the order of publication, and the collected works came in their place. One is glad to see that the sturdy Protestant Paul Colomiés honoured our Jesuit with a biography, even as the Puritan Dr Bates inserted in his *Vitae* (Lond. 1681 4to) the funeral oration on Sirmond by Henri de Valois. Sirmond, Labbe and Pétau, must have been in Selden's thoughts, when he uttered the startling paradox (*Table Talk*, s. v. 'Learning' n. 3):

> The Jesuits, and the lawyers of France, and the Low Countrymen, have engrossed all learning. The rest of the world make nothing but homilies.

How would Selden have defended this position against Casaubon, or Thomas Dempster, or John Price, or Gataker? Indeed, of an age when men of letters said proverbially, *stupor mundi clerus Anglicanus*, Selden's other *dictum* occurs to our recollection (*ibid*. 'Clergy' n. 4):

> All confess there never was a more learned clergy, no man taxes them with ignorance…The clergy have worse faults.

The next contribution to the study of the Heptateuch was a fruit of the old age[2] of Edmond Martène (22 Dec. 1654— 20 June 1739), the worthy pupil of d'Achery and Mabillon. The year before his devoted colleague Ursin Durand[3] was

---

[1] Lucian Müller (*Rhein. Mus.* xxi, 1866, 271) cites on *Spicileg.* i 229 ver. 184 *uerterat in terra* as Sirmond's reading. But Sirmond himself p. 63 (or as reprinted in his *opera*, Ven. 1728, ii 218) has rightly *interea se cursibus*. These notes of Sirmond are to be found in Galland x, in the *bibl. max. patr.* ix, and in Migne lix.

[2] Vol. ix praef. § 10 et terum cum prouectae iam sim aetatis solumque mihi superesse sepulcrum uideatur, multaque dum in humanis fui scripserim et ediderim, me omniaque mea scripta iudicio et censurae sanctae sedis apostolicae subicio, in sinu sanctae Romanae ecclesiae animam efflare peroptans.

[3] In Hoefer's *Biographie gén.* and Wetzer and Welte's *Lexikon* Durand has no separate article.

banished to Picardy for opposing the bull *Unigenitus*, appeared in Paris the ninth (concluding) volume of their last joint labour *Veterum scriptorum et monumentorum historicorum, dogmaticorum et moralium amplissima collectio*. Paris, Montalant. 1724—33. fol.

The Genesis fills columns 13—56 and is thus introduced:

IVVENCI PRESBYTERI HISPANI
LIBER IN GENESIM.

Ex peruetusto codice Corbeiensi ante annos nongentos exarato.

OBSERVATIO PRAEVIA.

QVI per saecula minimum tredecim iacuerat in tenebris, prodit tandem in lucem Iuuenci presbyteri liber in Genesim, cuius in sacra euangelia quattuor carminum libros hactenus celebrarunt antiqui recentesque scriptores.

Then follows some account of Inuencus and a conjecture that he may have written Genesis shortly before or not long after the gospel history.

Ceterum silentio praetermittere non debeo, quattuor prima illius capita iam dudum edita reperiri ad calcem operum cum Tertulliani tum Cypriani, cui incunctanter ea attribuit Pamelius, aitque plures se in eo Cyprianicas dictiones deprehendisse, extareque sub eius nomine in Parisiensi S. Victoris codice manuscripto. e contrario uero Elias Pinius Saluiani presbyteri Massiliensis fetum esse conicit, adducitque in medium Gennadii auctoritatem, qui Saluiani opera recensens, inter alia inquit, *in morem Graecorum a principio Genesis usque ad conditionem hominis, composuit uersu quasi hexaëmeron librum unum*.

The Genesis was reprinted in 1792, with some useful notes and a few emendations, by the Spanish Jesuit Faustin Arevalo[1] (b. 20 July 1747, still living in 1816), who in 1800 became pontifical 'hymnographer.' He is known as editor of Prudentius (2 vols. 4to, Rome 1788—9), Dracontius (4to, Rome 1791), Sedulius (4to, Rome 1794), Isidorus (7 vols. 4to, Rome 1797—1803).

See De Backer's *Bibliographie* 1² 273—7.

In *C. VETTI AQVILINI IVVENCI presbyteri Hispani historiae euangelicae libri* IV. *eiusdem carmina dubia, aut suppositicia*

---

[1] It is singular that Arevalo has no place in Hoefer's *Biogr. générale* or either edition of Wetzer and Welte.

ad mss. codices Vaticanos, aliosque, et ad veteres editiones recensuit FAVSTINVS AREVALVS (Romae 1792. 4to), pp. 391—447 form appendix I, *Liber in Genesin ex peruetusto codice Corbeiensi ante annos nongentos exarato, in quo tribuitur Iuuenco.* From time to time Arevalo notes metrical licences unknown to the true Iuuencus; thus 266 *aě* 499 *ā* of abl. ' mitto innumeros alios metri errores.'

In his *prolegomena* n. 16 p. 10 Arevalo refers for his opinion on the Genesis to his *prolegomena* to Prudentius c. 25 n. 220. Some, he says, ascribe the poem to Tertullian, others to Cyprian, Du Pin (followed by Allix) to Saluianus by conjecture. Andr. Rivin, who published Tertullian's poetical works Lips. 1651, 8vo, included the fragment of Genesis among them.

n. 17. The editor of the *collectio Pisaurensis* publishes Genesis as Cyprian's, and declares that the manuscripts ascribe it to that father. He did not know that a more complete copy was extant, under the name of Iuuencus, in Martène's collection, *et initium eiusdem in multis editionibus Tertulliani ex mss.* (?) *repraesentari*. The first editors of the Christian poets corrected their authors by the rules of prosody, which they had learnt at school: Martène deserves credit for exactly reproducing his ms.

Iam poema in Genesin, quale ex codice Corbeiensi Martenius exprompsit, ad saeculum VI, aut post, facile reiciet, qui poetarum christianorum stilum et consuetudinem in arte metrica per diuersas eorum aetates probe calleat....p. 11. Quod attinet ad carmen in Genesin, quoniam a multis Iuuenci opus dicitur, referendum illud est inter opera Iuuenci dubia, et mea quidem sententia inter supposititia: cuius rei non aliud magis efficax argumentum a me proferri potest, quam ipsa contentio huius poematis cum Historia euangelica.

The notes of Martène and Arevalo were reprinted with the text of Genesis in Migne's *Patrologia Latina*, XIX (1846) col. 345—380, which is the most accessible edition to this day.

For a new fragment of Genesis and for the remaining six books of the Heptateuch we are indebted to the research of Jean-Baptiste Pitra, now Cardinal and Librarian of the Vatican library.

Unfortunately I have not access to a biography of Cardinal Pitra. Modest labour, like his, does not attract the compilers of

Männer der Zeit, and such-like compilations, which enlarge fondly on the virtues of successful novelists and actresses. In Lorenz, *Catalogue gén. de la librairie Française*, may be seen the titles of Pitra's books. From it I learn that he was born at Chamforgueil near Autun in 1812.

The following list of works already printed or in preparation is taken from the cover of the *Analecta Sacra et Classica* (1888).

Published.

SPICILEGIVM SOLESMENSE	I—IV	1852—8.	
IVRIS ECCLESIASTICI GRAECORVM HISTORIA ET MONVMENTA	I II	1864—8.	
ANALECTA SACRA	I—V 1876—88.	VIII 1882.	
ANALECTA NOVISSIMA *De Epistolis Romanorum Pontificum*	I	1885.	
" " *Tusculana*	II	1888.	

Edenda.

ANALECTA SACRA *Iuris ecclesiastici Graecorum selecta paralipomena* . . .   VII.
Histoire de Saint-Léger, évêque d'Autun (2me édition).

Typis parata.

Hymnographi Graeci veteres . . . . Analecta sacra VI.
Études sur les Acta Sanctorum des Bollandistes (2me édition).
La Hollande catholique (2me édition).

In the preface to vol. 1 of the *Spicilegium Solesmense* (1852) Pitra claims for his new publication a place in the illustrious succession of Benedictine gleanings, after the *spicilegia, analecta, anecdota*, cet. of d'Achery (1655—77), Mabillon (1675—89), Montfaucon (1688), Martène and Durand (1717, 1724—33), Pez (1721—9). Among his patrons he commends Dr Lingard, 'de re Anglorum historica merentissimum... Sed in primis, bona omnium pace, celebrare est, tum spectatissimum V. Alex. Hope, ob insignem eius in nos omnimodamque beneuolentiam, tum ornatissimos editores nostros, cll. FF. Firminos Didot, qui nihil pepercerunt, quominus rei ipsius dignitati et eruditorum fauori, *Spicilegium Solesmense* cumulate responderet.' Mr Beresford Hope, whose services to art and good learning have never been sufficiently acknowledged, subscribed for three copies.

Among the subscribers I note M. Renan; Trin. Coll. Cambridge; Exeter, Jesus, Magd., New, Qu., Oxford; Dean Church; Charles Marriott; Dr Mill; Dean Milman; Dr Pusey; Dr Tregelles; George Williams; the late Bishop Wordsworth.

In the Prolegomena, part I c. 9 pp. XXXV—XLV is entirely occupied with 'Iuuencus.' After citing Martène's cry of triumph over the treasure rescued from an oblivion of 13 centuries, Pitra adds:

Haec Martenius, exsultanti similis, quippe cui contigerit mille nouos uersus ascribere antiquissimo et elegantissimo, ut habetur, omnium Christianorum poetae; ut nemini mirum sit uolupe nobis fuisse isdem addere sex fere milia uersuum tantaeque molis opus a quattuor et inde decem saeculis ex obliuione pariter uindicare.

The remaining pages speak of the five known mss. and of the evidence for Iuuencus. I extract the account (§ 48 pp. XXXVI XXXVII) of the Trinity college ms. B 1 42.

Equidem me primus monuit uir christianis litteris impense deditus Gilesius exstare in libraria collegii sanctae Trinitatis Cantabrigiensis Cypriano ascriptos uersus in Genesin, editis multo locupletiores, codicem ut uidi, agnoui Martenianum carmen mirum in modum auctius, quae tamen, ob breuiorem excursum, cum non licuisset ad usus meos traducere, eiusdem collegii Praeses Dr Whewelius, tam subliminorum scientiarum quam humanioris litteraturae peritia insignis, non solum me hospitem paene ignotum sub aula Magistrali recepit, sed ultro se ad quinquaginta libras aureas uadem obligauit, ut, seruata lege collegii, facultas daretur mecum asportandi codicem et per otium euoluendi. taeduit me tantum, quod codex ille, haud quidem inelegantis scripturae, semiunciali quippe aut carolino charactere, satisque nitida membrana et incolumi, uariis et negetis coloribus conspicuus, duplici tamen uitio laboraret: primum bibliopegi oscitantia folia hic illic plura[1] disturbauit; deinde librarius, ut uidetur, latinae linguae plane rudis, plura perperam distinxit, promiscue coniunxit, pessime omisit; immo, ne uidetur quidem aduertisse multa magni momenti desiderari: codex enim ille ex alio descriptus est uetustiore, cuius tribus in locis[2] nescio quo fato "qu d ferrea nouit Atropos", folium integrum sic forcipe fuit excisum, ut omnium uersuum capita, singulis in foliis, sint misere truncata.

After transcribing the Cambridge ms. (C), Pitra collated the Laon mss. 273 (B) and 279 (A).

§ 49. Tanto uulneri promisere medelam (quis namque dubitasset?) duo

---

[1] Only one, 110, Judges 241—283, which, when the book is rebacked, should be placed between f. 103 and 104.

[2] Judges 317 346, 107—131, 199—530.

alii codices Laudunenses; quorum unus saeculi IX, alter X uix incipientis, ille a priore descriptus; crassa uterque membrana, sed crassiori stilo ac manu pinguiore; adeo ut dum alter alterius naeuis naeuos addiderit, uterque fastidiosa barbarie horreat. sed ex impedimentis, ut fit, animosior, praepropere attigi loca in codice Cantabrigiensi desperata. ingeminare querellas debui meas: in quibus enim ille defecit, deficiebant in isdem duo Laudunenses. tribus ergo codicibus unum idemque fuit archetypum, tribus foliis a capite uersuum mutilis deturpatum. ecquis eninuero temperet a querellis, aut non ingemuerit quod

        sic Iouis imperia et nigrae uoluere sorores?

Trium igitur codicum, adeo regionibus dissitorum, unam illam originem fuisse miseram eandemque omnino fortunam tam luculenter patuit, quam rarissime accidit. unde mihi religio fuit et exactissimis picturis[1] hanc familiam codicum repraesentare, et unum saltem adducere ex tribus hiantibus foliis.

After combating Arevalo's arguments against assigning our poems to Iuuencus.

§ 52 p. XXXIX. Areualus ipse sibi exceptionem reponit grauissimam, dum fatetur se non dubitare, quin exleges illi uersus plerumque librariorum incuria sint mendosi. in iis quippe, ad ducentos circiter et mille, quos Martenius primus ex uno codice edidit, trecentis minimum et quinquaginta annotaui correctiones, et eas plerumque necessarias; ut aliquandiu suspensus haeserim, utrum omnino nouam eorundem editionem ex tribus codicibus nostris adornarem. diiudicet lector ex paucis mendis quae absque delectu proponimus resarcienda, anne ullum uel aureae aetatis classicum auctorem, his deformatum naeuis, quisque delicatus aut rudis non respuerit.

Here Pitra, as I now for the first time observe, restores from the mss., as I have done, Gen. 55, 80, 206, 324, and inserts, without correcting, the new verse after 441, but not the foregoing half verse. What he says of *terniqua* 420 is so much to the point, that I regret that I did not use it instead of my own words, though he introduces one error while exorcising a monster.

        consurgunt reges numero sexaginta quaterni.

Editi in quoddam lectionis monstrum, syllabis retrouersis, abeunt, quo torquentur docti bonique editores:

        consurgunt reges numerosa ex gente *terniqua*.

Notante Martenio: "*terniqua* id est, triplici nimirum gente, Sennaar, Ponti, et Elamitarum, ut conicimus". coniectura stomachatus Areualus:

---

[1] n. 6 7 8 in the plate at the beginning of the volume.

"at reges" inquit "fuerunt quattuor...*terniqua* non servat metri legem". belle quidem! ut quid ergo bilem in insontem potius Iuuencum, quam in male feriatos amanuenses effuderit? sexcenta alia taceo, quibus luxatissimi desperatique uersus non solum in pristinum decus, uere Iuuencianum, sed in eum redirent nitorem, optimis inter ueteres poetas minime indecorum.

The remainder of the chapter is taken up with arguments for ascribing the Heptateuch to Iuuencus, all of which fall to the ground when we examine Exodus 529—531 n.

In the preface to the Analecta (1888 pp. IX X) Pitra still claims the Heptateuch, supposed to have originally formed a part of an entire O. T. in verse, for Iuuencus, and for the age of Julian.

He adds an anecdote, which shews how rigorously he confined his attention to *Anecdota*.

Voulant compléter ces nouveaux textes, nous avions réimprimé, pour le premier volume de notre Spicilège, la partie sur la Genèse publiée par Dom Martenne avec les variantes nombreuses de nos trois exemplaires; ce morceau, trop encombrant dans un volume d'inédits, a été supprimé. Nous donnerons cependant ici les variations d'un seul de nos manuscrits, comme spécimen de leçons meilleures, parfois proposées par Dom Martenne.

It is from these variations alone that I have been able to cite A, and by its aid to restore several passages in the text of Genesis as published by Arevalo. Pitra's complete collations would no doubt have helped further to purify the text.

In a letter, without date, to Dr Whewell, bound with C, Pitra, on returning the ms., after speaking of the problems which it raises, as to date, authorship etc., expresses his intention of discussing them at length in the *Spicilegium*. What follows is interesting as shewing Trinity Lodge allied with Benedictine research as in Bentley's days:

J'oserai même vous demander, Monsieur le Président, de me permettre de vous adresser cette dissertation sous forme épistolaire. Il est bien juste, et en même temps il sera fort honorable que cette dissertation paraisse sous votre patronage, puisque c'est à vous que je devrais de pouvoir compléter l'œuvre de Dom Martène, et terminer peut-être une controverse qui a occupé tous les auteurs de Patrologie et les plus doctes éditeurs des Pères, jusqu'à Arévalo, à qui on doit une dernière et très belle édition de Juvencus. Il me semble impossible qu'ayant, grâce au ms. de Trinity College, plus de 7000 (sic!) vers a comparer avec les œuvres incontestables de Juvencus, de Tertullien, de Cyprien et d'autres, l'identité de l'auteur, s'il y en a une à constater, ne se révèle en traits incontestables.

Je n'attendrai pas l'impression du *Spicilège* pour vous faire connaitre, Monsieur le Président, le résultat de mes recherches. Je vous remercie à l'avance de cette interessante étude qui prolongera jusque dans notre humble monastère le souvenir de la splendide hospitalité que vous avez eu la bonté de m'accorder.

Veuillez agréer également, et permettez moi d'offrir en même temps à Madame la Présidente, tout le profond respect

De votre très humble serviteur.

For the discovery of C we are beholden to one of the most prolific writers[1] of our age, Dr J. A. Giles. Unfortunately in his case, as in so many others, *ultima primis cedunt; dissimiles hic uir et ille puer*. In 1828 he took a double first-class at Oxford, was fellow of Corpus and (1836—40) head master of the City of London School. He died rector of Sutton, Surrey, 24 Sept. 1884. His early edition of Terence is respectable; those of Bede, Lanfranc and other mediaeval writers, and some historical and antiquarian books, did good service as pioneers; but much of his later life was lost in the production of 'Keys to the Classics' of the lowest type. He might have been ranked, like the late Rector of Lincoln, among those whom reaction from the Oxford movement drove into the opposite camp; but in the interesting and indeed touching[2] preface to his *Hebrew and Christian Records*[3] he states that he published "the whole of these works complete, as the result of thoughts which have occupied my mind since the earliest period to which memory goes back[4]."

[1] See *Men of the Time*, Jos. Foster *Alumni Oxonienses* II (Lond. 1888) 524, and the list of his works in Crockford's *Directory*.

[2] This is still more true of the preface to the *Christian Records* (1854).

[3] London, Trübner, 1877, 2 vols. 8vo.

[4] Dr Giles cites, with pardonable exaggeration, the opinion "of the most eminent historian, that this country has produced during the last fifty years." Mr Grote lent Charles Babbage "Dr Giles's Christian Records, which he recommended as one of the best hand-books concerning early Christianity and the Canon of the New Testament." What would Bleek or Hilgenfeld or Dr Scrivener or Tregelles or Schürer have said to such a testimonial? Milman or Thirlwall could have recommended to their friend books, to the required shade of opinion, far more solid than any which Dr Giles, with his rapidity of manufacture, could hope to produce. But George Grote's judgement was singularly ill-informed on many matters outside his special beat. He somewhere gives a

In a letter (dated 'Tuesday morning') to Dr Whewell, bound up with C, Dr Giles says:

> I left the ms. with your servant. After long examination among the printed editions of the Fathers I find that the editors of St Cyprian have given about 200 lines of the poem contained in the volume under the name of GENESIS, expressing at the same time their opinion that a great portion of the work is lost, and also a doubt whether it is the work of Cyprian or Tertullian. In either case the ms. is extremely valuable, being possibly the only copy in existence. However this may be, I cannot venture to give it as an authentic work of Aldhelm, without farther enquiry, and therefore shall not copy it for the present.
>
> With many thanks for your offer of it, I remain.

In his edition of Aldhelm (Oxford, Parker, 1844. pref. pp. viii ix) Dr Giles tells much the same story:

> In the library of Trinity College, Cambridge, is a work ascribed in the catalogue to Aldhelm. It is a long poem containing several thousand lines, entitled *De Pentateucho*. The ms. is one of the tenth century, but the work which it contains is the same of which a portion under the title of *Genesis carmen* has been ascribed to Tertullian and Cyprian, and is found in all the editions of the latter. The editor was enabled to ascertain this fact by the kindness of the Master of Trinity, who confided the ms. to his care, whereby a more minute examination was effected, and the identity of the two poems fully established. The ms. is probably unique, and consequently of great value.

In excluding the Heptateuch from his edition of Aldhelm, Dr Giles shewed a sound discretion. The only tittle of evidence on behalf of our countryman's claim to the authorship is found in three notes in the Trinity ms., one on the second flyleaf *recto*, 'Aldermus Jan. 30 1631[1];' the other in a hand, certainly not of earlier date, on the *verso* of the leaf facing the first page of the text. 'Aldelmus in Pentateuchum, *et in alios libros*

long extract from the *Connexion* of Prideaux, shewing that for him Ewald had lived in vain. Surely, even when his first volume appeared, many could have told him that Mr Hallam is no model of severe historical criticism. And readers of his Plato are compelled to wade through, and invited to admire, whole pages of that most un-Platonic of writers, Professor Bain.

[1] On the *recto* of the fly leaf at end is the name 'Thomas Griffith 1639.' On the top of the *verso* of f. 106 is a note in green ink, boldly written, partly cut off by the binder, on the verses (Judges 388—9) *tantos dixere fuisse. | ut rejum natos formarum proderet ardor*. The second of five words seems to be *roial*.

metrice.' The words in italics are (wrongly) erased. At the end of fol. 110 v°, is written 'Aldelmus in Pentateuchum.' This must have been added after the ms. was rebound, as this f. 110 ought to follow f. 103.

The claim of Iuuencus was long undisputed. Thus in Mansi's edition (1754) of Fabricius, bibliotheca latina mediae et infimae aetatis, the Genesis is ranked with the evangelical history. So also in Gebser's monograph on Iuuencus (Jena 1827).

J. C. Bähr, Die christlichen Dichter und Geschichtschreiber Roms, Carlsruhe 1836, speaks both of Morel's fragment (Gen. 1—165), which he justly declares (p. 18) to be no work of the African father Cyprian,—and also (p. 27) of Martène's publication, stating distinctly that the one is a fragment of the other. So far Giles and Oehler and Hartel would have escaped humiliation if they had consulted Bähr. Bähr however has still no hesitation in ascribing Genesis to Iuuencus.

Liber in Genesin in 1541 [*read* 1441] Hexametern; erst später aus einer alten Corvey'schen Handschrift des eilften [*read* neunten] Jahrhunderts vollständig bekannt gemacht, nachdem die vier ersten Capitel dieses in eben so viele Capitel (!) als die Genesis abgetheilten Gedichtes bereits früher bald unter des Tertullianus oder Cyprianus Namen, bald auch unter dem des Presbyter Saluianus aus Marseille bekannt geworden waren, der wahre Verfasser des Ganzen aber nun durch das Zeugniss der Handschrift fest gestellt ist. Es fällt die Abfassung dieses Gedichts wohl kurz vor oder doch nicht lange nach dem Bekanntwerden des erstgenannten Gedichts, also um 332; es ist diesem auch in Absicht auf die poetische Behandlung des biblischen Stoffs, in Sprache und selbst in den noch immer fliessenden Versen ganz gleich, und kann sonach wie jenes als ein Versuch gelten, die Geschichte und Lehre des A. wie des N. Testaments in einer poetischen Form darzustellen, um dadurch ihre Verbreitung und ihr Bekanntwerden zu fördern.

1850 Schröll (Wetzer and Welte, v 952) regards Iuuencus as indisputably author of the Genesis published by Martène.

In 1853 the hymnologist Daniel (in Ersch and Gruber s. II vol. xxx 237), though aware that Arevalo assigns the Genesis, at earliest, to the 6th century, speaks of it, apparently without hesitation, as a second work of Iuuencus. He does not mention the *Spicilegium Solesmense*, which perhaps may have appeared after his article was sent to press.

The following judgements pronounced by one and the same

critic (Wagenmann) at an interval of twenty-three years, mark the progress of enquiry.

(Herzog's Real-Encyklopädie, VII¹, 1857, 189):

neuestens hat J. B. Pitra...um die Restitution des Textes wie um Nachweisung der Autorschaft des Iuuencus sich namhafte Verdienste erworben.

(*ibid.* VII², 1880, 328):

Endlich hat neuerdings J. B. Pitra noch sehr umfangreiche weitere Stücke einer Bearbeitung des Alten Testamentes...unter dem Namen des Iuuencus herausgegeben, auch die Autorschaft des letzteren, sowie die Abfassung derselben im Zeitalter Julians zu begründen versucht. Freilich ist ihm dieser Nachweis keineswegs gelungen.

The Benedictine P. B. Gams, writing the church history of Spain, claims without hesitation for Iuuencus the authorship of the Heptateuch (Kirchengeschichte von Spanien, II 1, Regensburg 1864, 326—7):

Von dem Werke des Iuuencus: *liber in Genesim*—, das in eben so viele Kapitel, als die Genesis selbst, eingetheilt war[1], kannte man früher nur die vier ersten Kapitel, bald unter dem Namen des Tertullian, bald des Cyprian, bald des Salvian. Mass. Der Mauriner Martène fand eine dichterische Umschreibung der Genesis aus einem Manuscripte des 11[2] Jahrhunderts in Altcorvei, mit dem Namen des Iuuencus. Sie verräth in allem die Spuren desselben Verfassers mit der *Evangelica historia*. Das Gedicht besteht aus 1441 Hexametern. Arevalo in seiner Ausgabe hat dieses Gedicht in den Anhang verwiesen, u. d. T. *Iuuenco opera attributa*. Er bezweifelt dessen Aechtheit.—Er fügt zwei kleinere Gedichte hinzu: *de laudibus domini* und *Triumphus Christi heroicus*.—Heute aber müssen alle Zweifel an der Aechtheit jenes Gedichtes *in genesim* verstummen.—In dem von Martène gefundenen Gedichte fand sich eine Lücke zwischen dem 8. und 10. Kapitel, welche nun Dom Pitra durch 54 von ihm zu Genesis Kap. 9 aufgefundene Verse ausgefüllt hat. Demselben Pitra, welchem der afrikanische (und zugleich der erste lateinische) Dichter, Commodianus, seine Wiederherstellung verdankt, verdankt unsre Zeit auch die Wiederbelebung des Iuuencus. Er kann sich rühmen, den schon vorhandenen, "beinahe sechstausend Verse beigefügt und ein so grosses Werk der Vergessenheit von 14 Jahrhunderten entrissen zu haben." Ihm lagen zwei codices von Laon, 1 von Canterbury[3] vor, letzterer in sehr ruinösem Zu-

---

[1] An astounding statement (repeated from Bähr). The chapters were of course numbered by Martène to facilitate reference.

[2] No, 9th.

[3] Nothing is commoner in continental books than this confusion of Cambridge and Canterbury; but a church historian, compiler of a register of the universal episcopate, should be the last man to fall into the trap.

stande. Die beiden Codices von Laon stammen, der eine aus dem neunten, der andere wohl aus dem Anfange des zehnten Jahrhunderts. Alle drei Codices waren an den gleichen Stellen mangelhaft, wiesen also auf den gleichen Ursprung hin.—Pitra hat mit Glück den Dichter wieder hergestellt. Wir zweifeln nicht, dass wir den echten Inuencus vor uns haben. Die Gedanken, das Festhalten am Wortlaute und die Sprache mahnen an den Verfasser der *Historia euangelica*.—Wir theilen aber Pitra's Meinung nicht, dass Inuencus die ganze heilige Schrift dichterisch behandelt habe. Sinnig ist seine Vermuthung, der Dichter habe seine *Metra in Heptateuchum* unter Kaiser Julian aus bekanntem Anlasse verfasst.

A new light was thrown on the date and character of our poem by an essay of Lucian Müller's in 1866 (*Rhein. Mus. N. F.* XXI 123—133. 'Zu Ennius und den christlichen Dichtern') It is true that Müller knew nothing of the *Spicilegium Solesmense*, published fourteen years before; but he first observed that the Heptateuch was known to Aldhelm and Beda; he called public attention to Dr Giles's discovery of the Trinity ms., and protested against supposing that Inuencus, Tertullian or Cyprian, had anything to do with the authorship. Inuencus does not shorten the ablative of the first declension or *aduerbia multiplicatiua*.

P. 126. Dagegen ist es wieder zu viel Ehre, wenn in dem Catalog des Trinity-College Aldhelmus als Verfasser dieser Lateinischen Bearbeitung des Pentateuchs genannt wird. Wer je die Gedichte des Aldhelmus gelesen (und das ist keine Kleinigkeit) wird mir bezeugen, dass sie überall den stammelnden Fremdling zeigen, während jenes Epos zwar alle Spuren späten Alters trägt, aber, wie jeder auf den ersten Blick erkennt, von Jemand kommt, dem das Latein Muttersprache war.

P. 127. Auch die Zeit unseres Gedichtes lässt sich nicht genau bestimmen, doch ist dieselbe mit ziemlicher Sicherheit im fünften oder sechsten Jahrhundert zu fixiren, und der frühere Termin kommt mir noch etwas probabler vor als der spätere.

Ebenso ist das Vaterland des Anonymus ganz im Ungewissen. Denn wenn Herr Oehler in Bezug darauf sagt 'certa Afri auctoris indicia stilus habet nulla', so vermisse ich ebensosehr sichere Anzeichen für einen Italischen, Gallischen, Hispanischen, Britannischen oder Illyrischen Ursprung, der kleineren Provinzen des Westens gar nicht zu gedenken.—Am leichtesten möchte ich mich für Gallien entscheiden und zwar nur aus einem Grunde, der aber nicht ganz absurd ist, nämlich weil überhaupt Gallien vom vierten bis zum sechsten Jahrhundert in profaner wie weltlicher, prosaischer und poetischer Schriftstellerei das regste geistige Leben zeigt, so dass man bei namenlosen Werken immer zunächst an jenes Land, erst etwas später an die übrigen denken wird.

Das Gedicht enthält manche schöne Stellen. Freilich war es auch nicht gerade schwer bei Bearbeitung der alten hebräischen Volkssagen Poesie zu zeigen, zumal wenn man sich, wie unser Anonymus, recht genau an die Ueberlieferung des Originals hielt. Und in Wahrheit ist vieles in jenem Epos eigentlich nichts weiter als eine Paraphrase des Bibeltextes, wohlgemerkt nach der italischen Uebersetzung, nicht nach der Vulgata.

P. 128. Die Sprache und Metrik unseres Autors sind nicht ungewandt, obwohl sie freilich nur allzu viele Spuren der niedergehenden Kunstsonne tragen, wofür in meinem Buche die nöthigen Belege gesammelt sind. Uebrigens wimmelt der Text noch von Corruptelen.—Alles ist natürlich stark verbrämt mit Virgilischen Reminiscenzen, die zuweilen (so 121, 317) sich zur Annexion ganzer Verse versteigen. Auch Ovid und in geringerm Grade Horaz haben ihr Scherflein steuern müssen, ebenso Juvenal und Andere.

P. 131. Müller rightly divines that the verse cited by Aldhelm p. 244 Giles *septuaginta prius truncarat corpora regum*, belongs to our poem, though he is mistaken in seeking for its origin in Judges 9 5, instead of 1 7 (in our poem Judges 18).

Pp. 130—2. Müller conjectures that the poem originally, like the Aeneid, formed twelve books (Ruth, 1 2 Sam., 1 2 Kings, as well as the Heptateuch). P. 132. Denn dass jener Dichter alle Denkmäler des alten Testaments in lateinische Verse umgegossen hätte, ist doch wenig probabel. Mag sich auch aus Aldhelmus und andern Autoren ergeben, dass gleichfalls poetische Bearbeitungen der Propheten und anderer Werke der Hebräer ehemals existirt haben: eine so gigantische Unternehmung, noch dazu eines nicht verächtlichen Versificators, wäre schwerlich den so zahlreichen Scribenten bis auf Aldhelmus und Beda unbekannt geblieben.

P. 133. Um zuletzt noch einmal auf die Arbeit, von der wir ausgegangen waren, zurückzukommen, so würden wir über den Titel derselben und darüber ob sie noch im siebenten Jahrhundert existirt, aus dem zuletzt angeführten Citat des Aldhelmus besser Auskunft erhalten, wenn dieser Herr nur einigermassen die Gabe besässe—sehr im Gegensatz zu Beda—sich einfach oder doch menschlich auszudrücken. So aber glaube ich nicht dass die Ueberschrift jenes langathmigen Epos lautete 'libri dininae legis', und ebenso steht es aus den Worten des Grammatikers keineswegs ganz fest, dass ihm das Gedicht nicht mehr vorgelegen oder doch wenigstens das folgende Citat nicht direkt aus demselben geschöpft sei......Vielmehr kann man aus den Worten des angelsächsischen Grammatikers ebensowohl abnehmen, dass jenes Werk damals bekannt gewesen sei als das Gegentheil. — Doch vielleicht verbreitet Licht über dasselbe irgend ein glücklicher Fund in den Bibliotheken Frankreichs oder Englands. Dass in diesen noch viel für christliche Poesie stecke (einiges ist auch hier in Leiden), steht ausser allem Zweifel und wird ja auch von Zeit zu Zeit durch glückliche Entdeckungen bestätigt.

It is singular that this closing appeal elicited no information

about Pitra's discovery. In a later essay in the same volume
'Zu Hieronymus, Porfirius und Alcimus Auitus' (pp. 263—272)
Müller returns to the Heptateuch (pp. 266—272).

P. 268. Niemals würde ich auch die vorige Abhandlung und was sich
in dieser auf jene zurückbezieht geschrieben haben, hätte mir nicht die
Aufgabe obgelegen, ein grosses, den Litterarhistorikern gänzlich ent-
schwundenes Epos, oder vielmehr einen Cyklus von Epen der Kenntniss
wiederum zuzuführen.

Pp. 269 270 Müller cites, after Bähr, Sirmond's description of the Heptateuch, and rejects the claims of Alcimus Auitus to the authorship.
Pp. 270—1 Und wenn jene Dichtungen nach Sprache und Metrik dem
carmen in Genesin glichen, was nach der Aussage Sirmonds kaum zwei-
felhaft ist, so sind sie eben schon dadurch mit diesem unwerth des Auitus,
eines im ganzen sehr regelrechten, kunstvollen Autors, der sich sogar, wie
aus einem Brief an den Rhetor Viuentiolus hervorgeht, über Verlängerung
des *i* in *potitur* Gewissensscrupel machte....Ich hatte S. 125 die Verse des
Werkes de *pentateucho* auf ungefähr 5500 fixirt; hier sind es nur gute
4000. Entweder also ist der Text jener drei Hds., in denen Sirmond das
Werk gesehen hatte, stark mit Lücken versehen (sowie auch, beiläufig
gesagt, das Buch der Genesis wenigstens eine grössere enthält nach V. 325,
wie schon Martène bemerkt) oder die Zahlen bei Sirmond sind ungenau
oder der Autor hat in den spätern Theilen der Bearbeitung des Pentatenchs
sich mehr der Kürze beflissen als früher, wofür beim Leviticus und ander-
weit mancherlei Gründe existiren konnten.—Wo aber stecken nun die
Codices, in denen mit oder ohne des Autors Namen der Jesuit jene Epen
gesehen hat? Ich weiss es für den Augenblick nicht und habe auch keine
Lust danach zu forschen. Frankreich ist gross und hat viele Bibliotheken.
—Genug, die waren im 17. Jahrhundert dort vorhanden und dürften, zum
grössten Theil wenigstens, noch jetzt irgendwo latitiren. Die noch fehlen-
den Bücher Samuelis und der Könige werden sich aber wohl auch noch
auftreiben lassen.

In the Rhein. Mus. N. F. XXII, 1867, 329—344, 464, Müller writes of
two shorter poems ascribed to our author: 'Zu Tertullians Gedichten *de
Sodoma* und *de Iona*'. p. 329. 'Unter den kleineren Poesien des christlichen Alterthums nehmen durch edle Einfalt der Darstellung, Zierlichkeit
der Sprache und des Versbaus einen hervorragenden Platz ein die Epyllien
de Sodoma und *de Iona*, beide ohne Zweifel nicht bloss von demselben
Autor, sondern auch mit Bezug auf einander verfertigt'. Müller gives a
collation of ms. Lugd. Bat. M. L. V. Q. 86.

Bernhardy (Geschichte d. röm. Litteratur[5] 1872, 995—6)
evidently had never seen the Heptateuch; he ascribes the
poem on the Old Testament without hesitation to the Spaniard
Iuuencus, gives 1541 verses to Genesis, and speaks of the con-

siderable addition of 'more than 1200 (!) verses' furnished by the *Spicilegium Solesmense*.

Adolf Ebert in his excellent Geschichte der christlich-lateinischen Literatur von ihren Anfängen bis zum Zeitalter Karls des Grossen (vol. I of his general history of the literature of the middle-ages in the west, of which three volumes have now appeared), Leipz. 1874, pp. 114—6, sums up against the authorship of Iuuencus, but rashly infers from the use of the old Latin instead of the vulgate that the date must be early in the 4th century. He says however that a monograph[1] going into minute detail is necessary before the question of authorship is finally settled.

Teuffel in his third edition (1875) leaves the question of identity of authorship open for further inquiry; he has some pertinent criticisms on the metre of the Heptateuch.

Eug. Stern in Lichtenberger's Encyclopédie des sciences religieuses VII (Paris 1880) 585, unhesitatingly ascribes the Heptateuch to Iuuencus.

L. Schwabe, editor of the 4th ed. of Teuffel, 1881—2, distinctly rejects, on sufficient grounds, after Ebert, the authorship of Iuuencus (p. 946):

Gegen die Autorschaft des Iuuencus spricht dass Hieronymus über eine Bearbeitung (und eine so umfassende!) der alttestamentlichen Geschichte durch Iuuencus schweigt, ferner dass Beda das canticum aus der Exodus ohne Namen des Iuu. anführt, und endlich dass die stoffliche und namentlich die metrisch-prosodische Behandlung im Vergleich zu der hist. euang. erhebliche Verschiedenheiten aufweist. Then follow details.

Walter Lock (Dict. of Christian Biography, III, 1882, 599)[2] leaves the authorship doubtful, but evidently thinks that the Heptateuch may possibly belong to Iuuencus.

My notes were worked off when I received a post-card from a Berlin correspondent, referring me to *Karolingische Dichtungen untersucht von* LUDWIG TRAUBE. ÆÐELWULF. ALCHUINE. ANGILBERT. RHYTHMEN. (pt. 1 of *Schriften zur*

---

[1] In the preface, p. VII n. 1, Ebert suggests subjects for other monographs.

[2] Mr Lock says that the *hist. euang.* 'will be found in Galland IV. Migne XIX, Ceillier III, and the other collections.' Plainly he never set eyes on Ceillier.

germ. *Philologie* hrsg. v. *Max Roediger*, Berl. Weidmann 1888 8vo), which indicates (pp. 21—24) some imitations of Cyprian's poem.

Exod. 1140 multaque praeterea rerum commenta nouarum
mirificis sunt facta modis, quae dicere qui uult,
expromat citius pelagus quas uoluit harenas.

Ædelwulf must have read in 1140, with A, *nouarum*, for he writes (xx 50—52 in Poetae lat. aeui Carolini rec. Ern. Dümmler I 600 Berl. Weidmann 1881, forming part of the Monumenta Germaniae historica):

hic tamen haec placuit rerum commenta nouare,
mirificis sunt facta modis quae: laudibus ornet
uersificus, poterit qui digne haec dicere doctus.

Exod. 1157 saphirus hanc sequitur...
1161   berillo annexus onychnus.

Cf. Æd. xxii 78 saphirus hic solium biriloque adnexus inante[1]
fecerat eximium dominus cui insederat almus.

Above all a long passage:

Exod. 1363   mox sanctus ab aula
effatur dominus caeli quae iusserat ante;
1365 ut, cum uulnifica populus post bella quiesset[2]
otia respiciens, tantum consortia nosset
de populo concessa suo, ne forte uirorum
incautas mentes fallaci eluderet astu
coniuux sumpta foris profanaque sacra doceret.
1370 iamque quater denos *celeri cum lumine soles*[3]
triuerat hic uates *nullamque adsumpserat escam
ieiunum referens* ad castra ingentia *pectus*.
illum conspicuae fulgentem lampade flammae
obtutu[4] timuere uirum fraterque ueretur
1375 mortalis reuocans fulgenti a lumine[5] uisus.
nescius at nates *subitae uirtutis honore*[6]
sacratum uisum esse[7] sibi, *formidine plebis*
noscitat immensi uelandum luminis ictum,
ne Iudaea cohors cum uisu auerteret aures.
1380 sed cum pacifica domini se ad uerba ferebat,
lutea perspicuo tollebat lintea peplo.

[1] So Traube, for *in ante*.
[2] So also Traube.
[3] So also Traube.
[4] Traube's (mistaken) conjecture for *obtutus*.
[5] So also Traube.
[6] So Traube (wrongly) with Æd. 17.
[7] So Traube (wrongly).

> ilicet exhibitis *populo certante* metallis
> et quae Sidonio tinguntur uellera luto
> artibus eximiis sacratum perficit aedem.

'Daraus hat Æđ. auf den Teufel anwendend was Cyprian von den nichtjüdischen Frauen sagt, ja auch was jener Moses durch Gott verleiht, folgendes über Abt Eorpuin und seine Mönche umgedichtet' (Traube 23 citing Æđ. XIII 11 sqq.):

> *triuerat hic soles nullamque adsumpserat escam*
> *iciunum referens* uolitanti *lumine pectus.*
> nec mirum: excellens faciat si talia princeps,
> cum maiora boni patrent his aeque minores.
> 15 atque dies multas certant iciunia Christo
> reddere, *ne mentes fallax eluderet astu*
> *incautas* hostis *subitae uirtutis honore.*
> saepius ipse luit sacrae *formidine plebis*
> bella nefanda: simul *populo certante* fideli
> 20 auxilium praestans Christus concertat ab arce.

Traube justly infers that the writer of such a cento must have had the authority cited before his eyes, not merely in his head.

Traube refers to Alchuin ep. 252 cir. 803–4 A.D. (p. 802 Jaffé) a letter to the abbot of S. Riquier ('Centulensi'), in answer to queries addressed by order of 'David' (Charles the Great):

> 'Flaccus Albinus' 'Flaui Homeri' optat salutem.
>   . . .
> Prima interrogatio fuit de rubo: cuius esset generis? de quo nomine diuersa inuenimus exempla. legitur enim in metro, quod in eptatheco[1] conscribitur, huiusmodi uersus:

> *in quo conspicua flammarum lampade cernit,*
> *procuruam fulgere rubum neque ignibus uri.*[2]

Item Ambrosius[3] in hymno paschali:

> *et flamma famulum prouocans,*
> *rubum non perdas spineam,*
> *cum sis ignis concremans,*
> *non uris quod inluminas.*

---

[1] "heptateucho (qui pentateuchum et Iosue et iudices comprehendit), de quo Gaius Vettius Aquilinus Iuuencus poema fecit. cf. Pitra Spicilegium Solesmense t. 1 prolegomena p. xxxvi." Jaffé.

[2] "ap. Pitra Spic. Solesm. 1 p. 177 ver. 185 186." Jaffé.

[3] Not among the 12 hymns in Ambrose's works.

Peiper Alcim. Auit. prooem. LXVIII:

In conspectum hic proferam Exempla poetarum a diuersis conlecta, quae Alcimi siue ueri siue spurii uersiculos exhibent. et ea quidem, quae ex codice Vaticano Reginae 215 s. VIII ex. uel VIIII (quem non describit Reifferscheidius) edidit H. Keilius (Index scholarum aest. a. 1872), Mico Centulensis[1] monasterii s. VIIII ciuis, de quo praeter alios optime egit E. Duemmlerus, Neues Archiv IV 516[2], non conlegisse quidem, sed in usum suum conuertisse uidetur; in utraque autem conlectione Cypriani uersus citantur, omisso poetae nomine in Vaticano, addito Alchimi primo et alteri apud Miconem. Sunt autem hi:

    196 his actis cynomya fluit quae musca canina
    190 protenus adscribit uatis populoque uiritim
    191 saflirus hanc sequitur cum qua carbunculus ardet.
Leguntur apud Cyprianum Exod. 341, Iosua 405, Exod. 1157.

In the excellent edition of Claudius Marius Victor, edited in the 16th vol. pt. 1 of the Vienna *corpus scriptorum ecclesiasticorum* (1888), Karl Schenkl ascribes the Heptateuch to 'Cyprian'. He supposes (p. 349) that Victor died not long after A.D. 425 and that he imitated Cyprian.

P. 352—3. Ex poetarum christianorum libris imitatus est Victor multis locis carminis, quod ad Cyprianum quendam ab Thascio Caecilio Cypriano diuersum referendum esse nuper demum intellectum est, eam partem, qua Genesis explicatur. ex hoc igitur carmine colores desumpsit, locutiones, uersuum exitus uel initia. in primis memorabilia sunt, quae apud utrumque de Sara Sarra uocata et de quercu illa ad Mambram (cf. Cypr. 529. 416; Al. III 606 sq. 411) leguntur. adde quod oratio a deo ante diluuium in terram immissum habita in utroque libro etsi non singulis uersibus, tamen sententiis et coloribus congruit (cf. Cypr. 243 sqq. Al. II 385 sqq.). id tamen discrimen intercedit inter Cypriani carmen et Alethiam, quod ille accuratius Moysis uestigia secutus est, Victor uero ceteris neglectis eas tantum res, quae poemati conuenire uidebantur, recepit neque semper eum, qui est in Genesi, ordinem in narrando seruauit. sic ut unum tantum exemplum proferam, eas partes, quibus familiarum propagines singulis nominibus propositis ordine enumerantur, aut omisit aut ita circumcidit, ut nisi duo uel tria nomina non adferret. contra haec dili-

---

[1] In Picardy, on the little stream Cardon, two leagues from Abbeville (see chron. Centulense in d'Achery spicil. IV). Here S. Riquier, a native, built a church and monastery on the Somme in the reign of the elder Dagobert (628—638).

[2] A ms. (no. 10470—3) of the Burgundian library at Brussels. Duemmler describes it (under the heading 'Gedichtsammlung aus S. Riquier') in pp. 515—521, but does not mention these lines of Cyprian. It is in 4to s. X. Another copy of the extracts in MS. Burney 357 XII XIII.

gentius expressa sunt a Cypriano. probe enim intellexerat Victor, quam absurdum esset talia nomina, quae horridum Romanis ac pueris etiam ridiculum sonarent, cumulare. atque eadem de causa, quod puerorum in usum hoc carmen composuerat, omisit ea, quae Gen. 19 31 sqq. de Lothii filiabus narrantur, etsi mentionem fecit turpis libidinis Sodomitarum, ita tamen, ut excusaret sese, quod talia proderet (III 695 sqq.).

As I have had occasion to cite this work of Karl Schenkl's, I hope that my friend will receive in good part a few suggestions:

Aleth. I 43 circumrotat orbem = Cic. Germanic. fr. 3 9.

    90 quas uario raptim iussus uirescere fetu. On Gen. 1211 I have restored *reuirescere*.

    96 iam tribus exactis motu succensa citato
       in flammas ignisque globum se cogere iussa est
       solis prima dies fundataque semina lucis
       puniceos roseo sparserunt fomite crines,
    100 lunaque, noctis honor, proprio seu lumine fulsit
       seu ueniente globo radios percussa refudit,
       inferiore uia soli subiecta pependit,
       astraque distinctis mundum pingentia zonis
       floribus aetheriis uarios nitrare colores
    105 et magis ornatis caelum splendere tenebris
       caerula nox stupuit, rutilis dum spicula flammis
       fusa micant urguentque alacres noua sidera iactus.
       quae iubar obducit radiis lucisque profundae
       quadam nOCTe tegit signataque limite certo
    110 tempore dISSIcIEns, certa statione peracta
       praecipitisque poli numerosA uicE rEDiRE,
       ire semel iussuM, reuolutum conficit annum
       artificemque sacrum mira compage fatetur.

108 *quae* is *nox*. The poet cannot possibly have written *nox lucis profundae quadam nocte tegit*. Read in 109 *nVBe*, 'covers as it were with a cloud of light profound', which agrees well with the oxymoron *iubar obducit radiis*. In 110 *d**ccms* is the ms. reading. Read *dVCIT aGEns* and place a full stop after *peracta*. 111 'numerosa uice redire *corrupta*; *temptabam* <cum> uice retro; redire ex ire (u. 112) *ortum esse uidetur*'. Read *nVmerosVS uORTicIS oRBiS* (or *actus*), and in 112 with the ms. *iussuS*.

139 quo rerum postulat usus. 393. Ov. m. XIII 215.

382 se recepisse sui. Surely Morel's *se cepisse* is right.

399   nam qui dinoscere nescit
    quo distent diuersa bonis. cf. Iuv. x 2.

402   mentis nube remota. cf. Iuv. x 4.

406 fas fuat. Retain the ms. reading *fiat*.

505 ut quos mortales faciet tua culpa creari.
    mortis nonnumquam lacerae sint causa parenti. cf. Cypr. Gen.

1035 *funere facta parens.*
  II 58 = III 171.
    106 ac mox flamma fuit. Read *foRit.*
    158 uena secunda. Iuv. IX 31.
    185 nullique obnoxia culpae = 304. Ov. a. a. I 395.
    388 abolere nocentes = III 640.

The Vienna edition of our poet has been entrusted to a scholar long at home in the later Latin, witness e.g. his edition of Sen. trag., Ausonius, Aulularia siue Querolus, Boethius. The volume is thus announced: CYPRIANVS (Gallic. poeta), Carmen de heptateucho, etc., DRACONTIVS de deo libri III, EVGENIVS TOLETANVS, VERECVNDVS. Ed. R. Peiper.

In his edition of Alcimus Auitus' Peiper, who alone has examined the five known mss. of the Heptateuch, gives us important information.

After citing a commendation of Alcimus from 'Aethici Istri breuiarium scriptum Merouaeorum in regno c. a. 630,' Peiper proceeds (p. LIII LIV):

> Cum haec scriberentur, dudum extra artiores prouinciae fines in alias inde regiones euagata erat collectio carminum Auiti; neque solius Auiti, sed aliorum quoque poetarum, qui uel olim lectitabantur in ciuitatibus Lugdunensium Viennensium Aruernorum uel quorum laus nuper eo peruenerat; iam enim in unum corpus redacta multorum opera per codices uulgabantur. id quod primum factum esse uidetur s. VI ad exitum labente, cum innotuissent in Galliis et Aratoris carmina missa ad Parthenium praefectum Galliarum, et eius auctoris, qui Cyprianus dicitur in uetustissimis libris.

PRIMI ORDINIS LIBRI.

Vetus catalogus codicum Sti Nazarii Laurissensis[2] (ed. A. Maius Spicileg. Rom. v 192) in uno rubricae *L* codice haec refert comprehensa:

> 20 Metrum Cypriani super heptateuchum et regum et Hester Iudith et Machabaeorum......

> Hunc codicem interisse dolemus magnopere; nam non omnia, quae continebat, seruarunt codices duo Laudunenses, quorum uetustior[3] est Laudunensis n. 279 fol. maximo, s. VIII in. (olim 'no. 361 uaria opera').

---

[1] Alcimi Ecdicii Auiti Viennensis episcopi opera quae supersunt recensuit Rudolfus Peiper. Berl. Weidmann 1883. 4to (forming part of the new Monumenta Germaniae historica. Auctorum antiquissimorum tomi VI pars posterior).

[2] i.e. of Lorsch or Laurisheim, 16 m. S. of Darmstadt.

[3] Pitra's A, Peiper's N.

MANUSCRIPTS OF HEPTATEUCH. xxxv

Extremo in folio legitur *PP* litteris Pithoeanae manui simillimis, insunt autem in eo haec:

1ʳ metrum sancti Hilarii Pictauiensis episcopi in genesi (fragmentum)
1ʳ Proba de aeptatico
3ʳ Cipriani de Sodoma

22ʳ—33ʳ Liber geneseos metricus Cipriani
34ʳ (uacuum)
34ʳ Incipit liber quaestionum super librum Genesis[1]

105ʳ, 1 114ʳ, 1 metrum de Exodo (inscr. deest, subscr.: Finit liber Exodus)

125ʳ, 2 127ʳ, 2 liber leuiticus

132ʳ, 2 137ʳ, 1 metrum super numerum

144ʳ, 1 146ʳ, 1 metrum deuteronomii

151ʳ, 1—155ʳ, 1 metrum Iesu naue

157ʳ, 2—162ʳ, 2 metrum super librum iudicum

163ʳ, 2 abrumpitur codex inde a f. 158ʳ mutilatus

Compositus est hic liber quaternionibus xx, qui insigniti sunt in fine litteris A—V. Primi autem quaternionis interierunt folia 1 et 2: inter quat. D et E tria folia interposita sunt (f. 32—34), in quibus posterior pars Cypriani metri de genesi perscripta est.

Foliorum numeratio recenti manu facta est neglegenter: non semel omissi sunt numeri, nec tamen praeter prima et ultima folia quidquam excidisse uidetur.

Laudunensis n. 273[2], forma quaternaria maxima, s. VIIII ex. (olim 'no. 360 uaria opera'). 'Hunc librum dederunt Bernardus et Adelelmus deo et S. Mariae Laudunensis ecclesiae. Si quis abstulerit offensionem dei et scę Mariae incurrat.' Paulo inferior aetate est altero.

5ʳ, 1 versus Cipriani de Sodoma.

129ʳ, 2—130ʳ, 1 metrum super leuiticum (pars extrema a u. 263—309)

[1] These explanations are by Wigbod (or perhaps Richbod, third abbot of S. Nazaire, Lorsch, abp. of Trèves 791).

[2] Pitra's B, Peiper's n. Peiper (p. LXXIV) doubts whether it is copied from A, as Pitra asserts. I learn from Peiper's collation that B omits Genesis and Exodus, a fact of which Pitra gives no warning, except by silence. On p. 188 indeed Exod. 605 and 606 Pitra does cite B, but only in these two places, by a manifest oversight.

135ᵛ, 1 metrum super numerum.

147ᵛ, 2 metrum super deuteronomium

154ᵛ, 1 metrum Iesu naue

162ᵛ, 2 metrum super librum iudicum.

On p. LVI n. 74 Peiper adds several examples of the word *heptateuchus* to those collected by Forcellini, Ducange ('heptaticus') and Wattenbach (Schriftkunde¹ p. 126 = 102, 395 ed. 1).

P. LVIII LIX after speaking of Wigbod or Richbod:

Quidquid de nomine auctoris statuemus eorum commentariorum, illud certissimum codicum Laudunensium archetypum prodiisse ex S. Nazarii coenobio; ibi fuisse qui, ut et delectaret et prodesset, Hilarii Probae Dracontii Auiti Cypriani denique carmina cum Wigbodi coilectis coniungeret eum ordinem secutus, ut singulis carminibus singulas commentationes submitteret......

Inde patet non exiguum Laudunensium librorum pretium esse cum in ceteris carminibus, tum in Auitiano opere......

Laudunensium codicum frater fuit quem Cluniacensis monasterii (conditi a. 910) armarium habebat. Vetus catalogus compositus Delislio iudice sub abbate Hugone III (1158—1161) ita eum describit (L. Delisle, Le Cabinet des manuscrits II 459 sqq.).

'537 Volumen in quo continetur Alchimus episcopus in eptateuchum uersifice, et in libros Regum, Paralipomenon, Hester, Iudith, Machabeorum; et opusculum de ueteri Testamento, natiuitate et passione domini, excerptum de Virgiliano, de sententia dei, de diluuio mundi, de originali peccato, de transitu maris rubri et de enigmatibus uariarum rerum.'

In Alcimum igitur translata iam hic uides, quae sunt Cypriani; Probae est opusculum de uetere testamento Virgilianum, aenigmata in fine adiecta aut Symphosii aut Aldhelmi. Auiti ut in Laudunensibus liber sextus desideratur; Wigbodiani commentarii nescio an hic non fuerint omissi: non defuerunt in codice S. Richarii cuius inter libros quos monasterium Centulense a. 831 possidebat, mentio est in Hariulfi chronico, quod Dacheryus edidit Spicilegii tom. IV p. 419, ed. nou. II p. 310:

'Hilarii autem: de fide sanctae Trinitatis; quaestiones Hilarii, Cypriani, Alcimi Auiti, Hieronymi, Augustini super Pentateuchum in I uol. qui sunt libri duo.' unde falso quaestiones de Pentateucho scripsisse Auitum coniecerunt, uid. Hist. litt. de la France III 137.

P. LIX. cod. *Victorianus*.

Ex duarum familiarum, prioris et quam posteriorem enarrabimus, libris

¹ Peiper's p. Hartel's R.

compositus est codex Sti Victoris ille, unde Morelius a. 1560 primus edidit Hilarium, de Sodoma carmen, Cypriani Genesin, Dracontium, olim S. Victoris 380, hodie Paris. lat. 14758 s. XIII². Prudentius qui in fronte erat, totus abreptus est; nunc continet Sedulium ab libri IIII u. 172 (deponens habitum proprium suscepit amictum); sequitur Arator, sequuntur Prosperi epigrammata, Iuuencus, Hilarius in Genesin, Prosa de eptatico (*i.* Probae cento a uersu: iam dudum temerasse duces—), Cypriani Sodoma, f. 69—80: Alcimi libri I—IIII, Dracontius de opere VI dierum (prima dies lux est terris—), Liber geneseos metricus Cypriani. adiciuntur duo carmina s. XI/XII. ..... Insunt igitur, quae in priore codicis Laudunensis 279 parte leguntur usque ad f. 23ᵛ, 1; nec tamen deriuatus est Victorianus ex ipsis Laudunensibus libris; nam non habet lacunas quae in Nn extant; nullius prae illis esse pretii, cum ipse Auitianorum carminum praeter prologum paucos tantum uersus contulerim, ex Harteliana Cyprianeorum conlatione Hilariique et Dracontii libris a Morelio editis conicio[1].

Pp. LX LXI The author, Cyprian.

Dicendum erit, antequam progrediamur, de Cypriani istius carminibus, quae falso tributa Auito Sirmondum non fugerunt.

Sunt autem eiusdem Cypriani carmina, quae codex Nazarianus pleniora quam nunc feruntur habuit. Eorum praeter Laudunenses libros, ut omittam Victorinum librum[2], qui Genesis particulam habet, atque Corbeiensem[3],

---

[1] As Peiper goes on to say that in 1611 Sirmond published from this ms. the prologue to the poems of Auitus (Sirmondi opera I 1019 sq.), we may perhaps infer that the 3 mss. which Sirmond had seen of the Heptateuch were Nnp.

[2] 'Hunc solum habuit Hartelius: Martenii atque Arcuali editiones neglexit.'

[3] 'Corbeiensis ille idem est atque liber Sti Germani de Pratis quem Montefalconius p. 1136ᶜ ita descripsit:

675 Iuuenci, aut sane Cypriani, Historia Genesis.
    Epistola quaedam S. Hieronymi et S. Augustini.
    S. Cypriani quaedam.
    Iuuenci carmen de ascensione domini.
    Sibyllae uersus de die iudicii.
    Iusti episcopi epistola ad Siagrum Papam et ad
                        Iustum diaconum alia.

Liber nunc est Paris. lat. 13047 s. VIIII (olim S. German. 841), cf. L. Delisle Inventaire des mss. de St. Germain, Paris 1868 p. 86; Hartel in praef. ad Cypriani opera III p. XXII (qui tamen Genesim in hoc codice pleniorem haberi non comperit); H. Omont in Revue de philologie, Nouvelle série IV 1880 p. 67 sq. Martenius eodem collectionis suae tomo p. 1—14 ex eodem libro S. Cypriani carmen ad Felicem de resurrectione mortuorum ediderat: ibi maiusculis exaratum librum dicit......Lugdunensis olim fuisse declaratur hic codex S. Iusti epistulis: neque neglegendum est Sibyllae uersus in Lugdunensibus libris, e.g. Parisino 2832, reperiri.' [I subjoin part of Omont's article, who collates anth. Lat. 719 R with this ms. "Quatre cents environ des plus précieux mss. de

ex quo Martenius Genesin paene totam descripsit, nunc extat tertius liber Cantabrigiensis[1]: qua triga Pitra in edendis huius heptateuchi eclogis—peruerse autem Iuuenco adscribit, cuius nomen, cum deesset Cypriani, secunda manus in Corbeiensi libro addiderat—usus est.

Sed aliorum quoque librorum memoria extat, qui interisse uidentur. Alter quidem Corbeiensis a Montefalconio p. 1408[d] describitur in catalogo codicum quem illi miserat ipsius monasterii Prior:

Carmina Iuuenci in uetus testamentum, quibus succedunt categoriae Aristotelis; cod. membr. saec. x.

Temere Arevalus Proleg. in Iuuencum n. 16 p. 10 et n. 44 p. 22 mutat. 'in nouum testamentum.' Potius Iuuenci nomen ex libro illo uetustissimo Corbeiensi pro Cypriano positum suspicari licet.

Labbeus noua bibliotheca mss. Paris. 1653 p. 57:

'Alcimi opera poetica nondum edita in Leuiticum, Numeros, Deuteronomium et libros Iosue ac Iudicum proferemus in lucem ex apographis mss. eo praesertim quod Theodori Pulmanni manu descriptum sibique ab Abrahamo Ortelio donatum, miserat huc alias R. P. Andreas Schottus Soc. nostrae Presbyter. Non indicantur primi libri Genesis et Exodus: desinit in libro Iudicum; unde conicitur diuersum ab illa triga librum Pulmannum habuisse, sed in fine aeque truncatum.'

Ipsius Sirmondi liber Exodum quidem praebebat, non autem Genesin; quae post Iudicum sequebantur, aut desiderabantur aut neglegebantur.

Nostri carminis codicem habuerunt Aldhelmus et Beda qui aliquot uersus inde proferunt non addito auctoris nomine, cuius ipsi ut uidetur ignari erant. Codex autem quod Aldhelmus utebatur, Auitum cum Cy-

---

Corbie ayant été transportés, vers 1636, à Paris, dans la bibliothèque de l'abbaye de S.-Germain des Prés (Delisle. *Cabinet des Mss.*, p. 11 p. 137), il était probable que ce ms. de Juvencus devait se trouver parmi eux; c'est en effet dans un ms. de l'ancien fonds S.-Germain, no. 841 (*olim*, 675) que se trouvent ces vers sur l'Ancien Testament, attribués à Sedulius. Ce ms. qui, comme l'indique une note placée en tête du fol. 2, provient de l'abbaye de Corbie, où il a probablement été écrit, car il est mentionné dans deux anciens catalogues de la bibliothèque de Corbie du xiie et du xiiie siècle (Delisle, *ibid.* p. 431 et 434, n°s 262 et 51), porte maintenant le n° 13047 du fonds latin à la Bibliothèque Nationale; c'est un volume in-folio de 167 feuillets de parchemin, écrit en minuscule au commencement du ix siècle. Les fol. 2 v° à 29 v° de ce ms. sont occupés par le poème sur la Genèse, attribué à Juvencus (ou à S. Cyprien)." Emile Chatelain adds: "On peut s'étonner que M. Hartel n'en ait pas profité pour établir le texte de la Genèse, alors qu'il exprime le regret (III praef. LXVI) de n'avoir trouvé que le seul ms. R, du xiiie s. *altero non inuento, cuius auxilio unici codicis menda grauissima tollerentur.* Au lieu de 165 vers, il en aurait édité 1460".]

[1] Cantabrigiensis Colleg. S. Trinitatis s. x. 'Aldhelmus in Pentateuchum et alios libros' (cf. Catalog. Angliae et Hiberniae, Oxon. 1697, I 3 p. 99 n. 418. Zangemeister, Bericht über die Durchforschung der Bibliotheken Englands p. 74. Pitra, Spicil. Solesm. I p. xxxviii).

priano seruabat. Mirum quidem possit uideri, quod cum Cypriani aliquot
uersus in epistula ad Acircium habeat, quos infra adscribam, nullum ibi
legatur Auiti exemplum. huius tamen ad Fuscinam libro consilium sine
dubio debet carminis de laudibus uirginum, in qua etiam Eugenia illa (ab
Auito uu. 503 sqq. laudata) celebratur.

P. LXIII   The author, Cyprian.

Illorum autem carminum omnium unum fuisse auctorem et ingenium
et sermo et metricae rationes euincunt. ad incertum auctorem refertur
Genesis a Baluzio in ed. Cypriani, Parisiis 1726, appendice; sed fuerunt
etiam qui Cypriano martyri[1], Tertulliano[2], Saluiano Massiliensi[3] adsignarent.
Alcimo Auito indignos esse uersus indicauit L. Muellerus Rh. Mus. 1866
p. 270 atque 'bis eadem recoxisse Auitum nemo sanus existimauerit,' ut ait
Pitra p. xxxix[4]. Hic igitur post Martenium fortissimus Iuuenci propug-
nator extitit, non satis diligenter perpenso Arenali iudicio, qui dudum
redarguit hanc coniecturam[5], neque contentione inter incerti auctoris et
Iuuenci carmina, quam flagitauerat Arenalus, recte instituta[6].

Vidit L. Muellerus (Rh. Mus. 1866 p. 127) de Genesi carmen s. V uel VI
(priorem ipse temporis definitionem amplectitur) in Gallia factum esse,
Italamque, non Vulgatam, auctorem sequi. Cypriani nomen per illa
saecula cum in oriente tum in occidente uulgare erat neque rarum in
Gallia. atque ad meridionalem Galliam conuertimur collectione, cuius
partem efficiunt Cyprianea carmina: ibique hominem inuenimus saeculo
VI medio celebrem, cuius et ingenium et studium ad ea carmina paugenda
idoneum fuisse uidetur: Cyprianum dico, qui Sancti Caesarii Arelatensis
episcopi (ob. 542) discipulus rogante Caesaria sorore uitam et res gestas
magistri usque ad a. 530 scripsit, ante Caesarii mortem Tolonensis episcopus
electus[7]. Sed siue is ipse siue alius Gallicanus homo est Cyprianus poeta:

[1] 'G. Fabricius p. 295, Comment. p. 42, Pamelius aliique; de Cypriano cf.
Martenius IX p. 1 sqq.'

[2] 'Riuinus in Tertulliani opusculis ed. Lips. 1651; Tertulliani ed. Wirceburg
1781 II p. 723.'

[3] 'El. Pinius, Bibl. nou. auctt. eccles. I p. 141 not. p. 172 cui adstipulatur
Allixius; putant Genesin illud idem esse poema, quod Gennadius de uiris illustr.
c. 67 Saluiano adsignauit.'

[4] 'Iam accedit quod M. Hertzius Cyprianea carmina frustulis Horatianis
repleta inuenit (Analectorum ad carminum Horatianorum historiam part. IV
p. 23 sq. 1880), Auitianis paucissima Horatiana inspersa sunt.' [I was able to
use this dissertation in my *addenda*. Some of Hertz's parallels I had already
cited, with others unnoticed by him; some I think too remote to reproduce.
The rest I have given with his name.]

[5] 'In Prolegomenis ad Iuuencum § 17; qua de re nuper optime disseruit A.
Ebert, Lit. d. Mittelalters, I p. 114—116, L. Schwabe in Teuffelii Gesch. d. röm.
Litt.[4] § 403 5.'

[6] 'Cf. Pitra p. XL—XLV, Addenda p. 569.'

[7] 'Eam uitam cum alii tum Bollandistae ediderunt in Actis Sanctorum 27

eidem cetera quoque carmina tribuenda censuerim, quae Cypriani nomine in optimis libris circumferuntur, uelut de Iona, de Sodoma et si qua sunt alia eiusdem generis.

The authorities for the life of Cyprian are cited in the Dictionary of Christian Biography I 176. He was third bishop of Toulon, and lived during the last quarter of the fifth and first half of the sixth centuries. Caesarius of Arles, a bright light in a dark age, bequeathed to him a mantle and girdle (? Baron. 508 27 *domino meo Cypriano episcopo mantum et cinctorium meliorem*[1] *dari uolo*). Cyprian with others wrote the life of Caesarius, which is well worth reading, if it were only from the lexicographer's point of view (in Mabillon A.SS. O.S.B. Ven. 1733 I 636 sqq., A.SS. Boll. 27 Aug. vol. VI, Migne's Patrologia LXVII 1001—1042).

We obtain a glimpse of his method, and a peep at Cyprian himself, in l. I § 40 (1020 Migne):

In disserendis autem scripturis et in elucidandis obscuritatibus, quanta gratia in illo emicuerit, quis poterit narrare? ita ut haec ei summa iucunditas fuerit, si illum aliquis, ut obscura dissereret, prouocaret. et ipse frequentissime incitabat, dicens nobis: 'scio quod non omnia intellegitis: quare non interrogatis, ut possitis cognoscere? quia non semper uaccae ad uitulos currunt, sed nonnumquam uituli ad uaccas, ut de matrum uberibus possint suam esuriem satiare. hoc et uos omnino debetis facere, ut interrogando etiam nos exerceatis, ut debeamus perquirere unde uobis possimus spiritalia mella proferre'....uae mihi misero Cypriano, qui tam tepidus in discendo exstiti, ut modo cognoscam et paeniteam! quare de tanti fontis fluuio non tantum hausi quantum mea indigebat ariditas? ille enim hoc maxime et corde et ore gestabat, ut et inimicos diligere deberemus, hortatu blandissimo, sermone et exemplo laudabiliter instruebat. uix aliquis illo affectu pro caris quo ille pro inimicis orabat; et licet non essent causae quibus illi quisquam inimicus exsisteret, nisi forte pro inuidia aut disciplina aemuli aliqui esse uiderentur, ille tamen eos non solum paterno, sed etiam materno diligebat affectu; hoc saepius nobis insinuans, quia cum dilectio usque ad inimicos extenditur, fieri non potest ut proximus non anetur.

Aug. VI p. 64—83, ubi conf. cap. V, not. 40 p. 73, not. 46 p. 74 atque testamentum Caesarii p. 62 col. 2 E.'

[1] Baronius gives *cunctorum meliorem* as the original reading, which may stand: 'and the best of all.' Ducange under *cinctorium* and *mantum* gives *cinctorium*, but Migne LXVII 1142[b] has *e cunctis meliorem*.

Again § 43 (1022ᵃ M):

Adiecit etiam hoc, ut numquam in ecclesia sua diaconem ordinaret ante tricesimum aetatis eius annum. uerum etiam et hoc addidit, ut nec in qualibet maiore aetate ordinaretur, nisi quattuor nicibus in ordine libros Veteris Testamenti legerit ante, et quattuor Noui. sanctae conscientiae suae testis sum ego peccator, quia quicquid aliis praecepit ipse fecit et propter Deum semper impleuit: quicquid autem prohibuit fieri, aut [read et] ipse uitauit facere; omnia in zelo Dei.

In § 48 (1024ᶜ M) Cyprian requests the 'holy brethren' Messianus presbyter and Stephanus deacon to complete his work from their personal knowledge. Bk. II § 1 the two begin, in obedience to 'domnus Cyprianus,' the relation of miracles ascribed to Caesarius.

To sum up in a few words what I have said hitherto. In 1560 a fragment of Genesis, consisting of 165 lines, was published from a thirteenth century ms. This has been reprinted many times, chiefly among the works of Tertullian and Cyprian; the latest editors of these fathers, Oehler in 1854[1], and Hartel in 1871, knew of no other ms. nor of any additions to the poem. Yet Martène in 1733 had added nearly 1300 verses to Genesis from a ms. of the 9th century, and this enlarged Genesis had been several times reprinted; while Pitra in 1852 had from two mss. of the 10th century, and one of the 9th, completed Genesis, and printed for the first time Exodus, Deuteronomy and Joshua, with parts of Leviticus and Numbers[2]. It is a striking, but by no means solitary, instance of the German indifference to what passes outside the Fatherland, that L. Müller in 1866, as well as Oehler and Hartel, were quite unconscious of Pitra's discovery, and in 1872 even Bernhardy knew of it only by hearsay. The authorship of Iuuencus, maintained to this day by Pitra, has been on sufficient internal grounds rejected by Arevalo (1792), L. Müller, Ebert (1874), L. Schwabe

---

[1] Vol. II pp. 771—6: "Edidit hoc carmen primus Guil. Morelius una cum carmine Sodoma, sub nomine Cypriani, ex codice bibl. S. Victoris Paris. Reddo ex recognitione Steph. Báluzii. Opus mutilum, et ingenii plane mediocris. Certe Afri auctoris indicia stilus habet nulla."

[2] I refer below to the 7 books by the initials G E Jo L N D Ju; Gs Ls Ns denote the respective supplements, of G in the *Spicilegium*, of L and N in the *Analecta*.

(1881—2). Since the evidence of the earliest mss. has been made known by R. Peiper (1883), competent critics, as M. Manitius (in 1886) L. Traube and K. Schenkl (both in 1888) have admitted without hesitation the claims of Cyprian, not the bishop of Carthage, but a Gaul of the sixth century, in all probability the third bishop of Toulon. In 1888 Pitra published Judges and the remainder of Leviticus and Numbers. For a complete text of the Heptateuch we look to R. Peiper, and for a proof of its late date, founded on its quotation of dated Christian poems, to Manitius (Zu ALDHELM und BAEDA von M. Manitius. Wien, Gerold, 1886, repr. from Sitzungsber. der phil.-hist. Classe der kais. Akad. der Wiss. CXII).

Pp. 11—12 (= 543—4) the end of a verse (cited by Aldhelm p. 313) *rumpuntur cotibus amnes*, probably is taken from the Heptateuch corresponding to Num. 20 9—13. "Da nun in Itala und Vulgata der Erfolg, den Moses mit dem Schlage der Virga gehabt, ausführlich angegeben wird, und der Versificus sich sonst ziemlich genau an seine Vorlage gehalten hat, so ist wohl Peipers Ansicht die richtige, die er mir freundlichst mittheilte, nämlich dass die Codices der Versification hier eine Lücke haben und dass Aldhelm einen Halbvers aus der Lücke bietet." Then Manitius conceives that he has recovered a verse of Job from a continuation of the Heptateuch. "Doch noch einen Vers glaube ich dem grossen Bibelepos zuweisen zu können; Aldhelm p. 218, 3 nämlich lesen wir, dass ein Job uersificatus existirt hat, dessen Vorhandensein bisher ganz unbekannt war (*Job prosapia in principio libri quod prosa contexitur et deinceps secundum Hebraeos* dactylo spondaeoque scandere *fertur et septem* lanigerarum pecudum *descripta summa narrantur*). Hierzu vergleiche man den Vers p. 288 *lanigerae pecudes et equorum bellica proles* und den Anfang des Buches *Job* 1, 3 *et fuit possessio eius septem milia ouium et tria milia camelorum*. Ausserdem findet sich der Ausdruck *lanigeras pecudes* beim Versificus Exod. 1346 (Pitra) vor. Hiermit glaube ich es sehr wahrscheinlich gemacht zu haben, dass jener Vers dem Job uersificatus entstammt, den ja Aldhelm nach dem obigen Citate gekannt hat." cf. p. 93 (=625) n. "Ich werde an anderem Orte den Nachweis liefern, dass jenes grosse Epos viel später fällt als Iuuencus, da eine grössere Anzahl zeitlich bestimmbarer christlicher Dichter darin benutzt worden ist." Whether Manitius has carried out his intention I do not know.

The citation (Exod. 529—531) of Claudian's poem of A.D. 396 has not, so far as I have observed, been noticed hitherto. Had Karl Schenkl known of it, he would scarcely have made Cl. Mar. Victor a debtor to the Heptateuch.

HEPTATEUCH AND OLD LATIN. xliii

Without forestalling the editorial work of Dr Peiper, I append some specimens of the services which the Heptateuch will render to the study of the Old Latin version, to lexicography and palaeography.

The following passages, several of which have been noticed by Martène or Arevalo, shew that our poet often sides with the Old Latin against the Vulgate. Further instances are indicated by Pitra, though he expressly (*Analecta* X) leaves to others the work of comparison in detail:

Nous laissons aux exégètes et investigateurs bibliques le soin d'examiner quelle version latine Juvencus avait devant les yeux, et, s'il s'en est tenu au Septantes, quelle récension il a suivi de préférence.

Gen. 165 torpidus ut multo collidens membra *tremore*,
funere ceu iuncto semper *suspiria* ducas.

Gen. 4 1 LXX στένων καὶ τρέμων ἔσῃ ἐπὶ τῆς γῆς. Tert. Iud. 5. *gemens et tremens* eris super terram. Ambr. ep. 2 10 timens et *tremens* oberrabat Cain. vulg. *vagus et profugus* eris super terram.

Gen. 173 aedibus obuersis *Naidae* in caespite terrae. Gen. 4 16 LXX (cited p. 11 31). Hier. de situ et nominibus locorum Hebr. (ed. Ven. 1767, III 251) *Naid*, terra in qua habitauit Cain. id. quaest. Hebr. in Gen. (ibid. 312) et habitauit in terra *Naid*. vulg. habitauit *profugus* ad orientalem plagam Eden.

Gen. 530 et *Sara* quae fuerat, mandatur *Sarra* uocari. Gen. 17 15 LXX Σάρα ἡ γυνή σου οὐ κληθήσεται τὸ ὄνομα αὐτῆς Σάρα· ἀλλὰ Σάρρα ἔσται τὸ ὄνομα αὐτῆς. Lugd. Sara uxor tua non uocabitur nomen eius *Sara*, sed *Sarra* erit nomen eius. vulg. Sarai uxorem tuam non uocabis Sarai, sed *Saram*.

Gen. 1015 illic improbius Dinam *Correus* amatam
polluit. Gen. 34 2 LXX εἶδεν αὐτὴν Συχὲμ ὁ υἱὸς Ἐμμὼρ ὁ Εὐαῖος, where cod. Alex. has Ἐμμὼρ ὁ Χορραῖος. "Aug. quaest. in Gen. 107 legit Sichem *filius Emmor Euuei*, sed in octo mss. habet *Emmor Chorraeus*." Arevalo. vulg. Sichem filius Hemor Heuaei. wanting in Lugd.

Gen. 1027 ipse deos nullos terebinthi *abscondit* in antro. Gen. 35 4 LXX κατέκρυψεν αὐτὰ Ἰακὼβ ὑπὸ τὴν τερέβινθον τὴν ἐν Σηκίμοις. Wanting in Lugd, but Martène cites the old Latin from Hier. c. Heluid. 7 pr. et *abscondit* ea Iacob subter terebinthum, quae est in Sichimis. Arevalo adds Ambr. de Iacob II c. 7 § 32 f. et *abscondit* eos sub lentisco. id. ep. 66 (Romulo) 3 *abscondit* inaures cum simulacris gentium, quando in Sichimis *abscondit*. vulg. at ille *infodit* ea subter terebinthum, quae est post urbem Sichem. Wanting in Lugd.

Gen. 1033 crexitque domum *turris* sub tecta *Codrae*. Gen. 35 16 ἀπάρας δὲ Ἰακὼβ ἐκ Βαιθὴλ ἔπηξε τὴν σκηνὴν αὐτοῦ ἐπέκεινα τοῦ πύργου

Γαδέρ. old Latin (cited by Martène) in Hier. qu. hebr. in Gen. (III, Ven. 1767, 361^b) et profectus est Israel: et extendit tabernaculum suum trans *turrim Ader.* vulg. egressus autem inde uenit uerno tempore ad terram quae ducit Ephratam. wanting in Lugd.

Gen. 1062 qui cum iam *septem* denosque attingeret annos. Gen. 37 2 LXX Ἰωσὴφ δὲ δέκα καὶ ἑπτὰ ἐτῶν ἦν. vulg. Ioseph cum *sedecim* esset annorum. old Latin in Aug. quaest. in Gen. 122 Ioseph autem decem et *septem* annorum erat.

Gen. 1225 et *quintas* quaecumque ex messe reposcat. Levit. 142. Gen. 47 26 Lugd. uti darent Pharaoni *quintas.* vulg. regibus *quinta pars* soluitur.

Gen. 1308 *incensum* et *guttam* iungentes cum terebintho. Gen. 37 25 LXX καὶ αἱ κάμηλοι αὐτῶν ἔγεμον θυμιαμάτων καὶ ῥητίνης καὶ στακτῆς. Lugd. et camelli eorum pleni erant *incensu* et resina et *gutta.* vulg. et camelos eorum portantes *aromata* et resinam et *stacten.*

Gen. 1364 (cf. 1378) uicinos *Arabum* colles uenientibus offert. Gen. 45 10 (cf. 46 34) LXX καὶ κατοικήσεις ἐν γῇ Γεσὲμ Ἀραβίας. Lugd. et morabaris in terram Gesem *Arabiae.* vulg. et habitabis in terra Gessen.

Gen. 1378 Aegyptumque petit, Arabum quae iungitur armis,
educens iuuenes patrio moderamine *quinque*
septies et denos. so Gen. 46 27 LXX and Lugd. (and Acts 7 14) 75. vulg. 70.

Gen. 1411 see p. 68.

Gen. 1420 at postquam pueris natos rata commoda sanxit,
dat *Sichimum* gladiumque, suo dat spicula nato.

Gen. 48 22 LXX ἐγὼ δὲ δίδωμί σοι Σίκιμα ἐξαίρετον ὑπὲρ τοὺς ἀδελφούς σου. Lugd. ego autem ecce do tibi *Sicimam* magnificum super fratres tuos. vulg. do tibi partem unam extra fratres tuos.

Ex. 1323 n. and Jo. 183 n. Auses.

The following select list of words will shew something of the value of the Heptateuch for lexicography. The asterisk denotes words which I have not found elsewhere.

abdicat se ira N 411. abnocto E 790. absconsus E 749. Ju 258. abstinuit lugere L 18. -entus N 276. accisi cibi G 1296. acclinis Ju 211. acinus D 1029. adumbratus Ju 672. adurgeo E 519. aenigma N 427. afficio G 1296. affulgeo G 84, 100. aliger G 675. alius=alter E 890. L 48. N 210, 320, 493. altar G 654. Ju 288. amburo N 180. anceps gladius Ju 169. anterius G 1130. E 162. -or G 1240. ānulus G 1232. appeto L 171. arcesso L 109. arieto Jo 254. arx uerticis L 125. assultus E 488. assumunt animos N 659. astriger G 80, 956. E 615. N 188. attactus Ju 665.

balantum pecus G 950. bifidus D 917. blandiloquus L 107. buteo L 32. candidus G 1048. caprigenus Ju 527. captus G 1245. L 133. cāreo E 107, 447. L 93 *add.* cassus G 1199. celsiiugus* G 291. cerastes N 678. cerno G 461. cernuus N 756. ceruix E 144, 1305. circes E 1050. circumfluus G 1071. clepto* E 883. cluentem Ju 118. coaxo E 330. cognosco

L 125. coitura cicatrix Jo 116. collibitum L 166. colludia Jo 290. (colo) culta Ju 219. coma (of fire) E 606. comperio L 126. compos sui E 851. conceptis uerbis G 706. conductis morsibus L 539. confore E 1201. congemuit Ju 141. congrege E 719. conopea Jo 225. constrictum lac G 555. conterminus Jo 380. N 323. coram with acc. Gs 4. cornea fibra E 353. cretio D 1115. crines pastos G 1210. -e cometae E 472. cf. L 177. criniger N 825. cucumeres N 492. culpa G 1119. cūpido G 770. Ju 593. cynomia E 341.

damnum pudoris D 1005. de G 860. debello D 993. debilis mensura L 113. debilitas E 910. decembres Ju 208. decolor Jo 443. decōro G 1394. decambo E 919. deferueo E 1392. defluo G 721. delambo G 505. delitigo G 589. demitto L 174. denarro E 377. densco E 62. depono animos E 906. depromo E 1144. desum (defore) G 1081. detergit Ju 145. cf. D 937. determinat iram E 1170. detrudo Jo 192. deturpo Ls 77. [Plin. Suet. Sil. xv 723. Hier. adu. Ruf. ı 31 (ıı 488ª). in Ez. ıv (16 11, v 154°). in Mal. 2 13 sq. (vı 967°). in Matt. ı (10 11, vıı 59°)]. deuia G 516. diffluo Ju 107. diligo=amo L 91. discito* dub. E 754. discretim Gs 21. discrimine modico leti E 409. disrumperet ira G 1082. distraho G 1397. dititicus* N 83. diniduus Ju 104. diuortia G 475. docilis liber E 744. doctiloquus G 1083. dogma N 364. domnus G 466. domini, plur. G 518. dono crimina Ju 164. dono femineo uiuere Ju 231. doto Ju 552. dragma N 217. dubios cibos E 434. dulcisonus Ju 244.

edax ignis E 894. L 9. liuor Ju. 462. edo (morsibus essent) Jo 539. efflagitat regem escas G 1247. elimino N 219. D 1039. emitigo* L 82. enodis N 604. euerbero N 740. exhibeo Ju 105. exigo ensem N 768. expectoro E 1254. exsors E 359.

facio (faxint) Gs 18. fatus N 289. fellitus D 1170. ferior E 83. festinus G 1377. fibra N 245. ficulnus G 90. fiducia ducum Jo 561. fimbria N 567. finis fem. N 351. firma uirtute ualeret G 1329. flammo animos Ju 296. flebile plangit G 1283. fluo Jo 371. fluor G 873. fomes E 954. fore=esse G 628. formula E 949. frango 'to move to pity' Jo 306. Ju 142. fraudiger* G 114. fraus (-di esse) L 55. frumentum 'wheat' Ju 330. frustro G 901. functus 'dead' G 491. Jo 582. furta belli Jo 232. fusco E 1304. L 147.

gabata Ns 147. gl. Isid. or. xx 4 11. Anthim. 34. gemo (dura immensum dicta -entem) N 860. granatum N 464. grando ferrata Ju 159. gutta G 1308.

horrisonus G 606. E 412.

ictus luminis E 1378. iliaesus N 450. impello (-it sumat) G 815. impes (-te) Ju 550. impleo (-tur pignore uentris) G 1120. incensum G 13-8 and add. inconcessus G 1427. indeprensus D 943. indutus E 1341. infectus D 1053. infit G 1356. informis G 1210. infundo (multis -it pectora poetis) E 1208. infusco N 617. innumerosus E 61. inoffensus Jo 476. insero (-tis dextris) G 807. intercurso G 398. intonsus Ju 135. inuolūerum G 940.

iactus teli Ju 222. iustus (plus -o) E 683.

labrum N 238. lacto G 509. Ju 587. lampada E 303. lancino E 970. lanugo N 885. lanx (aequa -ce) E 1108. lapidosus N 465. lap-o Ju 27. laxo E 855. L 54. legifer Jo 19. lego (uasa) N 324. lentigradus* G 1008. lenigo E 1134. leuo (uoces) Ju 348. libamen Ju 526. linea Jo 24. linuit G 254. loquor=uoco G 943. luctamen L 95. lumen mentis G 860. -en de -ine E 193. lunaris Jo 318. lunata fronte E 947. lupa D 1022.

magis conspectior G 1071.   mage E 81.   malesuadus G 957.   malignus 'the evil one' E 460.   mando (-ier) G 1246.   mater G 926.   melodus D 1067.   mendosus (= mendax) E 964.   mendum (= mendacium) L 62. G 612 add.   mens (m. erat with inf.) G 1298.   merces (acc. mercem? G 933 with add. and ind.).   metior G 466, 1435.   miluus L 33.   minutal N 481.   miserator N 294 and add.   mitifico Jo. 116.   mitificus G 949. N 432.   moenia muris Jo 63.   mordax (-cis aceti) N 261.   mox deinde G 1290.   multimodus G 230. N 656.   muralis Jo 155 add.   murus cf. moenia.   mutus (-orum) L 62.

natae (of dependent towns) Ju 67.   nescius pass. Jo 216. Ju 401. N 342.   nimbosus Gs 51.   noctilucus E 1147.   noctiuagus L 120.   nodus (obstrictam -is uocem) E 257.   noscito E 751. Ju 585.   nosco G 510.   noxalis N 867.   nubs N 373. E 1120 add.   nullus (-os deos) G 1027 add.

obeo (morte -ita) N 269.   oblimo G 278.   obliquus (-i fremitus) N 663.   obstetrices E 88.   obstipus G 722. N 382.   obstringo Jo 354.   obtentus Jo 407. N 374.   obuncus L 33.   occa E 374.   occulo (praenuntia corda) G 825.   occultim Ns 166.   optator* Ju 544.   orbis 'year' G 315.

pabulum (flammarum -a) G 692.   pagina Jo 569.   palpo E 1064.   papula E 358.   parascene E 686.   paratus G 1184.   pasco (uisum) Jo 165.   passum N 260.   pater (-tres, parents) Ju 540.   pecus balantum G 930.   pepones N 490.   percelcr G 129.   percongruus* Jo 566.   percupio N 348.   perdocilis* E 1184.   perdoluit N 751.   perfuro Ju 17.   periuro E 855.   perpes E 808.   persegnis E 975.   peto (-iere solum) G 1256.   piceus D 957.   pignus Ju 113.   plango (-it flebile) G 1283.   platea G 584.   plausibilis E 111.   plebs natantum N 488.   plorabilis Ju 125.   polenta n. pl. E 684.   poplus D 1190.   poto D 1073.   praecelsus G 417.   praediues G 747.   praegelidus G 508. N 211.   praegrauis E 609.   praelucidus* dub. E 1091.   praemadidus* Ns 138.   praenato G 495.   praenosco G 483.   praenuntius (-a corda) G 825.   praeproperus Jo 74.   praeroro* Gs 10.   praescius G 1223.   praetrepido N 507.   praetrepilus E 216.   praetumidus E 476.   praeuelo E 1135.   praeuidus* dub. Jo 181.   praeuolo G 1382.   precatus N 288.   premo (-sso latratu) E 400.   prex E 738.   princeps uolucrum E 772.   procubus* G 649. N 513.   procursus N 743.   procuruo G 553.   procuruus Ju 239.   proflo Jo 145. Ju 669.   prolecto G 1340.   promptim G 819. E 1001.   prophetalis N 336.   prosero (-ata) G 899.   protelo Jo 350.   proterreo G 1260. Ju 80.   proturbo L 155.   pruinosus Ju 307.   puer = seruus G. 515 and add.   puto E 422.

quadrifidus G 56 [cf. VF i 663.   Iuuenc. iv 160.   Ambr. hexaëm. iii § 60.   Verg. Claud.]   quamlibet L 159.   quanti (= quot) G 1392.   quintus (-as) N 142.   quisque (= quicumque) Ju 237.

rabiosus N 376.   rapio (colores) G 929. (rapto) Ju 422.   raucisonus G 749.   reatus (uoti) N 251.   reati Ls 56.   recte (uiuere) G 1330 add.   regificus G 1184.   recio (reicit) Ju 681.   relatus N 733.   remitto (curas) E 429.   renudo N 870.   reus noti Ls 50.   reuerto (uix mente -sa) G 634.   reuiresco G 1211.   rigido E 378.   riguus N 689.   rimosus E 304.   roro Ju 381.   rubus fem. E 185.   rugitus Ju 548.   rumpo (silentia) E 261.

sanctificus E 1389. D 923.   sanctiloquus G 831.   sanguis (sanguen?) G 639.   sarcina G 620.   scatebrosus G 787.   scinifes E 337.   sciscito G 1334.   scrupeus Ju 87.   secundus (a rege) Ju 238.   securus (sui) Jo 76.   sedeo (-et) E 842.   semuncia fraudis L 114.   senex (plur.) D 1063.   seorsus L 91.   sepelio (oculos -uitos) G 812.   sepelita Jo 210.   sequax E 290.   serenus (-a mens) Gs 33.

scrnio (-itum iui) G 1178. sidus (formae) G 731. signanter G 1170. singulus (per -a) Ju 546. sinistre E 834. sino (siris) E 845. socer (plur.) G 901 *add*. solamen Ju 143. solum (uerto) E 150. 430. sparteus Jo 69. species G 1270. stelliger D 1183. stimulator E 973. storax G 927. struo (dolos) Ju 571. stuppeus Ju 622. subduco N 884. sublimo E 202. subula E 851. succiduus E 56. summula G 222. supino Jo 410. suscito (aras) G 369. (altar) Ju 288. suspectus Gs 40. N 473. syrtes E 707.

terrificus Jo 53. N 312. testeus Ls 42. testor (-atius) E 934. theca E 698. timor (-i esse). N 404. Ju 559. tonans G 737. tosto E 303. Plin. Val. transcribo E 883. L 108. tristificus G 431. tumide E 879.

ubertim N 334.

uendo (-atur) E 932. uenter (-ris onus) Ju 184. uentosus G 1100. uentriloquus L 116. uentrosus N 491. uerber G 1164. E 796. uernacula E 860. uersura Ju 667. uibix N 750. uice sermonum G 1007. uinco (flumen) G 942. N 774 *add*. D 955. Ju 92. uindemitor L 60. uinosus L 27. uirtus G 1329. Jo 164 *add*. uitalis (-ia) G 621. uitreus N 686. uulnificus E 1365. D 1164.

I add some characteristics of C, which are of palaeographical interest.

Prepositions in composition are rarely assimilated; after *x s* is for the most part omitted. The following words are thus spelt uniformly, or nearly so:

aetherius. afuerant Ju. 361. alumpnum ampnes. artarent G 401. bucina G 749. caelestis caelum cetera comminus condempnat conecto conitens coniunx contempno contemptor conubium cum. cunctam G 264. 259.

dampna. dampnat Gs. 34. dampnosus dissice. erus N 1024. exempta. exilio G 970. exim. extinctum G 1099. fecunda. fetas G 401 (foeta Ls 70). frena frenet.

genetrix G 174. 1044 (-i- 1038). harena (once ar- N 480). heres illicet.

lacrima lammina or lamna litora macret milia. nanctus G 947. nequiquam.

obscenus. pelice G 1665. peremptum. pinna G 317 (but penna 20. 290). E 771. praenuntia proelia promptim or promtim quicquam quicquid. quoties N 1046 (and so sexies, septies, cet., which may shorten the *es*).

saecla. saetis G 827. silua solacia. sollemnia E 1031. sollers G 1122 (also solers, and solerter N 592. sompnum G 802. subiciunt E 661. temptat temptationis. umenti G 873 (but humenti G 580. humectat N 476). urguentem G 762.

As regards the letters:

ae and e are used indifferently for long or short e. aenique (=ubique) G 969. aetati (=et acri) Gs 35. ae=y aesopi=hysopi E 456. N 612. au=o caudice Jo 570.

b=u acerbo E 386. labit N 302. uerbecem G 473. =p pabulas E 358.

d=t adque G 183. 316. 365. 382. 428 cet. capud G 722. inquid N 339. liquid L 186. uclud G 504. Ls 102. dixerit for uinxerit E 918.

e=i delegitur G 554. desteterit G 271. discendit G 1113. interfecit (pres.) G 436. temet (=ti-) E 1231. uincere (=-ire) G 1074. Jo 303.

f=ph Efremo Jo 575. Eufrates E 1091. falange Jo 196. N 624. Faraonis E 1216. Faretem G 1127. faretram G 815. Farias E 424. Fenicum Ju 160. Filistina G 759. Finea N 876. 895. fyalas E 1145. profetis Ju 209.

g=ch lignus (=lychnus) L 143.

h omitted. crisolitus E 1161. cyatos E 1145. erbis G 164. ortus (hortos G 55. 72). redibere E 912. Rodum Gs 42.

h redundant. ab his (a bis) G 577. anthro G 1027. coherect always. habundantis G 795. hac E 498, and often. heia G 360, and often. heremus N 345, and often. hesternus (cf. s). Hiesutem E 1115. humeris E 420. Olymphi G 866. cf. E 1000. Tharsum Gs 42.

i=e abiat Ls 114. accipit perf. N 307. corpori abl. G 821. dispondet G 368. dispuit E 393. mulcit G 1005. nomine (=-en) G 914. rupis E 717. spondis E 1247. timit G 565. uatis and other nominatives in es. uidit G 955.

=y. Aegipti G 485. -a G 512 (elsewhere -y). Assiriis G 848. azima E 1033. 1045. ciclos E 1132. hiacinthina N 567. lichnus E 1173 (lig- L 143). limphas Ju 314. Olimpho E 1000. sinagoga L 45 (elsewhere y). Sirorum G 495 (elsewhere y).

l. medella D 1176, but loquela.

n by assimilation: eandem E 980. quendam G 705.

n redundant: fringenti G 547. linquentia E 612. cf. 788. mentem (metam) N 278.

o for u: fulgorant D 1153. fulgore E 1109. insola Ju 139. recussos E 883. ritos Ju 134. uegetos E 1026.

o for a: altor Ju 288.

oe for e; loetum, everywhere.

p for b: optulit G 402.

r for d: aurit Ls 23.

s for x: hesternus (ext- E 1002. L 137. N 700). sescentos G 314. redundant after x: exspectorat E 1254. omitted after x: exors L 243. retained before r. disrumperet G 1082.

t for d: at G 509. N 607. atflictus G 1115. atmonitus G 471. atmorunt G 1003. cf. E 490. aut (haud) L 166. nequit G 676.

u for b: mandauere G 491.

y for i: fymbria N 567. nymbos G 287. 297. Tygris N 786. ymber Jo 222.

The metrical licences taken by our poet,—licences scarcely

METRICAL LICENCES.   xlix

less numerous or less bold than those claimed by Beda and the poets contemporary with Charles the Great,—are sufficient to fix his date rather in the sixth than fifth century.

The long final *a* may always be shortened. I count some eighty exx. of abl. of 1 decl., fifteen of numerals *triginta* cet. (G 222. 232. 256. 702 *dub.* 1046. E 318. 1094. Jo 99. N 223. 388. D 1200. Ju 18. 464. 470. 479), two of adverbs (E 1325 *antea,* L 121 *postea*), and six of imperatives (E 1020. 1300. Jo 440. L 79. 82. Ls 77). No long *e* of abl. or adv. is shortened; *phrasewē* (E 686) stands alone; of imperatives five (G 360. 476. E 1239. 1240. Jo 19). *ēsē* (E 151. 274. 370) is certainly corrupt.

Only one *i* (Jo 439 *etsi*), and one *u* (E 913 *cornu*), both doubtless corrupt. The rule for *o* is the same as in the silver age, no ablative or dative (N 391 is corrupt[1], *uno velut sensu*), except indeed the gerund, has short *o*; there is no great abundance even of nouns like *benedictio* (Gs 11), *cultio* (G 271), *confusio* (348), cet., *nemo* (E 430); verbs like *congrego* (E 770), *dimitto* (1052), *palpabo* (1064), *pono* (214), *praestabo* (1077), *ascribito* (1301), *ambulo* (1306), *optando* (Jo 480, the only ex.), *spargito* (L 88), cet.

The diphthong *ae,* which as initial and medial is treated as common, is shortened four times (E 1159 *tertiae* e coni. 1220 *suae* dub. as in N 499. D 1080 *gloriae*).

Final *as.* nom. (G 1110 *Judas.* Ls 41 *puritas*).
    acc. pl. G 1213 *nuntias*).
    adv. (Ju 695 *foras*).
    verb (Ju 238 *temperas*).
Final *es.* numeral adverbs (G 208. 212. 221. 223. 576. 725. 1380. Gs 38. N 199. 217. 578. Ns 159).
    nouns sing. (Jo 417 *sedes.* N 748 and Ls 77 *quadrupes*).
    nouns plural (G 315 *orbes.* Ju 299 *uindices.* Ju 12 and 32 *turtures*).
Final *os* (G 889 *custos.* Ju 403 *deos.* 404 *nescios*).
Final *us* (E 502 and 1245 *seruitus.* Ju 88. 156. Jo 64 *salus.* Ju 223 *uirtus*).

The long *i* of *fiunt, fiat,* cet. is sometimes retained, but shortened in the following passages:

G 6. 282. 429. E 450. 774. 1342. Jo 65. 479. 514. L 74. 128. 193. N 292. 594. 619. 851. Ju 496. 667. 677. Ls 70. Ns 148.

---

[1] Probably *uelut* is a reduplication of *ut, hiatus* being very frequent in our poem. Traube (karolingische Dichtungen, Berlin 1888, 28) "*o* im Ablativ nur kurz bei Gerundien, weswegen *cum gaudio* unmöglich ist." The *e* of adverbs is in *poetae aeui Christiani* generally short, for long *e* of the abl. of 3rd decl. the dative is used; conversely where the dat. is required to be short, the abl. (*principe, rege,* cet.) is substituted for the form with long *i*.

INFLUENCE OF ACCENT.

The accent influences quantity to a very great extent; trisyllabic words, beginning with two long syllables, often end the line, not merely where (A) the first syllable has *ae*, but where it has any long vowel (B).

A.

Aegyptus G 1224. E 63, 84, 212, 380, 555, 625, 769, 988, 1035, 1230, L 144, D 933.
aerumna E 501.
aeternus G 462. E 220, 312, 779. Jo 312. N 562, 617, 841.
caelestis E 663, 668.
caelorum D 1180.
factore E 324.
haerentem E 889.
laetatur G 673, 723. E 431, 1392. Jo 522. L 16. N 233, 874. Ju 553, 709.
maerentem Jo 182. D 932, 1002.
praebebit G 152, 1205.
praeponam E 776.
praesagant N 396.
praesentem E 133, 638.
praesento G 441, 1324. Jo 127.
praetoris G 439.
quaerebat G 885.
(Other exx. of *ae*.
aemulum G 382.
cohaerere Jo 307.
haereant E 775. Ju 156.
Iudaea E 221. Jo 355. Ju 649.
praeco G 1236.
praeiuit Jo 533.
praesentibus G 266.
praeter G 1036. E 694. Jo 12. Ju 192.)

B.

amissum G 1115. E 75, 935.
arente E 370.
carorum G 1387.
enormis N 501.
facundus E 270.
fraternis N 442.
labentem G 111.
laturus G 443. E 379.
Mosetis Jo 194.

METRICAL LICENCES.

parendi Ns 160.
promisit E 686.
suadelis G 114 (cf. N 354 suadelam).
uadentem G 688. E 293. 730. 867. 1302. N 329. 523. 706.

Words in which three short syllables come together may lengthen the first (N 492 n. 18 exx. add E 112 *pedisequis*); words in which a short syllable separates two long ones may shorten either the second of the long ones (Exod. 1147 n. 3 exx.[1] E 787 *instit$\bar{u}$turus*); or the first (E 371, 503 *inuisitata*. E 1218 *praeuaricatores*. E 723 *temptationis*. E 282 *praeputium* is corrupt); twice the short vowel is lengthened (E 508 *seruitute*, Jo 196 *transmeauere*).

Short final syllables, whether ending in a vowel (some 63 exx.) or consonant (some 112 exx.), may be lengthened in *arsis*. A short vowel before *que* may be lengthened as in Ausonius (G 549. 586. 1164. Gs 48. E 427. 933. 1024. Jo 157. N. 319. 328. 420. 453. 515. 563. 595. 620. 629. 645. 836. 839. 910. Ju 122. 257. 612).

Short syllables are often found at the beginning of lines, but generally accompanied with other symptoms of corruption. The case of tetrasyllables, with an initial tribrach, has been already considered.

G 43 uiritim. 44 Adamus. 310 bitumen. 422 quaternae. 474 columbas. 534 maribus. 684 (cf. 759) Philistinorum (-na). 984 femine. 1351 (E 103) futurum.

E 82 laborum (cf. 734. N 352). 115 cupitam. 161 puellae. 305 madentis. 329 magorum canore. 465 serenos. 654 profatur. 676 niuosos. 755 carentis. 831 honorem. 1012 iniqua. 1153 inhaerent.

Jo 122 nouorum in mense. 329 et ut. 349 (cf. 446 et c.) ut elementa. 476 inoffensa. 510 nec opus ut.

L 42 sacerdos. 67 uel una.

N 491 inemptos. 543 uidentes. 685 Amorreus. 754 labantem.

D 998 iuuencae. 1024 fugacem. 1029 racemos.

Ju 479 quaterdena. 609 oliueta. 666 uafer ait.

Quantities of derivatives from Greek changed.

ab$\breve{y}$ssus G 288 (corrupt).
az$\breve{y}$ma G 585. E 449. 1033. 1045. Jo 120. Ju 282.

---

[1] Jo 474 *noueritis* is not an instance in point; for we must read *aeritis*, as *siris* (or *sieris*) for *sineris* E 817.

METRICAL LICENCES.

dǣmonum E 985. Ju 402.

crēmus (her-) E 241. 286. Jo 51. 163. L 460. D 918. 954. Ju 33. 104. 631.

idōla E 813. 1070. Jo 171. 504. 549. 583. L 183. Ju 251. 401. 483.

nŭmismata G 1311.

platēa G 484 retains Gr. quantity, against classical usage.

scȳphus G 1346.

synăgoga L 45. N 537 (ā Jo 502. 520).

Hiatus is freely allowed:

G 145. 183. 194. 264 mittendum in aequora. 466 sincero acumine. 973. 1296. Gs 2. E 170. 317. 626. 636. 716. 758. 1318. Jo 85. 132. 273. 485. L 45. 61. N 350. 409. 582. 685 (but see n.). 755. D 973. 981. 1033. 1058. 1196. Ju 423.

Even after a short vowel:

E 185 neque ignibus. 340 curamque omittit. 429 curaque omittitur. 1229 tua ira. Jo 4 metata hostili. 105 usque ad. 579 ossaque in Sicimis (though here we may scan *ossăque*). N 294 capita et. 437 dominē iramque. 438 nostraeque omitte. 554 armata et incita. Ju 401 nova idola. 410 pia ira. Ls 15 quoque effigies.

Other long vowels shortened (A), or short lengthened (B), in the first syllable. Many of these readings are corrupt or at least doubtful:

A. alium N 493. anulus G 1232. Beniaminum (-⌣--) G 1253. debes E 959. deserta N 460. feriata E 83. flamus N 677. frater D 1041. levigatus E 844 (f). 1134 (f). natio Ju 163. oratores Jo 322. pacem E 1274. panes G 665. pareatis E 212. parens Jo 502. plaga N 877. seminir G 1116. tabes N 227. 449. triturantis N 1039. uatibus E 1151. cf. configitur Jo 258. conŭbium G 846.

B. bitumen G 524. carent E 107. carentia G 457. cubile N 232. Ls 59. cupido G 770. Ju 593. daturus G 224. 878. data G 1315. Ju 116. datum G 1345. decem G 1062. dehinc Jo 169. deinde (-⌣-) E 391. 473. ducenta Ns 132. erilem G 1147. facilia (--⌣⌣) E 1296. cf. Ju 684. famem Ju 261. fidelis E 746. Jo 524. 558. 568. fidem N 642. futura N 915. iubet N 86. iugum Ls 108. Libanon (-us) Jo 8. 422. licentia E 614. loco E 443. locus Ju 125. magis E 551—2. mapalia G 1010. minaci N 829. ministrum N 655. nequibant G 615. E 547. niualis Jo 52. 150. niuosus G 1375. E 1164. nouem G 522 *bis*. Jo 403. nouerca Ls 70. opimam E 208. 212. palam L 22. paternus E 163. 849. 861. 882. 1076. L 112. Ls 62. pecunia Ls 96. pedem E 902. N 743. petita G 1286. E 210. Pharum E 649. profanus E 326. 1070. 1214. 1369. Ju 95. 102. 299. propheta E 1190. 1284. N 390. prophetis Ju 209.

pudenda G 90.   putatur E 417.   quaterni N 205. 222. 366.   referta Jo 12. secunda G 509.   senior Jo 523.   sepulta Jo 210.   siligo Ns 136.   similia (- - - -) E 1283.   socia Ju 653.   super L 64.   Syrorum G 495.   tribule Ju 750. Ls 107.   tribus Ls 6.   tropaea Jo 293.   uelit Ju 175.   uelitis D 969.   uiritim G 1341.

The short vowel, expelled by *ecthlipsis* for the sake of metre, is retained in C:

absconditi (absconsi) Ju 258.   compositus G 613. E 212. 1314.   comprehendere G 413.   dextera E 465. 1337.   domina G 1135.   dominus G 90. 466.   imposita G 1317. Jo 579. L 2.   nihil Jo 431.   poculum G 1355.   populus D 1190.   preces (prex) E 738.   saeculis cet. E 370. 1067.   supposita G 1410. (cf. promisisset for prompsisset G 502. cl. 356. 1122. uindemiator L 60.)

Transposition of words in a line:

G 59 n. 64 n. 91 n. 145 n. 250 C *mandata dei.* 262 n. 288 n. 340 n. 356 n. 407 n. 449 n. 466 n. 471. 474 n. 492 n. 516 n. 534 n. 694 n. 785 n. 852 C *de stirpe moueo.* 878 n. 889 n. 933 n. 967 n. 981 n. 1006 n. 1108 n. 1116 n. 1135 n. 1341 n. E 282 n. 408 n. 447 n. 551—2 n. 589 n. 614 n. 694 n. 730 n. 746 n. 755 n. 831 n. 861 n. 882 n. 955 n. 1048 n. 1076 n. 1158 n. 1225 n. 1274 n. Jo 12 n. 52 n. 122 n. 177 n. 219 C *pressisset iugo.* 355 n. 558 n. L 14 n. 33 n. 77 n. 105 C *eutem signare.* 181 C *fuerant prius.* 193 n. N 318 n. 574 n. 685 n. 765 *nunc nauis.* 827 n. 849 n. 893 n. D 968 n. 1024 n. 1029 n. 1048 n. 1099 n. 1179 n. Ju 125 n. 245 n. 336 n.[1] 436 n. 462 n. Ls 96 n. 108 n. Ns 163 n.

In two lines

G 43—4 n. 1064—5 n. E 464—5 n. Jo 41 - 2. D 1040—1. Ju 641—2 n. Ls 106—7 n.

Transposition of lines:

G 547 n. 645 n. 1037 n. 1042—5 n. 1113 n. 1115 n. Jo 191—2 n. N 616 —7 n. Ju 494—5 n. 721—2 n.

Transposition of letters in a word:

acri (in eloquiis sacri) for cari G 847.   Amaloch for Lamech G 179.   correpta for porrecta E 895.   dataque for quae data G 1316.   delicta for dilecta E 60.   esse C for sese E 523.   cuomet for emouet Ju 242.   fore for fero N 428.   foret for ferox G 326.   leti for teli Ju 222.   limina for milia N 887.   limite for milite N 775.   nota for nato N 652.   reparet C for raperet G 929.   redibit for ridebit G 80.   terniqua for quaterni G 420.   cf. factus et ciuia for fatus et ciuica G 343.   in spirat lubricas for in spiras lubricat G 21.

[1] παθὼν ἔμαθον. I spent more time in endeavouring to correct this line without transposition, than on any other line in the poem. If therefore I have freely resorted to this operation, it is only on compulsion.

LETTERS OMITTED OR DOUBLED.

Letters (especially *s*) repeated (either in a single word, or at the end of one word and beginning of the next) are often written only once.

abundanti[s] studuit G 795. acomoda Ls 59. aetheris (-iis) Ju 90. ambusit N 480. auguris (-iis) L 97. dicta portent (app) G 1361. ferro[ue] uenit E 795. fisilibus G 253. grasatum Gs 34. illac (*for* iuuat) E 653. iam [im]mitia G 83. iuentus Gs 26. linquente[s] solas Ju 38. longaeus G 199. loquntur L 195. mesibus G 682. misilibus N 564. modos [s]ollemnia E 1031. polluta[s] sumens E 1309. post ata (post tāta) Jo 582. pos[t] terga E 524. N 360. quae[que] G 875. E 620. quasi [si]quis Ju 689. [quo]que G 1029. E 199. relinqunt N 360. sequntur Jo 152. tesera Jo 148. transit (-iit) Gs 37. cf. ueluti uenatibus (nelut in u.) Gs 824.

Single letters are doubled, especially at the end or beginning of words.

Aegyptia [ad]ducitur G 512. aper[i]it Jo 310. a[s] simili G 593. caepti[s] sibi Ju 216. caessos Jo 288. cassum E 380. Ju 27. 56. 228. ereterrae (craterae) E 1103. deturpa[t] tuum Ls 77. dispersi[t] trepidare N 581. exossa Jo 254. macie[s' subiungere G 1194. oppositi[s] secum G 602. primaeui[s] sublimem G 175. quo[d] deinde G 1402. recussos (-us) E 885. rotat [t]ripas Ju 221. septeuo[s] seruanda E 1032. sub[i]it G 186. tenui[s] solamine E 930. uaria[s] suspendunt G 20.

In the schools of Gaul when Gaul was the chief representative of Latin civilisation, we may trace three tendencies: that of Sidonius Apollinaris, Ennodius, Venantius Fortunatus, which is essentially heathen, with a veneer of churchmanship; that, say, of Paulinus of Nola[1], which, while introducing a new

---

[1] See ep. 16 (38) to Iouius § 6 "omnium poetarum floribus spiras, omnium oratorum fluminibus exundas, philosophiae quoque fontibus irrigaris, peregrinis etiam diues litteris Romanum os Atticis fanis imples. quaeso te. ubi tunc tributa sunt, cum Tullium et Demosthenem perlegis? uel iam usitatiorum de saturitate fastidiens lectionum, Xenophontem Platonem Catonem Varronemque perlectos reuoluis; multosque praeterea, quorum nos forte nec nomina, tu etiam uolumina tenes? ut istis occuperis, immunis et liber; ut Christum, hoc est, sapientiam Dei, discas, tributarius et occupatus es. uacat tibi ut philosophus sis, non uacat ut Christianus sis." § 7 "esto Peripateticus deo, Pythagoreus mundo; uerae in Christo sapientiae praedicator et tandem tacitus uanitati, perniciosam istam inanium dulcedinem litterarum, quasi illos patriae oblitteratores de bacarum suauitate Lotophagos et Sirenarum carmina, blandimentorum nocentium cantus euita." § 11 "patior ex copia tibi in nostris quoque studiis possidendam philosophorum facundiam, dum aduersam ueris desinas amare sapientiam. . . . . mitte illos semper in tenebris ignorantiae uolutatos, in contentionibus cruditae loquacitatis absumptos et altercatione uesana cum suis

Pantheon of locally powerful saints into the Church, jealously guards its pupils from contamination by the Gentile classics; and that of the wiser, more truly catholic teachers, such as Sulpicius Severus (in his *chronica*), Claudius Marius Victor, Hilary, Alcimus Auitus, and our Cyprian, who, while borrowing from the Roman models their language, their taste and examples of primitive virtue, endeavour to create a reformed literature, not ashamed to draw its inspiration and topics from Hebrew and Christian tradition. Like divisions have existed in the Church from the first; if Jakob Bernays[1] had lived to publish his history

phantasmatis famulatos, semper quaerentes sapientiam et numquam inuenientes, quia quem nolunt credere deum, intellegere non merentur. tibi satis sit ab illis linguae copiam et oris ornatum, quasi quaedam de hostilibus armis spolia cepisse, ut eorum nudus erroribus et uestitus eloquiis fucum illum facundiae, quo decipit uana sapientia, plenis rebus accommodes: ne uacuum figmentorum, sed medullatum ueritatis corpus exornans, non solis placitura auribus, sed et mentibus hominum profutura mediteris."

[1] See Bernays Abhandlungen, Berlin 1880, I 192—296, 'Ueber das Phokylideische Gedicht,' e.g. p. 192, of the 16th century: "die Richtung der Zeit ging recht ernstlich dahin, die Jugenderziehung auf eine Vereinigung biblischer Glaubens- und Sittenlehre mit klassischer Reinheit der Form zu gründen," p. 196 Scaliger's proof that the author could not have been a heathen led to the neglect of the poem: "Da der unbekannte Verfasser unter keinen Umständen noch für einen Anbeter des Apollon gelten konnte, so schien es sehr gleichgiltig, ob man ihn schliesslich für einen Bischof oder für einen Rabbi anzusprechen habe. Hatte man doch nach und nach verzichten müssen und im achtzehnten Jahrhundert vielleicht nicht ungern verzichtet auf die enge Vereinigung classisch-philologischer und geschichtlich-theologischer Studien, welche Scaliger und der ihm nahestehende Gelehrtenkreis erstrebte und erreichte." p. 252 speaking of Selden's *de iure naturali et gentium iuxta disciplinam Hebraeorum*: "ein würdiges Denkmal der Ehrfurcht vor dem alten Testament, von welcher Englands beste Männer zur Zeit ihres Freiheitskampfes sich durchdrungen hatten." In vol. II 80—200 is an essay on the chronicle of Sulpicius Severus. This is a very valuable contribution to the literary history of Gaul. p. 195: "seit dem Jahre 1711, in welchem noch ein Leipziger Buchhändler es der Mühe werth fand, auf die Trägheit der Jugend durch Zurichtung der Chronik *ad modum Minellii* zu speculiren, ist nach und nach das Andenken an das einst so beliebte Schulbuch bei den Jüngeren völlig und bei den Aelteren fast völlig erloschen. Um so weniger behindert durch die Befangenheit, welche einem richtigen Urtheil über Schulautoren im Wege zu sein pflegt, konnte der vorstehende Versuch das Mangelhafte wie das Gute der Chronik bezeichnen und ihren zwar bescheidenen aber doch bedeutsamen Platz bestimmen in der Reihe derjenigen Schriften, welche hervorgerufen sind durch *die grosse, dem Menschengeschlecht aufgegebene Arbeit, die Bibel mit der griechisch-römischen Bildung zu vereinen.*"

of scholarship, he would have shewn in detail how necessary is the union of classical with sacred philology for the well-being of both. In Africa we have Tertullian proclaiming war to the knife between the Church and the University:

praeser. 7 f. quid ergo Athenis et Hierosolymis? quid academiae et ecclesiae? quid haereticis et christianis ?......uiderint qui Stoicum et Platonicum et dialecticum Christianismum protulerunt.

while on the other hand Clement of Alexandria borrows freely from Musonius and other philosophers, even as Justin had recognised in Socrates and Plato a preparatory function akin to that of Moses and the Prophets. What Bernays did for Phokylides and Sulpicius Seuerus, needs to be done for Philo and Josephus, for the fathers and their successors even to our day. Mr Goldwin Smith, who deserted the pursuits of philology because the vein was exhausted, may be reassured. Only not everything is crying aloud for discoverers in this special field, which is but one of many needing labourers to gather in an abundant harvest. The very names Origen, Eusebius, Gregory of Nazianzus[1], Basil[2], Jerome, Augustine, Ambrose, Lupus, John of Salisbury, Peter of Blois,—to take a few at random— suggest a multitude of unsolved problems. Lachmann prophesied[3] that the mss. of the Vulgate would be fruitful of

---

[1] Greg. Naz. or. 43 (20) 11 (funeral oration on Basil), commends learning as the chief human good, and not sacred learning only, ἀλλὰ καὶ τὴν ἔξωθεν, ἣν οἱ πολλοὶ Χριστιανῶν διαπτύουσιν, ὡς ἐπίβουλον καὶ σφαλερὸν καὶ Θεοῦ πόρρω βάλλουσαν, κακῶς εἰδότες. Nature is not to be despised, because some have worshipped God's works instead of the Maker... οὕτω καὶ τούτων τὸ μὲν ἐξεταστικόν τε καὶ θεωρητικὸν ἐδεξάμεθα· ὅσον δὲ εἰς δαίμονας φέρει καὶ πλάνην καὶ ἀπωλείας βυθόν, διεπτύσαμεν· ὅτι μὴ κἀκ τούτων πρὸς θεοσέβειαν ὠφελήμεθα, ἐκ τοῦ χείρονος τὸ κρεῖττον καταμαθόντες καὶ τὴν ἀσθένειαν ἐκείνων ἰσχὺν τοῦ καθ' ἡμᾶς λόγου πεποιημένοι. οὔκουν ἀτιμαστέον τὴν παίδευσιν, ὅτι τοῦτο δοκεῖ τισιν· ἀλλὰ σκαιοὺς καὶ ἀπαιδεύτους ὑποληπτέον τοὺς οὕτως ἔχοντας, οἳ βούλοιντ' ἂν ἅπαντας εἶναι καθ' ἑαυτούς, ἵν' ἐν τῷ κοινῷ τὸ κατ' αὐτοὺς κρύπτηται καὶ τοὺς τῆς ἀπαιδευσίας ἐλέγχους διαφράσκωσιν.

[2] Basil's tract 'ad adulescentes, quomodo possint ex gentilium libris fructum capere' (II 173ᵉ seq.), founded as it is in great measure on Plutarch, and recommending the study of ancient ethics, may serve to remove prejudices. Students of philosophy, of all men, will neglect at their peril the chief fathers of the church. Look at Gataker's Antoninus.

[3] Stud. u. Krit. 1830, 822 (kl. Schr. II 254): "Aus so alten Handschriften, die mir von mehreren Ort n freundlichst gewährt worden sind, habe ich die

results for students of Latin. The labours of Rönsch and Paucker (both of whom have gone to their rest, leaving their work incomplete) have confirmed Lachmann's sagacity, whose great superiority to most scholars of his time is certainly in part due to the catholicity of his taste. Like his pupil Moritz Haupt, he devoted a large share of attention to later writers, even down to the middle ages. Every one who is familiar also with the great commentators of the 16th and 17th centuries, must have observed that they are at home in the whole range of ancient letters, and do not, as too many have done for the last hundred years and more, fence off one half of Latinity with the notice: *Christianum est: non legitur*. On this point I can fortify the opinions which I have long held, and which lead me by preference to consult always the older commentators[1], by the verdict of Lucian Müller (Nonius II, Lips. 1888, 332):

After speaking of the benefits conferred on modern Europe by the civilisation of Rome. "Quae cum ita sint, quod aiunt artes liberales non odisse nisi ignarum, idem potest dici de litteris latinis. Ne ipse Mommsenus, ferocissimus ille cultus humanitatisque Romanorum contemptor maximeque omnium Ciceronem comitiis et, quae ipsi uideantur, facetiis arripere solitus, etiamnunc per Holsatiae suae uastissimas erraret siluas glandibusque et siquid hoc deterius uesceretur, nisi Romani fuissent et Cicero."

"Praeterea qui a libro Nonii oculos in nostros deuerterit commentarios, insigni afficietur et commodo et uoluptate ac mirifice excoletur ingenio, cum in quauis fere pagina uidere sit nomina summorum et immortalitatem merito adeptorum saec. XVI et XVII doctorum, neque nostri temporis lit-

Vulgata bedeutend verbessert, und ich denke sie mit den *alten* Varianten in einer grösseren Ausgabe nebst dem griechischen Apparat abdrucken zu lassen, wie es auch Bentley wollte. Für einige Theile des Neuen Testaments bedarf ich indess noch mehrerer Handschriften. Vorsteher von Bibliotheken, die meiner Bitte um Unterstützung Gehör geben, fördern dadurch ein Werk, das für die Kritik des Neuen Testaments und für die Kenntniss der lateinischen Sprache gleich erspriesslich ist."

[1] Compare, to name only Englishmen, Gataker and John Price, Bentley and his friends Joseph Wasse and John Davies, with most of their successors. Some of the best critics of later times, as Drs Routh and Frederick Field and Jacobson, are unknown to most of our classical teachers, simply because they deal with patristic Greek. Palaeography, indifferent to the evidence of the Bible and Fathers, commits suicide. If Porson always had Wetstein on his table, be sure that he had good reason for his choice.

teratorum iniciatur memoria, nisi ubi commenta eorum non indigna sunt uisa uiris illis."

(Again)..."antiquis illis criticis, quos omni ueneratione colere numquam desinemus."

Before I leave this subject I must acknowledge the great advance which patristic studies have made of late years in France and Germany, as well as in this country. Migne's vast patrology made the texts readily accessible; Teubner's *bibliotheca*, the Vienna library of the Latin fathers, and the collection of monuments of the history of Germany, will form a lay school of ecclesiastical philology. The histories of Roman literature give much greater space to later authors than they did thirty years ago. Lexicographers also, especially Georges and the contributors to Wölfflin's *Archiv*, are fast filling up the gaps in the Latin vocabulary. In England many articles in the dictionaries of Christian biography and Christian antiquities mark a distinct advance; Dr Pusey devoted his substance and unwearied industry to the publication of originals as well as translations: the apostolic fathers and St Paul have received exhaustive treatment from Bp Lightfoot; Bp Wordsworth and his friends are paving the way for trustworthy editions of the Old Latin and the Vulgate; last not least, Oxford has undertaken a really new Ducange and a concordance to the LXX.

If we would hasten the advent of a sober and a healing philology, whose silent light will be more effectual to dissipate the falsehood of extremes than any stage thunder of a *Culturkampf*,—if we would be for our days what Erasmus and Scaliger and Casaubon were for theirs,—we must hold fast the catholic rule, *quod semper, quod ubique, quod ab omnibus;*—not merely living, as Cobet told me that he did, in daily communion with the past masters of emendation, Bentley, Hemsterhuis, Ruhnken, Porson, Dobree,—but also with international, interconfessional largeness of charity seeking instruction from every quarter and from lesser lights. Bryennios startled the world some years ago by the proof that the despised Greek church has something to teach her Western sisters. The survey of Eastern Catholicism in the comprehensive tract *Katholisch oder Jesuitisch* by my honoured friend, Hase's worthy successor, Friedrich Nippold (Leipzig 1888), will shew that Bryennios by no means stands alone. The Μελεταί of Demetriades Kyriakos (Athens 1888), dedicated "to the great German theologian Karl Hase", prove that the University of Athens is becoming for the Greece of the nineteenth century, what Wittenberg was for Western Europe in the sixteenth. Nippold's concluding essay, 'Die Zukunftsaufgabe der interconfessionellen Forschung', addressed to Döllinger in language evidently springing from the heart, opens out a prospect of ever widening intercommunion between the long-severed members of the one mystical body. He thus takes leave of his Mentor (p. 213):

Unter dem Vielen, was der Unterzeichnete Ihrer reichen Anregung verdankt, steht dieses "Wachset in der Gnade und in der Erkenntniss unseres Herrn Jesu Christi" in vorderster Reihe. Gestatten Sie mir darum auch vor der Oeffentlichkeit mit dem Ausdruck der kindlichen Verehrung zu schliessen, mit der ich verbleibe Ihr dankbarer Schüler.

As one small contribution to interconfessional comity I offer these pages, heartily thanking Cardinal Pitra not merely for an interesting occupation, but still more for the opportunity —to me a glad surprise,—of demonstrating that in many things a protestant, revering the Reformers next to the Apostles, may yet conscientiously cooperate with spiritual subjects of Rome. For myself I would as soon submit to the *Germania* or *Univers* as to any print claiming to speak for England's church; and so I rejoice to know that for much of what we censure in Vaticanism, individual Romanists, being powerless to hinder it, cannot with justice be held responsible. On both sides of the line friendly intercourse—*in dubiis libertas, in omnibus caritas*— will remove unworthy prejudices; and there is much common ground where each may learn from the other without disloyalty to principle.

By what standard shall we judge an *editio princeps*? Some few *anecdota* indeed burst on the world like Athene, full-grown, equipped with all the panoply of scholarship. But it will be disastrous to the cause of learning, if publication is to be forbidden to editors lacking the training, say, of Henry Savile, or Jakob Bernays, or Hermann Usener, or Valentine Rose, or

Bryennios. Most of our pioneers have ever been too eager to communicate their discoveries to elaborate *nonum in annum* the treasures they have found. If Cardinal Pitra leaves much for his successors to do, he only treads in the steps of the Benedictines and of Angelo Mai. Had he brought to light nothing but Macarius Magnes, the apology of Commodian, the commentaries of Theodore of Mopsuestia, and our Heptateuch, he would have won an abiding remembrance in literary history. In his *prolegomena* he takes us with him on his journeys, as when (*Spicileg. Solesm.* I VI) Cureton shows him 500 Syriac mss, and on his calling for Irenaeus, copies two new fragments with his own hand; then (p. VII) the Mechitarist Gabriel Aïzavouski procures an Armenian ms.; Daremberg and Renan another Syriac ms., which Renan translates. At Middle Hill he meets with a kindred spirit (p. XVII):

Innumeros inter codices Mediomontanos, quos eruditus et cl. V. Thomas Phillippsius tam incredibili diligentia quam munificentia uere regia collegit, nec adeo religiosus tot opum custos et sospes, quin pari cum humanitate ad eas liberalissimum concedat accessum, ipse optimus Vir, mihi praeter omnem modum beneuolus, sub oculis posuit uetustissimum quendam codicem inuestigandum.

The arguments by which Pitra established Commodian's claim to the apology, are worthy of the most cautious of critics. But I tear myself from the fascination of these *prolegomena* and pass to the *Analecta* of 1888.

In the preface Pitra contrasts the texts of the classics, purified by the labours of generation after generation during four centuries, and the patristic writings, many of which are in the same state as when first issued.

P. v. Il faut réunir la tradition et l'art ; nos Pères seront classiques quand on leur donnera des éditions vraiment telles.

P. x. Pitra did not publish the whole heptateuch at once because he hoped (in vain, as the event proved) to discover another more complete ms.

On s'est plaint que nous n'ayons pas tout publié d'abord. Nous avons été arrêté par ces lacunes et par l'espoir, désormais déçu, de les remplir en rencontrant un nouvel exemplaire. Nous devons nous décider à présenter la restitution conjecturale des cent-vingt vers mutilés.

In p. 145, speaking of the commentaries of Theodore of Mopsuestia, Pitra replies with spirit to the irresponsible critics, who offer no handle to criticism, simply because they publish nothing:

> cum nonnulli, qui numquam penna peccant quia nihil scribunt, horum commentariorum editorem carpere uoluerint, post longum annorum fere quinquaginta silentium, liceat eundem adducere cl. u. Halensem[1], uniuersitatis lumen ac magistrum, ea scribentem quae minus ad priuatum hominem quam ad publicam et elegantem litterarum historiam pertinent. "Anno secundo istius lustri, monumentis ueteris ecclesiae supra spem repertis felicissime, J. B. Pitra ordinis Benedicti monachus doctissimus magnum numerum ueterum librorum maxime ecclesiasticorum edidit, quin et plures promisit. quos fere omnes nondum notos bibliothecas gallicas, italicas, belgicas, britannicas, saepissime perquisitas, denuo et diligentissime perscrutatus inuenit, collectaque summa opera criticaque arte haud spernenda disposuit, emendauit, illustrauit. itaque cum his omnibus tam bene curatis laudem ordinis sui, libris et confectis et detectis clarissimi, suis ipsius meritis mirum quantum promouerit, hoc tamen optime de theologis meritus est, quod ueterrimi cuiusdam auctoris commentario de Pauli apostoli epistulis minoribus publici iuris fecit[2]."

Remember that while in the 16th and 17th centuries, as in the fourth, fifth, and sixth, Frenchmen stood in the very van of the classical host, in this century, until lately, many causes have concurred to hinder the most enthusiastic student from becoming an exact scholar in any French school, secular or religious.

Hear the testimony of a most capable witness, Connop Thirlwall (*Letters*, 1881, 109 110, to Bunsen, Trin. coll. 10 Oct. 1833, on the *Philological Museum*):

> This apparent want of a market for the only work of this kind at present existing in England is particularly mortifying to those who have set it on foot, because though during the last twelve months peculiar

---

[1] '*Theodori episc. Mopsuesteni commentarii nuper detecti De epistula ad Philippenses scripta capita duo* pro loco in ordine theologorum Halensium rite obtinendo disposuit, emendauit, edidit J. L. Jacobi. Halis 1854.'

[2] Dr Swete, in both volumes of his edition of Theodore, mentions Pitra's promise to send him notes of a ms. at Ghent. Pitra explains his inability to fulfil the engagement *Analecta* pp. 116—7: 'Interim detecto tertio codice Arundeliano, nouus intercessit editor Anglus, cl. u. H. B. Swete, quem monui de altero codice. sed aegerrime tulit idem me non potuisse digito monstrare codicem Belgicum in priuata bibliotheca religiosissime sepositum, neque meas communicare schedulas, multa inter itinera penitus amissas.'

accidents occasioned an extraordinary scarcity of contributions, those causes have now ceased, and there is every reason to think that the work, if it was allowed to proceed, would become more valuable and be better conducted than it has been. From another point of view there will be still stronger motives for regretting its cessation. For it was an effort made, not without urgent need, to rouse the interest of educated persons for ancient literature and the various subjects connected with it. The excitement produced in the public mind by the events of the day may undoubtedly have had a share in deadening this interest, and so far there may be hope of seeing it revive. But I cannot help thinking that we are in great danger of sinking into that state of general confirmed indifference to this branch of knowledge which the revolution and the system of Napoleon have produced in France, where, I believe, a taste for it is generally considered as a kind of fancy not much more respectable than that of a bibliomaniac, and as an indication of a somewhat weak head. It is true that we can never come to this point so long as the study of the ancient languages continues to form a part of what commonly passes for liberal education. But it is by no means certain that this will always be the case, and I am afraid that symptoms may be discerned of a growing tendency towards the opinion that such studies are frivolous, or at least of very slight importance. I do not know whether in Germany it would be possible to meet with an educated man capable of thinking and saying that the value attached to the classical languages was a mere fraud practised on the credulous by those who found it their interest to keep up the price of a worthless commodity which they happened to possess. We sometimes hear such opinions in England from persons far above the rank of Jack Cade.

Those who have followed the controversy raised nearly forty years ago by the *Ver Rongeur*[1] of the Abbé J. J. Gaume ('the gnawing worm' of the heathen classics, on whose devoted shoulders was cast the burden of all the prevalent irreligion and immorality) will allow that for a churchman, like Dom Pitra O.S.B., it was as difficult, as from opposite but not less deep-rooted prejudices it was for a man of science like M. Littré, to devote themselves to ancient learning. Let us who benefit

---

[1] The rapid professional advancement of this obscurantist proves that his views were regarded with favour by his superiors. See Le Ver Rongeur des sociétés modernes ou le Paganisme dans l'éducation. Paris, Gaume 1851. Lettres à M. Dupanloup sur le Paganisme dans l'éducation. ib. 1852. Dupanloup had to defend his more liberal discipline from the tyranny of the infamous *Univers* (Lettre sur l'emploi des auteurs profanes, dans l'enseignement classique. Saint-Brieuc, Prudhomme. 1852).

by his labours, give him a generous welcome, and other French churchmen may be encouraged to emulate his example.

The joy which all scholars must feel at the new 'renascence' in France, cannot be better expressed than in the words of Cobet (*Revue de Philologie* II, 1878, 188):

C. G. Cobet, Viro cl. Ed. Tournier, S. P. D.

Renata esse et tam laeta florere in Gallia seuera litterarum ueterum studia, uir clarissime, cui huius laudis pars magna debetur, nemo est qui magis ex animo gaudeat quam ego me gaudere sentio. per multos annos dolui et hunc animi dolorem nonnumquam libere significaui, iacere in Gallia et in Italia illas artes, quibus olim omnes reliquos populos superabant. sed repente lux affulsit et omnes intellexerunt oppressa magis quam exstincta esse felicia acutorum hominum et populorum ingenia litteris antiquis ornandis et illustrandis nata. Gallia, quae Henricum Stephanum et Isaacum Casaubonum et Henricum Valesium tulerat, quos etiam nunc μωμήσεταί τις μᾶλλον ἢ μιμήσεται, excusso uelut lenitatis eiusdam et inertiae ueterno, ut in Aristophanis comoedia ὁ Δῆμος, resipuit et simul cum robore uirili iuuenilem ardorem recuperauit. itaque cum res magnas et praeclaras, quas nunc agit et peragit, admirabundi spectamus, succurrit illud Horatianum: *merses profundo, pulchrior euenit.* hoc animo, praestantissime Tournier, ut ostendam quanti te ac tuos ciues faciam et quantum uos amem ac diligam, uisum est hanc epistulam ad te mittere.

The French edition of Chancellor Christie's classical life of Dolet proves that our neighbours are not indifferent to English recognition of their ancestry. Mark Pattison's Casaubon will surely not be allowed to remain inaccessible, now that the first volume of his essays has reminded us once more of his exemplary and nearly unique command of the history of letters. And our own country will repay the like reverent care. Hardly any one has worked honestly in the classical field, but has made some real contribution to knowledge. What interesting books for example, might be written on foreign scholars naturalised in England; on our patristic and Semitic studies; on the history of Latin and Greek verse composition[1]; on the collections of verses published on public occasions by the two universities; on the international and interconfessional relations of English scholars;

---

[1] Here authorities *pro* (as Ritschl, Copleston), and *con* (as Locke, and alas Milton, Thirlwall) should be placed in the witness-box; also the involuntary confession of false quantities perpetrated by critics (as Bergk, Heinrich, Madvig) whose ear was never drilled by school exercises.

on the blind and cruel folly of teaching language through the critical eye alone, not through the quickening voice. Remember what Plato says (Phaedr. 275ᵃ sq.) on the danger to memory and attention of implicit reliance on written characters. Learn a living tongue out of books alone, and you kill it; send a dead one by way of the ear to the brain, and you give it life. There is hard, sober sense, as well as beauty and feeling, in the lines of Tollens *aan mijne verzen*, which begin and end thus:

> Zielloos staat gij, levenloos,
> Zonder klem of zwier,
> Zangen, uit mijn hart geweld,
> Op het koud papier.
>
> . . . . . .
>
> 'k vraag terug, van elk terug,
> Wat mijn kunst ontviel,
> 't is de nadruk van den toon,
> De afdruk van de ziel.
>
> Wie te traag, te loom van bloed,
> Adem heeft noch stem,
> Roer mijn koude zangen niet,
> Zij zijn dood voor hem.

I had intended briefly to defend Shrewsbury school, which Dr Huxley, I am informed, has piously assailed to the glory of one of its *alumni*, the late Mr Charles Darwin[1]. This task I gladly make over to a better furnished witness, Bishop Butler's grandson and namesake, who is engaged upon his life and correspondence. Arnold's biographer cast a glamour about Rugby, which must be dispelled; even yet we need to be reminded that Agamemnon was not first of the brave. To judge Matthew Raine, for instance, by his pupils, he was a prince of schoolmasters: who will set him before us in his work? Some account of Dr Butler may be seen in my edition of Baker's history of St John's, published twenty years ago. This and the old question, *Quis vituperavit?* may suffice here in answer to Dr Huxley. None but a scholar can intelligently

---

[1] Flushed with victory, Dr Huxley, it seems, like Jephthah and Marius, must have victims to grace his triumph; like Achilles (Aeneas) he cannot appease the *Manes* of Patroclus (Pallas) without a holocaust: *vinxerat et post terga manus, quos mitteret umbris | inferias, caeso sparsurus sanguine flammam.*

criticise such a nurse of scholars as my old school: *A modest, harmless, inoffensive man Will not insult her: and no other can.* If it is true that Dr Huxley sentences the Cambridge of Darwin's time to the same condemnation as the Shrewsbury, a glance at the University Calendars of the period will enable anyone to take measure of the late P.R.S. as a historian of science. In the notes to Roger Ascham's *Scholemaster*, and again in the first edition of my *First Greek Reader*, I collected some denunciations of classical studies from the *obscuri uiri* of the 16th century and from 'philosophers' and Puritans of the 17th, ending with the ingrate, Mr Robert Lowe. Who will hunt the trail of this bigotry down to our own day, shewing Ultramontanism, 'Science'[1], and the modern Puritans who excommunicate both, united in one common hatred of that 'humanity' which is needed to make good the shortcomings of each and all?

For my summaries in this advertisement I have grouped the facts presented by the printed texts, not by the texts as revised. My conjectures were almost all made in the space of six weeks, and as I approached the goal, I learnt to tolerate many licences which at the outset seemed indefensible. Now the glow of composition has cooled down, and I no longer feel a parental fondness for my offspring[2].

Quintil. x 4 2 nec dubium est optimum esse emendandi genus, si scripta in aliquod tempus reponantur, ut ad ea post interuallum uelut noua atque aliena redeamus, ne nobis scripta nostra tamquam recentes fetus blandiantur.

My chief hope that Cardinal Pitra and Dr Peiper, and others who take an interest in the Heptateuch, may derive

---

[1] i.e. *Scientia furiosa*, militant and hectoring, as of the prize ring, not peaceable and humble, as of Newton, and Newton's successor, of Barrow, Ray, Kepler. A young adept, rumour whispers, proscribes the 'prostitution of Science', in connexion with a high office. Surely, here is an error of date. Envy itself must allow that the *present* President of the Royal Society upholds the dignity of his chair. The non-descript meetings of the British Association, half academy, half picnic, have much to answer for.

[2] In a few cases I have introduced by conjecture what would be impossible in the golden or silver age; thus *diuinitus*, on the analogy of *oratores*; *triduo* and *biduo* as disyllables or (cf. Sedul. v 211) as anapaests.

some profit from my pains, is founded on the testimony of a witness beyond suspicion, namely C. In a large proportion of the readings for which I cite this ms., I had already made the emendation, before I knew that it had any authority. Many other changes are certain, but amount to no more than corrections of *errata*. Cardinal Pitra's printers or readers are less trustworthy than those of the Pitt Press, and he is 77 years old, an age when most men have retired from active work. If his own eye never attained the sure precision of Porson's or Cobet's, who shall first cast a stone at him? I shall be abundantly rewarded if my friends Professors Kuenen at Leyden and Reusch at Bonn, and others nearer home, welcome my work as bearing on Diestel's theme, the history of the Old Testament in the Church; if editors of Lucretius, Vergil, Horace, Ovid, Lucan, Persius, Juvenal, Iuuencus, Claudian, glean some scattered ears for their *apparatus criticus*; if lexicographers[1], as Professors Georges in Gotha, Woelfflin in Munich, Nettleship[2] in Oxford, can enrich and perfect their collections by my aid; if, lastly, any new light is here thrown on a single reading of the Old Latin version, or on its survival side by side with the Vulgate.

I have to thank the Syndics of the Pitt Press for their liberality in undertaking a publication, which necessarily appeals to a very limited audience; and the Master and Council of Trinity College for allowing me to make free use of C; and Mr H. D. Darbishire, Scholar of St John's College, for compiling the index.

JOHN E. B. MAYOR.

St John's College, Cambridge,
6 *April* 1889.

---

[1] The Heptateuch is cited in lexx. under the names Tertullian, Cyprian, Iuuencus. It is to be hoped that Peiper will give a double numeration, the old and the new, or it will be impossible to verify citations by his text.

[2] Some notes, bearing the initials H. N., are due to my friend and colleague.

BENJAMIN HALL KENNEDY.

On the 6th of April, when I was writing the above, there had just entered into his rest my old master and late colleague, and friend of half a century. Having a little space at command, I gladly add a few words to what has been already said of him[1].

In the first place, Shrewsbury school owed nothing to costly apparatus. No professional trainer directed the sports in the field or on the river; no examining staff from outside controlled the teaching; after dusk even the highest boys were summoned from their studies to the 'head-room,' where they had to write their exercises as best they might, in a crowd. The difficulties in their pursuit of knowledge only served to fix and concentrate their attention on the work in hand. No boy ever questioned the competence or perfect fairness of the Doctor's awards. Long experience of university examinations has proved to me more and more that our boyish confidence was not misplaced. Even in this very year, a few weeks before his death, the Greek Professor displayed all his old unerring sagacity, and a youthful enthusiasm, in selecting the best candidates for the scholarships and medals.

I was making my way to the cemetery on Friday April 12. with two old Salopians, when one remarked: 'I often think

[1] See the dedication to Munro's Lucretius, and Munro's memoir of E. M. Cope, prefixed to Cope's edition of Aristot. rhet.; also an admirably graphic character, drawn by a loyal hand, in the *Times* of 9 April 1889, reprinted in the *Guardian* of April 10, and the *Cambridge Chronicle* of April 13. The *Record* of April 12 may also be consulted. In *Between Whiles*, ed. 1, there is a memoir of Mr Rann Kennedy, which throws much light on his son's success.

what an amount of liberty we upper boys had, what an abundance of time at our disposal.' This is true; there were in each week three half-holidays of right; good exercises, written out in 'The Play-Book[1],' always purchased a fourth, sometimes a fifth; university distinctions also helped to ransom us; often the Sixth Form went into school but one afternoon out of six: yet nowhere was more work done. It was taken for granted that our progress was our own chief concern. The idlest boys, and the dullest, must see the value of brilliant composition, when it won for a whole class a free afternoon. The coin must have some intrinsic worth to pass current at so high a rate. I was one of many who read far more out of school, for our own improvement, than we did for the set lessons of the half-year. I learnt to keep a common-place book, to make commentaries on every author I took up, to form original collections on points of history, grammar, lexicography etc. I bought for myself, and perused carefully, such books as Joseph Butler's and Richard Hooker's works. The Doctor knew nothing of my private studies, for I never asked his advice, nor did he obtrude it. But he *did* pass sentence, hundreds of times, with no faltering tongue, on my public utterances, and on all others, so that our taste was insensibly moulded on his. Try a sample, *ex pede Herculem*. Somewhere about 1841 or 1842 the Doctor was taking a lower form. A. S. Male,—a gentle, pure soul, who wrote enthusiastically about his old master at the time that the portrait now in St John's hall was to be painted, and who passed away before that master,—was construing: *ora manusque tua lauimus, Feronia, lympha*. No sooner had he blurted out: 'We wash our hands and countenances,' than he was

[1] Once in transcribing a set of verses I inadvertently began at the top of the page, leaving space for a few lines over leaf. I was sentenced to bring by the next lesson an epigram, on the lemma '*Valde deflendus hiatus*,' to fill up the gap. At another time the Doctor, after reading observantly the *Fasti*, became very intolerant of elision in elegiac verse. In a pert mood I introduced into my next copy a violent elision, citing in justification Catull. 68 90 *Troia uirum et uirtutum omnium acerba cinis*. Then in the last couplet, the words of which, except *delenda magistro*, I have forgotten, I bade my Muse be silent, and (in effect) *periturae parcere chartae*. The Doctor's only revenge was to write in the margin, *Quod ne fiat, lutee ipsa dele*, but the verses were accepted for the Play-Book.

pulled up short: 'What? what? what? Do you talk of washing your *countenance* when you get up of a morning?' Poor Male blushed up to the roots of his hair. The Doctor, to relieve his confusion, said in his friendliest tone: 'O, don't let me put *you* out of countenance, pray.' Years of lectures on style would not have had the effect that sallies like this, repeated from mouth to mouth, had throughout the school. We all knew that fine language would not go down with the Doctor; the plainest, homeliest, chastest dress in which we could clothe our thoughts, pleased him best.

One characteristic of the Doctor's manner was a common attribute of Cambridge during the first half of the century, viz. an absolute incapacity to offer hollow compliments. Long ago one who has proved himself a master of rhetoric, in proposing the health of his private tutor, complained that we do not encourage our pupils sufficiently, we do not ply the *Stab Sanft* of praise. As the party broke up, the tutor, who has achieved an honoured name, whispered in my ear, 'I really couldn't honestly promise him much; I was by no means sure that he would get a first class.' Any one who read with William Hopkins, or W. H. Thompson, or Richard Shilleto, or W. H. Bateson, knows that he was much more likely to hear their good opinion of himself indirectly, than from their own lips; whereas to his face they by no means stinted tart comments on his weak points. So at Shrewsbury. Each generation of the Sixth Form was alive to the virtues of its predecessors; in my time the moral of *sis memor atque animo repetas exempla tuorum* was pointed by such names as Cope, Munro, Gifford, Druce, W. G. Clark, W. B. T. Jones, James Riddell. We always understood as a thing self-evident that we were a degenerate race; the only chance for us was to make up by stubborn plodding for our lack of native power.

> *I*TER *incertum uix inradiat*
>   *fax Aonidum, lux Rationis:*
> *placidi nihil est nisi caelum.*
>
> B. H. K. *from* MOORE.

L'EMPIRE DE LA PHRASE.

En tout,—faites voir les choses dans leur vérité—: la vérité n'est pas si crue, si désenchanteresse qu'on le croit; la vérité en histoire détrônera quelques grands hommes, mais elle relèvera beaucoup d'hommes de bien. Là où est la force et le génie, elle nous montrera souvent bien des hontes. Mais là où est la vertu, elle nous fera voir, même dans la défaite et dans l'abaissement, bien de la grandeur. Si l'histoire est bonne à quelque chose, c'est à ceci: rectifier nos idées sur le présent par la connaissance du passé.

La phrase est le tyran de notre siècle. Si j'étais écrivain, si j'avais une force et une action quelconque, je voudrais lui faire la guerre. Nous sommes encore comme les Romains, sous l'empire de la déclamation. Peu philosophique et paresseux, notre siècle se paie de cinq ou six mots qu'il prend pour des idées, et sur lesquels il vit[1]. Tout ce qui circule d'idées fausses, tout ce qu'il y a de lieux communs menteurs et paresseux, tout cela originairement n'était que des phrases, des périodes sonores qui sont passées en idées, qui passent quelquefois en actions. Le premier qui a fait l'apologie du suicide ne pensait pas à se tuer, mais bien plutôt à être de l'Académie, ou à je ne sais quel autre honneur. Sa riche période a fait périr bien du monde.

CHAMPAGNY, Les Césars jusqu'à Néron
(Paris 1876) I 355—6.

---

[1] J'écrivais en 1840. Mais depuis, combien de fois la France n'a-t-elle pas été sacrifiée à un mot, en 1859, en 1866, en 1870, en 1873! J'écrivais en 1860 une petite brochure sur l'influence des mots dans la question politique où je n'ai été, par malheur, que trop véridique.

CONTENTS.

ADVERTISEMENT.

	PAGE
William Morel publishes Gen. 1—165, A.D. 1560	vii viii
„ „ „ „ „ 1564	ix
Account of William Morel	x—xii
George Fabricius publishes Gen. 1—165 A.D. 1564	xiii
Account of George Fabricius	xiv
James Sirmond knows 3 mss. of the Heptateuch	xiv xv
Edmond Martène publishes 1141 verses of Gen. A.D. 1733	xv xvi
Genesis reprinted by Arevalo A.D. 1792	xvi xvii
Pitra prints Ex., Deut., Josh., and fragments of Gen., Lev., Num., A.D. 1852	xvii—xxii
And Ju., with fragments of Lev. and Num. A.D. 1888	xxi
Dr J. A. Giles finds Trinity ms.	xxii xxiii
The authorship of Iuuencus long received	xxiv—xxvi
Lucian Müller divines (1866) that the author must have lived in Gaul, in the 5th or 6th cent.	xxvi—xxviii
The authorship of Iuuencus denied	xxix
Cyprian, third bishop of Toulon, the author;	
So L. Traube A.D. 1888	xxix—xxxi
„ Karl Schenkl A.D. 1888	xxxii—xxxiv
„ Rudolf Peiper, who has undertaken to e[dit] the poem, A.D. 1883	xxxiv
„ M. Manitius A.D. 1886	xlii
Manuscripts	xxxiv—xxxviii
Account of Cyprian	xxxix—xli
Recapitulation	xli xlii
Heptateuch follows Old Latin, rather than Vulgate	xliii xliv
Select vocabulary	xliv - xlvii
Orthography	xlvii xlviii
Metrical licences	xlix— lii
Transposition of verses, words or letters	liii
Double letters written once, single letters doubled	liv
Scholars and obscurantists in the primitive church	liv—lvi

CONTENTS.

	PAGE
Early scholars, and Lachmann, at home in the Bible and Fathers	lvii
Lucian Müller's testimony to the scholars of the 16th and 17th centuries	lvii lviii
Renewal of patristic studies	lviii
In the Greek church. Nippold and Döllinger	lix
Pitra's discoveries	lx lxi
Theodore of Mopsuestia	lxi
Decay of scholarship in France	lxi lxii
Gaume's *Ver Rongeur*	lxii
'Renascence' in France	lxiii
Work for scholars	lxiii
The written and spoken word	lxiv
Shrewsbury and Cambridge. *Quis uituperauit?*	lxiv lxv
L'Envoi	lxvi
Benjamin Hall Kennedy	lxvii—lxix
L'Empire de la phrase	lxx
Contents	lxxi—lxxiv
Errata	lxxiv

GENESIS.

	PAGE
sub-title	1
the Creation	2
Hartel, J. F. Gronov	4 8
transposition	6 7
hortus and ortus	6
astriger	7
domnus	8 26
verses supplied	9 21 25 52 66
alius = alter	10 103
Lamech slayer of Cain	12
age of the patriarchs	13
obiurgat, eur	20
praecelsus	22
repetitions by mistake	23
lines supplied by C	24 36 97
cerno	26
praenosco...functus	27
lacto, deuia	29
seorsus	30
puer = seruus	31 240 242
procuruo	32
platea	33
nitalia	34
procubus	35
altar	38
praediues	39
raucisonus	40
promptim	42 108
nec occuluit corda	43
lumen mentis	44
fluor	45
prosata	46
merecm	47
uice sermonum	50
magis conspectior	53
disrumpi...doctiloquus	54
regitiens	57
informis...cassus...reuiresco	58
praescius	59
regem efflagitat escas	60
proterreo...species	61
accisi...tum deinde	62
gutta	63
nirtus	64 241
praeuolo	66
quanti quot...distraho	67
Old Latin	68
inconcessus	69

SPICILEGIUM SOLESMENSE.

	PAGE
sub-title	71
the flesh-pots of Egypt	72

EXODUS.

innumerosa...mage	75
plausibiles natatus	77
rubus fem.	78
sublimo...praetrepidus	79
coram pedes...sequax	82
lampada...rimosus	83
acerbus for aceruus	84
horrisonus...puto	88
crinis...praetumidus	90
prouentus dicta secutus	91
coma	94
polenta pl.	96
congrege	97
absconsus	98
discito	99
uerbera	100
periuro...siris	101
transcribo	103
ignis edax...debilitas	104
lunata fronte...nendatur	106
lancino...stimulator	107
fidei	108
circes	109
praelucidus	110
aequa lance	111
cyclus...leuigatus	112
noctilucus	113
perdocilis	115
erecta ceruice...indutus	119
Auses	120
uulnificus	121
luminis ictus...sanctificus	122

JOSHUA.

legifer...terrificus	123
spartens...praeproperus	124
mitifico.. coitura cicatrix	125
proflo	127
pascere uisum	128
praeuidus...detrudo	129
conopea...arieto	130

	PAGE
colludia	133
lunaris...protelo	136
conterminus...supino	137
ducum fiducia	141 2
percongruus	142

LEVITICUS.

impostus...ninosus...buteo	143
obuncus...mutus and multus	144
fraudi...uindemitor...mendum	145
emitigo...coco	146
diligo...luctamen	147
arcesso...semuncia	148
noctiuagus...uerticis arx	149
pro captu	150
fusco...conlibitum	151
crinis	152

NUMBERS.

dragma...elimino	153
labrum...fibra	154
passum...mordax	155
abstentus...precatus	156
fatus.. miserator	157
uasa legit...ubertim	158
percupio...finis fem. dogma	159
obtentus...rabiosus...prophetalis	160
timori...abdient se...aenigma	161
illaesus...lapidosus...granatum	162
amburo...uentrosus	163
pepones...cucumeres	164
alia...praetrepido	165
procubus..	166
fimbria	167
enodis...infusco	168
multimodus	169
obliqui fremitu	170
cerastes	171
uitreus	172
perdoluit...cernuus	174
exigo ensem...relatus	175
dititicus	176
criniger	177
renudo	179
subluceo...lanugo	180

	PAGE
DEUTERONOMY.	
sanctificus...piceus	182
indeprensus...bifidus	183
parcite...debellate	184-5
acinus...infectus	187
melodus...poto	188
cretio	189
stelliger	190
ANALECTA.	
sub-title	191
Ehud and Eglon	192
JUDGES.	
perfurit	193
phoenix	194
proterreo	196
scrupeus	197
diuiduus...pignus	198
idolatry	199
congemuit...solamen	200
cluentem...grando	201
dono...anceps	202
uentris onus	203

	PAGE
two Shamgars	204
adclinis	205
culta...iactus...quisque	206
a rege secunda	207
dulcisonus...nomen numen	208
famemque ferrumque	209
flammo...pruinosus	210
frumentum	212
occodum = Succoth	213
liuor edax	218
caprigenus...patres	221
per singula...rugitus	222
noscito...lacto	223
stuppeus	225
attactus...proflo...adumbro	227
LEVITICUS.	
testeus...uoti reus	233
ADDENDA.	
soceri	240
uiuere recte	241-2
nubs	243

	PAGE
Index	247-268
P.S. dedicatory to the brethren of Solesmes	269
Death of Cardinal Pitra	270

ERRATA.

Page 14 l. 11 *for* 314 *l.* 315.

„ 57 l. 11 Mr Darbishire reminds me of Aen. II 786 *Grais seruitum matribus* ibo. See also Claud. r. P. II 264. I argued from the silence of Neue and lexx.

„ 56 l. 7 *for* 1415 n. *l.* 1415.

„ 27 l. 29 *for* 1998 *l.* 1198.

„ 76 l. 33 *for* 1125 *l.* 1128.

„ 199 l. 22 *for* 1063 *l.* 1064.

„ 215 l. 17 *for* Judges 10 2 *l.* Judges 10 1.

„ 234 l. 6 *nonnumquam l. non numquam.*

GENESIS.

1—165 (*first published by William Morel 1560*).

PRINCIPIO DOMINVS CAELVM TERRAMQVE LOCAVIT

to

TORPIDVS VT MVLTO COLLIDENS MEMBRA TREMORE.

166—1441 (*first published by E. Martène 1733*).

c. 9 10 (*54 verses first published by Pitra in the Spicilegium Solesmense, 1852*) see below.

THE CREATION.

PRINCIPIO dominus caelum terramque locauit:
  namque erat informis fluctuque abscondita tellus
inmensusque deus super aequora uasta meabat.
tum chaos et nigrae fuscabant cuncta tenebrae.
5 has dum sidereo disiungit cardine, fatur:
LVX FIAT, claro et nituerunt omnia mundo:
cum dominus primi complesset facta diei,
condidit albentem nebulis nascentibus axem.
accipit inmensus errantia litora pontus,
10 multiplices rapiens ualidis cum tractibus amnes.
tertia lux faciem terrarum fulua retexit.
arida mox posito narratur nomine terra.
florea uentosis consurgunt germina campis
pomiferique simul procurrunt bracchia rami.
15 quarta die generat solis cum lampade lunam
et stellas tremulo radiantes lumine fingit.
haec elementa dedit subiecto insignia mundo,
tempora quae doceant uarios mutanda per ortus.
quinta die accipiunt liquentia flumina pisces
20 et uolucres uaria suspendunt corpora penna.
sexta pater gelidos in spiras lubricat angues
quadripedumque greges totos diffudit in agros,
cunctaque multiplici mandauit crescere passim
germine et inmensis errare et pascere terris.
25 haec ubi constituit diuina potentia iussu,
rectorem inspiciens mundanis defore rebus
haec memorat: HOMINEM NOSTRI FACIAMVS IN ORIS
VVLTVS ADSIMILEM, TOTO QVI REGNET IN ORBE.
et licet hunc solo posset componere uerbo,
30 ipse tamen sancta dignatus ducere dextra
inspirat brutum diuino a pectore pectus.

GENESIS. C f. 1 r°.

3   immensusque deus super aequora uasta meabat,
    dum chaos et nigrae fuscabant cuncta tenebrae.
5   Has dum sidereo disiungiT cardine, fatur.

   3 *iNmensus* C. In 9 *i. pontus*, 24 *i. terris*, the epithet is in place; here I thought of *inVeCTusque*, or *imPenDENsque deus*, rather the former. But I find *immensus ubicumque deus* in Exod. 225, cf. 507, *Spicileg. Solesm.* I 228 ver. 147, and hold my hand. In 4 read perhaps *Tum*. 5 *asT dum disiungi IVSSIT A cardine, fatur* C, wrongly. The eye ran from *d* to *d*, and the gap was filled in by conjecture. *sidereo* is too characteristic of the author to be set down to a scribe.

6   lux fiat, et laETo nituerunt omnia mundo.

   ClaRe C. As *fiunt* is a spondee in Exod. 1342, cf. *fint* 932, I read *l. f. claro et*. The creative FIAT as a pyrrich is wanting in majesty. cf. 282 *haec ubi dicta, fiunt domini mandata uolente* cet. 429 *haec inter, quae multa* fiunt *discrimine belli*. As I find this licence rarely (see Obbar's Prudentius p. 145) in contemporary poets, or in our poem (see Exod. 450 n., 774), and very slight changes are needed to correct these three places and Exod. 450, 774, I read without hesitation, here (with Fabricius and Hartel as I now find):

   lux fiat, clarO et nituerunt omnia mundo

(which accounts for the reading *laETo*); in 282 *haec ubi dicta, dEi fiunt mandata uolente*; in 429 *haec inter, quae multa CADunt discrimine belli*.

7 cumQVE dEVs primi complesset facta diei.
Read with C and Morel and Hartel *cum dOMINus p. c. f. d.*

16 et stellas tremulo radiantes lumine Pingit.
Fingit C. "Longe melius est *Pingit*" AREVALO. I am not sure. Prud. cath. v 6 is different (*polum pinxeris*).

20 et uolucres uaria suspendunt corporA penna.
 et u. uariaS suspendunt corporE pennaS C.
Cf. 290. Looking at Hartel's edition I find this line thus:
 et uolucres uarias suspendunt aere pennas.

Here is an absurdity: 'lighter than a feather' is a proverb; that the wings should be buoyant in air, 'in [that airy] ocean self-upheld,' is no miracle; but that they should keep heavy bodies μετέωρα.

Hartel's critical note is "aere *coni. Cauchius,* corpore *Rv. uariae suspendunt aere pennae coni. Gronouius.*" This latter conjecture is, as those of the master critic always are, intelligent; but it involves a violent change, and leaves the sense where it was. The tradition is:

 et uolucres uariaS suspendunt corporE pennaS.

Now, whether we read *uariaS Suspendunt* or *uaria Suspendunt* depends not on the reading of the ms., but on our judgement. Suppose the poet wrote, as the evidence proves that he did:

 et uolucres uaria suspendunt corporA penna.

The *uaria* would be corrupted into *uariaS* and then the other corruptions *corporE* and *pennaS* would follow as a matter of course. The plural 'wings,' as more prosaic, would commend themselves to the penny-a-liner. That the wings add buoyancy to the body, not the body to the wings, gives no pang to the soul of a copyist.

Having ventured to differ from J. F. Gronov here, I must say a word on his behalf. Many years' intimate acquaintance forbid me to be silent. Hugh Munro used to tell with great glee of some baillie of Glasgow, strong in the traditions of Buchanan and Ruddiman, who would lay down with Scotch emphasis and brogue: 'Learning Sir, can never die out, so long

as the name of John Frederick Gronovius is held in honour.'
I heard the story once and again; one occasion I remember
well. I had spoken to Munro of a recent controversy, where
one disputant having ascribed a certain emendation to Madvig,
the other meekly replied, it had been made by Gronovius long
before Madvig was thought of. Followed the crushing retort.
'An emendation has not been really made in Livy, till it has
been sanctioned by Madvig.' (I cite from memory; the effect
is as I have put it.) I said: 'The critic cannot know Gronovius; great as Madvig's merits are, the Dane has not done
a third of the work of the Hollander.' Munro agreed.

21   sexta pater gelidos in spiraS lubricaT angues.
     inspiraT lubricaS C, wrongly changing terminations.

26   rectorem inspiciens mundanis dEfore rebus,
     haec memorat: 'hominem nostris faciamus in VNGVEM
     uultIBus adsimilem, toto qui regnet in orbe.'

26 *dIFfore* C, wrongly. Here first we have *fore*
= *esse*. 27 *in ORIS* C. *in unguem* for *ad unguem* is unusual,
and the whole expression strange in the context. I prefer
nostrI faciamus in ORIS uultus adsimilem, 'after the look,
countenance, fashion of our face.'

29   et licet HunC solo posset componere uerbo.
     unO C, by mistake. Or probably *uno* may be the
true reading for *solo*, and both have survived. So Fabricius
and Hartel. cf. 428 and *Spicil.* 1 257 ver. 1167. Morel has
7 feet, reading *hunc uno solo*.

32   quem postquam effigie formatum ceV SVA uidit.
     The helpless *ceu sua* betrays the bungler, read
c*AeLITE* (= *celite*), as Paulin. Nol. c. 30 25. cf. Exod. 1220,
where I have corrected *nunc SVAe numen* into *nunc FORe n*.

33   metituR solum mordaces uolucre curas.
     To bind the sentence, read *metituS*, and place a
comma at the end. cf. 1147. Exod. 522. 877. For *metitus*
cf. 466.

34   ilicet inriguo perfundit lumina somno.
     Pers. v 56.

42   ilicet exhibitis animantum ex ordine turbis
     VirItim cunctis nomen quod permanet indit
     Adamus, donata sibi prudentia sollers.

The beasts 'to a man,' 'every man Jack of them.' We are bewitched as in the Tempest: 'any strange beast there makes a man.' Break the charm by reading *DiSCrEtim* (below 63 and *Spicileg.* I p. 171 ver. 21) 'severally,' and you will vindicate the honour of your race. cf. 1341. Reading on, you feel that *quod permanet indit Adamus* must end ver. 43, as 93, 134, 197 (cf. notes on 64, 192). *cunctis*, from its connexion with *turbis*, necessarily follows *discretim*. Then beginning 44 with *nomen donata sibi* we have half the verse, preserve the *ā* of the abl., and only want a long syllable. Supply *I* after *sibI*, and conceive that *IA* (*iā*) may have fallen out as the scribe's eye caught *prudentIA*, and you see that *IAM* is the missing link, 'already,' prior to experience. Read then *discretim cunctis quod permanet indit Adamus | nomen, donata sibi iam prudentia sollers.* Verses intermixed in like fashion Exod. 464—5. *Spicileg. Solesm.* I 226 ver. 41—2.

47   cf. 414, 458.

54   Aedibus in mediis puro fluit agmine flumen,
     quo rigat insignes liquidis de fluCtibus ortVs
     quadrifidosque secat undanti ex fonte meatus.

54 perhaps *Sedibus*. 55 Read *HortOs* (cf. 72 has *inter sedes et bacis mitibus hortos*, where C again has *ortVs*). C supplies *quoD*. *fluENtibus* C, as in Judges 29 *fVrENtibus* for *fOrtibus*. Cl. Mar. Victor aleth. I 268—270 *at gremium sacri nemoris, quod silua coronat, | fons rigat et diti prolem uirtute maritat, |* quadrifido *tumidum laetus caput amne resoluens.*

59   prasinus huic nomen, illi est carbunculus ardens.

praSsinus C. Transpose *huic prasinus nomen*, and you save metre and emphasis. Cl. Mar. Victor aleth. I 282 *fulmineo rutilans* carbunculus *igne coruscat.*

62   tertius est Tigris Euphrati adiunctus amoeno.

For *amoeno* cf. 1191 and with the whole verse cf. Cl. Mar. Victor aleth. I 288—9 tertius *hinc rapido procurrens gurgite* Tigris | it comes Euphrati.

64 hic posItus custos Adamus cum coniuge fida.
   See 44 n. Read here:
   hic custos fida cum coniuge postus Adamus.

   poclum, saeclum, repostus cet. are regularly written in C at full length, with retention of the short vowel expelled by metre and the popular pronunciation, and therefore absent from the Romance progeny of the several words (*chaud, froid* cet.). See 91 n. Levit. 2 n. (*Spicileg.* 1 p. 224). In Prudentius *Adam, -ae* is regularly a spondee. The supposed vacillation of our author in this word leads Quicherat (s. v. *Adamus*) to pass a sweeping and unjust censure upon him: 'sed malus auctor et latinitatis et quantitatis.'

66 ne trepidate simul licitos pRAEcerpere fructus.
   pERcerpere C.

68 legatVR. *legatIS* C, rightly.

72 see 55 n.

80 aureus astrigero rEdIbit cardine mundus.
   rIdEbit A and C, rightly. For *astrigero* cf. 956, 1050. Exod. 615. Auien. Arat. 275. Arator act. 1 33. Fulgent. p. 617 St. Auson. Cupido cruc. 42 p. 111 Peiper. Ennod. c. 183 3, 245 1.

83 ilicet ut niueo iam mitia dente momordit.
   The other fruits were *mites bacae* (72); surely not 'the source of all our woe.' Adding another M between the two and then an I, read (cf. *Spicileg.* 1 227 ver. 106)
   ilicet ut niueo iam IMmitia dente momordit.

84 aFfulsit. *aTfulsit* C, by mistake for *aDfulsit*.

85 tum sapor inlecebram mellitIs IN faucibus indens, compulit insuetO munus deferre marito.

   85 Read *mellitVs* cl. 79 mellitos *uictus*. omit *in* with C and Morel. 86 Reading Genesis in search of a motto, I corrected *obiter* the 'unusual husband' into an 'unusual gift.' To separate the ill-yoked pair, and find another help meet for 'unusual,' seemed a justifiable stroke of matchmaking.

   So saying, her rash hand in evil hour
   Forth reaching to the fruit, she plucked, she ate.
   Earth felt the wound and nature from her seat,

> Sighing through all her works, gave signs of woe,
> That all was lost. Back to the thicket slunk
> The guilty serpent; and well might: for Eve,
> Intent now wholly on her taste, naught else
> Regarded: *such delight till then, as seem'd,*   5
> *In fruit she never tasted,* whether true,
> Or fancied so, through expectation high
> Of knowledge, nor was godhead from her thought.

insuetā munus would pass into *insueto munus* mechanically. Turning to Hartel, I find he retains *insuetO* in the 10 text (*frugibus inuentis glandes*), relegating Truth to the banishment of a note—like some Epictetus cabin'd, cribb'd, confined in Nicopolis, or some Musonius on the inhospitable rock of Gyarus—"*insuetum coni. Cauchius.*" If this is a fair sample of the scholarship brought to bear on the new edition 15 of the Latin fathers, Patrology might as well be left to the Benedictines.

> 89 ergo VBI nudatum prospexit corpus uterque,
>   quae pudenda uident, ficulnis frondibus umbrant.

89 Remove *ubi* and form a solid line of spondees. 20
90 Now we escape the trochee by adding *q*. (*que*). *Quaeque pudenda uident.* When *que* fell out after *quae, ubi* was inserted to make sense. With 90 cf. Prud. dipt. 4 *dat nudis ficulna draco mox tegmina uictor.* Ambr. hexaëm. III § 60 uses *ficulna* (ib. § 55 *-nea*) for a fig-tree. So we have: 25

> ergo nudatum prospexit corpus uterque,
> quaeque pudenda uident, ficulnis frondibus umbrant.

Morel, I see, retains *ubi*, and reads *cumque*.

> 91 forte sub occiduo domini iam lumine solis
>   agnoscunt sonitum.   30

Probably to avoid the syncopated form (cf. 64 n., 466), the order of words has been shifted, to the ruin of the sense. Read: *f. s. o. solis iam lumine domni | agnoscunt sonitum.*

> 95 o domine, AFfatus pauido sub corde tremIsco,
>   magne, tuos nudusque metu rigente fatigor.   35

95 *tremEsco* C. Read with C *VT fatus* and 96 with C and Morel *Frigente.* cf. Hil. Gen. 161—2 *stat reus et*

nudus, deiecto lumine, uestem | implorans. dominumque fugit
uultumque recondit.

  98 Adam's answer after the fall:
    tradidit haec mulier, dum dicit lumina promptim
    candenti perfusa die liquidumque serenum
    adfulsisse sibi solemque et sidera caeli.

  If this is right, the speech of Adam follows abruptly without any introduction: *mulier* is subject to *dicit*, on which depends the infinitive clause. If this is so, and as the words stand, and the original requires, so it must be, a verse must have fallen out, importing 'Adam replied,' *e.g.*

VVLTV CONFVSO TREPIDANS RESPONDET ADAMVS.

  103 illa sub haec pandit, 'serpentis suasa loquelIS.'
    loquelA C. Morel reads *loqueNTis*.

  105 nam sua uipereis intexens uerba uenenis.
    Cl. Mar. Victor aleth. I 419 *plus quam* uipereo *mortem allatura* ueneno. cf. Prud. dipt. 2.

  107 ilicet omnipotens condemnat gesta draconis,
    praecipiens cunctis inuisum uiuere monstrum,
    pectore mox fuso prorepere, tum sola morsu
  110 mandere, mansuro quaecumque in tempora bello
    humanos inter sensus ipsumque laBentem,
    uertice ut abiecto pronus post crura uirorum
    serperet et calces, dum labens CoMMiNus instat.

  The repetition *labentem, labens,* 111 and 113 betrays corruption. cf. 424—5 n. The former is further detected by the false quantity; *laTentem* seems the best correction. *latet anguis in herba.* Then in 113 after *serperet* I feel *labens* to be tame, and miss some more active hostility on the part of *Malignus.* Perhaps *laMbens* and *MoRDiCus* might meet the necessity of the case. cf. *Spicileg. Solesm.* I 257 uer. 1159 *illos bestiae* mordicus *uorabunt.* Prud. c. Symm. pr. I 29 30 *haerentem digiti uulnere* mordicus | *pendentemque gerens Paulus inhorruit.*

  114 *frandigeris* only here; *suadelis* at the end of the verse, as in Beda II 21 16 and 32 10 Stevenson.

121   carduus et spinis mulTVM paliurus acutis.

     Arevalo cites Verg. ecl. 5 39 c. et s. *surgit p. a.* He might have added Sedul. I 279. Ennod. 69 (dict. 8) 5 p. 78 34. 94 (dict. 10) p. 119 3 Vogel. *multum* is impossible; rather *mulCANS.*

124   in occiduo uenientis tempore mortis,
       unde geris corpus, terrae reddare iacenti.
     124 cf. Ov. m. XV 226.

     Cl. Mar. Victor aleth. I 518—9 *donec te lenta senectus | terram, quod magis es, faciat terraeque refundat.*

129)   perceleri. Also 313. Amm. XXIX 6 1.

131   quis dominus, pigro ne frigore membra rigerent.

     " Veteres, ut notat Marius Victorinus, *quis* solebant pro *queis* et *quibus* usurpare, atque ita hic auctor non semel.' MARTÈNE. When will editors expel *queis* from school books? To be consistent, they should treat us to *museis, membreis* cet. 131—3 cf. Cl. Mar. Victor aleth. I 520—2.

134   ergo ubi coniugio sese iam fidus Adamus
       esse uirum sensit, nomen genetricis amatae
       exhibet uxori, binoS e germine fEtus
       continuo genitor diuersis nuncupat orsis.

     135 *amatae* dat. 136 *binos eu...fACtus* C. Morel reads *bino qui germine factus c. g.* Hartel *binos qui germine factus c. g.*, which is intolerable. Keep the *SE,* reading, *bino seD germine factus c. g.* 'At once he gave his beloved wife the name of mother, but when presently two sons made a father of him, cet.'

138   is Cain hic nomen habet, cui iunctus Abelus.

     cainVS QVI n. h. A. *cainVS hVic* C. Read *Cainus hic* with Arevalo. 138—155. cf. Cl. Mar. Victor II 208—226.

140   curuo terram uertebat aratro.

     GSI. Aen. VII 539. *alius = alter* as 144 and times without number in late Latin. See glossary to Beda.

141   tonanti. See glossary to Beda.

145 exta gerens sincera manu adipemque niualem.
  Transpose with Morel: *e. m. s. gerens, a. q. n.* For *adipem niualem* cf. Exod. 1047.

146 confestimque placet DOMINO pia uota tuenti.
  C om. *domino* by mistake.

147 quod propter GELida Cain incanduit ira.
  A very icy sort of incandescence. Read *RIgida*, the *R* of which fell off after *quapropteR* and *igida* passed into *gelida*. *RAbida* would be still better, but not so near the mss.; yet not far off, for *abida* has much of the lines of *elida*. I prefer *rabida* on second thoughts. "Iunius pro *gelida* malebat *rapida* aut *grauida*." ARKVALO.

150 nVM. Read *nON* with C and Morel.

151 desine morTaLi fratrem disperdere sensu:
  qui tibi Seu domino subiectus colla praebebit.
  Read *morDaCi* (792) with A, C, and *Ceu* with C.

153 nec tamen his fractus fratrem deducERE ad arua.
  Read *deducIT* with C.

154 desertI in gramine.
  desertO C, and so Morel and Hartel.

155 frendens. 1103.

159 cui deus Effatur.
  Affatur C, by mistake.

163 the end of the fragment first brought to light by William Morel (1560).

169 nam malO promeritus signo fit notus inusto.
  malA A and C.

171 ne maius septIna parent discrimina funus.
  Read *septEna* here and 181 with C.

173 aedibus obuersis Naidae in caespite terrae.
  LXX Gen. 4 16 ἐξῆλθε δὲ Κάϊν ἀπὸ προσώπου τοῦ Θεοῦ καὶ ᾤκησεν ἐν γῇ Ναὶδ κατέναντι Ἐδέμ.

174 nec minus ex natis, genetrix quos fida creauit,
  nomine primaeuiS sublimem condidit urbem.

primaeui C, rightly. Gen. 4 17. Sulp. Seu. chr. 1 2 3 *Cain...filium Enoch habuit, a quo primum ciuitas condita est, auctoris nomine uocitata.* Cl. Mar. Victor aleth. II 312—3.

176 Enochus Naida creat aC DEiNdE MAlechum
    quo Mathusalamus sensim genitore sub auras
    exiit.

176 *NaidaM, MElechum* C. "Auctor carminis fortasse scripsit *Enochus Irada creat, Irad Mauiel uel Mauielum.*" Arevalo. Perhaps *Enochus GaiduD creat, ac GAidAD MaleLEchum.* Gen. 4 18 LXX Ἐνώχ, Γαϊδάδ, Μαλελεήλ. Vulg. Henoch, Irad, Mauiael. Sulp. Seu. chr. 1 2 34 Enoch, Irad, Mauiahel.

179 ast Amalech, dirum qui perculit ense Cainem,
    perpetitur caeso multum grauiora nocente.

Gen. 4 23 24 Λάμεχ. Sulp. Seu. chr. 1 2 4 rightly says *isque Lamech genuit, a quo iuuenis occisus traditur, nec tamen nomen refertur occisi.* Lamech claims a seventyfold weightier vengeance than that which protected Cain Gen. 4 24 *septuplum ultio dabitur de Cain: de Lamech uero septuagies septem.* On the tradition that Cain was slain by Lamech see Heidegger *hist. patriarch.* VI 8. Corn. a Lapide *ad loc.* Bayle s. v. *Lamech.* Winer s. v. *Patriarchen.* Hier. ep. 36 4 Lamech .. *septimus ab Adam, non sponte (ut in quodam Hebraeo uolumine scribitur)* interfecit Cain: *ut ipse postea confitetur* (Gen. 4 23). *hoc quidem de Cain, quod in septima generatione a* Lamech *interfectus sit, et iuxta aliam editionem poenam sui sceleris dederit, quod tot generationibus gemens et tremens uiueret super terram, nihil obscuri arbitror remansisse.* Cl. Mar. Victor aleth. II 314—8. I take *percuLit* from C. edd. *percuTit.*

186 Iobalus quem deinde subit, qui musica plectra
    repperit et VArIo concordes murmure chordas.
    NErVo A, by mistake.

189 incude and 190 camino. Iuv. XIV 117.

191 quem Noema sequens uno genitore creata.
    NoeMma...creata EST C.

192 haec inter uegetis Adam non languidus annis.

If we retain the form Adamus ($\smile - \smile$), which we

find or restore elsewhere (44 n.), we may read here: *annis non languENs uegetis haec inter AdamVS*, and suppose that the scribe was fascinated by *haec inter* at the beginning of the verse (see 234, 429, 757, 810, 886, 1106, 1119, 1284). It is however very likely that our poet, with Prudentius and Claudius Marius Victor, may make *Adam* here a spondee. See De Vit's Onomasticon. With 197—8 cf. Sulp. Seu. chr. 1 2 5.

198 sopitus morte quieuit. Lucr. III 1038.

199 longaeuusque dehinc nongentos quinque per annos
200 Enochus uixit, quem Cainanus adaequans
    quinque fuit tantum protentis longior annis.
    iunior hoc iterum ter DEnis decubat annis
    Malaleela senex, ter denis deinde Iarehus
    atque tribus uixit longo constrictior aeuo.

202 *ter QVInis* A and C. On the repetition of *denis* cf. 424—5 n. See Gen. 5. Enos 905 years, Cainan 910, Malaleel 895, Jared 962. Our author makes the last 862, the Samaritan text 847 (see the table in Delitzsch or Wordsworth); but if we add the 800 years given by Hebr. and LXX as the duration of his life after he became a father, to the Samar. 62 years (instead of Hebr. and LXX 162) which he told at that date, we get the precise total of our poem. C has *EnoCHus* for both Enos and Henoch.

205 Enochus, cui cura fuit seruire potenti
    et mentem sociare deo, sAiunior istis,
    ter centum explicitis si quinque adiungere cures
    sexies et denos, subita caligine tectus
    abditur.

206 *saT iunior*, i.e. *sET i.* C, as Martène conjectured. 365 years is right. cf. Cl. Mar. Victor II 326—338.

211 at Mathusalamus nongentos porrigit orbes
    septies et denos, unum quis iVngere IVs est.

211 *orbes* years, as 315. *IVs est* C. *FAs est* A. If we correct the years of the oldest of men, we may read *DEMere* or *TOLLere* (970 − 1, not + 1). If I could find a like use of the word, *STRingere* would come nearest to the ms., esp. after S. It is not a very violent metaphor, 'to strip off,'

and I believe is what the poet wrote. C's *lV's* shews how the corruption arose.

222   summula Iuv. VII 174.   Cypr. p. 479 2. 701 6 Hartel.   Auson. ep. 15 (7) 23 p. 251 Peiper.   A rare word.

224   editur innocuo Daturus semina saeclo.

Read *IaCturus*. Lest *daturus* should feel aggrieved by summary discharge here (we really cannot allow a trochee in the 3rd foot), we make compensation to him in 443 and Exod. 466, where he saves us from a cretic in the 5th foot.

226   innumerum solitos.

Arevalo had not the courage to divide the first word in the text. "Pro *innumerum* legam *in numerum*." O the modesty of these old editors!

228   cf. 314.

229   cum dominus diri pertaesus crimina mundi
      multimodosque hominum longa sub luce reatus,
      constringit miserans prolixae in cRImINa uitae,
      iMposuitque modum bis sexaginta per annos,
      uincere quem nullus NVLLa sub lege ualeret.

229 *pertaesus crimina* Suet. Aug. 62. Iustin XXXVIII 9 4. 230 *multimodos* see 780. 231 *incOMmODu* A and C. 232 *iXposuit* C. With this verse cf. Cl. Mar. Victor aleth. II 353—5. 233 *POSITa sub lege* A and C. On the repetition of *crimina* and *null-* cf. 424—5 n.

234   lActat.   *lEctat* C, by mistake.

238   progenuere sibi torua cum mole gigantes.

Cl. Mar. Victor aleth. II 364 *monstra hominum celsa membrorum* mole gigantes.

239   quorum criminibus domini patientia tandem
      cogitur offendi, lOnGam dum concipit iram,
      atque doleT hominem dextra formante creatum
      siderea, sancto permotus pectore fatur.

240 *lOnGam* for *lEnTam*, as 833 for *LARg*. 'Slow to wrath,' 'slow to anger,' is the character of Jehovah and of His elect. 'The Lord repented of the evil which He thought to do unto His people.' Ov. her. 3 22 *cessas, iraque lenta tua est.* 16 249 (Helen to Paris) *tu fore tam iusta lentum*

Menelaon in ira | et geminos fratres Tyndareumque putas?
241 Read *doleNS* cl. 434.

248 serpentes uEx una premat uolucresque ferasque.
  nOx C. Is there an allusion to Hor. c. I 28 15
sed omnes una manet nox?

249 ut mea deletis mitescat fraudibus ira.
  Symm. ep. x 23 (= 36 = 43) § 13 p. 298 27 Seeck *ut…meus dolor…mitesceret.* esp. Ov. P. II 7 79, III 3 83.

253 ac ne fissilibus dissultent robora rimis,
  unguine praepingui linVit bituminis arcam.
254 linuit. So Jo. 9 6 Verc. Cant. ib. 11 Cant. Migne Patrol. xc 138ᵃ. To escape the trochee and the unusual form of perf., read *linit ILLE*; *ille* would easily fall out between *it* and *bi*. The quantity of *bitumen* was well known in the schools of Gaul. Cl. Mar. Victor aleth. II 407 *tunc calidum bibula spirans conpage* bitumen. cf. 340 below.

255 ipsa fuit plenas ter centum longa per ulnas,
  quinquaginta patens transuersam lata per alumn,
  at qua sublimi surgunt fastigia tecto,
  edita ter denis in caelum tollitur ulnis.

  Cl. Mar. Victor aleth. II 401—4 *paretur | arca tibi, quae ter centum tendatur in ulnas | perque decem quinas pateat, consurgat in altum | ter denis tantum.* 405—6 *at lateri seruetur ianua, qua se | collecta oblico* fastiget *machina* tecto.

259 assere quadrato nullis ceNsura fluentis.
  ceSsura A, C, as Arevalo conjectured ('forte').

260 ad medium gEStans facili cum cardine postes.
  gIRPtans C, i.e. *gYRans*, rightly.

261 haec perfecta deus postquam despexit ab astris,
  talibus affatur mittendum in aequora uatem:
  scande citus, natique tui nataeque, fluentem
  fluctibus in tumidis cumbam, quia pectora uidi

265 iusta tibi dudumque mihi tua nota uoluntas
  emeruit maiora praesentibus; atque coactas
  claude simul pecudes omni de germine mites

　　　　　septenis paribus, inmundo de grege bina
　　　　　esse sines tecum, escamque his omnibus inferS
　　270　atque tibi suetam, ne cum per uasta fluenta
　　　　　cultio destiterit, pariter patiare molesta,
　　　　　promisis non ante cibis per glauca uehendis　　　　　5
　　　　　salsa, famem.

　　　　262 Read: *talibus Emittendum affatur in aequora
uatem*. 263 Cl. Mar. Victor aleth. II 439. 268 *ibid*. 441—4.
269 "Forte *infer*" AREVALO. Certainly. Away with Jesuit
probabilism and the erring S. 271 Read *molestaM* (*ne patiare* 10
m. famem). 272 *glauca salsa*. *gl*. is here the epithet as Exod.
817. Auson. Mosella 349 (p. 135 Peiper) *sed mihi qui tandem
finis tua* glauca *fluenta* | *dicere?* I have not elsewhere observed
salsa subst.

　　275　　　　　　　　cunctosque euoluere fontes　　　　　15
　　　　　adlapsu maiore paro, quo grandior undis
　　　　　aestuet oceanus, spumosIs largius Omnes
　　　　　accipiens, fusoque oblimans omnia tractu.

　　　　276 *adlapsu*. See Georges. Add Ambr. hexaëm.
v § 31. 277 *spumosVs largius Amnes* A. *spumosIs largius* 20
AmPnes C. "Forte *spumosOs*." AREVALO. Read *spumosos
largius amnes*. The same confusion Judges 354. 278 *oblimans*
Luc. VI 364. Sen. n. q. IV 2 9.

　　282　haec ubi dicta, fiunt dOMINi mandata nolente.

　　　　On *fiunt* see 6 n. Read (as there) *haec ubi dicta, dEi* 25
fiunt m. u. On the confusion of *deus* and *dominus* cf. 7. 325.
Exod. 221. The converse *Spicileg. Solesm*. I 247 ver. 853.

　　284　　　　　　　　se credidit undis
　　　　　coniunctosque simul natos natasque recepit,
　　　　　confiXus tenui quamuis foret abditus antro.　　　　30
　　　　　286 *confiSus* C.

　　288　AtQVE abyssus riguos dimisit in aequora fontes.
　　　　　Read (spite of Paulin. Nol. c. 27 92. 32 328)
　　　　　Et fontes riguos dimisit in aequora abyssus.

　　290　cf. 20.　　　　　　　　　　　　　　　　　　　　35
　　291　celsiiugo. Here only and in the fragment of Gen.
(*Spicileg. Solesm*. I 172) 51.

296   mox rarior aether
nubibus in piceis coepit conSTringere nimbos.
         conFringere A, by mistake.   conSTringere C.

298   iamque relabenti decrescit in aequore pontus.
         Cl. Mar. Victor aleth. II 491 *unda* relabens.

307   pinna plaudente uolucrem. Sil. XIV 675 Dr. Ov. m. XIV 507. 577. Prud. hamart. 815.

315   orbes. 'years' cf. 228. I know no other ex. except 211.

319   decurso iam mense dehinc cum trina secundo
lumina restarent, toto iam libera fluctu
terra fuit.
    320   *restaVrent* C, by mistake.

322   ergo ubi VNdatis consedit montibus arca.
     "An *ubi NVdatis?*" AREVALO. A and C *NV-datis*.

324   laxat claustra senex noua semina terrae.
     "Deest huic uersui unus pes, neque sensus completus est." AREVALO. True. A gap of 54 verses occurs here, supplied in *Spicileg. Solesm.* I 171—2 (Gen. 9 and 10), from 9 r° to 10 v° of C. Both A and C read REDDENS u. s. t.

C then proceeds
     exstruxitque libens sacraria festa tonanti.
    325 cannot be understood without the preceding 25 verses

     corpore de quorum Nembrodus nascitur acri
     uenatu adsuetus et membris grandibus exstans

325   atque dEum gaudens contra se adtollere sanctum,
heroum de more fOrET, quos ardua ceruix
immensumque caput sublimes tollEt in auras.
    325 *dOMINum* C. cf. 282 n. 326 *fErOX..tollAt* C, rightly. There is a reminiscence of Verg. g. III 79 80 *illi ardua ceruix argutumque caput.*

328   hic Babylon COLlocat OrIcHamque et ArcHata
         Acalla.
    hic BabilonA locat OrYcamque et Arcata Acalla C.

330   NinIVeua.   *ninNeua* C.

335 molitique cauas ad sidera tollere turres,
    non calcem faciunt, qua saxa inserta ligantur,
    sed lateres tOsta lutei fornace coquntur.
       cf. Cl. Mar. Victor aleth. III 233—244. 337 *tEsta*
C. *tosta fornace* also 938.

338 ut prius inmensis fulgerent moenia tectis,
    quam nouaS discretas FACERET migratio gentes.
      339 "Legam *nouA*." AREVALO. *nouA* d. *TRANS-migratio* g. A. Read *q. noua d. f. m. g.* C has *nouas*.

340 bitumen pro calce fuit, quod uellere molli
    ducitur et lento constringit corpore cautes.
      340 *bitumen* (cf. 254) and the otiose *fuit quod* betray the forger. *vellere* – ⏖ – (a participle) *molli pro calce bitumen* was evidently the original verse. *concretum* or *adhaerescens* for sense would perhaps suit best.

342 NAmque penes cunctos sermonEs consONa lingua
    per similes fatus et ciuiCa uerba locuta est,
    denique descendit dominus et moenia uidit,
    praecipiens uarias raptim prorumpere uoces.
      342 *namque* has no connexion with what precedes. Restore sequence by reading *CVmque penes cunctos* cet. *sermonIs consCIa lingua* C, rightly. In 343 C transposes a c *faCtus et ciuia*.

347 ilicet impletur positis cultoribus orbis.
      Cl. Mar. Victor aleth. III 282—5 *sic tunc in partes populus se dissicit unus | et species fit quaeque genus longeque remotis | considunt terris atque* orbem *gentibus* implent.

350 Thara. Cl. Mar. Victor aleth. III 321.

353 coniugium iunxere sibi, Lod foedere MelcIae
    gaudet et Abram odescit coniuge Sarra.
      353 *MelcIIae* C. 354 "*odescit* uerbum nouum, uel, ut magis puto, corruptum. cogitabam *et Abramo dITescit coniuge Sarra.*" AREVALO. This conjecture is confirmed by A and C. *ditesco* recurs 779. 922.

356 hos Thara sollicite chaldaeo de grege dImIsit.
      Transpose *Thara hos*, cl. 350. "Forte, *de grege misit.*" AREVALO. *dEmPsit* C. Compounds of *emo* and *mitto*

are often confounded. See 502. So *emisse* and *emisisse* Drakenborch on Liv. xxxv 5 5.

360   festinans patriis te dImone terris
cognatasque domOs et limina sueta linque.

360 *dEmoue* C. 361 *domVs* C. "Forte *REIinque*." AREVALO. So it stands in C. cf. 785. Exod. 221.

360—6. cf. Cl. Mar. Victor aleth. III 334—343.

362 iam fore. 32 n. 628. 822. Exod. 1220.

363 insuper his addam, ut te quicumque malignis
uulnerat eloquiis, domini maledictus ab ore
tristia quaeque ferat; at qui sermone benigno
commoda denarrat, POsCit laetoS ET grandior aStu.

366 "Obscurus est hic uersus, et uno pede longior." AREVALO. *c. d., sit laetVS ET grandior aCtu* C. Restore

commoda denarrat, sit laetO grandior aCtu.

laetUS by contamination with *grandior*, then *ET* added to make a show of grammar. In prosody scribes were weak. *astu* and *actu* conf. also 391.

367—8 cf. Cl. Mar. Victor aleth. III 352—3.

368 quae dominus nati longum despondIt in aeuum.

dIspondEt C. The present is wanted. Read *despondet*.

369 sacratas SVScitat aras.

It is true that Eumenius uses *suscito* of building; but our poet would certainly use *EXcitat*, which became *Sexcitat* by reduplication, and then was corrected to what we see. I have many exx., but Verg. g. IV 459 (cited by lexx.) excitat aras will suffice. Or, if not, hear the voice of a contemporary, handling the same theme before the same audience, Cl. Mar. Victor aleth. III 354—6 *quae postquam concessa sibi proliquae futurae | audit uoce dei, deuotas* excitat aras *| et ueteres reuocans cultor nouus auget honores*. 364 *hic quoque sollemnes Abram pater* excitat aras.

370 conscendensQVE montem, fractas qui respuit undas.

"uersus constaret ita: *ET montem Ascendens:* pro

Bethel ponere uidetur *fractas undas*, atque adeo emendare oportebit *fractas qui respiCIt undas.*" AREVALO.

   conscendens montem, fractas qui respuit undas C. *respVit* is far more poetic, esp. after *fractas*, than *respICit*.

 372 hIc. *hVe* C.

 375 quae dum perpetuo uenis sitientibus arDet.
    "forte *aret* pro *arDet.*" AREVALO. *arDet* C. cf. 1218.

 375—7 cf. Cl. Mar. Victor aleth. III 366—9.

 378 et quia conspicuo canderet corpore Sarra,
   mandatur nullo nuptam se dicere uinclo
   sed fore germanam, ne fors immanibus orsis

 381 effrenis turbaE zelum noxaLe marito
   gigneret. 380 cf. Cl. Mar. Victor aleth. III 369 370 *sed* nomine *pulchra* sororis | *protegitur coniunx.* See the whole context. 381 I know no other ex. of the neuter. Besides the construction halts. Read

   effrenis turba zelum noxaMVe marito cet.

 384 Read *SarraM*.

 385 (of Sarah)
   atque ubi per proceres laudata et tradita regi est,
   dulcibus accipitur uotis uerbisque propheta.
   non tamen impositVM uoluit rex aetheris illi.

   387 *impositA in uoluit* C, i.e. *impositAM. imponere Sarram regi* seems to make no sense; *impositVm* does, if we take *illi* for the king. "The King of heaven willed not that he should be put upon"; cf. *illuserit* 391.

 388—395 cf. Cl. Mar. Victor aleth. III 374—386.

 389 proturbat regem, noxIalis qui reus ausi.
   noxalis C.

 390 obiurgat procerem, germanam cur magis esse
   dixerit uxorem, falsoque iLluserIt aStu.

   390 On the use of *cur* see Plin. ep. III 5 16 n. and ind. Cic. Sest. § 80 *male dic..*, cur and Holden. Hor. ep. I 8 9 and 10 *irascar amicis* | cur and Obbar. Spartian. Sen. 14 13 *damnabantur autem plerique, cur iocati essent, alii, cur pleraque figurate dixissent*. Dräger hist. Synt. II² 481. 391 *iNluserEt aCtu* C. cf. 366 n.

396 accipit et Lodus, quaecumque aduExerat illIc.
       adDuxerat A cf. 393. *aduExerat* C. Read *illVC*.
       396—408 cf. Cl. Mar. Victor aleth. III 386—398.

398 intercursantibus. A rare word.

401 sed pater indomitas cupiens componere rixas
       optulit, ut frater quae uellet sumeret arma.

In 401 Abraham is *pater* 'father of the faithful,' as just below in 409. It is a little awkward that *frater*, expressing a more prosaic relation, follows immediately, as 437, 445. But the text is sound.

405 amne superfuso campos PERditat opimos.
       campos ditabat A and C.

Thus the only example of *perdito* disappears from the lexicons.

406 channanaea senex uenienti iugera sorte
       accipit et uirides sistit armenta per agros.
       sed non perpetuas licitum componere sedes.
       namque pater iussus terram lustrare tuendo,—
410 flammeus e celsis quam sol utrVmque recurrens
       aspicit aut gemini despectant usque triones,—
       promissam generi tanto genitore creando,
       cuius qui numerum gestit compreHEndere fatuS,
       stellarum citius turbas uel dicIt harenae,
415 quas pelagus dubio nonnumquam litore nudat.

       407 Transpose: *et sistit uirides armenta per agros*.

409—415 cf. Cl. Mar. Victor aleth. III 400—9.

410 *utrVmque* also C. Read *utrImque*. Now come to 412 and there opens upon our puzzled view *harena sine calce*, as the imperial critic said of Seneca. But our poet is eminently lucid and grammatical: *nec facundia deseret hunc nec lucidus ordo*. Let us add lime to the sand of tradition,—a verb on which to hang *iussus*; an accusative which once, be sure, bound *terram* of 409 to *promissam* of 412. It began with aCCiPit (dropt after aSPiCit) 'learns,' and must have run thus (or nearly so): ACCIPIT HANC LONGVM DOMINO DO-NANTE PER AEVVM (*longos*, or *cunctos,...per annos*), or (*hanc omnem d. d. per aeuum*). cf. *Spicileg. Solesm.* I 248 ver.

799 *haec... meruit sedes* domino donante *beatas.* In 412 you are again puzzled to know whether *tanto* goes with *generi* or *genitore.* Surely with the latter, for the former in the relative clause is endowed with untold myriads as of sands or stars. Read then *tanto E genitore cr.*

413 Read with C *comprendere,* with A and C *fatu.*

414 Read *dicEt,* as always in the apodosis of such sentences, cf. 459 *poterit.* So Ov. tr. IV 1 55—9 *meque tot aduersis cumulant,* quot litus harenas, | *quotque fretum pisces ouaque piscis habet.* | *uere prius flores, aestu* numerabis *aristas,* | *poma per auctumnum frigoribusque niues,* | *quam mala quae patior.* Ov. P. II 7 25—29 *Cinyphiae segetis citius* numerabis *aristas* | *altaque quam multis floreat Hybla thymis:* | *et quot aues motis nitantur in aera pennis* | *quotque natent pisces aequore, certus eris,* | *quam tibi nostrorum statuatur summa malorum.*

416 tendit et ad quercum prisco de nomine Mambram
   perpetuoque deo praecelsum dedicat altar.

  cf. 704. Cl. Mar. Victor aleth. III 410—4 *sic ait: ille libens paret sedemque relinquens* | *emigrat Chebronque subit subque* ilicis atrae | dispensata comis figit tentoria Mambrae | *auxiliumque nouis ductor catus addere castris* | *hic quoque sollemnes* domino struit, ut colat, aras. Prud. dipt. 13.

417 *praecelsum.* See Georges. Iuuenc. I 452. 478. III 514. IV 61. 86. Ambr. off. II § 66. Priscian XIV 5 46. Symm. (of rank) ep. IV 12 3. VI 10. 36 2. VII 13. 104 14. X 24 1. 31 2, and in two letters, as given by Pareus X 78 and 81, which are not in Seeck's edition. Pagi on Baronius 614 7 *bis.* Coripp. Iust. III 232. Alc. Auit. (5 exx.). Ennod. (4 exx.).

418—445 cf. Cl. Mar. Victor aleth. III 415—470.

420 consurgunt reges numerosa ex gente TERNIQVA.

  "*Terniqua,* id est, triplici nimirum gente, Sennaar, Ponti, et Elamitarum, ut conicimus." MARTÈNE. "At reges fuerunt quattuor, et melius [as if *Terniqua* were good] esset *quaterni,* uel *quaterna:* nam *terniqua* non seruat metri legem." AREVALO. *etCE gentI quaterni* A. *consurgunt reges numero sexAgIntA quaterni* C, i.e. *numerosA ex gEntE q.*

422   quaE tErNaEque acies bino bis principe fultae.
"Hic sensus poscit *quaternaeque acies:* repugnat metrum." AREVALO. Mend it then by reading *quaTtVOr aTque acies.* See on corruptions by repetition below 424—5.

5 *quaternaeque acies* C.

424   quinque FVGAM capiunt linquentes bella tyranni
425   praecipitique FVGA frondosis montibus abdunt,
       quod potuit superesse neci. qui nomine uero
       dicuntur AriAc, Hadachar, GodVllOgomVrus,
       atque etiam pulchris IN HIS gaudens Amarfalus armis.

424—5   I do not ask you to rival the simpering prudery with which Gibbon avoids repeating even proper names in a short context. But are you content with these two flights in two lines? Does not the second line require hurried *work* to hide what escaped slaughter? In a word, read:

praecipitique OPERa *frondosis montibus abdunt,
q. p. s. n.*

For similar repetitions cf. 111—3, 202—3, 229—231, 233, 420—2, 546—8, 833—5, 975, 1243—4, Exod. 208—212, Josh. 431—3, 471—4, *Spicil. Solesm.* I 243 ver. 696—7, 245 ver. 756—7, 248 ver. 852—4 and Judges 3 4.

427   *AriOcha, Dachar, GodOllAgomErus* C. The names of the kings in LXX 14 1 are Ἀμαρφάλ, Ἀριώχ, Χοδολλογομόρ, Θαργάλ. In vulg. *Amraphel, Arioch, Chodorlahomor, Thadal.*

428   "Tam metro quam sensui superflua est *in his.*" AREVALO. *pulchris IN HIA gaudens* C. C's reading seems like a fragment of *inhiaNS,* as a variant of *gaudens. gaudens,* the stock word, has superseded the less usual *inhians (inhiaS),* which must resume its place. So in the Song of Moses (*Spiciley. Solesm.* I 257 ver. 1167) the intruder *protinus* holds its ground with the lawful tenant *placidus.*

429   hace inter, quae multa Flunt discrimine belli.
Read *CAdunt* (*ca-* fell out after *-ta,* and *-dunt* was 'corrected' into *fiunt*). The scribes love to degrade *fio* and *malo* from the rank of spondees. See 6 n.

431 QVoD ubi tristifico. Read *HoC* (*quod* is from *Lod* 430). *trist.* Prud. Symm. II 574. Val. Rose anecd. (1864) 138 8. Migne LXXXVII 367ª. Dionys. Exig. Greg. creat. 12.

432 consurgit uates, seruorum de grege multo
   ter centum famulOs noVIEs bis auctius addens. 5

433 *nouies bis*, to denote 18, is impossible. If the line has any meaning it is $3 \times 100 \times 9 \times 2 = 5{,}400$; what is wanted is 318.

Restore:
   ter centum famulIs bis noNOs auctius addens. 10
Or perhaps
   ter centum famulos nonos bis PaRtiBus addens.
For *auctius* has not a very genuine ring about it. cf. for the order 422 *bino bis*, and generally Cl. Mar. Victor aleth. III 433—4 ter centum *deligit omni | de grege bisque nouem famulos,* 15 *quos instruit armis.* Prud. ps. 19—37.

434 ad bellum dux ipse ciet ferrumque retractanT,
   nocte super media nil iam metuentibus instat.
   Read with C *retractanS*. cf. 441.

439 excipitur laeta Sodomorum laude prOeoRum. 20
   prAEcoRum C. This leads to *praeTorIS*, 'the king of Sodom' (*c* and *t* being very like). The air is alive with the buzz of *-um*. In this line *SodomorVM;* 437 ends with *demptVM,* 438 with *secVM.* See Gen. 14 17 *egressus est autem* rex Sodomorum *in occursum eius.* 25

440 pontificisque dei, sancto qui nobilis actu
   Melchisedecus erat, panem uinumque praesentanT.
  . . . . PRINCEPS RECTORQVE SALEMAE
  ET DECIMOS FRVCTVS ABRAM LEX MVNERE SVMPSIT.

In 441 read with C *praesentanS*. cf. 434. The 30 line and a half printed in capitals, supplied by C, have never been printed. It has *rectorqaAe* and in the second line *Lex*.

   pontificisque dei, sancto qui nobilis actu
   Melchisedecus erat.

Evidently the fragment preserved by C fits in here: 35
Melchisedecus erat, princeps rectorque Salemae.

Gen. 14 18 *at uero Melchisedech* rex Salem proferens panem et uinum, erat enim sacerdos dei altissimi, *benedixit ei, et ait: Benedictus Abram deo excelso, qui creauit caelum et terram.* Then we must add a few words, to introduce the termination of 441. Take them from the vulgate:

ET BENEDIXIT EI panem uinumque praesentans.

Then follows in the vulg. Gen. 14 20 et dedit ei (A. gave to M.) decimas ex omnibus. This we have in C

et decimos fructus Abram Lex munere sumpsit.

This needs correction and transposition. Read *et decimos fructus Rex munere sumpsit AbramI*. On the confusion of *rex* and *lex* cf. Drakenb. on Liv. epit. 89 (VI 311 a). After this a verse has fallen out introducing the King of Sodom: e.g.

TVM SODOMAE RECTOR VATEM SVBMISSVS ADORAT.

With the whole passage cf. Cl. Mar. Victor aleth. III 452—470.

442 is petit, ut captos dignetur reddere uictor,
cetera pro meritis belli sub lege Laturus.

Here, if we retain *laturus*, the participle refers to Abraham, not to the king of Sodom. A similar sequence 815—7 *impellit* (Iacobus Esaum) *somat* ... *exhibentque* ... *sumpturus*. If we read *Daturus*, we have: 'begs the conqueror graciously to restore the prisoners, surrendering all else according to his deserts under the strict law of war.' Gen. 14 21 favours *laturus*: *dixit autem rex Sodomorum ad Abram: da mihi animas, cetera tolle tibi* (the end of a pentameter in the vulgate; you can complete the line thus: *da nobis animas; c. t. t.*). *laturus* in same place Exod. 466 n.

448 quandoquidem inuictae tVtus sit tegmine dextrae.

tVtus A and C. "Reposui tVtus pro tOtus." ARE-
VALO, with unwonted courage.

449 ille alacer concessa sibi licentia fatur.

It is perhaps doubtful whether our poet would shorten the *a* of *concessa* abl. (of *licentia* there is no question). Read *ille alacer, sibi CVM* (cum om. before con-) *concessa licentia, fatur* (or *licentia faNDI*). cf. 492. Exod. 257 n.

451   nam coniuncta quatit fessum longaeua senectus,
       nec datur emeritVM post mortem linquere natum.
       Read *emeritO*, which was assimilated to *natum*.
cf. 818.

453   nobilibus thalamis.
       cf. 1178, where Joseph says: *crimine fraterno ser-
uitum nobilis ini.*

454   degener hAeres erit.
       "legam *degener hAeres* (for *deger*)." AREVALO. C
rightly *heres*, as in 456. cf. for the sense 456, 511.

455   Dum.   *Cum* C.

457   nam si nosse ualet numero carentia quisquam
       sidera uel totas pelagi percurrere harenas.
       457 Read: *nam si nosse ualet numeroVE carentia
quisquam.* cf. 47. Exod. 107. 755. Hor. c. 1 28 1 2 *te maris et
terrae numeroque carentis harenae | mensorem.*

457—9   cf. 413—5. Cl. Mar. Victor aleth. III 481—5.

459   numerare putando.   Exod. 422.

461   qui tua cernat. cf. *cretio* in *Spicil. Solesm.* 1 256 ver.
1115. Prud. cath. XII 85—88 *hunc et prophetis testibus | isdem-
que signatoribus | testator et sator iubet | adire regnum et
cernere.* See the lexx. esp. Georges, Dirksen and Brisson, and
Longolius on Plin. ep. X 79 = 75 2.

465   credidit ista senex nec quicquam defore uerbis
       metitur domini sincero acumine cordis.
       Transpose:
       sincero domini metitur acumine cordis,
or better, with slighter change and bringing the words and their
Author together:
       domni sincero metitur acumine cordis.
       See 91. *Spicil. Solesm.* 1 256 p. 1121. glossary to
Beda 'domnus.' Hier. ep. 93 tit. 94 tit. Vict. Vit. II 3. 28. 30.
42. 44. III 19. 20. Schuchardt II 411. Venantius uses *domnus,
domna* as a prefix only. indd. to Ennod. Alcimus Auitus
(p. 332). Observe *metitur* 'ponders,' here and elsewhere 33.

171   uitulam trimi iam temporis.
       u. i. tr. I. C.

472   coniungens alacrem torua cum fronte iuuencum,
      neruecem caprumque dehinc hirtamque capellam,
      columbas pariles, simili cum turture iunetas.

472—481 cf. Cl. Mar. Victor aleth. III 500—522 trimam
sume mihi torua iam fronte iuuencam, cet.

474 restore the order:
      turture cum simili pariles iunctasque columbas.
      cf. 570 *clamore immodico Sodomae* iunctaeque
Gomorrae. In *Spicil. Solesm.* I 232 ver. 273, and Pitra's *Analecta* (1888) 202 ver. 12, 203 ver. 32 and 50, are parallel verses.

475 diuortia. Manil. III 411. Sil. III 419. XIV 18. 236.
Auien. descr. orb. 127. Ambr. hexaëm. v § 18. Prud. ham.
4. c. Symm. II 856.

477   *uel uit*
      omnia disponit.   *omnia disposuit* C.

483 praenoscit. 1096. Cl. Mar. Victor aleth. III 532
praenosce *tuos subolemque tuorum*. VF. I 732. Stat. s. I 2 178.
Suet. Nero 56. Amm. XXIII 5 14. Prud. apoth. 854. Rufin.
princ. III 1 13 cet. Sid. ep. V 2 1 (an important passage on
the nine liberal arts).

483—501 cf. Cl. Mar. Victor aleth. III 523—544.

484 cAsus.   c*V Rsus* A.   cAsus C.

486 namque quater centum Domini subiecta per annos
      seruiet.
      Read with C *dominiS*. The editors have done
much mischief with their capitals.

491 functus 1430. Exod. 138. 228. 972. *Spicil. Solesm.* I
p. 171 ver. 37. 228 ver. 138. 237 ver. 479. 240 ver. 615.
258 ver. 1998. Sen. Thy. 15. 749. Med. 999. Stat. Th. XII
137. itin. Alex. 4. Sulp. Sen. has *uita f.* (2 exx. in Hahn's
ind.) or *diem f.* (5 exx. add chr. I 46 4. II 26 3).

492 nam populus infeNsa Tibi de sede reuulsVs
      huc ueniet.
         infensuS Sibi A.   *infeSsa Sibi* . . *reuulsOs* C. Read
*nam*QVE *sibi infensa populus de sede reuulsus*. cf. 449 n.

495 et celer Euphrates Syrorum praenatat Orbes.
      Vrbes A and C, rightly.

497 Chalmoneos ChetosQVE iuncta cum gente Fereza.
   C. Chetos i. e. g. FerezEa C.

498 et RaFfana, cui manus est Jebosaco hAerens
   et Rafana, cui manus est Iebosa coherCens C.

Read IebVsa (Exod. 211) cohaerens. Here, as Exod. 564, 5 and in Iuv. cui is a disyllable, here an iambus. It should always be read as a pyrrich when the rhythm would be improved thereby.

502 quae cum sancta deus promIsisset uerba prophetae,
   sole sub occiduo clarum dat fulmine signO.

   502 "forte promisit uel promIsisset." AREVALO.
503 "legam signVM." AREVALO. promIsisset .. signVMC. cf. 356 n. 1122. cf. Cl. Mar. Victor aleth. III 544—7 sic fatus: et alto, | cum iam nox terris densas induceret umbras, | signum monte dedit; claro nam clibanus igne | emicuit raptim cet.

505 delambere. Stat. Th. II 681.

506—521 cf. Cl. Mar. Victor aleth. III 555—583 a very close parallel.

507 perdiderat ETIAM uotum iam Sarra parentis.
   etiam om. C (etiā after erat and before iam).

508 et quia praegelida partum NON poneret aluo.
   PRAEponeret A by mistake, non p. C. praegelida 857. Claud. laud. Here. 68. Cl. Mar. Victor aleth. II 554. ponere partum also 115.

509 ad Secunda suum coepit lactare maritum
   gaudia et inflexum cogit consortia seruae
   noscere.

   When L. Müller (Rhein. Mus. XXI 267) quotes Fecunda, he destroys the sense of the passage. Ishmael's birth was secunda gaudia; not till Isaac appeared did Abraham enjoy prima gaudia. In 509 C has aT, which suggests that q. (que) has fallen out; the clauses want cement, and que and et are often correlative. Plaut. mil. 1348 Br. Ter. Ph. 1051. ad. 64. Mützell on Curt. III 7 11 p. 92 b. Markland on Stat. s. v 3 147. Ussing on Plaut. Amph. pr. 5. For adque, inque, esque, see Heusinger on Nep. XIV 7 1. lactare on the other

lacto cf. Prud. *ter. Ztschr. f. wiss. Theol.* XVII 245; on this 234. Judges 587. Rönsch 213—4. Koffmane I 9. Symm. ep. V 10. VIII 58. IX 62. Hier. ep. 60 9 pr. 82 8. c. Ioann. 36. in Ezech. XI (39 1). in Luc. hom. 9. transl. Zeno II tr. 55. Greg. in
5 Beda h. e. I 17 p. 66 14. Venant. uit. Mart. IV 44.

    510   et inflexum cogit consortia seruae
                noscere, quo saltem genitor sit pignore uili.

            511 *noscere* of carnal knowledge Iustin XXVII 3 11 *meretricem familiarius.* *uili* So Claudius Marius Victor aleth.
10 III 563 *progeniem* uili *concredere perpulit aluo.*

    512   ilicet in thalamos AegyptiA ADDucitur Agar.
                Ismaelumque nothum fecunda gignit ab VluA.

            512 "Forte *AegyptiA Ducitur.*" AREVALO. So C.
513   *AluO* C, rightly. cf. 508.

15   516   ac dum uicino tegeret Se deuia fonte.
                  So C. *PeR deuia* A. The word is often used thus, like a subst. 92. 668. 880. Exod. 468 = 603 per deuia. 480. *Spicileg. Solesm.* I p. 224 ver. 1. Luc. VI 330. VIII 209. Sil. XVII 122. Amm. XXVI 8 12. Claud. r. P. II 168 cet.
20 Iuuenc. III 319 per deuia. On the other hand in the nom. sing. it is rare in our poem *Spicil. Solesm.* I 226 ver. 46. Read *ac d. u. per deuia fonte tegIt se.*

       518 *dominorum* 'of her master and mistress', cf. *reges* 'king and queen,' *fratres* 'Geschwister.'

25   522   iamQVE noueM denos noVEMque exegerat annos
                Abramus uates, cum se iam iamque parentem
                agnoscit nati magno de munere dandi,
    525   testamenta dei cui sunt concordia summi,
                gentibus innumeris genitor ductorque futurus,
30   percipiens placiDas per grandia tempora sedes.
                quin etiam soliDo de nomine grandior exit,
                dum decus adiectum uocalis littera ducit;
    530   et Sara quae fuerat, mandatur Sarra uocari.

           522 Read *iam nouIeS denos* (cf. 181 *decies septena,*
35 576 *quinquies ex denis*) *noNOSque.* cf. 1062. Josh. 403. 527 *placiDas* 'undisturbed' is tame. Of the chosen land, the land of promise, *placiTas* is far more appropriate. cf. 680. 745. When

brooding on this corruption of *T* into *D*, I cast my eye on 528 *soliDo*, which called for the like change. Turning to C, I found *soliTo* there distinctly. Verses 528—9 refer to Abram's change of name. *et* in 530 is 'also.' With 526—530 cf. Claudius Mar. Victor aleth. III 603—9 *et simul, ut uero sibi crederet argu- mento | innumeras gentes propria de stirpe creandas, | hoc ipsum ut resonent, commutans nomina dicit: | 'littera te renouet, te syllaba plena reformet, | ut non Sara tibi coniunx, sed Sarra uocetur | et tu non Abram, sed nomine clarior aucto | Abraham populus posthac uocitere futuris.* Prud. ps. praef. 3 4.

531 quin etiam patriA Smaelus pro prece diues
    bis senos princeps populos generatque regitque.
patri IsmaHelus C. *patriA* is right. cf. Cl. Mar. Victor aleth. III 621—4 *nec tamen hic sacrae, quem solum amplecteris, Ismael | expers dotis erit; nostro nam munere fultus milia multa uirum, ualido cum stemmate gentes, | bis senis pariter ducibus regnanda creabit.*

533—5 cf. Cl. Mar. Victor aleth. III 594—602. 625—9.

534 maribus exhibitis adimit praeputia ferro.
    Mend the rhythm and restore the natural order of construction by transposition (cl. 1017. Exod. 282. Josh. 112):
    exhibitis adimit maribus praeputia ferro.

535 ex plebe seorsa. 360. 902. Judges 45. *Spicil. Solesm.* I 227 ver. 91. Aus. idyl XVII (p. 91 Peiper) 5.

536 inde ETiam tempus promissi muneris instat.
    inde VBI iam t. p. m. i. C, rightly.
    Abraham doubts the fulfilment of the promise.

537 soluitur in tremulos uultu crispante cachinnos,
    dum tacitus secum promissa ingentia uoluit,
    posse deum CrEdeus, quicquid non exstitit umquam,

540 condere et infractos robur generare per artus.
    cf. Sedul. I 332. Turn to Gen. 17 17 *cecidit Abraham in faciem suam, et risit, dicens in corde suo: 'putasne centenario nascetur filius? et Sara nonagenaria pariet?'* 18 *dixitque ad deum: 'utinam Ismael uiuat coram te.'* Plainly, as the poet emphatically declares in 537, the laugh is one of

sceptic mockery. cf. Cl. Mar. Victor aleth. III 643—4 *quamuis ridenda putetis | uirtutis promissa meae.* Prud. dipt. 15 16. Read *posse deum rIdens*, with a construction like that cited from Stat. Th. X 648.

    541   sol flagrantior. Sil. XII 731.

    541—578   cf. Cl. Mar. Victor aleth. III 639—682.

    542   magnificusque senex frigus captabat in umbraS.
           in umbra C rightly. cf. Verg. ecl. 1 53.

    543   cum subito iuuenes pariter tres adfore cernit,
           sedulus in cunctos, unum plus ambit et orat,

    545   ne puerum celeri linquat, dum praeterit, actu,
           pacificusque suae dignetur tegmina quercus
           Atque pedes geminos frigenti VT perluat unda,
           ac positos panes mensae DigneTVr amicae.

           545 *puerum.* Ambr. de Abr. I 9 82 citing Gen. 24 2 'et uocauit puerum *seniorem domus suae*'...*disce hinc quod etiam senioris aetatis seruuli* pueri *dicantur a dominis uel a quibusque potioribus......inde et* pueros *dicimus, quando seruulos significamus, non aetatem exprimentes, sed condicionem.* With the whole passage cf. Cl. Mar. Victor aleth. III 644—651 *iuxta aedes quippe sedenti* | tres subito *adstiterunt augusta luce micantes.* | *Abraham tanti stimulatus imagine uisus* | *procurrit dominumque solo prostratus adorat* unum, cum tres miretur, cupidusque placendi, | *ut sibi mente pia liceat seruire, precatur,* | ut refici in medios aestus tendentibus horis | non dedignentur famuli mensisque cibisque. The repetition of *dignetur* in 546 and 548 betrays corruption (424—5 n.). 547 ought to follow, with a slight change (*Vtque* for *Atque*, and the omission of *VT*) immediately on 545. The latter *dignetur* has taken the place of an infinitive governing *tegmina* and *panes*. Remember that *con* is written like a 9, and *ting = tīj*, and then read:

    547   Vtque pedes geminos frigenti perluat unda
    546   pacificusque suae dignetur tegmina quercus
    548   ac positos panes mensae CONTingerE amicae.

    550   ipsE etiam properans sese dat Sarra uideri.
       "Emenda *ipsA etiam*." Arevalo. So A, not C.

Sarah's hospitality.
551 mensurasque libAns ternas ex polline profert,
       quas dederat tosto cinerum torRere uapore.

libEns C, rightly. 552 our poet has not such a *sermonis egestas*, as to couple *tosto* with *torrere*. That we may not, with Alfred, scorch the cakes, let us *turn* them, *torQVere*.

553 procuruans. only known to lexx. from 14 and Stat. Th. VI 852 (= 827 Kohlmann).

555 et modo constricti ponuntur fercula lactis.

The same expression in Tert. de carne Chr. 19 *post med*.

556 dumque deum trina positum sub imagine pascit.

Cl. Mar. Victor aleth. III 639—644 *nam cum damnare pararet | crimina terrarum flammisque abolere nocentes, | aut uerum aut qualem norat se posse uideri | et nomen numerumque suum confessus alumni, | quamuis caelitibus famulis comitatus adiret, | uisibus obiecit.* Prud. ps. praef. 45—49. ap. 28—30.

557 dulcia sanctificis delibat gaudia dictis,
       quid rerum nunc Sarra gerIt.

Read *gerAt*. Plaut. aul. 117 *rogitant me, ut ualeam, quid agam*, quid rerum geram. Ter. eun. 923 *reuiso*, quid *nam Chaerea hic* rerum gerat. Catull. 28 4 quid rerum geritis?

562 cf. Sedul. I 109.

563 quaeritur haec, interfuerit quae causa cachinni,
       illa negat facili concussa IN SEse fore risuM.

563 Prud. ps. praef. 49 *herede gaudens et* cachinni *paenitens.* 564 "forte *facili concussa M se fore risu.*" AREVALO. So C. Punctuate 563 thus:
       quaeritur haec inter, fuerit cet. See 429, 757 cet.

565 cf. Aen. VII 254.

566—593 cf. Cl. Mar. Victor aleth. III 639—710.

570 clamore inmodico Sodomae iunctaeque Gomorrae
       excitus ueni.

cf. Cl. Mar. Victor aleth. III 666—7 *quippe uidet uultus tacitos uisusque seueros | in Sodomam Gomoramque deum uibrasse.* On *excitus* cf. 802.

575   saNcTORum.   sacRAtum C, by mistake.

577   ab His quinque uiris cognoscit tegmine forti.

"existimo potius, auctorem poematis scripsisse, *a bis q. u.*" AREVALO, who would have found what he wanted in A, but not in C.

579   ilicet ad Sodomam ueniunt duo, natus et altEr,
      hesperO suBmITti cum iam prorumperet igni.

579 *altOr* C.   580 *hesperVs HumENti e. i. p. i.* C. Read *umenti.* cf. Cl. Mar. Victor aleth. III 684 *iam terris sole propinquo.*

583   pronus adoratos consueta ad limina duxit.

Cl. Mar. Victor aleth. III 687—8 *prostratus adorat | innitatque domum.*

584   media potius habitare platea.

platēa in Plaut. Amph. 1011. trin. 840. Ter. Ph. 215. eun. 344. 1064. ad. 574. 582. Andr. 796. Catull. Hor. *platēa* Aus. clar. urb. 77 (= 10 5 p. 148 Peiper). 143 (= 20 15 p. 153). ep. 10 22 (p. 229). Prud. perist. II 157. IV 71. X 164. XII 57. XIV 49. c. Symm. II 1088. For the word itself see Jordan Topogr. I 523. Hier. ep. 117 7. 127 9. Aug. c. D. XVI 8. pass. s. IV coronat. c. 9. Engipp. ep. ad Paschas. 3.

585   azYm quos tenui de polline candida pascit.

"legendum uidetur *azymA.*" AREVALO.   *azImA* C.   For the sing. cf. Aug. serm. 36 30.

589   atque uiros poscens tumido dIlitigat ore.

Read *dElitigat* with Hor. a. p. 94, cited by Arevalo.

590   ille memor pacis temptat mollire frementes
      atque etiam natas cupide dementibus offert,
      ut licito potius luxu peruersa uoluptas
      aestuet, a simili disiungens turpia sexu.

Cl. Mar. Victor aleth. III 698—701 *mollire furentes | Lot cupiens natas, quibus inlibata manebat | uirginitas, offert quos plebs uoluisset in usus: | per sexum factura minus.*

595   ac dum se glomerant, dum fortia claustra reuelLVnt.
      cf. Aen. IX 539.   *reuelAst* C, by mistake.

598   cf. Cl. Mar. Victor aleth. III 715—9.

600   eduxit natas cara genetrice sequenteS.
      Read *sequente*.
603   femina post tergum positas dum respicit arces,
      diriguit speciemque salis pro corpore sumpsit,
      ille subit celsae securus tecta Segorae.

603 Cl. Mar. Victor aleth. III 755—8 *coniunx miserabilis ut Loth | lumina, quod uetitum, pauitans conuersa referret | et poenas raptim uiolata lege subiret | in statuam conuersa salis.* 605 *Segorae* Cl. Mar. Victor aleth. III 729—732. 761—2.

606   mox fragor horrisono de sidere fulmina torqueNS
      sulphureaeque ruunt olido cum turbine flammae.

horrisono Sil. VIII 654. Claud. Ruf. I 85. anth. 718 17 R. *torqueT* C, rightly. With 606—610 cf. Cl. Mar. Victor aleth. III 763—789.

610   cernebat rutilo surgente uertice flammas.

"sensus postulat *surgenteS* pro *surgente*, aut [add metrum postulat] *surgentI*." AREVALO. *surgenteS* C.

613 *compostus*. *composItus* C, as usual. See Aen. I 249 and *Spicileg. Solesm.* I 224 ver. 2 n.

615   quae sine coniugibus nEquibant edere prolem.

Read *nON quibant*. cf. 838. 1254. So Plaut. Lucr. Hor. Cicero, who never has *nequeo*, always *non queo* in the first person. Iuuenc. II 672 *huius enim uocem* numquam *comprendere* quistis. Several exx. in vulg.

620   nec mora, femineis concrescit sarcina fibris,
      et parili ambarum uitalia SEmiNe turgent.

621 *uitalia*. Luc. VI 194. [Quintil.] decl. 7 13. 12 15. Namatian. 9 30. Amm. XVI 12 52. Claud. Get. 123. Lamprid. Elagab. 16 *fin*. Macrob. Sat. I 12 31. Ambr. hexaëm. III § 39. Hier. in Osee III c. 13 ver. 7 and 8 (148ᵉ). Greg. dial. III 33 (352ᵉ). *FOmiTe* C, no doubt rightly. In the literal sense Exod. 187. 954.

626   et gerErum ad terras socia cum coniuge transit.

gerArum C. cf. 785 n. With *socia* cf. 656. 703. 768. 775.

628   germanam nam fore uates
      dixerat eximius, fraudem ne forma pararet,

> coniugis innocuo, riuales dum cauet iras,
> nec tamen ualuit, ualidis terroribus actus,
> qui mentem adficiunt, quoties peruersa libido est.

In 628 *fore = esse.* cf. 158. 380. 564. Exod. 1220. Chalcidius has more than 40 exx., thence the usage spread through the middle ages (*Ztschr. f. oesterr. Gymn.* 1877. 272). 630 "conicio c. *innocuI riuales d. c. i.*" ARÉVALO. No: mend the punctuation:

> fraudem ne forma pararet
> coniugis innocuO. 631 "forte *nec tamen Eualuit.*"

ARÉVALO. So C. Read however *nON*. After 633 C rightly places 645, as will be seen:

> 633 nam deus immisso torsit lictore tyrannum,
> 645 qui, cum terrifico rupisset somnia uisu,
> 634 prosequitur trepidus uatem uix mente reuersa,

634 *uix mente reuersa.* Cl. Mar. Victor aleth. II 40 *postquam* reddita mens est. III 711 uix mente recepta. Beda h. e. IV 23 (25) p. 145 29 *ubi* ad cor suum rediit. Luke 15 17 (the prodigal) in se *autem* reuersus.

> 635 cur Sarra sit dicta soror, ceu nulla maritO
> 636 uincla ligent nuptam, CuM sit coniuncta prophetae.

C excellently, 635 *maritI*, 636 *QuAE sit c. p.*

> 639 Sarra fuit, iuncta diducens linea sangueM.

"Videlicet *sangueN* neutro genere, et more antiquo." ARÉVALO. *sanguē* C. The acc. *sangueM* occurs CIL VI (1) 2104 and in the *evangelium Palatinum*. L. Müller cites our verse as example of *sangueM*, which it is not necessarily, if all the mss. are like C. See Neue I² 154. For *sangueN* ib. 554. 670. Cato p. 65 5 Jordan. Cic. poet. fin. v § 37. Iul. Val. I 42 and lxx.

645 see 633 n. Arévalo's conjecture *pendIT* for *pendENS* in 644 falls to the ground.

646 grassante. Exod. 875 n.

648 pacificus. 806.

649 procubus. 362. Exod. 767. *Spicileg. Solesm.* I 242 ver. 672. 244 ver. 719. Not known elsewhere.

651 uotis. 507. 658.

655   stabilesque uidens iam pRoMere gressus
       coniunctVs inter PRoPRia de stirpe propinquos
       nescitur.

655 read *poNere*. 656 C excellently *coniunctOs.. SoCia.* cf. 626. The *PROPRia* is an anticipation of *PRO-Pinquos*.

658 nam desperatis maior fit gratia uotis.

"Ex nostro Iuuenco, qui elegantius lib. 1 vers. 44 *gratius ut donum iam desperantibus esset.*" AREVALO.

659 iamque puer puero innctus dum ludit alumpno,
660 conpulit ignito matrem turgescere felle,
     VT FAMVLAM INVISAM PARITER CVM PIGNORE PELLAT.
661 et tamen innitus senior dum maxima iussa
     obseruat domini, pariter detrusit utrumque.

The line in capitals, supplied by C, restores the sense. On *puer puero* 659 cf. 31 *diuino a pectore pectus*. *felle* 660 cf. 1155.

663 at mulier, postquam domini de sede remota est,
     auia dimoto lustrat secreta reGRessu.
664 *reCessu* C, rightly.

665 iamQVE panes cunctos uinumQVE Insumpserat omne.

"In uulgata uersione non uinum dedit Abraham ancillae suae Agar, cum eam domo expulit, sed aquam in utre: *et tollens panem et utrem aquae, imposuit scapulae eius.* et infra: *cumque CONsumpta esset AQVA in utre, abiecit puerum.*" MARTÈNE. "auctor fortasse scripsit *iam panes cunctos uNDAmque insumpserat omnem.*" AREVALO.

The vulgate, cited by Martène, suggests the true reading. for *Insumpserat* is out of place: when *COnsumpserat* had degenerated into *Insumpserat*, one *QVE* was added to avoid hiatus, and then another after *iam*. If you dare not read *iam panes cunctos ET AquAm COnsumpserat omneM*; at least restore

       iam panes cunctos, uinum consumpserat omne,
and you have a verse which our poet may have written.

667 deuenit ad puteum cui tum Miratio nomen
     indiderat maesto quAe inFleuit deuia quAestu.

It is strange that neither the Benedictine nor the Jesuit smelt a rat here. *miratio* is very rare. Beside the ex. cited from Cic., I have only Chalcid. in Tim. p. 25. Even if the Bible were not at hand or in the head, both editors print in 797 *deuenit ad colles, quibus est iVratio nomen*. And so A and C read here. 668 "*melius, maestoque iMPlenit denia.*" AREVALO. So C, and also *quEstu*.

    674 procedunt pia iussa dei, Iam paruulus arcum
            tendere et aligeras coepit torquere sagittas.
        674 *Num* C. 675 *aligeras sagittas* Sil. II 92 *a. ferro*. XIV 507 *a. plantas*. VF. V 454 *a. angues*. Sil. has *pennigeras sagittas*, Pliny *pennatum ferrum*. So *ales* is an epithet of *iaculum* in Sil., of *harundo* in Prud., of *telum* in Sid.

    677 ductor Abimelus, coNnectit foedera pacis.
          AbimelECHus conectit C.

    680 iuratur placitaeque maneNt concordia pacis.
          Read *manet*.

    681 inde senex curuo terram dum [*uomere*] sulcat.
          Read with A and C *terram dum sulcat ARATRO*.
On *curuum aratrum* see 140. *Archiv f. lat. Lexik.* 1 331.

    685 in quibus aetherEi teNtatur nOminis orsis,
          uNicus ut natus gladio decumbat ad aram.
      "Fortasse *nVminis orsis*." AREVALO. *aetherIi teMPtatur nVminis* C rightly, and then wrongly *uicINus*.

    687   Abraham about to offer Isaac.
          nec mora, cum tumidi conscendit culmina collis,
          cornipedem ducens famulis natoque uaDEntem.
      687 For *nec mora, cum* cf. Exod. 352 n. 688 the least violent correction of the corrupt *uadentem* will be *uaCAntem*, the horse at the service of his men and son. Otherwise we must read *famulOs natVMque*, if we read either *uOLentem* (which would be more appropriate later on) or *uehentem* 'riding.' But it does not appear that Isaac was mounted; rather the horse carried the wood and the knife. The only objection to *uacantem* is that you expect *sibi* first and foremost. *Vadentem* is often foisted in by our scribes e.g. Exod. 293. 730. *uidit* is

a spondee below, 719. For its extreme frequency see Dutripon's concordance.

689   tertia iamQVE dieS, cum sol candentior axe
       fulgeret medio, totas dum contrahit umbras.

    689 C om. *QVE* by error, and *S* rightly. The abl. is needed. 690 Ov. m. III 144 *iamque dies medius rerum contraxerat umbras*.

691   capesCit. "melius alibi Martenius, *capesSit*." AREVALO. *capesSit* C.

692   flammarum pabula. Luc. VII 5. Sil. XVII 94. Cl. Mar. Victor aleth. III 749. 772.

694   iamque adeo flammis surgentibus altar ad ipsum
       sistitur, EVINCTVS manibus post terga retortis.

    C transposes wrongly *ipsum ad altar* and omits *euincTVS* after *sistiTVR*. for *altar* see 417. Exod. 1097. 1102. Josh. 274. Judges 288. *Spicil. Solesm.* I p. 228 ver. 133. Prud. perist. III 212. V 515. IX 100. dipt. 80. Barth aduers. VIII 12. *altarem* occurs Bonif. ep. 150. Jubil. p. 131 Rönsch. for *manibus retortis* see Hor. ep. II 1 191.

699   hiC actis uetulo decedit corpore Sarra.
       Read *hiS* with C. cf. 126. 597.

702   quadrINgEnta. *quadrAgInta* C, wrongly.

703   dum sociaM duplici gaudet mandare sepulcro.
       socia C, by mistake, and *sepulcHro*.

704   Mambra 416.

706   conceptis dicere uerbis. cf. 900. Plaut. Ps. 353. Petron. 113. See Georges.

712   ille alaerIS tumidis inponit dona camelis
       Assyriamque petit, iam cernENS tecta Nachorae,
       dumque silens secum domini mandata renoluit,
       conspicit eximiam uenientem fonte Rebeccam.

    712 Read *alacEr* as in 449, 1142; corrupted by the evil communications of *tumidIS camelIS*. cf. 1384. 713 Read *A. que petit. iam cernIT t. N.* cet. 715 *fRonte* C.

717   inuitatque domum. Cl. Mar. Victor aleth. III 688. Cic. Sall. Nep. Liv.

718 iungitur hospitio. cf. Aen. VII 264.

720 iter emensos. Aen. VII 160. XI 244.

721 quem Rebecca uidens dorso ReflExit ab alto.
Read with C DeflVxit. cf. Numb. 509 *ad terram fluxere metu.* Aen. XI 500—1 *quam tota cohors imitata relictis | ad terram* defluxit *equis.*

722 obstipumque caput tenui uelamine condit.
Paulin. Nol. c. XXII 107—112. *obstipum* cf. *Spicil. Solesm.* I 235 ver. 382. In a secondary sense Iul. ap. Aug. c. sec. resp. Iul. III 38. IV 129.

727 indeptus. cf. 824. See Georges and ind. Cassian.

729 IAmque quater denos illic transegerat annos,
coniuge cVM dIcta patriam ditauerat aulam.
730 cONdVcta A and C, rightly. see Gen. 25 20. Then restore CVm to 729, to cement the clauses.

731 quae cum praecipuo canderet sidere Pomae.
"*Pomae*, mendum, ut puto (?). forte *FoRmae.*"
AREVALO. The Jesuit's doubt would have been raised into a certainty, if he had remembered Stat. s. III 4 26 *puerum egregiae praeclaram* sidere formae. So C.

736 crescentis pondera uentris. Iuuenc. I 134. Ov. her. XI 37.

737 tonantis. 65. 141. 168. 874. 988. (1221 I correct). These from Gen. alone. Glossary to Beda. The Vienna indices often neglect points of this kind.

743 se promit. Ov. f. v 518 Merkel and Riese. Cels. II 6 p. 37 19 D. Claud. Get. 58 (Heins and Gesner *prodat*).

744 nigrantes toto conSertAs corpore setas.
n. t. consertAs corporIS Actas C. "crediderim legendum *consertVs.*" AREVALO. One letter more *conFertVs*, then from C *s.Actas.*

747 praedines. 57. 1056. Liv. IV 34 1. XLV 32 5. perioch. 52. Iuv. XIV 305. Sulp. Seu. chr. II 46 3. Iuuenc. III 437. Auson. prof. 17 15 p. 65 Peiper. Prud. c. Symm. I 416. perist. II 172. IV 59 *pietate multa*, the only exact parallel to our text *p. mente.*

749 raucisono. 'only in the following passages' (of Lucr. and Catull.) Riddle-White, after Freund, who everywhere assumes his own crass ignorance on the part of his public. See Fulg. myth. praef. Prud. cath. IV 38. inscr. in *Rev. archéol.* (1873) XXVI 142. Venant. uit. Mart. praef. 3. II 248. Coripp. Ioh. I 425. IV 676. VIII 512. In anth. Lat. 286 12 R we have *raucisonans*.

750 (of Jacob the sedentary)
ast alius blandi conseruans pectoris acta
gaudebat patriis inlaesus uiuere teRRis.
"suspicor *uiuere teCTis*." AREVALO. *Euge!* cry A and C. *alius* here, and 753, and often, = *alter*.

754 qui cum niHIl iam lentem soluisset in unda,
coMpositos fratrem niDentem sumere pastus
perpulit ut primos sibimet deferret honores.
754 *niHiL Iam*, "forte *Niliacum*." MARTÈNE. So A and C. cf. 494. Exod. 580. 755 *coNpositos . . niTentem* C, rightly. "*nidentem*, uerbum barbarum, nempe *nidore permotum*." AREVALO. *apage!*

756 deferret honores. cf. Exod. 831.

757 malesuada fames. Aen. VI 276. Sil. XIV 501. Paulin. Nol. c. XX 520 *cupido*. XI 24 *fama*.

758 compulit A patriis uatem dIscedere terris,
E C. *dEscENdere* A, wrongly.

759 Philistina petit rura, mox Gargara transit.
Read *ET mox*.

761 incedens claro dominum cum lumine uidit.
cf. 798.

765 attamen inmensum genitor mansurus in orbem
semine multiplici gaudebis crescere gentes.
orbem, after *mansurus*, can perhaps mean 'world', thus: 'fated to abide a father to the furthest bounds of earth'. The *crescere* also of 766 may exert an influence in 765: 'to grow all the wide world over.'

768 cf. 626. 785.

769   germanam potius PaternE edisseret actA.
"Forte FRaternO edisserit actV." AREVALO. PaternO C. FraternO A, rightly. Exod. 861 n.

770   ne commota leuI cupidine turba Filisti
       coniugium uOtis correptis tolleret armis.
770 evidently ran thus *ne ⚹ - commota cupidine turba Filisti*. The missing word was probably *laen.I* (= *lena*). cf. 935 *laeno linore*. When this was corrupted into *leuI*, the transposition followed. 771 *u.ltis* C, rightly. *coniugium* is 'the wife,' as in Verg. and plur. in Ambr. exhort. uirg. 4 § 23.

777   horRea mollitae dum spargit credita terrae.
"legendum uidetur *horDea*, idque confirmat antiqua uersio Italica, in qua legit S. Hieronymus *et inuenit in anno illo centuplum hordei*." MARTÈNE. C has *horRea*, but Martène is right.

785   discessit mansitque diu conualle GerarAE.
GerarVM C. Restore: *d. Gerarumque diu conualle REmansit*. cf. 626 *Gĕrărum*. 768 *Gĕrăris*. See 361 n. Exod. 221 n. Dutripon's concordance *remansco*. Sedul. c. 1 122.

786   et cum sollicito puteVs dimitteret actu.
puteOs C, rightly.

787   scatebroso.   schol. Bern. Verg. g. II 348.

789   inAusosque locos litis de nomine signat.
"forte *inFausTosque*, vel *inuAsosque*." AREVALO. Neither, but *inuIsosque* A and C.

790   promouet inde gradum, rursusque egesta profundO
       terra cauo gelidos in luce protulit amnes.
profundVM C wrongly, and *amPnes*. "melius, *in luceM*." AREVALO. By all means.

794   ac postquam tETricas fregit pax aurea lites.
trIFicas C, i.e. *tERrificas*. cf. 1089.

795   transcribere.   cf. 1278.

797   cf. 667 n.

798   cf. 761.

799 tempore quo medio euoluunt sidera cursus.
"lege medioS euoluunt sidera cursus, uel medio uoluuntVR sidera cursu." AREVALO. medioS C.

801 inuiNcto. "lege inuicto." AREVALO. So C.

802 exitus gelidos post somnum colligit artus.
"lege exCitus." AREVALO. So C. cf. 571. With colligit artus cf. Iustin XXXIII 2 2 corpore collecto.

804 ABImelus. AmelIus C.

807 insertis dextris = iunctis d. I have not noticed this use elsewhere.

808 excipitur placidO. placidE C.

810 hAEc inter medios surgit discordia fratres.
Read hIc. The scribe was thinking of the anaphora of the prep., as in 757, not remembering that inter is here a preposition indeed, governing m. f. With discordia we might take haec, no doubt; but the transition is not natural or graceful. 'The following quarrel.' How far more effective hic, 'hereupon'.

812 oculosque sepultos. cf. Prud. cath. IX 34.

815 impellit sumat pharetram. So, without ut, Plaut. mil. arg. 1 10 (Mühlmann).

818 id Rebecca uidens carVM dat scire IacobVM.
Read carO...IacobO. cf. 452. This verse with 721 quem R. u. and 818 quam R. u.)(715 uenientem fonte Rebeccam and 755 (cf. Sidon. c. XVI 87) shew that the first e is common; so Rachel's a 886 n. See Venant. VIII 3 99 Sarra Rebecca Rachel Hester Iudith Anna Noemi.

819 promptim. cf. 98. 227. 819. 888. 1334. Exod. 162. 978. 1001. Josh. 83. 152. Beda uit. Cuthb. 5 10.

821 et ne forte dolos nudaret corpore leNi,
pellibus obteGit, hirsutum quae fore praestent.
821 "Melius corpore leVi." AREVALO. So A and C. 822 "forte obteXit." AREVALO. No, obtegitVR A and C.

824 oBtulit indeptas uelutI uenatibus escas.
oPtulit i. uelut iN uenatibus Aescas C.

825 nec tamen occuluit penitus praenuntia corda. I know no other ex. of *occulo* = *lateo* or *celo* with acc. of person. *praenuntia* Sen. n. q. II 27 2. Plin. pan. 61 7. Sil. XVI 79. Iuuenc. I 275. Claud. gigantom. 42. epigr. 49 3. Auson. ecl. 13 5 (= anthol. 642 R) 3. Prud. c. Symm. II 575.

> 826 namque senIS iuuenem totum dum dextera lustrat,
> noscit at Aesaum setis sed uoce Iacobum.
>> 826 *senEX* C.   827 *noscitat* A and C. *s.Aetis* C.

> 828 conpressa fames. 1343. Aen. VIII 184.

831 sanctiloqui. A rare word. Add to lexx. epitaph. Honorii in Baronius 638 4.

> 832 oscula dum preSsIs delibat dulcia labris.
>> *prAesEs* C, by mistake. With *delibat* cf. Aen. XII 434.

Jacob's blessing.

> 833 nam post optata lONgae commercia uitae
> anterior frater minimo seruire iubetur.
> interea Esaus longis discursibus actus
> uiscera iam saturo portabat capta parenti.

The *longae* of 833 and *longis* of 835 betray corruption (see 240. 424—5 n.). 835 is manifestly genuine. Turn to your Bible for 833. Gen. 27 28 *det tibi deus de rore caeli et de pinguetudine terrae abundantiam frumenti et uini.* Nothing here (prov. 3 16) of *length of days,* the gift of Wisdom's *right hand,* but of *riches and honour,* the gift of her *left.* Are you still at a loss for the word? Turn to Iuuenc. I 102 largifluis humiles opibus ditauit egentes. 834 *anterior* cf. 1055. 836 *uiscera* Symm. ep. V 67 ('thank you all the same' for a present of game, which he dare not touch; precisely the case of Isaac and Esau) *sed nondum conuenit ualetudini meae uti ferinis uisceribus, nec tamen gratiam muneris uestri minuit apud me necessitas parsimoniae.*

> Read in 833:
>> nam post optata LARgae commercia uitae.

838 non quiuit. cf. 615 n.

839   inde ira et lacrimae et fraus quaesita nocendi.

inde ET iraE et l. et f. q. n. C. "hiatum effugies, si legas, *fraus EST quaesita.*" AREVALO. No, read *inde irae et lacrimae, fraus ET q. n.* et has lost his way, intruding twice where he is not wanted, and absent where duty calls. The first words are ultimately from the proverb Ter. Andr. 126 *hinc illae lacrimae.* cf. Cic. p. Cael. § 61. Hor. ep. I 19 41; directly from Iuv. I 168 inde irae et lacrimae.

843   donec longa dies conceptas mitTERet iras.

"forte *mitIGet iras.*" AREVALO. Bravo. So A and C.

844   iungitur et matris monitis sententia natis,
      dum tranquilla docens, natum commVnIteR oraNt.

dum tranquilla docens, natum commOnEt eT orNat C. Perhaps *commEnDAt et ornat.*

847   cari genitoris. *sacri g.* C, by mistake. cf. 1387.

848   est locus Assyriis gemino qui MERgitur amne.

Mesopotamia. cf. *Spicileg. Solesm.* I 245 ver. 785—6. Judges 138. Read *CINgitur* with C.

850   Labanusque gener, totis qui praedia caMPis
      laeta tenet.

caRRis C, an excellent restoration, 'Haran'. cf. 841. 939. Cl. Mar. Victor aleth. III 324.

856   dulci declinat lumina somno. Aen. IV 185.

857   praegelido. cf. 508.

860   aspicit intrepidus toto de lumine mentis.

For *de* cf. 875, 1123. We have in Cic. *oculi mentis.* Apul. de mundo 30 *animae.* paneg. II 5 *ad fin. providentiae.* Ambr. de parad. 33 *cordis.* Iuuenc. II 764 lumina mentis. Aug. serm. 337 pr. *fides uidet hoc, quae* pietatis oculum *habet in corde.* Pacat. 33 3 *animorum.* So Heliod. II 25. Luc. uit. auct. 18. Chrys. VII 28^d. XI 489^d. 544^c. 650^d ὀφθαλμοὶ τῆς ψυχῆς. Chrys. X 668^b. XI 375^b τῆς διανοίας. 'In my mind's eye, Horatio.' *lumen animi* in Cic. r. p. VI § 12 is different.

861   haerentem scalam purE trans nubila caelo.

"forte *purO trans nubila caelo.*" AREVALO. So C.

865   omnipotens prona spectabat fronte ruentes.
          Spicil. Solesm. I 232 ver. 290—2 *dextera uerticibus hominum dum* prona *recumbit,* | *candidus aetherea nobis benedicat ab aula* | omnipotens.

868   pelle metus, PrAEstes, tellus, cui membra dedisti.
          pelle metus TrIstes C, rightly. "malim *praeseNs tellus.*" ARÉVALO. No.

870   tu nunc perge memor coeptumque aVT dEsere
                                              munus.
          tu *nunc perge memor coeptumque adEsere munus* C. *adDIsCere* A. "emenda *coeptumque Haud desere.*" ARÉVALO. If we had no choice, perhaps; *A desere* being the relic of *A D Desere* and that of *(H)aVd desere*. But *adEsere* looks very like *adsere*. Say *tu nunc perge memor, coeptumquE EN adsere munus*, where only *N* is added.

872   cf. Aen. VII 458.

873   fluore. A medical term. Cels. IV 23 *med.* Cael. Aur. ac. II 105, 109. t. II 138, 143. Scribon. 52 *fin.* 87. Cass. Fel. p. 86. Baronius A.D. 651 4. Aug. c. D. VII 2. Paulus Festi p. 92. In a general sense Apul. mag. 5. Arnob. V 2 Hild. Auson. Mosella 366. Macrob. Sat. VII 14 4 and 10.

875   portaQVE, quae gemino reserat de cardine caelum.
          porta quae C, *que* dropping out before *quae*.

877   atque domum domini compellans, indice saxo
          promittit decimos daturum se FORe fructus.
          878 outraged metre (224 n.) accidence and harmony cry out. Right all by reading
          promittit decimos se fructus ESSe daturum.
          By dittography *fore* was written before *fructus* (*fore*=*fruc*) and the rest followed in the way we know. The *fore* buried here, to save the verse, will rise to life again, where he is wanted, Exod. 1220.

879   iter inceptum celerans. Aen. VIII 90.

882   hi E gregibus.
          "corrigo *hiC gregibus.*" ARÉVALO. So C.

884 hisque salutatis disquirit singula uates
       incolumesque uidEt cunctos, quos mente quaerebat.
           He asks and *sees*; how? by second sight? No,
compare the end of the verse: 'his mind's eye sought them.'
He asks and—hears. Read *AudIt* (q. *audit* = *que uidet*).

886 haec inter niuea gradiens Rachela figura.
           For *niuea* cf. 773. *Rāchela* as 1034)(904. 916.
940, where *Rāchela.* cf. 715 n.

888 quam promptim inuenis fraterno E lumine uisam
       castos in amplexus cognata ad pectora iungit.
           888 "forte *fraterno lumine.*" Arevalo, rightly,
though C has the *e*. 889 transpose *iungit in a. c. ad p. castos.*

890 deSoluens lapidem.   "melius *deVoluens*, ex sacro
textu." Arevalo. So C.

896 ergo ubi IAM mercem septenis traxerat annis.
           ergo ubi merceDEm s. t. a. A and C. cf. 933. Ob-
serve *trahere mercedem* 'to draw pay.'

899 prosata. cf. 143. Florus c. 4 2 Müller. Calpurn.
x 63. Prud. perist. vi 46. Auson. id. vii 3 1 p. 116 Peiper.

900 concepta uerba. cf. 706.

901 frustratus uirgine pacta. Sil. xv 624 frustratis
gressibus. Vell. ii 43 2 f r u s t r a t u m *esse uisum suum intellexit.*
See Mühlmann. Neue ii² 288—9.

902 rursus in alterius pretium mercede seorsA.
           seorsVM C. On *seorsa* cf. 535 n.

909 possidet HIC domini sacrata altaria nostri.
           hic om. C, by mistake.

910 Nunc sequitur Iuda, tribui mox inditus auctor.
           "pro *Nunc* legi potest *Hunc*." Arevalo. So C,
rightly.

911 ast aliOs partus, utero quos Balla creaVIt,
       scire licet, claros nunc ius est dicere natos.
           "Forte *aliAs.*" Arevalo. So C, rightly. cf. 1039,
the place referred to. *creaREt* C.

919 discessum A soceris ET quae quaesiuerat orat.
           O soceris quae, omitting *ET*, C, by mistake.

925   enitens, ut longa sibi Momenta pararet.
      decerNit uirgas rupto de corpore matrum.

moNVmenta...decerPit C. deSCerpit A. Real Fomenta. cf. 1338. With 926 cf. Verg. g. II 23. For *matrum* cf. Colum. III 17 1. Pliny often. Claud. nupt. Hon. et Mar. 244.

927   myStea prima fuit, storaci mox altera dempta est.

"forte *myRtea*." AREVALO. So A and C. *storaci* Cael. Aur. tard. I § 67. Cass. Fel. 41 p. 95 cet. Bonif. p. 214 Jaffé (*styraca* in Plin. Val. I 11. *styrace* in Marc. Emp. c. ver. 48).

928   tertia uulsa nuci, quo sensim lana colores
      diuiduos rApEret uirgarum perlita suCco.

rEpAret, wrongly, and *suco* rightly C. for *diuiduos* cf. 974. *rapere colores* is stronger, and less frequent, than *ducere* and *trahere*. Claud. c. Ruf. I 207 rapiunt *Tyrios ibi uellera fucos*. Staveren on Nep. XXV II 3.

930   nam per stagna pecus properans mersare balantum
      signauit uario tinctum discrimine SuCci,
      inuidiam propter, uariam quia dixerat eius
      esse socer merceM, multis quaM TeMPSerat annis.

930 *pecus balantum* Lucr. II 369. Coripp. Ioh. II 398. Rare. 931 932 "locus obscurus uel corruptus." AREVALO. 931 *Fuci* C rightly. 933 *quAE Tempserat* C. *Dempserat* A. The *quae* of C (*esse socer mercem quae multis tempserat annis*) suggests *esse socer, multis quae merceS CReVerat annis*, 'the pay which had mounted up during many years'; or, keeping closer to MSS (*CeSserat* for *TePserat*), q. m. *CeSserat annis* 'had fallen to my lot', as in Tac. G. 14 *epulae pro stipendio* cedunt, and Cic. Verr. II § 170 *ea autem faeneratio erat eius modi, iudices, ut etiam is* quaestus huic cederet. *merceM* never, so far as I know, is used as acc. of *merces*. When *multis* and *merces* had changed places, the nom. would naturally pass into an acc. Above (896) *mercem* has disappeared. The antecedent in relative clause often causes trouble. True, in Claud. 6 cons. Hon. 578 even Jeep reads *tum tibi magnorum* mercem *Fortuna laborum | persoluit*,

Stilicho; a passage cited by Georges as an instance of *mercem* acc. of *merces*. Barth indeed renders *mercem* 'mercedem, praemium', but gives no example to the point. The Jesuit Delrio says 'MERCEM Sallustianum hoc est, pro mercedem', but Sallust has 5 exx. of *mercedem*, none of *mercem*. '*mentem Junian*' says Burman, which does not help. Gesner unsuccessfully retains *mercem* as acc. of *merx*. '*mercem* pro mercede dicit. praemium quodcumque potest cogitari ut merx, quae emitur labore, periculis &c.' Nor did I have recourse to surgery, until I had administered a potion of interpretation to our patient, wholly without effect. Claudian's wound also calls aloud for the knife. Read *mercedem tibi magnorum F. l.* Claudian's accidence is very correct. We may not leave the taint of barbarism upon him. See index.

934   Hic cum diuitiis alitOs praestaret inemptis.

For *Hic* I incline to read *Sic*, then *alitAs*, to agree with *balantes* (cf. 930); 'Jacob warranted the flocks fed with unbought wealth', i.e. at no cost to Laban, cf. 922 *ditescere sese muneribus domini solis testatus*.

938   tosta fornace 337.

940   inuolucris, a choriambus also in Prud. c. Symm. I pr. 54.   ham. 920.   cath. v 36.   Orient. I 124. 260.

941   ne pater inuenta puniret crimina noxaE.
        Read *noxa* with C.

942   nicto conscendit flumine collem. Numb. 955. Claudian says (3 cons. Hon. 46) *ascensu* uincere *montes*, but *supero* is the usual word in this sense.

943   quem GalatVm indigenae patrio sermone loquuntur.
        GalatAm C.   For *loqui = uocare* cf. 1080. Solin. 11 17 *orbem cyclon Graeci* loquuntur. 11 26. 32 1. Ashburnh. has *uocare*, vulg. *appellare*, regularly.

945   discessus generi pariter pariterque natarum.
        For *pariter pariterque* cf. Sil. XV 253.   For the quantity of *natarum* below, 1068.

947   quaesitumque diu sexto iam lumine NauGus.
        Neither the Benedictine nor the Jesuit are startled by this formidable apparition on Laban's path. It is

simply *nanCTus*, as C will tell you, if the light of nature burns too dim.

949   mitificusque suA is, quae credit numina, poscit.
        Read *suis* with A and C. For *mitijicus* cf. 1005. Exod. 313; for *q. c. n.* 939.

954   ac positus limes liMeN discerneret agris.
        liTeM C, as in the author followed, Aen. XII 898.

955   uiae medio nates nidIt ardua castra.
        uiae medio cf. 1288.
        nidIt C. Read *nidEt* with ARÉVALO.

956   quae deus astrigero ducTat moderamine rector.
        astrigero 80. 1050. Exod. 615. Auien. Arat. 275. Fulgent. p. 617. Arator act. I 33. *ducat* A. *ducTat* C.

959   muneribusque graues, germanum quae iubet ut iS.
        "coniectura probabilis est, *quae iubet uti*, uel *quis iubet uti.*" ARÉVALO. *quae...uti* A and C.

963   cumque quater centum terretVR turba uirorum.
        terreREt C, rightly.

967   atque simul flexa dominum ceruice poposcit.
        a. s. d. f. c. p. C, wrongly.

972   iussisti lenta fluuium transmittere uirga
        Iordanemque tuum iliCO transmittere gressu.
        iliCO C. A has preserved *HVMili. tuum ilico* will explain the corruption to the most careless reader.

975   ut uarios casus gemino munimine CASVS.
        VITAM A. *VITEM* C, rightly. Otherwise Arévalo's *ut uarios caVEAM gemino* is very plausible.

976   Aen. VI 365.

978   ne rapidus duro feriat mea pECTora telo.
        "magis placeret *mea pIGNora*." ARÉVALO. C confirms *pectora*.

981   femine nam presso stupuit pars corporis illa.
        Read *nam presso femine.* Probably *femina* ran in the scribe's head. cf. 994 *femur*.

983 is, qui pulsarat ualido certamine uatem,
praestita dImissum dominus post dona remisit.
praestitIT admissum A, wrongly. *praestita dimissum* C.

987 cf. Judges 503.

988 non potuit, soli quod ius est nosCe tonanti.
"Lege *nosSe*" Arevalo. So C.

993 hinc Iudaea memor deuitat mandere neruum,
qui femur adstrictum rigido munimine fulSit.
fulCit C, rightly.

995 iamque uidens fratrem uallatum cVM grege turma.
cONgrege C, rightly. See Exod. 719. Num. 578.
Cl. Mar. Victor aleth. III 279.

996 procuruus prona dominum ceruice salutat. 1077. In *Spicil. Solesm.* I 245 ver. 757 *propria ceruice* is the true reading. For *dominum* (not *Dominum*) *salutat* cf. Iuv. VIII 161 n. Sen. const. sap. 18 4 *illum Gaium* salutauerat.

1003 admorunt. Exod. 480. Aen. IV 367. Neue II² 533.

1004 at senior prOlata pie dum munera nitat.
prAElata C, rightly.

1006 atque libens fratre pariter comitantE recurrit.
Read *a. l. p. comitantI fratre recurrit*.

1007 uice sermonum. Aen. VI 535. Ov. tr. IV 4 79 *cum uice sermonis fratrem cognouit*. Symm. ep. III 12 1. 50. VII 16 1. VIII 28. [Aus.] perioch. 9 Od. p. 396 Peiper *tum uice sermonis fatur Laertius heros*.

1008 sed quia lentigrado serpebant agmine fetae.
I have no other ex. of *lentigradus*. Of *tardigradus* I can add one from Jerome VI 142ᵃ Vallarsi ed. Ven.

1010 paruaQVE frondosO posuit mapalia tecto.
parua frondosA C. Qu. *ET p. parvO frondosA* m. t.?

1014 atque deum structis properans altaribus orat.
Read *EXstructis* with C, to the improvement of the metre.

1015 In the story of Dinah C places 1037 after 1018, as

Arevalo suggested (notes on 1018 and 1037) "post hunc uersum collocandus est uersus 1037, ut facile ex sacro textu intelleges."

    1015   illic improbius Dinam Correus amatam
               polluit et tenerae praecerpsit uirginis usum,
               coniungique uolens soceris praepuDia dempsit,
    1018   grandia dona ferens rapta pro coniuge nati.
    1037   tertia luce dehinc, Mains qua uulnera feruent,
    1019   oppressus tota pariter cum pube necatur.

            1017 *coniugiVMque uolens* A, wrongly. "Corrige *praepuTia.*" AREVALO. So A and C. cf. 534. Exod. 282. 1037. Read *GRaVius,* or *maGE iAM.* With 1019 cf. Iuv. XIII 206.

    1023   aC domum fidaM Betheli in sede locare.
              "forte *aTQVE domum fida.*" AREVALO. *Atque* C, rightly. *fideM* C, wrongly.

    1025   ut delubra deum rigido fIrmata metallo
               comminuant niueoque togas sub tegmine SumANT.
            1025 *fOrmata* C, as Arevalo required, and 1026 *HumI* by mistake.

    1027   ipse deos NuLLos terebinthi abscondit in antro.
            nullos for 'gods that were no gods' is strange. Qu. *uANos,* as in Commod. instr. I 1 8?

    1028   ingentemque uidet dominum depromere sueta
               uerba sibi, uatem*QVE* fore se numinis alti
               ditibus in terris, dominus quas uouerat Abrae.

Here the logic halts: 'he sees that the Lord utters the hereditary promise, *and* (instead of *viz.*) that he should be.' Plainly *uatem—Abrae* is the promise itself. Besides *fore* is always a pyrrich. Remove *QVE* and double *se. uatem fore seSE n. a.* or keeping *que,* transposing and prefixing *QVO. uatem fore se QVOque n. a.* This latter I prefer. cf. Ex. 199.

    1032   perfuNdit. Among so many perfects (*posuit, sacrauit, crexit*) read *perfudit.*

    1034   haec inter Rachela graui confecta dolore
    1035   funere facta parens, Beniaminum fudit ab aluo.
    1036   nam*QVE* praeter nOtos iustis de matribus ortVs,

1038 pignora subposita uates genetrice creauit.

1034—5 cf. Cl. Mar. Victor aleth. I 506—7 (the curse on Eve) *ut quos mortales faciet tua culpa creari,* | *mortis nonnumquam lacerae sint causa parenti.* On *Rachela* cf. 886 n. With *Beniaminus* cf. *oriundus,* trisyllable in Lucr. 1036, "*fortasse praeter nAtos iustis de matribus ortOs.*" AREVALO. So C. Expel *QVE*, reading bare *nam*, to save the spondee in *praeter.* cf. Exod. 694. For 1037 see above 1018. 1036 evidently, just as 1037 had strayed down from after 1818, so 1036 cannot follow logically on 1035. From 1022 the poet has exactly followed the order of Gen. 35. Before 1036 we want Gen. 35 19 *mortua est ergo Rachel, et sepulta est in uia quae ducit Ephratam, haec est Bethlehem.* 20 *erexitque Iacob titulum super sepulcrum eius.* To stop the gap with fewest words let us supply QVAM CONIVNX LVGENS TITVLO DECOR-ATQVE SEPVLCRO. Then we want some verses relating to Jacob's family and his presence at Isaac's death = Gen. 35 22—27. We find them in vv. 1042—5. The *genetrice creatus* of 1044 and *genetrice creauit* of 1038 leave room for grave suspicion. With *iustis* 1036 cf. Liv. XXXIX 53 3.

Read then:

1035 funere facta parens Beniaminum fundit ab aluo.
QVAM CONIVNX LVGENS TITVLO DECORATQVE SEPVL-
CRO.

1042 optinet hoc etiam meritis, quod defore norat,
1043 ut patrios uultus tanta cum prole uideret;
1044 ut qui iam uetula fuerat genetrice creatus,
1045 bis seno insignis possit gaudere nepote.
1036 nam praeter natos iustis de matribus ortos
1038 pignora subposita uates genetrice creauit.

1041 ast alios mox Zelfa creat, GRadum Aserumque.
"forte *Gadumque.*" MARTENE. So C.

1048 candidus. 194. 1440. Josh. 486. cf. Gen. 1051 *niueos iustos.*

1050 in quibus astrigero recubans per saecula PulcHro.
"forte *Fulcro.*" AREVALO. So A and C.

1055 anterior SYrum montem post arua Chananna
accipit. Gen. 36 8 *habitauitque Esau* in monte Seir.
So also in Ashburnh. We might read *SEIr* here.

1056 sumit. *sumPSit* C, wrongly.

1059 illic conspicuos Iosephus suscipit actus,
effulgens inter tanto discrimine fratres,
quanto luna nitet parua inter sidera caeli.
qui cum iam septem deCEMque attingeret annos.

1060—1 cf. Hor. c. 1 12 46—48. Verg. ecl. 1 26.
Drakenborch on Sil. XVI 35. 1062 Read *deNOS*, as in 522 *nouies denos nonosque* for *nouem denos nouemque*. Numerals are often written, sometimes also in C, V for 5, X for 10 cet. and then wrongly expanded.

1063 seruabat patrias Gerboso in gramine fetas,
omnibus incedens natu minor, QVOS generosis
PRogenuit thalamis genitor uel pelice serua.

"lege Herboso." Arevalo. So A and C. Then restore thus:

omnibus incedens natu minor, EX generosis
QVoS genuit thalamis genitor uel pelice serua.

Just so when *HIc miseris* was corrupted into *NEc m.*, *QVI* was inserted by our scribes in the previous line (Judges 129 130). For a like corruption in 4th foot, see Judges 121.

1070 quoque magis cunctos inter conspectior esset,
uelabat uario uestis circumflua fuco.

1070 *magis conspectior.* Plaut. aul. 419 Wagner. Cic. Tusc. 1 76 magis malle. Iustin III 2 7 Benecke. XII 11 2. Boeth. cons. I 4 magis tutior. II 5 magis melius.

1071 *circumflua* Luc. X 476 cet. Sil. XV 221. Stat. 1 2 278. Th. IV 824. Namat. 1 515. Auien. descr. orb. 735 cet. Iul. Val. III 17.

1072 Joseph's dream.

is cum iam teneris domino inserniret ab annis,
forte uidet placido sopitus lumina somno
fratribus admixtum sese uincire maniplos,

1073 dum medias inter distringunt farra nouales,
atque suum recto sublimem surgere cono,

quem iuxta prona fratrum ceruice ruebant.
id postquam iuuenis placido sermone retexit,
commouit trepido paenitantia corda tumultuM,
1080 murmure terrifico regem dominumque loquentVM
prodebant sceleri secretum deforе solum.

1077 *prona ceruice* cf. 996. 1078 "forte *postEAquam.*"
MARTÈNE. "uel *HAEC postquam.*" AREVALO. C's *ID* makes
conjecture needless. 1079 "puto *tumultu.*" AREVALO. So C.
1080 *regem dominumque* Iuv. VIII 161 n. *loquentEm* C, which
leads to *loquentES*, the *V* having come from *tumultV* 1079.
With *loquentes = monentes* cf. 943. 1081 *defore = deesse*. So
26. 1267. 1295. Excd. 331. For the sense cf. Luc. IV 345 *non
derat fortis* rapiendo *dextera* leto. Iuv. IV 127 n. and ind.

1082 tristes disrumperet ira. Cic. dom. 99. Apul. mag. 13.
Sen. ira III 33 3. So *rumpitur inuidia* e.g. in a famous epi-
gram of Martial IX 97. cf. Hor. ep. I 19 15 Obbar p. 504 n.
Ambr. off. I § 18 and below 1276. So διαρραγῆναι Gataker on
Anton. VIII 4. indd. to comic poets.

1083 doctiloquo. Judges 26. Arator II 318. Venant. 2 exx.
and app. one. Burman anthol. l. IV c. 261 (II p. 199) 6 *leniret-
que animum carmine* doctiloquo. Sidon. c. XXII 82. XXIII 446.
Bonifatius p. 41 6 Jaffé.

1089 haec postquam obliquo genitor cognouerat orE.
or*AT* C from *cognoueRAT*. With *obliquo* cf. Auien.
13 6.

1093 dumisque silentibus errat Aen. IX 393.

1096 praenoscere cf. 483.

1098 constat sententia. cf. Aen. V 748.

1100 uentoso. Vopisc. Firm. 7 4. Claud. Get. 113. idyl
I 15. Iuuenc. I 689. Coripp. Iustin. III 317.

1105 ilicet exnitur nudusque inuoluitur ulVa.
HAEC IntEr sYRiCus merces mutare Sabaeas
IsmaeliDa grani trudebat mole camelos.
1105 *Aula* C, wrongly. 1106 *INDVCitVr sOLiTus
m. m. SabaeVs* A. *haec inter sOLiTus m. m. Sabaeas* C. So
read. 1107 *IsmaHeliTa* C.

1108   dum properat Arabum messes deferre Canopo.
        Transpose: *d. p. messes Arabum d. C.*
1109   ergo uRbi germani spes est adflicta minoris.
        ubi C. *urbi* is Migne's misprint.
ver. 1113 should come after 1110, thus:
1110   Iudas ait melius Iosephum uendere nummis:
1113   discindit manibus uestem Rubenus aduncis.
1111   celatur genitor uestemque in sanguine tinctam
1112   perspiciens, nulla meNtitur fraude necatum.
1114   nigrantesque sibi cilicum circumdat amictuM
        adflictus luctu genitor, perquirit amissum,
        QUEM dudum acceptum semiuir Pharaonis habebat.
        1112 *metitur* C. cf. 466 n. 1114 "forte *amictuS*
[so C]. ac uidetur sequens versus huic praeponendus esse."
AREVALO. The restoration is not quite so simple. Read
1115   adflictus luctu genitor circumdat amictuS
1114   nigrantes cilicum sibi, TVM perquirit amissum.
        semiuir acceptum dudum Pharaonis habebat,
        auratas solitus mensas onerare tyranni
        lancibus et strepitu magnae gaudere culinae.
        1114 How easily *SiBi Tum* would be corrupted
after *CiLiCum* is obvious. There is also a *TVM* just below,
and just above, and *CVM* just above. 1116 the scribe has not
understood that a full stop should follow *amissum*; so he has
foisted in a *quem* and corrupted the line. cf. Judges 129.
1118 Luc. I 133 *plausuque sui* gaudere *theatri*. Iuv. VII
137. XIV 18 19 gaudet...strepitu. esp. 14 *et a* magna
non degenerare culina.
1119   haec inter Thamara parit, dum gaudia culpae
1120   LAeta placent geminoque impletur pignore uenter,
        quorum prima puer meruit qui lumina uitae,
        exeruit prAEmIsitque manum, quam femina sollers
        punicea de Veste ligat, mox conditur aluo
        et uice mutata confestim nascitur alter,
1125   Anteriora tenens, fuerat qui sorte secundus.
        1119 *culpae*, like *crimen* and *peccatum* of a *faux
pas*, in the poets and Tac. 1120 *QVIeta* C, by mistake.
impletur pignore uenter Iustin II 3 7 *uterum*. Ov. Luc. Plin.

Col. So *compleo* in Lucr. IV 1249, 1275, and πληρόω (IISt. πλῆσμα). 1122 *prOmPsit* C, rightly, another ex. of the confusion of compounds of *emo* and *mitto* (above 356, 502). 1123 *Reste* C, rightly. 1124 *uice mutata* Cels. II 7 p. 41 2 *uicibus -is.* VII 26 3 pr. *permutatis.* 1125 *Interiora* C, wrongly.

1127 here C ends (f. 30 v°) with an 'Explicit liber Genesis'.

1130   anterius 1415 n.   Sid. ep. II 9.

1135   exorat coitum domIna male saucia serui.

saucia as in Enn., Lucr. and the Augustan poets. Restore once more (91 n. 1317 n.) the syncopated form and improve metre and construction by reading *exorat serui coitum male saucia domna.*

1144   femina proclamat uiresque a crimine sumit,
uociferans praedulce decus temerasse pudoris
fidentem forma iuuenem, dum lubricus aeno
feruet ET herilem molituR scandere lectum.

1144   "Iuv. VI 285." AREVALO. Read in 1147:
feruet herilem etIAM molituS scandere lectum.

The scribe's eye ran on from *herileM* to *Molitus*; *molituS* became *molituR* and *et* was added to connect the clauses. cf. 33 n. Exod. 522 n.

1148   compellat uoce. Aen. V 161.

1154   illic forte duo, celsa quos toruus in aula
condiderat nigro permotus Velle tyrannus.

Do not defend *uelle* by the help of Persius, but read *Felle*, as above, 660. I see that it is a misprint in Migne. Arevalo has *Felle*.

1157   ac dum sollicitis furantur lumina curis.
        cf. Aen. V 845.

1162   eloquitur, quae uisa forent sub nocte sopora.
        cf. Aen. VI 390.

1163   cernebam uiridi frondentem palmite uitem,
dum serpit nexAque suo de uerbere pendet,
pampineos inter flexus tres affore fundos.

1164 "putabam *nexVque suo.*" AREVALO. By no means. Observe the rare use of *uerbere.*

1165 affore=*adesse*. (also 1171) "notandum *FunDos* pro *propagines*." AREVALO. Query *TRunCos*, a word corrupted elsewhere?

1167 mitia pocula. In Verg. *mitis* is epithet of *uindemia* and of *Bacchus*.

1170 signanter. Hier. qu. in Gen. 17 (de Sarai). ep. 119 5 *ad fin*. Cassian (3 exx.). 1172 relegat repetatque fauorem. Bentley on Hor. c 1 34 5.

1175 fiducia fandi. Gell. XIX 12 9 *peccandi*. Symm. ep. IV 1 *scribendi*.

1178 seruitum nobilis ini. cf. 453. Observe the choice latinity. I have not elsewhere noted the supine.

1181 regificis dapibus lautoque impleta paratu. *regificis* Georges. Claud. in Ruf. II 340 (cf. VF. in lexx.) *atria* regifico *iussit splendere* paratu. 4 cons. Hon. 337. Prud. perist. XI 216. Ennod. c. 189 10. 195 3. *paratu*. Luc. IV 373—4 o *prodiga rerum | luxuries, numquam paruo contenta* paratu. esp. Iuv. XIV 13 *cupiet* lauto *cenare* paratu. Riddle-White says 'not in Cic.'; yet see Madvig finn. v 53.

1183   his dictis, sat uera quidem, sed dura loquENtE,
       mactandum dVro testatur mox fore ferro
       auulsumque caput figendum stipite celso,
       quod uolueres curuo discerpant protinus ore.

1183 *his dictis* = 'when the cup-bearer had said this'. The abl. *loquente* has neither sense nor construction. Read *locutVS* (*loquEtE* = *loqut*'). 1184 observe *mactandum fore*, so entirely has *fore* taken the place of *esse*. In 878 *daturam fore* has disappeared. Read *dIro* (cf. *dura* 1183, 424—5 n.).

1187 redditus ille loco. cf. 1207 *amisso rediisse loco*. corpore trunco. Luc. III 760. Sen. Oed. 1061.

1190 Niloticus. cf. 377.

1191   namque uidebatur, fluuium dum spectat amoenum,
       corporibus nitidis septem spectare iuuencas,
       tondentes uiridi puPAntia gramina ripa.

1191 *fluuium amoenum* 62. 1193 "*pupare*, 'crescere', uerbum barbarum quod indicatur a Ducangio ex Papia et statut,

Salue. collat. 7 c. 196." AREVALO. Happily A saves our poet from this disgrace, reading *puBEntia*. Scores of articles in Ducange rest on blunders of scribes.

1194 his alias turpes macieS Subiungere gressus. "forte, *turpes macie*." AREVALO. There is no peradventure about it, when we see the *fons et origo mali*.

1195   vix ossibus haerent. Verg. ecl. III 102.

1199 spicas farris semine cassas. 1131 *spe cassa*. Cl. Mar. Victor aleth. III 306 *-as luce figuras*. Prud. apoth. 125 *lumine*. Symm. ep. III 10 *rebus*. with gen. Paulin. Nol. c. XXI 500 *opum*. Capella § 7 f. *superiorum*. Sil. III 17 *nec -a fides*. XV 298 *ausis*. 623 *labore* (Hier. adu. Iouin. I 27 pr. II 280^d. Greg. Tur. as adv. = *frustra* de uirt. Mart. II 25 *casso*. III 50, mirac. Andr. 25). Minuc. 12 1 (after Verg.) *nota*. VF. VI 556. 561. Aus. epigr. 106 (= 108) 13. Ambr. hexaëm. V § 22. Kopp on Capella p. 32 b. Hier. ep. 130 7 *-a nomina monachorum*. id. Didym. de spir. 8 (II 114^b).

1200 horrendum dictu. Aen. IV 454.

1205 carcere laxatus. 1275.

1210 informesque genas et crines carcere pastos. *informes*. See Mühlmann. Sen. ep. 124 8 of an embryo. with *rudis* Tac. d. 20, G. 45. a. XII 35. often in Tert. e. g. adu. Valent. 10 f. adu. Herm. 30 *post med.* (5 exx.) 40 (2 exx.). Iren. III 25 6. IV 35 2. Hier. Did. s. sp. pr. *crines pastos*. *Spicileg. Solesm.* I 232 ver. 271. Verg. Hor. Stat. Th. VI 609. Sid. ep. IV 11 1 *crinem barbamque*.

1211 reuirescere. Iuuenc. II 203 (not as in lexx. *reuigescere* which has no authority). Ov. m. VII 303. Graevius on Cic. Phil. VII § 1. Sil. VI 546. XV 134. Ezech. 17 24 Weing. Prud. apoth. 340. c. Symm. II 196. As the word, esp. in the inf. with its triple *re*, is so well attested, it is strange that K. Schenkl has not restored it in Cl. Mar. Victor aleth. I 91 (cf. ind. p. 497 a), instead of lengthening the *i* in *uirescere*.

1215 namque ita dE gestis uentura insignia formis.
    "forte *ita dIgestis*." AREVALO.

1218 quis penitus tellus sitientibus arida uenis. "*quis pro queis, uel quibus*, ut alias obseruauimus." MARTÈNE. *O sancta simplicitas!* as John Huss said. *sitientibus uenis* 375 n. Verg. Cir. 163 *quae simul ac uenis hausit* siti**e**ntibus *ignem.*

1220 namque duplicibus iunguntur somnia uisis,
    certa deus iuncto mandat constare tOnANTe.

1220 *num qu*A*e* A and Arevalo. 1221 *certa deus Cunct*A A. "non intellegitur quid sit *iuncto tonante*; uide num restituere oporteat *certa deus iunct*IM *constare t*YRan*NO.*" Arevalo. Facessat tyrannus iste.

Read:

certa deus iuncto mandat constare tEnORe (tEnORe for tOnaTe).

1223 qui praescius horum. Iuuenc. I 191 -*a rerum.* Sil. VIII 27 -*a Cannarum Iuno.* abs. XVI 89. Clem. recogn. X 2. Tert. adu. Marc. II 5 (4 exx.) v 7 f. Minuc. 35 2. Hier. ep. 79 2. [Cypr.] e. de resurr. 86 (p. 311 Hartel).

1226 ut quae prima datur fecundis copia terris,
    Ius tEneat steriles consumptis frugibus annos.

"legendum puto, *SustIneat steriles.*" Arevalo. So A.

1230 uera renarrantem = 1280.

1232 ānulo. A proof that the spelling with *nn* was unknown. So *Spicil. Solesm.* I p. 237 ver. 493 *alia*.

1234 circulus auri. Aen. v 559.

1240 anterior = *senior* or *maior.* So 834. 1415. See Georges and Rönsch *semasiologische Beiträge* II 3.

1241 AegYPTi natIs suggestu nobilis alto,
    quicquid uix potuit ieiunum aSsumere tempus,
    horrea plena tenens, ut cum res posceret uti,
    proferret cunctis poscentibus abdita farra.

1242 "forte *aBsumere,* pro *aSsumere...sed nidetur deesse aliquis uersus ad sententiam exprimendam.*" Arevalo. macte uirtute, Iesuita! non uersus aliquis, sed apices pauci litterarum nos fugerunt, quos opitulante cod. A retrahimus. 1241 *exigit* A. Then *natIs* is nom. In 1243 Pitra gives as the reading of A *ut cum reposSeret,* but as he states Migne's reading, which you have before you, to be *ut cum resCosCeSet,* we can make no use of his evidence, esp. as *res posceret uti* is

sound. Caes. b. c. II 40 Herzog. Hor. ep. II 2 190. Quintil.
x 3 15. Aus. prof. 2 17. Read:

exEgit uatEs suggestu nobilis alto,
quicquid uix potuit ieiunum aBsumere tempus,
horrea plena tenens, ut cum res posceret uti,　　　5
proferret cunctis poscentibus abdita farra.

One scruple remains. So well-equipped a poet would not have *posceret* and *poscentibus* in adjacent lines, rather *SoLVentibus* or *pENDentibus*. See 424—5 n.

1246 observe *mandier*. Exod. 305 *miscerier*. Prud. perist. 10 XI 86. c. Symm. II 587. cath. v 148. ap. 39. 191. 214. 357. Sid. c. XI 104. Alc. Auit. II 79. VI 86. Venant. uit. Mart. IV 576.

1247 regemque efflagitat escas. No ex. of the double acc. is cited. Add to lexx. bell. Afr. 25 2. Sen. n. q. II 59 1. 15 Tert. ad nat. II 11. Prud. perist. II 168 (with inf. as in Baronius 725 15). Frequent in Symm. ep. I 41 f. II 68. III 4 1. IV 33 1. VIII 46 1. IX 141. 149. X 14 4. Hier. ep. 106 86.

1248 ille iubet procerem maestis dare farra Iosephum　　20
parenTEM monitis cunctosquE expleuit ouantes.

1249 is hopelessly impotent. Turn *quE* into *quI*, place it at the beginning of the line (cl. 1065), turn *parenTEM* into *parenS* (the *M* came from *Monitis*) and you have a construction worthy of a sane man:　　25

qui parens monitis cunctos expleuit ouantes.

1250 interea Iacobus, fleto iam funere nati. Elsewhere (745, 818, 827, 900, 903 and 985 where Iacobus is a tetrasyllable, as perhaps always, 1020, 1057) the *o* is long. Probably (as Adam - -, Adamus ◡ - ◡) our poet sometimes made a spondee 30 of Iacob, as Prud. always (cath. II 73. XII 186. apoth. 31. ham. 451) and Venantius. Alcim. Auit. has *Iăcōbus* VI 404.

1255 Aen. II 634.

1256 summissi petiere solum, 'fell to the ground,' a good expression. Lucr. I 92. Aen. III 93 submissi petimus 35 *terram*.

1257 sede sedentem. Aen. VII 193. Verg. catal. 8 25.

1258   longo post tempore uisum.   Verg. ecl. 1 30. 68. Aen.
VI 409.

1260   proterret, wrongly called 'rare' by Riddle-White and
Lewis-Short.   See Cic. p. Caecin. 24   Lamb. 31. 377 Orelli and
Klotz.   Stat. Th. II 645.   Lact. m. p. 44.   Iuuenc. III 721.
Claud. Mam. st. an. 1 3 p. 29 18.

1263   allegant nescire dolos seseque fatentur
       bis senos quondam fratres genitore sub uno
1265   conspicuam tenuisse domum, his omnibus unum
       postremum natu patrios seruare labores,
       ast alium celeBri iam pridem defore leto.
       1265 "forte *EX his omnibus*." AREVALO. certainly.
1266 cf. Judges 443.   1267 *celeri* A, rightly.   Observe *defore*
= *deesse*, a crucial instance.   Another occurs 1295.

1270   poscere uenales species licitataque farra.   Observe
species in the sense from which 'spices' and '*épicier*' flow.
Add to lexx. Rufin in ps. 44 *myrrha est* species *ualde amara*.
Coripp. Iustin III 24 with Barth. Cael. Aurel. ac. III § 46.
Cassiod. inst. 31.   Io. Sarisb. pol. V 10 (565¹ Migne).

1271   eloquitur uates, rectoris nomine iurans,
       claudendAs dura iuuenes custodia, donec.
       Read *claudendOs*.   It is strange that the Jesuit
Arevalo winked at this false concord.

1274   nectuntur triNA pariter sub cura tuentum,
       laxatique dehinc unum liquere tenendum.
       Look at Gen. 42 17 *tradidit ergo illos custodiae
tribus diebus.   18 die autem tertio eductis de carcere,
ait*... 19 *si pacifici estis, frater uester* unus *ligetur in carcere*.
All together (*pariter*) for three days (*triDVO*), then *one* only.
nectuntur triduo pariter sub cura tuentum.

1276   nec minus occulto rumpentes corda dolore,
       commemorant, quam iusta sibi discrimina surgVnt,
       quod fratrem immeritum uetito transcribere pacE,
       coMMisSi sero poenas sub iudice pendant.

       1276   read *surgAnt* (below 1279 *pendAnt* has
escaped).   1278 has no construction; *dele* comma after *pace*
and read in 1279 *coNiSi* for *coMMiSsi* cl. Exod. 78. 1020.

1278 "*pacE*, forte *pacTO*." Martène. Very good, but A's *pactV* gives us an authority for an excellent word, only wanting such a witness to character as our poet.   1279 *sub iudice*. Ex. 965. Iuv. VII 13 n.

    1280   ingrauat haec dictis Rubenus uera renarrans
            ac seclus immensum sese nolente peractum.
            flectitur his uates germanA iurgia noscens.

            1280 *uera renarrans* = 1230.   1282 Read *germanI ET Iurgia*.

    1283   flebile plangit. Sil. IX 631. XIII 258. XIV 217. VF. VII 215. Claud. r. P. II 8.

    1286   tum pEtita sibi iuuenes frumenta capessunt.

            The *e* of *petita* seems to scan as long also Exod. 240. But, considering the contraction of *par* and the feebleness of *sibi* as it stands, I restore thus:

            tum pARtita sibi i. f. c.

    1287   iMMenSoque graues urgentur pondere muli.
            inVenToque A.

    1290   id cuncti faciunt, pretio mox deinde reperto
            mirantes summo procerI certamine laudant.

            1290 *mox deinde* Iuv. III 280 and ind. Wopkens and Gron. on Iustin I 3 4.   1291 Read *procerEM* ($\bar{e}$).

    1293   gratatur reduces. Aen. V 40.

    1296   accisi Cum deinde cibi adVectaque farra
            cogebant rursus pretiis alimenta parare.

            accisi cibi Ex. 652. Aen. VII 125. Then *adVecta* after *accisi* is very poor; you want a word of kindred meaning, i.e. *adFecta*. For the confusion of *aduectus* and *adfectus* see Drakenborch on Liv. IV 12 9. Hildebrand on Apul. mag. 72 p. 584.   1296 Read *Tum deinde*. Plin. XI 131, 216. XVI 251. Quintil. XII 10 11. Gell. II 8 2. VI 3 47. XII 13 6. Apul. mag. 73 f. (*tunc d.*). Arn. V 23 Hild. p. 194 18 R. Iren. IV 38 4.

    1298   sed reuocare gradum Memphis mens non erat ulli.
            reu. grad. Aen. VI 128. *mens est* with inf. Ov. her. II 134. Phaedr. III prol. 49.

    1302   securus gemina committens pignora patri.
            Perhaps *s. gemina ET c. p. p.*

1307   illi abeunt secumque uehunt LeVe olentia thura.
"corrige BeNe ol. th." Arevalo. optime. cf. Verg. ecl. 2 58. Mart. ii 12 3 4 with Friedländer. We find beneuolentia, ae, in Vigil. Taps. c. Eutych. iii 12. Hier.

1308   incensum et guttam iungentes cum terebintho.
incensvm Cypr. p. 757 7 Hartel. Iren. iv 17 6. Bonif. p. 199 Jaffé. gvttam = στακτήν ps. 44 9 vulg. Journal of Philol. xiii 75 f.

1309   inter odoratAs portantes mella uapores.
A mere misprint of Migne's, Arevalo has odoratOs.

1310   et geminum pretium, conSertus ne foret error,
condita quod clausis FuerANT numismata saccis.
1310 Read comPertus, 'lest the mistake should have been detected.' Josh. 340. 1311 Read fuLSere 'flashed upon their view,' as they opened the bags. Further from tradition, but more satisfactory in itself, would be RAPuerE or LATuerE.

1313   imperat, ut laetA celebrent conuiuia secum.
Read laetI.

1315   coniciunt sese structa cum fraude uocatos,
quod numerata prius sestertia dataque nati
sarcinulis imposIta suis non reddere quissent,
se tamen exsortes futVrum cuncta referre.
1316 Transpose data que. quAe data...non reddere quissent, se cuncta referre. So in Paulin. Nol. c. vi 259 260, in the same foot tempus tibi quae data sentis, | ut prosint aliis. Judges 116. That the poet observed the quantity of data, we may see from 1376. A like corruption in 1345. 1317 sarcinulis Iuv. iii 161 n. Georges. Coripp. Io. vi (v) 86. imposita "forte imposta." Arevalo. Gentle soul: how diffident before the scribe: O for 'slashing Bentley with his desperate look.' So in 1410 read supposta. Spicileg. Solesm. i 324 2 n. 1318 "conicere licet exsortes fuRTI tam cuncta." Arevalo. Good, but tum drags; better far fuRtOrum A. cf. 1351 n.

1324   occurrit cunctis Simeon seseque praesentat.
'and presents himself.' cf. Joshua 127.

1329 perquirit, si firma pater uirtute ualeret.

'If his father were in robust health.' See Mühlmann under *firmus* and *infirmus*. On *uirtus* for 'strength' cf. Rittersh. on Phaedr. IV 11 1. Greg. dial. IV 57 (II 469ᵈ ed. Ven. 1744) *cum...iam...eius* uirtus *funditus ex fame simul et labore cecidisset* = ἡ αὐτοῦ δύναμις διὰ τὴν πεῖναν ἅμα καὶ διὰ τὸν κόπον κατέπεσεν. So *uirtus* = δύναμις in Ashburnh.

1334 sciscitat. Observe the rare act. See Georges.

1340 nescitur et facili prolectat pectora fatO.

"*fato*, forte *suco*." MARTÈNE. For shame, Benedictine. 'The feast of reason and the flow of soul', fit for a patriarch, is restored by A *fatV*. For the rare *prolectat* cf. 1360. Cyprian ad Donat. 16 f.

1341 diuiduasque DAPES uiritim EXponere gaudeT
porrigit et fratri maiorI dedicat uni.

1341 Read:

diuiduasque uiritim EPVLAS APponere gaudeNS.

When *apponere* was corrupted into *exponere*, the scribe's eye, wandering from *e* to *e*, omitted *epulas*; he supplied its place by *dapes*. For *uiritim* cf. 43. Then read *gaudeNS* (-*dēs*) and 1342 *maiorES* (A has *maiorEM*) and you have solved Arevalo's puzzle "mendosum id est, ut plura alia. sermo uidetur esse de fratre minore ex sacro textu."

1343 atque ubi iam saturis amor est compressus edendi.
cf. 828. Aen. VIII 184.

1345 occulitur datum sueto iam more talentum
Iosephi imperio, scyphusque absconditur arDeNs
in rebus, Beniamine, tuis, pretiosior arte.

1345 mend the rhythm, by reading *occuliturQVE*. cf. 1316. 1346 in *scyphus ph* lengthens the foregoing vowel; read *aVrēVs*; for *pretiosior arte* implies a *pretiosus materia* before; *materiam superabat opus*. *aureo* spondee Ov. her. VI 49. XII 201. *aurea* am. I 8 59. So Lucr. Verg. Hor. cf. Prud. dipt. 25—28.

1351 fVTVrVM increpitanT, quem nEcTant crimine, seruum.

For *fatorum* cf. 1348. Deut. 915. Read *increpitanS fOrE, quem cONVIncant crimine, seruum*. Cic. and VM. have *conuincere crimine.* Or rather, with less change, *VICtaram i. q. nectant c. s.* Exod. 102. *necto crimine* is in dig. cf. Exod. 949.

1353 quaesitumQVE et pocVlum retegunt fratremque
relinquunt.

"Schramus legit *quaesitum pocVlum retegunt.* melius uideretur *quaesitumQVE poclum retegunt,* uel, si metri rationem habere uelis, *quaesitum et poclum retegunt.*" I know not where Migne found this note, which is not in Arevalo. Anyhow I say. Ego uero metri rationem habitam uolo. The first two conjectures are insane. There is small choice of rotten apples. The last is sure. See what is said on 1317 about *imposIta.*

Joseph makes himself known to his brethren.

1356 permotus precibus uates discedere cunctos
imperat ac sese germanum fratribus infit.
defixi riguere metu tacitoque reatu
damnantes sese cohibent formidine uoces.
1360 prolectat mox ille reos propiusque uocatis
exigit, ut dictA Portent placitura parenti,
quae sint, quae fuerint, quae mox uentura ferantur.
instigans migrare seMeN gregibusque coactis
uicinos Arabum colles uenientibus offert.

1357 *infit* is used just like *dixit* perpetually. cf. 148. 1361 Read *dictA APPortent*, you see why. 1362 = Verg. g. IV 393. 1363 *seMeN* is an error of the Migne press; Arevalo has *seNeM* rightly. But *latet anguis in herba*, a graver corruption affects the text. Dissect the last four lines. Take the back-bone of the sentence *exigit—instigans—gregibusque coactis —offert.* Of necessity the flocks mustered must (grammatically) be Joseph's. Again. He has been reconciled to his brethren. Yet, as the text stands, he carefully excludes them from his invitation, for again the flocks must (logically and historically) be Israel's. Thus two brethren of the *quadriuium* are at daggers drawn in a cockpit of four lines. *hi motus animorum atque haec certamina tanta | pulueris exigui iactu sopita quiescent.* We can heal the family quarrel by passing in our analysis from the nominative to the accusative : *senem migrare gregibusque coactis*

—Manifestly we want an infinitive linked to *migrare* by the *que* and supporting the abl. abs. We also want Israel's whole household:—*Haec* (the conveying the family) *autem oportuit facere* ("place aux dames! place aux enfans!") *et illa* (the mustering and transport of the cattle) *non omittere*. Now turn to your Bible (Gen. 45 9): *Deus fecit me dominum uniuersae terrae Aegypti: descende ad me, ne moreris, et habitabis in terra Gessen: erisque iuxta me tu,* et filii tui, et filii filiorum tuorum, *oues tuae et armenta tua, et uniuersa quae possides.* The words may be supplied in fifty ways; the sense will be: ET TOTA CVM PROLE NOVAS SIBI QVAERERE SEDES. With 1364 cf. 1378.

1368   carorum. cf. 1387.

1369   cf. 1404.

1370   dantur plaustra uiris frumenta pocula panis.
      Read *d. p. u. frumentaQVE p. p.*

1374   ast alii iuuenes mercedis laude secunda
      accipiunt geminos niuosae uestis amictus.

      1374 *mercedis laude secunda* a reminiscence of *uirtutis l. s.* 1375 In Joshua also 120 we have the same false quantity:

      azyma niuosa pascit de polline lactos.

      No transposition or insertion of particles presents itself in either line. cf. Exod. 676 n. But here after S nothing can be simpler than *Sinuosae*, an epithet of *uestis* in Ov. (*inuo = niuo*). cf. 1071 *uestis circumflua*. In 1051 *niueos* preserves *i*.

1377   festinus. 1381. Exod. 540. 764. Num. 870.

1379   educens iuuenes patriA moderamine quinque
      septies et denAs, genesis ut fArmula cauit.

      patriO A. "corrigendum est *denOs* pro *denAs*, et pro *ut fArmula* legam *ut fOrmula.*" AREVALO.

1382   praeuolat. Not a common word. Add to lexx. Aug. don. perseuer. 17 3. Prud. perist. v 499.

1384   ille alacrIS scandit. Read as in 449 and 1142 *ille alacEr*, corrupted by following *s*. cf. 712. Exod. 277. Jud. 601.

1386   regrediturque citus regisque excurrit ad aulam,
       pastores properare ferens, ut turba Carorum
       discretis uiuat fecundo in gramine terris.

1387 restore rime and reason by reading SaCrorum, adding one letter and transposing another. The chosen people were to be separate from the heathen. cf. 847 n. 1368.

1392   quantis = quot. Rönsch 336.   Bünemann on Lact. IV 15 16. Tzschucke on Eutr. p. 253. *Rhein. Mus.* 1882 122. Tert. apol. 1 *bis*. 30. 46. 50.   exhort. cast. *ad fin*.   idol. 8. Hildebrand on Apul. Ascl. 37. met. VII 9 p. 552 seq. Lact. III. p. 45.   Amm. XXXI 4 11.   Arnob. V 12.   Seru. Aen. X 223. Ambr. off. I 87. 208. III 46.   Iren. II 27 1 *fin*.   Iul. Val. I 39. Bonif. p. 171 *post med*.

1394   eximiumque ducem multa cum laude decorat.

I have no other example of *decōro* but Ex. 564. In the index to Sedulius p. 394 Huemer says: "*producuntur syllabae breues in arsi*: tīnea...decōre III 30 (cf. *Verg. Aen.* V 647)." Is it not time again to require Latin verse in German schools?

1395   nec minus interea Iosephus munera mittit
       digna suis magnumque duci dat ferre talentum,
       quo ditata fuit distractis frugibus aula.

1396 = Aen. V 248. 1397 *distractis frugibus* 'by the sale of corn.' Riddle-White says 'to sell separately, in parcels,' but Apul. VII 9 has it of the sale of a maiden and IX 6 of a *dolium*. add Apul. XI 28. Eutrop. VIII 13 2. Rufin. hist. mon. 29 f. Iren. II 27 2. Cassian. coen. inst. IV 29 cet. Paulin. nit. Ambr. 41 *omnia pretio*. Chromat. tr. in Matt. III 2 med. schol. Iuv. XI 15. [dig. gl. Philox. *distractio* πρᾶσις. H. N.]

1398   atque ibi iam populis derant mercantibus aera,
       certatim exhibitis gregibus Memphitica turba
1400   emit inops fruges pretium taxante Iosepho.
       his quoque nudati, seque et sua praedia tradunt
       semine praecepto messes quoD deinde uirerent.

1398 Read *Vbi*. 1402 Read *quo*. The *d* is from the following *deinde*.

1403 sola sacerdotum non est possessio dempta,
    quis gratuita duci placuit non uendere farra.

quAE His gratuita duplIcAuit n. u. f. A, a confused form of the sound text. cf. 1369.

1405 inditur hinc populo quintarum pensio frugum,
    quae manET fixo seruatur formula iure.

"forte *manET ET fixo*." ARVEALO. A turns 'perhaps' into 'certainly.'

1407 interea expleta perpendens tempora uitae.
    Read *expletaE* with A.

1410 annuit oranti supposIta dextera coxae,
    contingit lentae spondens cacumine uirgae.

1410 For *supposIta* read *supposta* cf. 1317 n. and to bind the line add, *ET s. d. c.* 1411 Read *contingit, l. spondensQVE c. u.* cf. 972. Ex. 246. The passage agrees with the old Latin Gen. 47 29 Ashb. *suppone manum tuam sub faemore meo.* 31 *et dixit ei Istrahel: Iura mihi, et iurauit ei super cacumen uirgae eius.* See the commentators on Gen. 24 2 and 9. 47 31. Hebr. 11 20 and Bible dictionaries under *Eid, Oath.* L. C. Valckenaer's earliest work *de ritibus in iurando a ueteribus, Hebraeis maxime et Graecis, obseruatis.* Franeq. 1735 (also in Oelrichs *collectio dissertationum* 1 264) c. 7. Ambr. de Abr. 1 9 83. Aug. serm. append. 8 1 (= de tempore 75). Hier. qu. Hebr. in gen. 24 9 (III 341ᵃ, Ven. 1767) *tradunt Hebraei, quod in sanctificatione eius, hoc est, in circumcisione, iurauerit.* ib. 47 31 (371ᵈ) Jerome distinctly rejects the version followed by our poet. ET DIXIT EI 'IVRA MIHI.' ET IVRAVIT EI, ET ADORAVIT ISRAEL CONTRA SVMMITATEM VIRGAE EIVS. *et in hoc loco quidam frustra simulant adorasse Iacob summitatem sceptri Ioseph, quod uidelicet honorans filium potestatem eius adorauerit, cum in Hebraeo multo aliter legatur:* 'ET ADORAVIT' *inquit* 'ISRAEL AD CAPVT LECTVLI': *quod scilicet, postquam ei iurauerat filius, securus de petitione quam rogauerat, adorauerit deum contra caput lectuli sui. sanctus quippe et deo deditus uir oppressus senectute sic habebat lectulum positum, ut ipse iacentis habitus absque ulla difficultate ad orationem esset paratus.*

1418 quamlibet obliquVs cupiens dEducere palmas,
   non potuit reuocare tamen pia dicta Iosephus.
   Read *obliquAs* 'crossed.' *dIducere*.

1423 inde uocat natos et cunctis praemia dEdit
   bis senasque tribus ipsorum ex nomine condit.

1425 omnibus explicitis, oculo iam captus utroque.

Between the two presents *dedit* is not perf. of *do*
nor is *dedo* in place. cf. Judges 125. Read *dIdit*, a word which
has escaped in 1052. For the expression *oculo captus utroque*
cf. Fabri on Liv. XXI 58 5. Obs. 9 = 64. Amm. XXIX 2 3.

1426 nātorum. cf. 1068.

1427 inconcessa. 'not ante-Aug. and very rare' Riddle-
White, who has one ex. from Verg., one from Quintil. Add
VM II 1 5. VII 3 10. VIII 2 2 f. Sen. n. q. IV 2 22. Aug. in Io.
tr. 79 f. Hilar. trin. II 2. Prud. ap. 37.

1431 quin etiam nati septem luxere diebus
   uberibus lacrimis, pacem reddente Iosepho
   fratribus innocuIs, ueterem dum neglegit iram.

There is little sense in *innocnis*, nor does the
cadence satisfy the ear. Read
   fratribus, in nocuOs ueterem dum neglegit iram. The
converse error *Spicil. Solesm.* 1 248 ver. 871.

1434 ipse etiam postquam iam centum trinerat annos
   atque decem, iuncti metitus tempore leti,
   fratribus effatur, uenturVs qui foret ordo,
   quo reuocare gradum ualeant et linquere Nilum.

1435 meXtitus A, wrongly. *metitus* (from *metior*)
pass. 'measured' is found Exod. 164. Colum., Apul., Lact., dig.,
Iul. Valer. see Nene II² 577. Rönsch 296. In 1436 take from
A *quiS foret ordo*. 1437—8 What is the subject to *ualeant*?
fratres? But they, with Joseph, would long before have seen
corruption. Nor is *uenturus ordo* intelligible. Read *uenturIs*.
1438 *reuocare gradum* Aen. VI 128. VF. IV 305.

1438 dummodo compositos cineres atque ossa reportent
   et uehant secum ueterum condenda sepulcris.

1439 "ut uersus constet, legi potest *AtQVE uehant* uel *et REuehant*." AREVALO. immo legi *debet*, mi homo,
et REuehant teste ipso codice A. cf. 809. So I close the book,
and part from my Benedictine and Jesuit friends with grati-
tude and esteem.

5

SVMME et sancte deus, cunctae uirtutis origo,
8   *tu sine principio, pariter sine fine perennis*
  solus semper idem nullique obnoxius aeuo,
10 *tu spatium rerum, mentis quocumque recessus*
  tenditur, excedis spatio neque cingeris ullo,
  nec te qui capiat locus est cum rebus alumnis,
  nec magis ipse locus; nec fas contingere menti,
  quae sit imago tibi, quia fine coercita nullo
15 *forma fugit sensus, uel qui uirtute beata*
  te nequeat motus, quia totus semper ubique es:
  tu mens et sacrae penitus substantia mentis,
  tu ratio et plenae prudens rationis origo,
  tu uirtus, uirtutis apex atque ipsa profecto
20 *tu uita et genitor uitae, lucisque profundae*
  tu lux uera, deus, tu rerum causa uigorque.
  a te principium traxit quodcumque repente
  ex nihilo emicuit tantaque auctore repletum
  uel uim mentis habet uel formam in mente recepit.
25 *te dominum natura probat seruata caducis*
  partibus et iussam seriem datus ordo fatetur:
  tu dociles numeros distinguens, pondera librans,
  mensuras uarians, mutatos motumque gubernans,
  alternas seruare uices ingemque recursum
30 *rerum stare iubes et mentis imagine plenum*
  aethere moto tibi iam saecula uoluere mandas.

CL. MAR. VICTOR *precatio* I. 8–31.

EXODUS.

JOSHUA.

FRAGMENTS.

SPICILEGIVM SOLESMENSE I

Fragment of Genesis c. 9 10 (vv. 1—54, pp. 171. 2).
   Exodus   (vv. 55—1392, pp. 173—207).
   Joshua   (vv. 1—586, pp. 208—223).
Fragments of ⎰ Leviticus (vv. 1—183, pp. 224—9).
             ⎨ Numbers (vv. 184—917, pp. 229—249).
             ⎱ Deuteronomy (vv. 918—1204, pp. 249—258).

THE FLESH-POTS OF EGYPT.

FRANGITVR his populus, sensuque adfectus amaro
  triste gemit largoque umectat flumine uultus,
talia dum memorat: 'o semper laude ferendi
digna uiri, quos nulla mali tam grandis imago
terruit et solita functos tellure locauit!
480 quos nec triste solum calidis ambussit harenis,
et multum tolerata sitis, manantque minutal,
dulce quidem, sed felle madens, quia non iuuat artus,
afferit grauiore fame, cui sola coturnix
iungitur et tenui consumit corpora uictu.
485 at non in Pharia quondam regione manentes
tam tristes torsere cibi, cum uerrere pisces
ludus erat totumque in mensis ponere Nilum,
uel mare uentosum uaria de plebe natantum
exuere et lauta uentres laxare sagina.
490 nos dites gregibus cunctis, nos pinguibus hortis
uentrosos pepones alumnque inflare solentes
cucumeres auido mordaces carpsimus hausu.
nos alia et caepe, nos illic sectile porrum
pauit et expletos somno marcente refouit.
495 quin agite et finem iam duris ponite rebus,
uertite signa citi Niloque has reddite turmas,
conspicuamque ducem cognata ex plebe create,
qui nostra anterius ponat momenta salutis
quam sua, ud trepidi proceris, qui dicta secutus
500 (ut dicit) metuenda dei, deserta per arua
destituit miseros hostique apposuit enormi,
ut mortis grauiora metu patiamur inertes,
dum coniunx dilecta cadit, dum filia uirgo
ducitur et tumido seruit captiua tyranno.'

       Numbers 14 (*Spicileg.* I 237 S).

SPICILEGIVM SOLESMENSE.

I proceed to the *Spicilegium Solesmense* and begin (p. 171) with the new fragment of GENESIS c. 9 10. C f. 9 r°.

 2 adolet dum altaria flammis. Aen. I 704. VII 71.

 4 qui dominO coram.

   dominVM c. C. cf. Exod. 283 (*Spicil.* p. 179) *cumque* pedes coram *sancti se prona dedisset*, and fr. 26 (*Spicil.* p. 248) Levit. 25 ver. 874 coram cunctos uatemque.

 5 consimili. "*CVM simili* C." PITRA. No.

 7 8 cf. Marius Victor aleth. III 30—34.

 10 praerorant. Only here.

 11—16 Marius Victor l. c. 40—42.

 14 admonitus pecudum carnes secernere mensis,
   quae non laxato uitam liquere cruore,
   idcirco quoniam muLtis haec indita mens est.

  16 Read *mutis*. cf. Gen. 9 4 'but flesh with the life thereof, which is the blood thereof, shall ye not eat.' On the confusion of *mult-* and *mut-* cf. p. 226 ver. 52 *idcirco quoniam muLtorum in sanguine mens est*. Broukh. on Tibull. IV 1 129; so *mutatus* and *multatus* Drakenborch on Liv. IX 23 1.

 18—20 Marius Victor l. c. 44—48.

 18 faxVnt. Read *faxInt*.

 19 similiBVS dant colla modIS fusura cruorem.
Read
   PERsimili dant colla modO fusura cruorem.

  per fell out owing to *PERditus*, which begins 18. *similem* has its true quantity just below, 50 and *passim*.

25 quem propere expletum cyathis somnoque grauatum.
> Marius Victor l. c. 73 *persensit uinos latices som-
> noque grauante.*

33 id pietatis opus postquam iam mente serena
    cognouit uates, grassatum damnat in aeuum, 5
    germanis faciens ut sit postremus.
> Marius Victor l. c. 85—89 *nam postquam libera
> somno | corda Noë repetant diuini nuntia sensus, | natorum
> meritum tali mercede rependit: | Cham maledicte, tuo dubius
> seruire parenti | fratrum seruus eris.* 33 cf. Amm. XXX 1 19 10
> *serenae mentis Valentis indices litteras.* Cassiod. in psalt.
> 17.

37 inde senex functus nongentos transiit annos
    quinquies et denos, ut legis formula cauit.
> Marius Victor l. c. 95 96 *haec fatus senior, cum iam* 15
> *decurrerat annos | mille minus decies quinos.*

40 condidit eximias uastis suspectibus urbes.
> cf. p. 237 ver. 473. Aen. IX 530.

41 operi instantes. cf. Aen. I 804.

45 cf. Exod. 209. Joshua 385—6. 20

51 nimbosas arces. Sil. III 417 *n. uerticis.* Auson. Cupide
cruc. (id. VI 24, p. 24 Peiper) *n. Leucate.*

53 Nembrodus. Νεβρώδ LXX. Cl. Mar. Victor aleth.
III 166 *Nembrod.* Isid. or. XV 1 4 *Nembroth.*

> Exodus p. 173. C begins again at verse 350. 25

56 succiduo de germine. Venant. IV 25 10. Oros. VI 14.
Mar. Victor alethia I 230. Sid. ep. VIII 3 3.

59 notio cuncta perit nec natum nomina prosunt
    eximiA dEleta prius.
> "EximiE dEllCta prius A." Pitra. Read *eximiE* 30
> *dIllEcta prius.* A like confusion in fr. 22 (Numbers 22, p.
> 245) 770
>> desilit hic uates sanctumque inflexus adorat
>> dEllctumque dolens reditum uitamque precatur,
> where *dIllEctum* C. 35

61 innumerosa. Not in Georges. Riddle-White cites Coripp. Ioh. v (read VI) 662. Add Schol. Bern. in Luc. VII 161. Hil. in ps. 122 6. Petr. Chrysol. s. 81. Bonif. p. 25 5. Baronius 725 15 *ad fin*. Cassian inst. II 10 1, which has been cited, 5 should be erased; the true reading there is *numerosa*.

62 densAntur.
"*densEntur* A." PITRA. Keep *densEntur*. Neue II² 431.

64 talibus Effatur socios.
"*Affatur* in margine." PITRA. Read *Affatur*.

69 quid si nunc tela capessIt hostibus aut societ sese? Read *capessIt*.

70 qua mole duelli. Tac. Iustin. XXII 3 9 Benecke. VF. VI 104 *m. belli* of a giant.

75 spes libertatis amissae. 935 *āmissa*. 375 *āmittit*. Gen. 1172. 1207.

81 sed mirum, quo mage tristi
lABorum sub fasce fuit HoC CuNCta iuuentus,
fortior emicuit, neluti ferRata maneret.

81 *mage*. p. 213 ver. 192. Used also by Marius Victor II 388. III 640. Neue II² 692. Chalcid. Tim. p. 45ª. comm. p. 175. Sid. ep. VII 13 3. VIII 3 5. Hil. Gen. 64. 124. Paulin. Nol. c. II 114. X 75. XVI 237. Capella § 24.

82 *laborum* is impossible, see 79 *nonnulla labore*. For a while Vergil's *iniusto sub fasce uiam cum carpit*,—the march of the conquering legions—led me astray; *sax- pens-* occurred as possible substitutes for *lab-*. But the cravings of *tristi*, a cry of wounded feeling, were not so stilled; I thought of *alg-, plang-, sud-, flagr-*, all meeting the needs of *tristi*, but all impotent to silence the importunity of *fasce*. Suddenly it flashed upon me, that *lictorum* 'task-masters,' 'pursevants' of the Stuart times, was the word. See Exod. I 10 Pharaoh says to his subjects regarding the people (*populus*) of Israel: *uenite, sapienter opprimamus eum...*11 *praeposuit itaque eis magistros operum, ut affligerent eos oneribus...*12 *quantoque opprimebant eos, tanto magis multiplicabantur...*

13 *oderantque filios Israel Aegyptii, et affligebant illudentes eis;*
14 *atque* ad amaritudinem *perducebant uitam eorum operibus duris luti et lateris, omnique famulatu, quo in terrae operibus premebantur.* Do you doubt whether our poet (in Gaul say A.D. 450) would summon lictors to his aid? Know that the Most High sent a lictor to rack the conscience of Abimelech in the visions of the night (Gen. 6:33 cited above). Do you question whether *fasce* sing. can be used of the lictor's rods? Claudian, whom our poet elsewhere cites, will remove your last remaining scruple (4 cons. Hon. A.D. 398):

    652 tempus erit, cum tu trans Rheni cornua victor,
           Arcadius captae spoliis Babylonis onustus,
           communem maiore toga signabitis annum,
    655 crinitusque tuo sudabit FASCE Suënus:
           ultima fraternas horrebunt Bactra SECVRES.

    82 "*coacta* forsan." PITRA. Rather CoNSuMPta or CoNFEcta.

    83 "*ferita*, in cod." PITRA. Read *feri.Ata*, where the *ē* would be shortened by the overpowering neighbourhood of *-āta*. We need not apply the law by which *consil.Ium, pituita, gratuita* become trisyllables. cf. *lēuigata* 844. 'It shot up all the stronger under the task-work, as if it were keeping holiday.'

    84 terretur magis atque magis rex toruus Aegypti
        exitioque FoRet¹ nondum sua iussa timentes.
        Read VoVet.

    86 praecipiens, manibus, pariant cum germina fetae,
        extinguant perdantque mares. NeC poena reFERRe
        AD MEriTAs, [haec] si iuSSa despecta relinquant.
        quarum Fuca fuit, socia cum Sefora dicta.
    88 AD MAriTAs A.

        Read SeT poena rePrENDeT OBSTETriCEs (*rices* = *rites* = *ritas*. ob = ad. st = m. et [siglum] = a, as C has *molestET* for *molestA* in *Spicil.* p. 256 ver. 1125. The quantity presents no obstacle), si *inRa* (so A, cf. 1343 below) DVCIS *despecta* r. *referre* is due to the *fetae* above.

¹ "*foret* A." PITRA.

102   magnaque exStiNGuere nitat
        Futurum cum forma uirum, ne forte necetur.
        'He avoids destroying him, lest he should perchance
be slain.' Scribes' logic, not poets'.
    Read estRaDere. Then futurum must give way to a
weightier claimant for the first place: read alCturum. cf.
Gen. 1351.
    105 sed metuens poenam, ne fraus admissa pateret,
        impositum mittit TRistis, quO rauca fluenta
        in pronum deferre queunt, cum remige carent.
    Possibly Cistis, quAS; rather CistAE, quAM, or
LINtri, quAM (cf. 114 modicam lintrem); for the last two
readings the sing. is required below. cārent is impossible (see
p. 247 ver. 843 and the corrections below 447. 1357. Gen. 457).
Read deferre in pronum, careAnt cum r., POSSunt. cf. 861.
    109 cf. Aen. VI 200.
    111 plausibiles. Cic. Tusc. III § 51 ad fin. Hier. ep. 29 7.
118 1. in Zach. II (7 fin.). Saluian. gub. praef. §3. Sidon. ep. V
10 2. IX 14 2 (active). Rufin. in Rom. 9 3.
        natatus. Auson. 6 cxx. Prud. 6. Venant. 2. Ennod.
one. Stat. s. III 2 18. Iul. in Aug. c. sec. resp. Iul. IV 38.
Apul. Fulg. Dirksen manuale. Hier. in Rufin. I 3 aeris. Iul.
Valer. Symm. ep. VIII 23 fin. Paulin. Nol. c. XVII 120.
    114 CVpItamque iubet praedam deferre ministras.
        Read OpTAtamque.
    127 primaeuo flore.
        p. 248 ver. 885. Aen. VII 162. Iuuenc. I 30.
    133 quae duro prAESEnte iugo se maesta coquebat.
        Read preSsAnte. cf. 974.
    141 cf. Aen. x 552.
    144 quid celsa ceruice tumes?
        In the vulg. populus durae ceruicis, indurauerunt
ceruices suas, are common expressions. Sedul. pasch. op. III 26
p. 253 14 ceruicem diabolicae uero superbiae de caelesti digni-
tate praecipitem in squaloris tartarei profunda deiecit.
    148 haec fuerVnt ut dicta. Read fuerAnt.

150   solum uertens.
    cf. 430. Iuv. XI 49 n.   Amm. XV 3 11.   Prud.
ps. 631. Paulin. Nol. c. XV 82.

151   MEdia quem tellus habet, qua seSe sacerdos
        Iotherus degens.

"*Media.* suadente metro suspicor esse scribendum *Madiana*, LXX. habent Μαδιάμ." Pitra. Why not then *MAdiaM*? Then write *seDe*.

161   [*at*] puellae genitore satis mirante reuERsAe
        anterius solito promptimque ad iussa locutae
        acciTuM iuuenem paterna ad limina ducunt.

161 The true quantity of *puellae* is preserved 118. The true line ended *g. s. m. puellae*. *Dele* the *at*. Read: reDDuNT *se genitore satis mirante puellae* (reddūt se = reu'sę).

162   For *anterius* compare Genesis 11 30. *Spicileg. Solesm.* 1 236 ver. 456 and Sid. ep. II 9 3.   163 Read:
    aSciScuNT, iuuenemQVE *paterna ad limina ducunt.*
The two verbs, restored in place of participles, bind the sentence together. cf. Josh. 524. We have the true quantity of *paternus* in Gen. 1091; the false below 1076.

167   Sefora nam propero Gersamum sedula partu
        [*laeta parit*] fratremque dehinc Eleazaron edit.

    Supply rather *primigenum*. Under *-anam -enam* might easily fall out.

179   iamque deum mitem tutelaM INfundere caelo
        gens oppressa uidet, dum pacem poscit ab altis.

    179 Read *fundere*. 180 cf. 377 *iustumque deum denarrat in* altis. Josh. 278. Vulg. ps. 92 4. 112 5.

185   procuruam fulgere rubum.

    Pitra cites Prud. cath. V 31 32 for the fem. Georges adds apoth. 56. 70 (Lewis-Short's reference '123' is false. It is from De-Vit). In the two former passages, and in perist. VI 87, the burning bush of Moses is meant. Sulp. Seu. chr. I 14 1 *tum Moysi pascenti oues repente* rubus *ardere uisa, flammis tamen, quod erat mirabilius, innoxiis.*

193 Punctuate thus:
   mox timor ingreditur, sensus lumenque caligat
   lumine de nimio, dominum quia cernere non est
   fas cuiquam. For the play on the meanings of *lumen*
cf. Sedul. h. 2 33—35 *ibant magi qua uenerant, | stellam sequentes praeuiam; | lumen requirunt* lumine. Paulin. N. c. xx 335.

196 tum uox missa sonat, qua seNex inclitus infit
   esse deum procerum.
   "*se nIc A.*" PITRA. Read *se Rex inclitus* 'the King of Glory.'

199 iam comperta mihi, totoque lumine uisa
   plebis uota meae.
   Remove the trochee by reading (cf. Gen. 1029):
   iam comperta mihi, toto QVOque l. u.

202 sublimat. Gen. 1230. Glossary to Beda. Apul. met. I 8. Tert. Valent. 20. adu. Marc. II 14. adu. Iud. 14. Hier. ep. I 11. 108 14. vulg. Arat. act. I 669. Aug. c. D. xx 2. XXII 4. pass. s. IV coron. 4 f. Sidon. ep. III 1 3. Symm. or. 1 6. Rönsch 169. Dirksen *manuale*. Minuc. Auitus. Iul. Valer.

208 quam nunc multimodis opimam frugibus, audax.
   for the metre cf. 212
   dulcibus hic scatebris *opimo* e flumine mella.

   We have learnt to regard the repetition of a word within a few lines as a plague spot (Gen. 424—5). Just above *opimam* 208 stands *opum*. Read *opVLENTam* for *opIMam*. In 212 read *VT opimo e flumine*. We have *opimat* at the end of the verse Gen. 61. cf. 405. 650. Josh. 6. Num. 788.

209 cf. 45.

216 ac ne praetrepidus coeptA referaS, sub actu
   tecum semper ero.
   praetrepidus is a rare word. Add to lexx. Paulin. Petricord. VI 486. "*referaM A.*" PITRA. Read *coeptO referaRE* (rather than *reTRAHaRE*).

218 hoc in colle mihi sensu parcatis ouanti.
   In *Analecta* p. 206 ver. 160 we have *parcendi*.

220   mox nomen quaerit aeternum,
quid HAbEat dOMINus, ut signum Iudaea noscat principis impositi.

Quid, which seems genuine, shews that the relative clause is not an otiose attribute of 'the Eternal Name,' but a dependent interrogative. Read *quid TRIbVat dEus*. cf. 517 *sublimi* tribuente deo, and for the confusion of *deus* and *dominus* Gen. 282 n. Josh. 558. If we retain *habeat*, we must give *h* the full force of a consonant. Then complete the verse thus *ut signum Iudaea REnoscat*, a word used by Paulin. Nol.; by Capella § 7 p. 415 Eyss. *se renoscens*; in the sense of 'to revise' by Claud. Mam. p. 185 7. The true quantity of *Iudaea* 232. 275. 344. 356. 398 cet. p. 253 ver. 1066. Similar restorations 240. Gen. 361. 785. Josh. 355.

223   ILLE EGO SVM QVI SVM, sic dices, et super [ardua summus.]
Seven feet. Read et *super* AETHRAM.

226   luce carentum Verg. g. IV 255.

227   hoc mihi nomen inest, senibus faC SCIre coactis,
qui tum pacificAs dimittAnt dicta per aVREs.

"Deprauatus in codice locus, mihi diu desperatus: legitur scilicet

            sensibus hoc facere coactis,
qui tum pacificos dimittVnt dicta per annos."
PITRA.

Read *senibus HOC fare coactis, q. t. pacificOs dimittAnt d. p. ANNOS.*

Fare comes again 265.

229   ingressique simul regis Pharaonis in aulam
230   Israelitarum dominum iussisse superne dicItis.

"*dictis* A." PITRA. Read *dicEtis*.

235   uolet post cladem VAstAm.
"haec habet codex disiecta et corrupta: *post cladem uastamque uolet.*" PITRA. Read *post cladem PEstEmque uolet.*

237   cum facta licentia nobis. Gen. 449.

240 petitaque sumat. cf. Gen. 1286, where I have corrected *petita* into *partita*. Here read R*Epetita*. cf. 221 n.

243 post haec signa petit uates, quae forte labantes
confirmare queant animos.

Luc. IV 249 250 animosque labantes | confirmant *ictu*.

245 tam candida fantem.
Gen. 1048 n.

251 inde manum sinibus condens, candore niuali
protulit; atque iterum tectam deprompsit, Et olli
in speciem reuoluta suam.
252 Read *At olli*. 253 cf. Aen. VI 449.

257 et obstrictam nodis uix promere uocem,
quOd cordis secreta uelint. 257 Iustin XIII 7 6
linguae nodis *solutis*. Aug. conf. I § 14 *rumpebam* nodos
linguae meae. 258 Read qu*Id*.

261 nec longa silentia mutis | rumpere.
Aen. X 63—4 *quid me alta* silentia *cogis* | rumpere? Curt. IX 2 20. Apul. met. X 3 p. 682. Comedy publ.
by H. Hagen from cod. Bern. 568 ver. 57 and 87. Hier. ep.
118 I longum *ad te* silentium rumpo. Hor. Plin. pan.

263 TEMPOrA qui reserat surdis, qui lumina caecis
[*praebet acuta*] uidentum, ET pura luce serenat.
"Locus uni (sic) alteriue uoculae uacuus, peruerso
ordine, remansit in codice qui habet : *uidentum acu…pura de
luce serenat*." PITRA.

Tempora is corrupt; there was probably a *hiatus*, as in the
next line; the form, esp. the *mp*, seems to have come from the
ru*MPeRe* of 262. Read

AVrES qui reserat surdis, qui lumina caecis
[*recta*] uidentum acu[*ens*] pura de luce serenat.

267 sed, dum saepe deum poscit aliumque precatur
substitui subdique [*ducem*], commouit in iram
insignem pietate deum.

I prefer (after *sVbDi*) to fill up the gap with *sIbi*.

273　ilicet abscedit uates soceroque fatetur
　　　seSe reuersurum fratresque inuisere uelle.

274 *sese* as a trochee is naught cf. 300. Read (*q.* for *f*): *seQVe reuersurum fratresque inuisere uelle*. For his own sake and for theirs.

277　ille alacrIS secum natis et coniuge sumpta.
　　　Read *alacEr* cl. Gen. 1384 n.

281　Sefora sed silicem digitis rimatur acutam
　　　praeputiVMque secat teneri mox sedula nati.

282 Read: *sedula, moxque secat teneri praeputiA nati*. See for *ā* Gen. 534. 1017. Josh. 112.

283　cumque pedes coram sancti se prona dedisset.

See p. 171 ver. 4 n. For *se dedisset* cf. Liv. XLII 63 3. Tac. a. I 47. Mühlmann s. v. *do* 589 seq.

286　iamque inopIs eremi uates calcabat harenas.

Read *inopEs*: cf. 241 *informes eremi ducenda per agros*.

290　sermone sequaci. Ov. her. XIX 12 *sequacis equi*. Sil. XV 720 *telo*. Prud. perist. I 89 *nisum*. Claud. cons. Mall. Theod. 40 *uenas*. Paulin. Nol. c. XXI 73. Chalcid. in Tim. p. 74 = *hypolipticus*. Coripp. Ioh. VI 50 *acie*. 706 *gentes*. Paulin. Petricord. u. Mart. I 239 *populos*. Auit. I 77 *cuncta*. VI 612 *turba*. Sidon. ep. VI 12 4 *barbaros*. Ennod. II 125 (p. 66 1 Vogel) = *discipulus*. So 166 (= ep. IV 29, p. 150 2). 174 (= ep. V 1, p. 153 25) 1. 69 (= dict. 8, p. 80 3) 14. Bed. h. e. V 14.

291　pandere quemque sibi quae sVnt facienda uel acta.
　　　Read *sInt*.

293　sinceram firmamque fidem pariterque uaDEntes.

uado, a very common word in late Latin, is a great favorite of our scribe, who loves to end the verse with some trisyllabic form of it, see 730, 867, 1302, and p. 238 ver. 523, p. 245 ver. 766, p. 323 ver. 329. Gen. 688. But *ā* 265. Exod. 1053. Read here *uIAntes*, cl. 278. Num. 365. Deut. 1085. *Analecta* p. 207 ver. 176.

298　pergitur ad regem, cacco nil corde uOLentem
　　　credeRE IVdAeo, quem notum non fore dixit
　　　SESe sibi.

"*uidentem credentem* A." PITRA.

The king who 'in the blindness of his heart was unwilling to put any faith in a Jew' is not the Pharaoh of Exod. 5 2 "*Who is the Lord*, that I should obey his voice to let Israel go? I know not the Lord, neither will I let Israel go." The fine oxymoron *caeco corde uidentem* should have saved both participles. The ms. reading is sound

caeco nil corde uIDentem credeNTEMVE DEO. Then *sese* cannot be a trochee here or in 274, and besides is here ungrammatical. *VOCe* takes up another point of Pharaoh's vaunt. cf. 310 where A has *eTSe* for *eCCe*. *Fore* here, as often in our author, = *esse*. So *abfore, confore, defore.*

303 lateribus crudis, quos solis lampada tostat.

It would be easy to avoid the *ā* by carrying the substantive after the *quos* (cr. q. l.) which would involve further reconstruction, but our poet takes the liberty to lengthen the first of three short syllables in such cases (as *cucumeres* p. 237 ver. 492). On *lampada, ae*, see 606. Georges, Rönsch 258 and Neue I² 324. Hier. nom. hebr. col. 112. Trebell. Gall. 8. So in our author *cratera*. In 658 we have *lampade. tostat* only cited from Iul. Valer.

304 quin etiam paleas, rimosae ad uincula terrae
mADentisque luti solitas miscerier, aufert.

304 *rimosae* Vitr. VII 3 9 *tectoria*. Sen. de ira III 35 5 *parietes*. Aetna 105. Prud. perist. x 1017. XI 69. Claud. in Ruf. II 464. r. P. I 172. id. VI (Aponus) 16. Ennod. 4 exx. 305 for *mADentis* read *Vmentis*, the initial having fallen off (306 begins with *Vt*). With *miscerier* cf. Gen. 1246 *mandier*.

306 animos deponere. Ov. hal. 45 animos ponit *captiua minaces*. Liv. VIII 1 8. Iust. VII 7 9 depositis *hostilibus animis*.

320 hi dum sanctificis regem mollire loquelis
PERcipiunt. Read *OCcipiunt* or *perSiSTunt*. For *percipiunt* can hardly = *discunt*.

326   mens profana uirum.   ō as 1070. 1369.   Judges 95. 102.
327   quin etiam similes faciunt prorepere ranas,
      qua tellus, qua fluctus erat, paribusque creaNtVR
      magorum CANore modis, quas uoce crepanti
330   cuncta coaxantes studuit depellere nates,
      fluminibus tantum non passus defore suetas.

328 *creıNtVr* after *faciunt* is corrupt. Read *creatAS*, which has been affected by *ranAS* above and *crepANTi* below. 329 *māgorum* is impossible; in *canORE* the first three letters are scribes' putty (we have already the 'spell' excellently expressed in 325 *CANTV succincta sinistro*). We want *ore* to do justice to *ă* in *magorum*. Then, starting with *ore magorum* we want an inf. (– – ⌣), beginning with a vowel, to do right to *mŏdis*. The choice is between *enare* and *exire*; the former being every way better, and looking very like *canore* (*ēare* = *cāore*). 330 *coaxantes*. See Georges.

Removal of the plague of frogs.

333   orantis per uota senis, ut deinde liqueret
      non alium regnare deum, lux crastina caelo
335   redditur atque eadem cunctae de morte necantur,
      congestaeque simul oDio soluuntur acerBo.

336 Exod. 8 13 *et mortuae sunt ranae de domibus et de uillis et de agris.* 14 *congregaueruntque eas* in immensos aggeres et computruit terra. Read then *oLiDo…acerVo.* So Verg. g. 1 158 R reads *acerbum.* In CIL VI 7574. IRN 1560 we have *acerVus* for *acerBus.* See the index to each volume of CIL under *grammatica*, 'b et u;' also to the Vienna library of the fathers and the *monumenta Germaniae historica.* But the converse confusion is far more common. Thus though Beda protests against it (see my glossary), our great Cambridge ms. of his history always has *acerbus* for *acernus*. Gramm. lat. VII (de orthographia) 114 16. 264 (Beda) 13. 296 3. Corssen has many exx. of the confusion of *b* and *u* from cent. II A.D. downwards (*Aussprache, Vokalismus und Betonung der lat. Sprache* I² 131—5). The Florentine ms. of the digest, as appears from Mommsen's notes, teems with instances. See Lips. uar. lect. II 28.

337 scinifes [Aug.] serm. 27 1. Rufin. Orig. in Num. hom. 13 4. lexx. (esp. De-Vit) under *cinifes* (*ciniphes*).

338 quadrupedum hominumque tellusque repletur.
Supply *hominumque* [*simul*].

340 curamque Omittit inanem. Read R*Emittit* cl. 429 n.

341 his actis cynomia fluit, quae musca canina
dicitur, et natis compleuit nuBibus omnes
exspatiata locos, solique INcognita Gessae,
quae tum terra fuit Iudaeae commoda genti.

341 *cynom*Via Hil. trin. VII 10. 342 '*nu*Tibus C.'
PITRA. Not C, but Pitra's only witness here, A, for we have yet eight verses to march without C. Pitra's *nu*Bibus is therefore a conjecture and a most unhappy one. Read *nu*Tibus. 343 I*N*cognita is also a needless change. A's *aut cognita* i.e. *Haut cognita* must stand.

350 C here begins f. 30 v°.

352 nec mora, cONsubiti mittuntur funera leti
coniunctimque necant omnes. sed cornea fibra,
quae fuerat in rege, redit.

"*cum subiti* A C, aut remanebit locus, ut patet, corruptus, aut admittenda uox noua." PITRA.

I prefer the 'corruption' to the new comer. See Judges 6:36 and *Spicileg.* I 236 ver. 442. 353 "*coniunctum* C." PITRA. No. see Migne XC 152°. *cornea fibra* from Pers. I 47, where Jahn cites two examples from Sidonius.

357 astra. "*hasta* C." PITRA. No. *asta*.

358 papulas. Prud. perist. x 489. Eugipp. uita Seuerini 38 1 2.

359 nulloque exsorte relicto. 963 n. Trebell. Poll. 30 tyr. 9 *nec quemquam suae crudelitatis exsortem reliquit.* 9 exx. in Symm. Ennod. *bis.* Hier. adu. Lucif. 9 (II 118'). c. abl. Venant. c. 1 10 3.

361 sed renouata mali facies instabat inerti
nequAquam regi.
nequIquam C, rightly.

364 et celsi. "*excelsi* C." PITRA. No.

367   quae densa de caute uolant.
       "*densaE CAECO de caute* C." PITRA. No, *densaE de caute*.

370   debilitat siluas libroque extinguit Arente.
       In 358, 605, 638, we have *arentes*. *arentI* C. Of 5 possible substitutes *Inerti*, which has with one exception the same letters, is most tempting. ($ie^r = a^r\bar{e}$.) As an epithet of *bruma, hiems, glacies, iners* has much the same force as here. cf. Plin. xx 252 *blitum iners uidetur ac sine sapore aut acrimonia ulla*. Prud. apoth. 1025 *inertis glutine limi*.

371   inuIsitata prius.
       "*inusitata* A et C." PITRA. Not C. cf. 505.

Exodus 9 (the plague of hail).

372   triticeas segetes nondum pubentibus herbis,
       et quae alicam monstraVIt BVmina cActera MERsit,
       quae conspersa solo nondum depromserat occa.
       "*atque alicam* C. *atque aliquam* A." PITRA, whose *et quae* we may accept. Not so his lexicographical teaching: "*bumina. uocabulum hactenus nouum, quo designari uidetur culmus pubescens, quem gaudet pascere pecus quodcumque bubulum: inde forsan bumen et bumina innuitur. at tenet me suspicio ingens legendum esse*
       atque alicam monstrantibus, ima caetera."

bumina is neither more nor less than *uimina*, by a double degradation. From C we take *cetera*. Read *monstraRuNt* (or perhaps *atque...monstraNtIA*) and for *MErsit TrANsit*.
       et quae alicam monstrarant, uimina cetera transit.

374   *occa*. Not in Georges. Forcellini cites glosses and Veg. uet. De-Vit has this ex.

377   denarrat. I can add no other ex. to the three in lexx.

378   ecce iterum insano rigidantur pectora sensu
       uiuentis ad damna ducis; peiora laturus
380   nec sociis credit casum pereuntis Aegypti.
       378 *rigidantur* hitherto known only from one passage (of Seneca). 379 *liturus* also 466 where read *Daturum*. 380 *sociis* must mean his court. 'Doomed to worse fate, he will not even on the word of his courtiers believe in the ruin of

his kingdom.' The natural order would be 379 *sociis neque credit* | 380 *laturus peiora sONum p. Ac.* When *sōum* lost its *o*, the *-sum* was completed by conjecture, and the other corruptions followed in the usual course. cf. 464 n.

383 cf. 404.

384 sed iusta oratio non est | auribus inuitis.

cf. Quintil. v 7 27 *nihil enim facile persuadetur inuitis.* Ov. a. a. II 449 *quae simul* inuitas *crimen peruenit ad* aures.

391 haec deinde metu regis poscente.

Read *haec TVM deinde* 253. 473 n. Gen. 1296 n.

399   quin et cursantibus ipsis

400 innocui tacuere canes, pressoque latratu
intrepidi lambunt caudae de uerbere crura,
nonnumquam in dominos posita formidine saeui.

400 *presso latratu.* Paulin. uit. Ambr. 46 *uoce pressa.* Ov. met. IX 691 and 764 *uocem.* XIV 779 *uoces.* 401 *intrepidiS* C, rightly. Dogs that sometimes bite their masters cause no alarm to Israel.

405 quod pecora et totum uellet conuerrere censu.

Read *censuM.* cf. 383.

406 iamque de piceo noctem fuscarat amictu.

"*despicio* A. *deVs piceo* C." PITRA.

Read with C: *iamque deVs piceo n. f. a.*

408 QVum subita intereunt morte quos partIbus almae ediderant primis.

Read with C *Cum* and *partVbus* and transpose *cum m. i. s.*

409 modico discrimine leti. Aen. III 685 *l. d. paruo.* X 511. IX 143 *l. discrimina parua.* Ov. met. VII 426. Sil. XII 266.

410 ipsius solio regis cunctosque deinde
quacumque de stirpe uiros pecudesque ferasque.

The *deinde* implies a starting point. Read: *ipsius A solio regis.* 'Death making but small distinction from the throne of Pharaoh himself down to men of every stock and tame cattle and game.'

412 horrisonas. Gen. 606. Sil. VIII 654. Claud. Ruf. I
85. Aldhelm laud. uirg. 24. Cic. poet. Lucr. Verg. Luc. VF.

413 omnia tecta fremunt, resonant Clangoribus urbes.
    Plangoribus C, rightly. cf. 172 and Aen. XII 607
resonant plangoribus *aedes*.

414 tum uero incumbunt omnes Retrudere plebem.
    Detrudere C, rightly. Drakenb. on Liv. IX 10 6.

416   censusque et cuncta supellex
tradItur ET nullum putatur hinc fore damnum.
    The true quantity of *putetur* occurs 422. *hinc fore damnum* has the true ring of our author. Then we must have *nullum*QVE *putatur*. To manage this change *tradItur* into *tradVNtur* (*tradūtur*), and read:
    traduntur, nullumque putatur hinc fore damnum.

422 putetur. Gen. 459. Cato r. r. 2 5. Plaut. trin. 417. most. 299. Ter. ad. 208. Afran. 79. [Aus.] per. Il. praef. p. 377 7 P.

427 sacrataEque deo dIcuntur gaudia noctis.
    Read with C
        sacrataque (or rather -*aeque*) d. dVcuntur g. n.

429 otia lenta ferunt curaque Omittitur omnis.
    Read *REmittitur*. 340 n. The same correction is needed *Spicil. Solesm.* I p. 236 ver. 438. Cic. Verr. IV 137. Caes. b. c. II 13 2. Stat. s. IV 6 1 *forte* remittentem curas *Phoeboque leuatum* | pectora. Tac. XIV 23. *remissiones*)(*curae* Tac. d. 28. Agr. 9.

430 nemo solum uertit curuique immunis aratri.
    solum uertit 150 n. Paulin. Nol. c. XV 82 *ille* solum *caelo* uertit. c. q. i. a. = 912. cf. Gen. 681.

433 iungeRE. "*iungI* C." PITRA. No, *iunge*.
434 dubios cibos. Ter. Hor.

436   agnusque assumitur albens,
mensibus explicitis bis senIs, quos facit annus,
integer et toto grege mollior: hOc simul omnes
mandere lex adigit, sanctaeque Apponere mensae.

437 "*bis senOs* AC." Pitra. 438 '*et t. g. m.*' Iuv. XI 66. *hVnc* C. 439 "*EXponere* A." Pitra (and C).
Read
> *mensibus explicitis, bis senOs quos facit annus,*
> . . . . *hVnc.* Pitra's *opponere* seems to be right. *exponere* would come from the *que.*

442 *ius omnes commune tenet, AtQVE aere parati*
Et locare manus soliti praeputia ponunt.
Read:
> *ius omnes commune tenet, EtIAM aere parati*
> *AtQVE locare m. s. p. p.* For *praeputia ponunt* see Iuv. XIV 99.

444 *festiVosque cibos agni de uiscere sumunt.*
Read *festiNos* cf. Exod. 12 11 *et comedetis festinanter.* cf. 540. 549.

445 *necquicquam.* Read *nec quicquam.*

447 *fermento carent panes mollisque farina*
fontibus admixtis tenues formatur in orbes.
447 Read:
> *fermentoQVE carent panes, mollisque f.*

The ă of *careo* is preserved Exod. 226. 367. 963. 1089. p. 247 ver. 843. ā is a corruption Exod. 107. 1357.

449 *azyma.* Gen. 585. Commod. apol. 689 (696).

450 *istA Haec sacra fIunt cunctis redeuntibus annis.*
Read:
> *istaec sacra fERunt c. r. a.* cf. Aen. V 59 60 *atque haec me sacra quotannis* | *urbe uelit posita templis sibi ferre dicatis.* Also the famous lines georg. II 475—7 *me uero primum dulces ante omnia Musae,* | *quarum sacra fero ingenti percussus amore,* | *accipiant.* On *fIunt* cf. 774. Gen. 6 n.

455 *armataeque manus baculorum robora gestant.*
baculorum BACVLa g. C, by dittography.

456 *insuper arripiunt pallentis gramEn HYsopi.*
gramInA Esopi C. So in Numbers 17 (p. 240 612) for *cui gramen HYsopi* C reads *c. g. Esopi.*

460 *maligni.* The devil, as Tert. fug. in pers. 2. Commodian apol. 317 (321) and very often in other authors.

461 iamque gradum ad quintum generis descenderat ordo,
　　cum deserta petens, rubrum ueniebat ad aequor
　　cara deo pubes bustisque exempta Iosephi
　　ossa gerens, uero qui quondam dixerat ore
465 serenos domini intuitus dextramque benignam
　　uenturam caelo libertatemque Laturam.

　　461 *gradum.* Namatian I 591. Barth on 508. Cl. Mar. Victor aleth. III 319 *succiduis* gradibus *decursa propago.* 464 Read:

　　ossa gerens, uero qui dixerat ore serenos
　　intuitus quondam domini dextramque benignam
　　uenturam caelo libertatemque Daturam.

For the confusion of order cf. 379. 755. Gen. 43 44; for the true *serenos* 514; for the false *lāturam* Gen. 443. Exod. 379; on the confusion of *datus* and *latus* cf. Burman on Ov. am. III 5 90. Drakenb. on Liv. I 4 7. VII 28 8. XXXIV 59 2. epit. 7. 46. 107.

　　472 clarO fulgebat crine cometae. *clarI* C, rightly. On *crinis* cf. Manil. I 833. 836. 847 (this last in spite of Bentley) Stat. Th. VII 583. So of comets Plin. II 89 *crinitus.* Sen. n. q. VI 3 3 *c. sidera.* Amm. XXX 5 16. Eutr. X 8 3 *stella.*

　　473 Paulaeum deinde petunt. Read *P. TVM d.* cl. 391. 735.

　　MagdOlA. "*MagdAlO* C." No, *Magdola.*

　　474 obuersAE. "*obserua* in cod." Pitra. C has *obuersO.*

　　476 praetumidos. p. 241 ver. 649. Beda mirac. Cuthb. c. 18. Riddle-White and Lewis-Short cite "Iuuenc. 584." No: I 580.

　　481 ergo alacris in bella ciet, ceu parua, phalanges.

　　So then Pharaoh cheers on his eager troops to the wars, *ceu parua,* as small and bloodless.

　　484 cf. Verg. g. III 108.

　　488 uariis adsultibus.
　　　　Aen. v 442.

　　489 iamque accelerans procurua ad litora rubri
　　　　marmoris admorat socias in bella quadrigas.

　　　　489 read *IAM iamque,* or perhaps *iam ReX.* 490 *admorat* cf. Gen. 1003 n.

494   dum pontum cernIT et hostem.
        "*oppositum cerneret hostem* C." Pitra. No, d. p. cern*E*R*et* h.

496   haec memorat: 'quae tanta fuit fiducia, ductor,
        roboris insueti, cognatam perdere plebem?'
        cf. p. 238 ver. 521.

501 *aerumna* ends the hexameter in Paulin. Petricord. uit. Mart. I 66. II 24. 506. IV 33. 43 (Petschenig in his index p. 181 has no other examples).

514 *mordaces curas*. Gen. 43. 75 *sensu*. Exod. 703 *uoces*. 1194 *corde*. Paulin. Nol. c. X 263 *satirae -cis aceto*.

519 *quos mortis tempus adurget*. Add Venant. c. V 14 15 and you double the exx. of this last word known to lexx.

522   haec ubi disseruit, pROuentuM dicta secuNtuR.
        haec ubi disseruit = Joshua 222. "*pERuentuM* C." Pitra. No. The scribe cannot hold the thread of thought through a single line: *desinit in piscem mulier formosa superne*. We have the cart before the horse. 'This said, words follow the effect.' So? No, no. Ter. haut. 904 = Andr. 381 *dictum, factum*. 'No sooner said than done.' *Gesagt, gethan*. Read *prouentuS dicta secutuS* (for *secūtuR*). So *deMituR* ousted *deDituS* 877. Gen. 33 11. Ps. 32 9 *ipse dixit, et facta sunt: ipse mandauit, et creata sunt*. Hom. T 242 αὐτίκ' ἔπειθ' ἅμα μῦθος ἔην τετέλεστο δὲ ἔργον. Zenob. I 77 ἅμ' ἔπος ἅμ' ἔργον (I 27 Leutsch). Apoll. Rh. IV 103. Aen. I 146 *sic ait et* dicto citius *tumida aequora placat*. Ov. m. VIII 702 *uota fides sequitur*. III 527 *dicta fides sequitur* = f. VI 55. cf. I 359 *uerba f. s.* esp. m. IV 549 res dicta secuta est. VF. I 681—2 *dextraeque sequuntur | uerba ducis*. Iustin II 3 13 *nec dicta res morata*. Hier. ep. 77 10 (465ᵈ) needum dictum iam factum.

524   pone locans; [*ac*] fulua dehinc post terga columna.
        C, far better *locans, fuluaQVE d. p. t. c.*

527   candenti deCedeN[*te die*] bellumque frementes
        NOx inopina fouet motusque eliminat omnes.
        de Sede dieN... PAx...fouet C, for Pitra is mistaken. "*fauet* C, hianti loco peruersoque nonnihil fuit supplendum."

They are fine lines. 526 noctemque infundit opacam
    candenti de sede deus, bellumque frementes
    pax inopina fouet motusque eliminat omnes.
    o nimium felix, celsis cui misit ab astris
530 munimenta deus, candens cui militat aether,
    et coniuratae ueniunt ad proelia noctes!

    If Pitra had recognised the famous apostrophe originally addressed to Theodosius in a poem dated A.D. 396, he could not persist in ascribing the Heptateuch to the time of Julian. Probably the poet may quote not direct from Claudian (3 cons. Hon. 98), but at second hand through Aug. c. D. v 26 or Oros. VII 35 § 21. cf. Josh. 131 n.

532 hinc procerem mandata dei depromere uirga
    protenta iussere manu.
    532 hVc C. Read uirgaM.

534 desectare [aequor]. desPectare FRETVM C, without any gap; read siccauit fluctum in 537.

537 siccauitque fretum, mediVs ut trames apertus
    panderet inlaesum paTefactO IN aequore cursum.
    537 "fluctum AC." PITRA. No. fretum C. 538 evidently patefacto in after panderet has been corrupted by association with aequore; we want a dative pl. of the men to whom the road was thrown open. For paTefactO iN (= ī) read paVefactiS 'to the dismayed Israelites.' Then in 537 we may read mediIs; though the metre would allow mediVs.

540 ergo ubi festinum pelagus disceDerat, illos
    curuata in montis facie circumstetit unda.
    540 "descenderat C." PITRA. No. dIsceSSerat, as accidence requires. 541 facieM C with Verg. g. IV 361—2.

545 totoque in terra pectore proni.
    Read in terraM.

546 cornipedes genibus nequiquam pondera trudunt,
    quae penitus niueto nequibant axe moueri.
548 ilicet exsangues iMmensaQVE compede uincti,
    festinaNT teNtare fugam rursumque reuerti
    nitentes.

548 *iLlicet...iNmensaque*..549 *festinAM teMP-*
tare cet. C rightly, in the latter line. *QVE* has deserted
from 547 into 548, making havock of both lines, as turn-
coats do. Read:

   547   *quae penitus uinctoQVE nequibant are moneri.*
          ilicet exsangues, inmensa compede uincti,
          festinam temptare fugam rursumque reuerti
   550   *nitentes, nano stimulant terrore iugales.*

547 'deep-sunk *and* with locked wheels, they could
not stir.' Or (better) read *nON quibant*, as Gen. 615 n.

   551   *his aliud magis miseris multoque tremendum*
          ingeritur magis sensusque affligit inertes.

If you think it possible for our poet to make a
spondee of *magis* twice in two lines, look back at 477. Carry
up *QVE* from 552 to 551, and compensate 552 for the loss by
giving *ET* in exchange. Then read:

          his aliud miserisque magis multoque tremendum
          ingeritur magis ET sensus affligit inertes.

   555   totVm fundo demersit Aegyptum.
          totAm C.

562—577 cited, without author's name, by Beda in Keil's
Gramm. Lat. VII 254. Keil has not identified the passage.
Nor has he detected (p. 247 24) Iuuenc. euang. I 61; or even
p. 245 20 Iuuenc. praef. 1, which he might have found in
Reifferscheid's *Initia*. In l. 28 of the same page read *qui
pereuntem hominem uetiti dulcedine poMi* (not *poNi*). The line
is from Sedul. c. pasch. I 70. Here are four passages to be
withdrawn in the index from the anonymous list and assigned
to three several authors.

   563   cui gloria [*sit*] Dum honore pollens.

"*cui gloria cum* in codd. vel cum iambo licet recto
pede primo phalaecus procedat." PITRA, who does not see that
he gives twelve syllables to his hendecasyllable, for an elision
of *dum* is intolerable. The mss. and Beda are right as far as
they go. Read *cuiVS* (*cui⊃*).

   564   decōrat. Gen. 1394 n.

   567   equitibus. cf. p. 237 ver. 492 n.

578   saxis aT similes grauique plumbo
       uastis fluctibus abdidit cohortes.
       "*aDsimiles* AC." PITRA. And they are right.
582   iugulis. "*iugulis* C." PITRA. No, *iugILlis*.
584   corripiENS. *corripiAM* C.
587   quaesitam meritis tenebo palmam. cf. p. 232 278 quaesitam *ut* meritis *ualeat contingere metam*. Also Hor. c. III 30 14.
589   cunctis perniciem parauit suis.
       So C and Pitra; A (*suspIrauit*) enables us to restore the verse: *cunctis perniciem suis parauit*.
591   principumque princeps. Mart. VI 4 1.
599   haec paTribus ITERata modis plaudente corona
600   cantarunt matres uatis dictante sorore.
       599 Read *paribus* with C, but not *DICTata* which has crept in from the next line. Transpose *haec i. m. p.*
602   ilicet intrepidi postquam Pharaonis iniqui
       subuersam uidere manum, per deuia tendunt
       quae surSum sunt dicta prius, CAecumque per aestum
       arentes triuere dies.
604   Probably all the mss. read *Surum* (as C does), not *surSum*. Exod. 15 22 *egressi sunt in desertum Sur*. "*Secum* AC." PITRA. Right, 'by themselves,' no Egyptians in the rear.
605   quos lumine trino
       feruidiore coma torrebat lampada solis.
       606 *coma*, as elsewhere *crinis*, of flakes of fire Catull. Sen. Claud. cons. Prob. et Ol. 3. Dracont. x 569. Greg. Tur. gl. mart. I 5 p. 490 7 *apparuit ante altare lumen paruulum in modum scintillae; deinde ampliatum, huc illucque* comas fulgoris *spargens*. For *lampada* see 303 n.
609   praegrauis unda. Mart. IV 18 4.
610   obsessas fauces. Verg. g. III 508.
611   fonteS. *fonte* C, i.e. probably *fonte*M.
614   ille deum poscit. nam qua licentia fluctus
       gigneret, astrigera dominus nisi mitteret aula?
       614 Read *qua* namQVE *licentia*. cf. Gen. 449 n.
615 *astrigera* p. 230 ver. 188. Gen. 956 n.

616 confestimque capit, quo sedAt tristia, lignum.
      Read sedEt.
618 cf. 1118. Joshua 456. p. 242 ver. 668.
629 frondentes inter palmas, quae uertice celso
630 motabant septem denos per nubila CuLMos.
      THuNos C, i.e. tRunCos, rightly.
631 otia. "ostia C." PITRA. No.
633 per opaca. Aen. VI 633.
635 obiurgant uexantque ducem: 'quae tanta malorum
      causa fuit? quae esse potest? quAE tristior ESSE
      praeualeat, quam dira fames?'
      636 read quaeVE esse potest? quIS tristior
ANGOR. Between the -or- of malorum 635, and the ar- of
ardens 637, angor was lost, and then the scribe corrupted quis
and inserted an intolerable esse. On repetitions as the sure
trail of the forger cf. Gen. 424—5 n.
639 quae dilata grauat plusquam quae comminus instat.
      grauat MAGIS plusquam C, retaining both variants
as p. 257 ver. 1167 n. Read magE quam, as 81 and p. 243
ver. 192.
640 laetum. Read letum. So (lOetum, as usual) C.
648 quin potius, si nostra mouent discriMNia sensus,
      dux grandaeue, tuIs, Nilum PharIumque, rogamus,
      redde tuis.
      Read with C discrimINa...tuOs...farum (= Pharum).
Add further q. (que) after Nilum. cf. for á in Pharam 134.
p. 237 ver. 485. 247 ver. 842. Gen. 1255.
652 accisis cibis. Gen. 1296. Aen. VII 125.
654 profatur uates socio sermonis Arone. "arenae C."
PITRA. No. It is possible to restore the metre (cl. 164) thus:
      uates CVM socio sermonis Arone profatur.
      But compounds with pro are often lengthened, and
cum is far better away. Yet as profatur survives p. 234 ver.
367, 235 ver. 414, we may read EFfatur, as 1364.
660 mittitur e caelo; qui uos IN MarOeotide fusca.
      om. in C, which comes from the M. Read Mareotide.

668   nictumque caelestem
      Despondit cunctis, quem messis nescia fraudis
      progenerat nulloque extinguit semina Fuco.
      669 *Respondit* C.   670 we expect rather *peste*, or
tabo, or *tactu*, than *fuco*. Read perhaps *Suco*.

671   crocco. p. 171 ver. 9. 219 ver. 408. Paul. Petr. III 341.
675   quin etiam primo cum se lux reddidit ortu,
      niuOSos dat manna cibos, quI.
      676 *niuosos* has been expelled from Gen. 1375.
Read *dut niuEos IAM* 'without further delay.'   *quAE* C.
680   condere. "*credere* C." PITRA. No.
681   quae sufficit unI
      quoque die.   *unO* C.
683   plus iusto. Hor. c. III 7 24.   Ov. P. III 9 8.   Liv. XXII
59 2. Cels. 1 1. III 22.   Mart. XIV 210 2.   Liv. VIII 15 7
mundiorem i. cultum. Prud. perist. II 58 *i. amplius*. Macr. S.
VII 4 25 *i. uberior multitudo*.
684   putria multimodo uitiantur uerme polenta.
      Putria Josh. 300. For *polenta* plur. see Cael. Aurel.
tard. II § 105. V § 44. Cass. Fel. 47 p. 121. 48 p. 125 cet.
Georges only cites a doubtful ex. from Macr.
685   hoc solum nequeunt geminI disperdere luces.
      "*geRminaNDis perdere* C." PITRA. No. *gemin-*
ANdis, whence take *geminAE*.
686   parasceue. Tert. vulg. omitted by Rönsch.
688   quoties lux illa recurrit
      sabbata quaE memorant lentae concessa quieti.
      quaM C.
690   quin etiam cunctis penitus haec cognita res est,
      septima quaque die nullum descendere nictum,
      caelestis quem messis habet; quia cura sagaci
      progressi per rura uiri camposque iacentes
      nil praeter undantes uentorum flatibus herbas
695   intuiti sinibus uacuis referuntur ad aedes.
      690 Read *penitus cunctis*. 692 *cura* abl. 423. 453.
Gen. 1274. 694 *praeter* as pyrrich? see Gen. 1036. Read *nil*
praeter uentorum undantes flatibus herbas.

696　HaEc ne forte dei tantum monumenta uiderent,
　　　ad quos missa fuit melliti muneris esca.
　　　696 *hac* C, i.e. *ac*, rightly.

698　thecae. Glossary to Beda. Add Petron. 39. 94. dig.
xxxii 1 32 8. Bonif. pp. 463. 465 Jaffé.

701　post haec signa mouent, longum Deducitur agmen.
　　　*longum*QVE *educitur a*. C.

707　siccisque implorat sirtibus amnes. Obs. *syrtes* of a desert. Prud. cath. VII 30. XI 67.

Order and light come with the new verse

　　　ILLIC DVRA SILEX CONCLVSAS SEPSERAT VNDAS

inserted by C after 713, and the corresponding h*A*nc for h*V*nc in 717.

716　immensa. "*imm*I*Ssa* AC." PITRA. No, *i*N*mensa* C.

719　congrege turba = p. 240 ver. 578 = Gen. 995 (*turma*) = Cl. Mar. Victor aleth. III 279 (*turba*). Georges. Bentley on Hor. c. 1 37 9, where he inflicts well-deserved chastisement on Scaliger.

725　　　　　　　　et quod plebs aspera dictis
　　　　optasset maledictA DVCI quae concipit ira.
　*maledict*O *quae c. ira*M C, omitting *duci*. *duci* is a gloss or a dittography.
　　　　Read *optasset male d*VctoRI *quaM concipit ira*.
'In the rage it conceived had cursed its leader.'

727　iLLic. *i*STi*c* C.

729　Iesus lecta rapit bellantum robora secum,
　　　quem ferrata manu suscepta in bella uADEntem
　　　dux uotis precibusque iuuat.
　　　730 *manu* om. C. Read: *quem suscepta manu ferrata in bella u*OLA*ntem*, rather than *u*OCA*ntem*. On the *a* ascribed to *uadentes* cf. 293 n.

732　　　　　　　　　quem iunctus Aaron
　　　Et Horus uallant medium artusque per acuum
　　　laboris refugos nec standi ad munia fortes

735　subposito firmant saxo durumque sedile
　　　subJiciunt [*uati*] sternuntque; deinde fluentes
　　　sustentant in prona manus.

733 *At Vrus* C. Read *atQVE Vrus*. 734 *laboris* opens the line as 82 n. Read *SVDoris*. 736 *subiciunt sternuntque TVM d. f.* C, rightly, except that *DVCI* must be added before *tum*. cf. 391. 473. 756. Gen. 1296 n. 737 cf. 928. Cl. Mar. Victor aleth. III 547 *crinemque* in prona *retorsit*.

737   ut pectoris orsis
    palmarum preX iuncta foret.

738 *preces* A and C. cf. Forcellini, Georges, Neue I² 474. Auitus append. p. 184 3 12.

743   haec fuerVnt ut gesta, deo mandante propheta
    conscripsit docili uentura in tempora libro.

743 *fuerAnt* C. 744 Georges cites from Cael. Aur. *d. sermo* 'intelligible.' So here 'a book that might be taught.'

746   compellans per uerba locum fidelia sanctum.

559 *fideli*. p. 246 ver. 423 *fidelis*.' Plainly *locum* is corrupt, and the verse ends *per uerba fidelia sanctum*. The missing word we take from Exod. 17 15 *aedificauitque Moyses altare: et uocauit nomen eius* Dominus *exaltatio mea*. The line begins then: *compellans DoMINum*.

749 absconsa. Josh. 40. Judges 258. Neue II² 572. Commod. apol. 665. Iren. II 27 2. IV 16 4 f. 18 3. 19 2 f. *bis*. 21 2. 26 1 *bis* and 3. v 6 1. 8 1. Gennad. ill. 64. Hil. in ps. 139 5. Greg. dial. IV 55. [Prosper] de prom. et praedict. dei p. III prom. 38. euang. Palat. 342 b 15. Migne XC 126ᵇ. 187ᶜ. CVI 1308ᵃᵇ. Rönsch 295. Coripp. Ioh. I 553. *absconse* Rönsch 147. 295. Iren. IV 23 1. 40 3. schol. Luc. I 197. cf. *Arch. f. lat. Lexik.* V 534—9.

753 COeptumque laboreM. *Septumque labore* C. 754 immodicVM .... dIscitat. *immodicO.. dEHOscitat* C. 755 carentis numero turbae. *c. t. n.* C.

The verses from 751 will then read thus:
    interea generi Iethorus percipit acta
    festinusque uenit oculis dinoscere gaudens
    quae fuerant memorata sibi, saeptumque labore
    inuenit inmodico, dum causas DIscitat omnes
755   carentis turbae numero, magnumque precatus
    ante deum mactat pecudes.

754 "*Discitat* A. *dehoscitat* C. uox haec omnino barbara. an uero sit illa iure donanda ciuitatis, periti iudicent. a glossariis quidem exsulat." Pitra, who compares *causas discere*. Georges cites this one ex. of *discito*. It should be given expressly as the reading of A. Our author has *noscitat* Exod. 1378. Gen. 827. Plainly in 755 the verse ended thus: turbae numeroque carentis, and began somewhat thus: [*urgentisque ducem*]. Then the next line might begin thus: [*excitat ergo aras hospes*]. What is certain is that 755 is made up of the endings of two lines. cf. 465 n. Gen. 457 n.

  758 atque alii aliique gradus, quos ordine miles
        accipit ut certa legionIs lege regantur.
           certaE legionEs C. Read *certa legiones*.

  760 ac .. quo.
           HaE...quoS. C. i.e. *hI quIs* = *quibus*.
    Read *hI* (*tribuni*) *modicus pensent lites, quIs iurgia magna sint, soli noscenda duci.*

  765 PERducitur. *ducitur* C.
  767 procubus. Gen. 649. 719.
  768 haec dicta tibi. Read *haec IAM d. t.*

  772 uolucrum princeps. Mart. V 55 1 *uolucrum regina*. Plin. VIII 90. X 203 *rex auium* (of the *trochilus*, not, as Riddle-White and Lewis-Short say, the eagle).

  773 et nunc, si uestras ueniant mea dicta per aures,
        ut quae sunt mandata fiant, et consona iustae
        corda haereant legi.
  774 *quae sunt* is scribes' putty, and has displaced *fiant*. Read: *ut fiant mandata MEA ATQVe Vt c. i.* After *mea DICtA* 773, *mea AtQ.* disappeared.

  780 uos eritis regnum, mea Fit quod dextera clarum.
        "*Sit* A, C." Pitra. No, *Fit* C. Read *fERt*.

  781 et gens sancta mEi, longum quae prOrogat aeuum.
        mIHi...prAErogat C. cf. 832.

  787 institurus agit. *instiTVturus a. C.*

  790 abnoctare uiros, ut mente et corpore puris
        tertia luce deus celsis uideatur ab astris,
        mEnte procul positOs, nullusque cominus adstans

tanget, AgetQue pecus longa in deserta: mANere
praecipitur, ne poena foret coniuncta nocenti
795 quae saxis ferro[ue] uenit, cum missile telum
torquet adacta manus aut cautem uerbera uibrant.

790 *abnoctare* 'to keep from their wives.' Tert.
an. 57. Rare. 792 *positIS .. queM coMminus aDstans*. C. 793
VRget A C, Pitra rightly *Aget;* then for *Que* read *ue* and
mOVere. 795 *VE* (supplied by Pitra) fell out before *VEnit*.
796 a fine line. Observe the alliteration and *uerbera,* as in
Verg. Ov. and Sil., for the thong of a sling. Below 1164 it
denotes a twig. Luc. I 229 230 *it torto Balearis uerbere
fundae | ocior.* Iuuenc. II 159 *restibus his Christus conectit
uerbera flagri.*

Read also 792 *mOnte procul* as in 807.

monte procul positis, nullus quem comminus adstans
tanget agetue pecus. longa in deserta mouere
praecipitur cet. cf. 1346.

805 *latera ardua.* Aen. III 665. IV 246.

808 *pRAEpete fatu.* *pERpete fatu* C (not *fatum,* as
Pitra says).

811   duruMque laboreM,
seruilis quem cura dabat, desistere iussi.

For *durāque laborē* read *durOque labore*.

813 *neque idola pIngas.* *pAngas* C, rightly.

815 numina ne credas quae sInt illustria caelo
sidera, uel quiDquam in terris mirAre perenNE.

*neC .. sVnt .. iNlustria .. quiCquam i. t. mirEre
perenDO* C. Pitra is mistaken "ultimis duobus deletis uerbis
codex C, nescio unde, subinfert: *reperendo*." Nor is C defective
here, though Pitra says on 819 "uersus ille et sequens desunt
cod. C." The *perenne* may be right: 'nor look on it with awe
as eternal.'

817 *glauca marmora.* Gen. 272. anthol. 718 18 R.

820 misericors multum, maiora et gRaNdia reddens
quaE iusti meruere uiri.

misericors 1001. p. 237 ver. 492 n. Read *quaEdia*
and with A (not, as Pitra says, D) and C *quaM*.

829 hinc festus niget ille dies, hinc semper aCeRbus,
semper honoratus, domino indulgente sacratur.
honorem dA, nate, tuis genitoribus.

829 *acerbus* will not do, even in a strained sense,
'rigorously observed;' *aGeNDus* is the appropriate word. 831
another of these iambic openings 82 n. The poet wrote *dEFER
honorem, nate.* cf. Gen. 756. Paulin. Nol. c. VI 156. Below
semPER HONORatus of 829 *FER* was dropt. *DE* remained,
of which you and I, gentle reader, could make nothing. Our
scribe seizes the chance for asserting the birth-right of the
iambus in dactylic verse. *momento turbinis exit DE* as *DA*,
and you have your verb to govern *honorem*—the commonest
word in the language. *Semper honoratus* is from Claud. Prob.
et Ol. cons. 261.

832 praerogat 781.

834   nec sacramenta sinistre
periurans perhibe.

835 *periurans.* To the Priscillianists, whose founder
has this year (1888) happily risen from the dust to speak for
himself in the Vienna library of the fathers, Aug. haer. 70
ascribes the incredible watchword: *iura, periura, secretum
prodere noli.* Plaut. asin. 322. 562. 570 cet. Cic. off. III 108.
Tert. adu. Marc. II 26 *ante med. bis.* Levit. 6 3. Sap. 14 28
Amiat. Lact. ira dei 16 4. Iren. II 33 1. Greg. Tur. glor. mart.
I 9 *ad fin.* 33 p. 508 32.

838 [*et*] quiDquid. *ET* (at full length) *quiCquid* C.

840 aggere de terra congesta altaria surgant,
hic ubi denotas fas sit mactare bidentes.
quae si forte sed et saxorum attollere moleM,
[*iunit*] ferrum linque procul, quVm sordiDa fiunt.

Read with C 840 *terraE*..842 *sedet..mole* and 843
ferrum linque procul, quONIAm sordENTia fiunt. 842 *sedet*
cf. Sil. II 385 Ruperti. IV 797. V 121. VIII 449. Amm. XXVIII
5 9. Flor. II 15 9 *sedet sententia* c. inf.

845 non siVEris. Read *non siris,* or *sieris.* Neue II² 510.
519. Add to lexx. Cornelia in Halm's Nepos p. 123. Fronto
p. 145 9 Naber. cf. Josh. 474 n.

849 aT si iam natis paterno et nomine gaudet.
  HaC C. (i.e. *ac*, a constant blunder). Read *natis-*
QVE. cf. 163. 861. 882. 1076.

851 sui compos. Iren. II 28 6. Claud. Mam. st. an. I
25 *fin.* II 8 *fin.*

853 ante fores sanctas domino sistente loQVetur.
  Read *loCetur.*

854 subula. Ambr. in ps. 118 serm. 13 6 *ter.*

855 laxandus 867. Greg. dial. III 1 (281ᵇ). Greg. Tur. gl.
mart. 33 p. 508 36.

856 uendere progenitam discreta in gente parenti
  non licitum sociaque manET cum plebe potestas;
  quam tamen ut seruam nequaquam emittere ius est.
  856 'the father may not sell his daughter among a
foreign people, and among Israelites alone the right subsists (to
sell her).' "*man V C.*" PITRA. No. cf. Exod. 21 7.

859 quae si displicuit domino, cui uendita cessit,
  reddentur nummi, fuerat taxatio quorum,
  ut renocare QVEAT paterna ad limina sese.

862 quae si forte datur nato, sic conuenit ipsVm,
  ut natam tractare suam. qui sumere iustE
  si mauult, pErmissa sibi quis membra teguntur
  indumenta palam faciet nec deinde negabit.
  861 Read *ut sese renocare paterna ad limina
POSSIT.* cf. 107. 849 n. 882. 1076, or possibly (making the
relative clause depend on *f. t. q.* 860) *paterna ad limina quIRet.*
In Gen. 769 *pAterno* surrenders to A's *fraterno.* 862 Read
ipsAm. 863 *iustAe C.* Read *iustAM,* 'if the son prefers to take
a lawful wife.' 864 *permissa.* Read *prOmissa* LXX Exod. 21
10 ἐὰν δὲ ἄλλην λάβῃ ἑαυτῷ, τὰ δέοντα καὶ τὸν ἱματισμὸν
καὶ τὴν ὁμιλίαν αὐτῆς οὐκ ἀποστερήσει. *promissa sibi* 'what
he engaged to give her.' Then read *sibi ET.* I take *palam
faciet = exhibebit, praestabit,* but I know no other ex. of this
use.

866 si coitu Sit nota sibi uel si rata non sunt
  haec commissa uiro, poterit laxare uADentem
  nec pretium renocare datum.

866 read *Fit*, for the ind. is used throughout. 867 read *uOLentem* (cf. on *uădentem* 293, 730).

873 donandum ueniaM. *uenia* C, rightly.

874 et uero qui membra dolo uiuentia ferro
875 disJicit et studio graTatur sanguine fuso,
crimen habet mortis, neCquiquam tecta requireNS
sublimi sacrata deo: nam deMituR inde
seiunctusque procul rigido truncabitur ense.

875 Take from C *disicit* and *nequiquam*. Then *graTatur* (*graDatur* C) is *graSSatur*. 876 *requireNS* is *requireT*, and 877 *deMituR* is *deDituS*. cf. 522. Gen. 33. 1147. We have above, 705 *grassata manu*. cf. Gen. 646.

879 tumide. Add this to the two exx. known to Georges.

881 nec minus ad poenam petitur, qui forte doloso
perfidus ingenio paterna in plebe creatum
cleptat et acceptis gaudet transcribere nummis.

882 *paterna* 849 n. The line ended *in plebe paterna*, and began *perfidus inGENio GENeratum*. If I am to tell to you how the corruption arose, you had better abandon criticism. *in libris uixi nec sum studiosior inde*. 883 *cleptat*. Also 937 the only exx. known to Georges. *transcribere*. Gen. 975. 1278. *Spicil. Solesm.* 1 233 ver. 328. Tert. adu. Marc. II 10 pr. III 13 *post med*. Aus. de Caes. 2 2 *Caesar et Augusto nomen* transcripsit *et arcem*. Ambr. off. I 243 f. II 33 f. 76. III 66. hexaëm. IV 18 f. Firm. Mat. math. IV 19 l. 23.

886 recVperet solitas uires, nil fraudis hABebit.
recIperet. hERebit C. So also A, rightly. Cf. 889 *poenam non uitat* haerentem. On the confusion of *habeo* and *haereo* see Drakenborch on Liv. XXIX 4 8.

890 quod si post aliam moritur uernacula lucem.
aliam = *alteram* cf. 894. Gen. 750. 753. Wilmanns inscr. 549. glossary to Beda. *uernacula* as subst. Bonif. ep. 16 pr. Jaffé. Baronius 719 14.

895 PorreCta. *CorrePta* C, by transposition.

897 IVDICante marito.
So C, but read with A *TAXante*.

900   lumen pro lumine rapto
reddet quisque nocens, dentem pro dente resignans,
proque manu dabit ille manum, pedemque VICISSIM,
detruncaNt quicumque pedem, combustaque flammis
expiat ignis edax, dabitur pro uulnere uulnus,   5
905 liuida liuenti Cedantur corpore membra.

902 *uicissim* is prosaic and a gloss; *lumen pro lumine reddet; dentem pro dente, proque manu dabit ille manum*; what do you want more to define retaliation? *pĕdem* is impossible. Suppose 902 ran thus *proque manu dabit ille manum*, *DABIT ILLE pedemque*. Then *uicissim* would naturally act as stop-gap when the second *dabit ille* vanished. 903 Read *detruncat*. 904 *ignis edax*. Spicil. Solesm. I p. 225 ver. 9. Aen. II 758. Ov. m. IX 202. XIV 541. (cf. XV 354.) f. IV 785. Sil. IX 604. Luc. IX 742. c. de ponder. 137. Cl. Mar. Victor aleth. II 119. 905 *Sedantur* C, rightly; or rather *sedEntur* and *expiEt* in 904. cf. Exod. 21 25 *liuorem pro liuore*.

909 solaTia. solaCia C.

910 debilitas. Like 'lascivious,' 'libidinous,' and so many English derivatives, 'debility' obscures for us the force of its original. See Graevius on Cic. Rab. perd. § 21. Cic. fin. v 84 *bonum* integritas *corporis, misera* debilitas. Curt. IV 3 5. 16 11 *armatis inermes*, integris debiles *implicabantur*. Sen. ep. 85 40 *si poterit*, integer; *si minus*, debilis. Sen. uit. beat. 15 6 *morbos...funera* debilitates. prou. 5 3 *at iniquum est uirum bonum* debilitari,...*malos* integris *corporibus...incedere*. Tac. XIII 14 debilis *rursus Burrus et exsul Seneca, trunca scilicet* manu *et professoria lingua generis humani regimen expostulantes*. Plin. ep. VIII 7 5 Buchner. Iuv. XIV 156. gl. DEBILIS παραλυτικός. Minuc. 22 5 *Vulcanus...*debilis. Amm. XXVII 1 17 *ad* debilitatem *paene pugione adnueraretur*. esp. Macr. Sat. IV 3 1 and 8. Hier. ep. 66 13 *caecorum oculus sis*, manus debilium, *pes claudorum*. 120 12 (col. 847de ed. Ven. 1766) *cum omnium corpora aut morte dissoluta sint, aut si (ut quidam uolunt) reperta fuerint spirantia, adhuc habeant* debilitates *suas, et maxime martyrum et eorum qui pro Christi nomine uel oculos effossos uel amputatas nares uel abscissas manus habeant*. Above all Sen. rh. contr. 33 (x 4)

'*quidam expositos* debilitabat *et* debilitatos *mendicare cogebat*' (there is no new sin under the sun, O London of our gracious Queen), e.g. from Cassius Seuerus § 2 *hinc caeci inuitentes baculis uagantur, hinc* trunca brachia *circumferunt, huic* conuulsi pedum articuli sunt et torti tali, *huic* elisa crura, *illius inuiolatis pedibus cruribusque* femina contudit: *aliter in quemque saeuiens* ossifragus *iste alterius* brachia *amputat, alterius* eneruat, *alium* distorquet, *alium* delumbat, *alterius* diminutas scapulas in deforme extundit tuber et risum crudelitate captat. cf. 34 (x 5) 13. Prud. perist. II 206 cl. 145—156. 225. 235. 273. III 113 cl. 116—120. X 914. 988. apoth. 1069—1076. Dutripon's concordance s. vv. '*debilis*' (= ἀνάπηρος, κυλλός), '*debilito*.' Clem. recogn. VII 13. 15. 18. 27 pr. Firm. Mat. III 5 s. 12 l. 36 debilito *amputaque partem corporis*. many exx. from him in Dressel p. 6. The derivation (*dehibilis*, as *debeo* = *dehibeo*), known to the ancients, has been deserted by Vaniček (567), who classes the word with *ualeo*. But Lewis-Short wisely keeps to the old paths.

912 cf. 430.

913 cornV ferit quemquam. Read perhaps *FronTE* cl. 917 below.

915 membra dabit terrae liquidOs soluenda per artus.

"*liquidAs* A. cum alterutra lectione aqua mihi haeret." PITRA. C also *liquidAs*, by mistake; 'to dissolve by melting away of the joints'.

917 quod si consuetum lunata fronte ferire
nicinos DuDum [*monitus*] non CLAVSerit excors,
decumbat pro caede bonis taurusque necetur.

See Exod. 21 29. For *DuDum* read *VITulum*. "In utroque codice eadem desunt, eadem male leguntur: *non dixerit*." PITRA. Then after *dum* (dū) DOMINVS (dñs) would naturally fall out. Or the *VIC* of *nicinos* obscured the *VIT* of *uitulum* and *ulum dūs* became *dudum*. *Dixerit* is *ViXserit* (*uixerit*). *boVis* is the subjective genitive. Then we have:

quod si consuetum lunata fronte ferire
uicinos uitulum dominus non uinxerit excors,
decumbat pro caede bouis taurusque necetur.

917 *lunata fronte*. Stat. Theb. VI 267 (= 245) *nondum* lunatis fronte *iuuencis*. [Dracont.] Orest. trag. 96. Stat. XI 532—3 (of the boar) lunata*que dentibus uncis | ora sonant.* IX 689 *niueo* lunata *monilia dente*. Sil. II 76. IV 317. VIII 429. XIV 370. Cels. VII 9 cet. Claud. r. P. I 126. 919 *decumbat*. 869. 924. p. 233 ver. 284. p. 243 ver. 710. Iren. III 18 3 *decubuit et resurrexit*.

923   si seruulus ictu
decubuit, auri ter denos pEndere nummos
cura tenet Dominum, saeuo pereunte iuuenco.

Tauri C rightly. p*Endere* C, by mistake. See Exod. 21 32 'thirty shekels *of silver*.' Here, as often (e.g. 916) Pitra's capital *D* is absurd. Punctuate *decubuit tauri*, cet.

928   per prona uolutum. 736 n. Sil. XV 235. Auitus II 84.

929   damna luat domino pretium poscente ruentum
EMPturus pecudum tenui solamine carnes.

damPna . . *TENturus* (Exod. 21 36 'and the dead shall be his own'). *tenuiS* (s doubled from *solamine*) C.

932 uendatur. 944. vulgate. Iustin XXXIV 2 6. Octauianus in Haupt opusc. I 227 ver. 202. Capitol. Pert. 7 bis. Vopisc. Aurelian. 43 4. Lachmann in *Rh. Mus.* 1845 612 (= kl. *Schriften* 192—4). Krebs-Allgayer Antibarbarus.

934 testatius. Neue II² 127 f. Ambr. hexaëm. v § 6.

937 cleptat. 883 n.

951 pampineas . . uites. p. 244 ver. 741. Ov. P. III 8 13.

952 Et quae magnifica proprios habuere per agros.

" *VSque* A, C." PITRA. No, C has *Vt quAe*, which is wanted.

953   nam stridulus ignis
fomite de modico solitOs comprendere uepres
arenteS QVE sPICaS et truncos cortice nudos.

954 *fomite* cf. 187. Prud. c. Symm. I praef. 25. II 971. perist. X 860. Often in met. sense *ibid*. 517. ham.

114. 187. 556. ap. 927. 941. For *solitOS* read *solitVs*. 953 "*arenteMque sILVaM* A B." Pitra. And so C. Transpose *QVE* and all is right.

arentem siluamque cet.

959 depositum redHIBere debeS. quae perfida furum
si fuerit populata manus, auctore reperto
duplex summa datur; si uero est abditus ille,
auersaE SINT HAE quidem opes, iuratio sola
exsortem culpae faciet, qui fraude carebit.

959 *redIBere debeT* C. *debeT* also A. Read *reddere depositum debet*. The scribe had *redhibere* on the brain (935. 942). 962 "*auersas quidem sit* in utroque codice." Pitra. What more do you want (on *auersae* cf. 938. Cic. r. p. II 35. Sen. const. sap. 9 2. Tert. adu. Marc. v 1. Burman on Aen. I 472)?

auersas qui dempsit opes, the thief. C adds *qui.1* in 963, where for *exsortem culpae* cf. 359 n. Liv. xxii 44 7.

967 furto quI sunt direpta sinistro.
Read *quAE* with C.

969 rabies uesana. Luc. v 190.

970 lancinat. Sen. breu. uit. 13 6. cf. de ira III 19 5. Tert. adu. Marc. II 13 = adu. Iud. 9. *Arch. f. lat. Lexik.* II 130.

972 commodat HOS enormi non dicat pondere functos.
commodatO enormi C. Read *commodat, enormi*.

973 stimulatrix. A rare word. Jer. 46 20 vulg. Hegesipp. I 29 1. gl. Cyrill. p. 571 44 παροξυντής. For *stimulatrix* add to lexx. Mar. Merc. subn. 5 1.

974 hAEc. "*hOc* A, C." Pitra. Retain *hoc*.

975 sed si persegnis accepta animalia perdit,
quisquis agit, ius est ut damnum sentiat omne.
quae si perdiderit posita mercede locatus,
illa operae pretio promtim taxanda locabit.

975 a second ex. of *persegnis*. You will scarce find a third. 976 *damPnum* C. 978 *operae pretio*. IN *pretio* C. *LOCAbit* is repeated from 977 *LOCAtus*. Gen. 424—5 n. Probably REPoNEt is the right word.

985   linquat uita uiros daemonum sacella uerentes.

        dEMoNum C. This is certainly wrong. *Spicil. Solesm.* p. 256 ver. 1142 *daemonibus* is a choriambus. Perhaps *dIVoRum sacRa.* p. 257 ver. 1174 *et nunc pestiferos rogate* diuos. Judges 113 *exoras mutos, fabrorum pignora*, diuos. 118 *ut similes sitis* diuis, *quos creditis esse.* We have *sácellis* 1068. cf. Josh. 490.

990   femina defuncto non Fit temnenda marito.

        Sit temPnenda C. Read *non Est t.* and for the confusion of *est* and *sit* cf. Madvig aduers. 1 67—68.

997   ut sumpta reForMet. Perhaps *rePorTet.* But see 1018.

1001   promptim. 978. Gen. 98. Josh. 83. 152. *Analecta* p. 204 ver. 88. Beda uit. Cuthb. v 10.

1002   eXternis. *HeSternis* P, by a constant blunder. See p. 228 ver. 137. p. 243 ver. 700.

1005   et quemcumque creaT primo de germine nupta.
        creaS .. nuptaE C, rightly.

1007   permensus iter. Stat. s. 1 2 202. Sen. Hf. 393 *regna fuga.*

1010   fidēi. Josh. 571. p. 235 ver. 402. 237 ver. 466. 239 ver. 551. Enn. Lucr. Paulin. Nol. (Par. 1685) III p. 112. Paulin. Petric. 15 exx. cf. Daum on I 81 and Petschenig ind. Orient. h. 3 32.

1011   neu falsum dicere testis
      iniQua cum mente uelis. nec pluribus unum
      additus in coetu certes superare nocentEm.

        1012 read *iniuSTa.* 1013 *coetuM...nocentVm* C, rightly. Pitra is mistaken when he says "sequuntur subinde in cod. C duo uersus, extra locum uagantes suum, quos sedi restituimus propriae, quam in codice A retinent; habes infra v. 1056 et 1057."

1022   munera non sumes trepidi pro cuRa nocentis
      sollicitique rei, quoniam mox lumina caecant
      sermonesque uirum cunctaque examina frangVnt.

1022 read c.AuSa cl. Iuv. xv 134—5 causam
dicentis amici | squaloremque rei. Cic. Verr. I 116 *neque tu aliud
quicquam edicto amplecteris nisi eam* causam, pro qua pecu-
niam *acceperas*. See the concordances s. v. *causa, cause*. 1024
5 Paulin. Nol. c. XXI 117—8 *et in periclo plurimorum cernere
est | caelestis actum* examinis. *frangEnt* C.

1030 circite perpetuA. Read *perpetuO; circes*, a word
well known in Gaul. Georges has 3 exx. from Sidon. Add c.
v 21. Claud. Mar. Victor aleth. I 69. II 480. III 53.

10 1038 quoties sementem sparGeris agro. *sparSeris* C.
    1047   adipemque niualem
       peruigilem et noctem durare in tempora lucis.
    1047 *a. q. n.* Gen. 147. Joshua 52 *manna n.*
1048 Transpose *p. n. et durare.*

15 1055 PLAnE audire parans.
    HVnC C, i.e. the *sidereum caelesti ex arce minis-
trum* of 1051.

    1056 coniunctus est ille tibi fidusque manebit.
    We have a good store of *que* expelled from wealthy
20 lines that can do without it. So, as some generous pope,
eking out the demerits of the humble faithful by doles of that
supererogatory virtue which he has under lock and key, let us
take compassion on this poor starveling line, plumping it up
thus (*que = q.*) *coniunctusQVE Est ille tibi fidusque manebit.*

25 1058 cia agite sanctiSque auditum iungite dictis.
    Heia…sanctique C, rightly, 'of the Holy One.'

    1063 aXe. "aSSe C." Pitra. No, *aXe.*

    1064 concordes palpabo tuos. As in classical Latin
familiarissimus meus. For *palpabo* see 991. 1296. Gen. 752.
30 881. Josh. 79.

    1066   et quos nunc oPtima tellus
       sustinet, in saeclum A te mox uertenda colono.
    1066 *oBtima* . . 1067 *saecVlum te mox u. c.* C.

    1070 quin potius profana rueNs idolaQVE cuncta
       dEsPice cum titulis inscriptaque nomina dele.
35
    1070 *profana.* 326. 1214. 1369. Judges 95. 102.
292. *rue ATQVE i. e.* 1071 *dIsSice* C, rightly.

1075   nullus inops nati tota de plebe dolebit
       paternum non esse sibi nomenque decusque.

      1076 our experience of these *akephalous* lines (to use a word dear to George Grote) teaches us that the true ending is *s. nomenq. d. q. p.* cf. 305. 329. 465, and for *paternum* 163. 849. 861. 882. *Analecta* p. 204 ver. 62. In itself *non esse* is not particularly inviting. Exod. 23 26 runs: *non erit infecunda nec sterilis in terra tua.*
      Read (the beginning of the line was lost)
            DEFeCIsse sibi nomenque genusque paternum.
      As in Iuv. x 177 and Iuuenc. II 130—2 *nina sed interea conuiuis* deficiebant. | *tum mater Christum per talia dicta precatur:* | '*cernis, laetitiae iam* defecisse *liquorem?*'

1080   atque uenenatAE praecurrent uulnerA nespae.
       uenenatO...uulnerE (not, as Pitra says, *-er.*1) C.

1085   increscat nimiA rabidarum turba ferarum.
       nimiAE C. Read *nimiE*.

1091   qua fIXit EuPHrates, uitreis prAElucidus undis.
             q. fLVit EuFrates C. So I restore *fLVcit* for *fIXcit* Judges 568. Georges has this ex. of *praelucidus*, and also one from Cassiod., which I had added to the traditional Pliny. I know no others. Certainly *pErlucidus* (*pell-*) should be read here at any rate. Ov. m. III 161 *fons sonat a dextra, tenui* perlucidus unda. [Ov.] Sappho Phaoni 157—8 *est nitidus* uitreoque *magis* perlucidus *amne | fons sacer.* Apul. met. v 1 pr. *uidet fontem* uitreo *latice* perlucidum, where see Oudendorp. Hor. c. 1 18 16 *arcanique fides prodiga,* perlucidior nitro. And A reads here *pErliquidus*.

1093   [Moysen] AAronemque iubet, ac nobilis neui.
             "identidem in tribus codicibus eadem simul uerba, maxime a uersiculorum capite, exciderunt." PITRA. Not at all. C begins
                Aronem Moysenque iubet.

1099   bis senos lapides tribuum, quae summa uidetur.
       Shift the comma.   *b. s. lapides, t. q. s. u.*

1100   hic nondum fronte iuuencos
       exhibet armata.

cf. Ov. am. III 13 15 *et uitali* nondum *metuenda*
fronte *minaces*. Sen. Hf. 141—2 *ludit prato liber aperto |
nondum rupta* fronte *iuuencus.* Pliny has *armatus cornu,*
and Cic. n. d. II § 121 *cornibus armatus.*

5   1102   diffuNdit.   *diffudit* C.
   1103   crAterEM instillaus aliVM.
         crEterRAE ... aliAm C.   Read *craterae .. aliam*
(partem).
   1104   librumque euoluit aeterni
         seruantem monumenta dei. quAE consona postquam
10   dixit cara sibi docili sententia plebEs.
         quEM (by error) *plebIs* C, which has *docili* (not, as
Pitra says, *dociliS*).
   Even *plebIS* in C may be nom. as *uatIs* almost always is.
15 The constr. would then be *quae* (*monumenta*) *p. c. pl.   d. s.* (abl.)
dixit c. s.   Far better, reading *dociliS* (before *Sententia*), *consona
sententia* nom. *docilis* gen. *plebIs*.
   1111   saphIra.
         SaphYra C (not *SaphyraM*, as Pitra says).
20 1114   interea monitVs uates senioribus illic
         sidere.   *monitIs* C, rightly.
   1116   IVBet uTrumque.
         VIDet C, wrongly.   Read *Hurumque*.
   1117   certantum iurgia.
25   *certantum VT iurgia* C, rightly.
   1118   aequa lance. 618. Josh. 456. Aen. XII 725. Hom.
lat. 658.   Firm. Mat. math. v 11 § l. 7 *aequa lance iura
dispensent.*   As Justice holds the scales, her minions the jurists
revel in this formula *aequa lance.*   See Brisson and Dirksen.
30 Georges s. v. *lanx* has (I think after Paucker) a rich collection
chiefly from the fathers. Claud. Mamert. I 8 p. 48 4 *omissis
omnibus hac tantum* lance *pendebit, ut.*   Symm. ep. I 1 *parcen-
tibus non* ad lancem *neque ad demensum uerba tribuenda sunt.*
ib. 92 (96) *curabo tamen posthac, ut obsequii mei trutina et
35 libra praeponderet, ne uideatur inertiae quoddam esse contubium
semper* aequa lance *censeri.*   II 56 1 *quorum adsiduitas cultum
circa te meum* pari lance compensat.   VIII 74 *merito amicitiae*

munus adripui; quod si pari lance *reddideris, studium meum incitamento religionis acuetur.* X 40 (= 53 = 60) 1 *causam, quae post Campani moderatoris examen ad sacrum auditorium ex prouocatione migrauit, cum perspicerem* pari lance *libratam, maiestatis uestrae arbitrio reseruaui.* Claud. idyl VI (Aponus) 75 lance pari. Coripp. Ioh. II 305. [Quintil.] decl. 12 24. Ennod. ind.

    1120   labitur aetherEo propere nubs fulgida caelo.

                nubs cf. 1320 and p. 234 ver. 373. Rönsch p. 263. *aetherIo* C, as usual.

    1130   iusTa. *iusSa* C.

    1131   lumina ... praenelat.

                laMmina C as also 1163. For *praenelat* cf. Gen. 823. Only cited from Claudian.

    1132   cyclos. Theod. Prisc. II chr. 11 cet. 1. 2. 4. cf. Synes. calu. enc. 12 Krabinger. See Georges or (from him) Lewis-Short.

    1133   in dextrum lacuumque latus.

                Cf. p. 226 ver. 70.

    1134   lenigatis. cf. 844. Vitr. VII 3 7. Minuc. 23 12. Arn. VI 14. Capitolin. Pert. 8 5 (a bye-form *leuiginandis*). Ambr. hexaëm. III 54. Hier. in reg. Pachom. praef. 1 pr. *gladius*. In grammar Terentian. 455.

    1139   pEnnas. *pInnas* C.

    1140   commenta. Firm. Mat. math. I 3 119. VII praef. 8. VIII 33 12.

    1141   quae dicere qui uult,
expromAt citius pelagus quas uoluat harenas.

                In this formula I have already restored the fut. in Gen. 413—4 *cuius qui numerum gestit comprendere fatu,* | *stellarum citius turbas, uel* dicEt (not *dicIt*) harenae. Read *expromEt* with C. Cf. Gen. 457 n. Sedul. c. I 101—2 *cuncta quis expediet, quorum nec lucida caeli* | *sidera* nec bibulae numeris aequantur harenae?

    1143   sVnt. *sInt* C.

1144 depromere. *dicere* C. Read *Edicere*. Except for *expromet* of 1142, *dicere* might appear to be a gloss. *depromo* in a sense not unlike 703—4 depromere *uoces | in proceram.* Arnob. VI 14 pr. *libet in hoc loco, tamquam si omnes adsint terrarum ex orbe nationes, unam facere contionem atque in aures haec omnium communiter audienda* depromere. Iuuenc. 8 cxx. Paulin. Petric. uit. Mart. III 83 *faciem cordis.* 439. Macrob. S. 1 pr. 2 *facile* depromptu.

1145   dum cyathos cRates phialas mortaria pAngit.
         cyatos VatIs (and so A) *fyalus m. pIngit* C.
        Read *dum cyathos uates phialas mortaria pangit.*

1147 noctilucis lucernis. As adj. *n.* also Hil. Gen. 84 noctilucum *lumen pascit sata sidera luce.* For the quantity cf. 288 *obstetrices.* Gen. 940 *inuolucris.*

1150   quin etiam uario texuntur pallia peplo
        [*uestibus ornanturque*] piis, qui munera libant
        in tectis sacrata dei.

"*aromatibusque* AC." PITRA. Not C, by two strokes. If you wish for an antecedent to *qui*, follow the mss. *Aroni uatibusque piis.* As *pius Aeneas* to Vergil, so *pius uates* to our bard. See 418, 1321, p. 233 ver. 310, 235 ver. 405. 242 ver. 664. *uātibus* also Judges 109.

1153 inhaerent sinibus. So p. 244 ver. 726 *inhibeat* is a choriambus. In Venantius *adhuc* is a spondee. In a word, *h* has the full rights of a consonant. See L. Müller de re metrica, ind. under *h*.

1156   sardia primo loco, topaza, adiuncta smaragdus;
        saphirus hanc sequitur, cum qua carbunculus ardet.

1158   ATque uiGet iaspis fuluoque intermicat auro;
        tertiO ligurius; sed ET EsT hic innctus achati

1160   ATque amethYsto, fulgens quem purpura Cingit.
        cHrYsolitHus quartus, beryllo aNnExus onychnus.
        1157 *saphYrus.* 1158 *iaspisque uiGet*...1159 *tertiA..sedIS hiNc*...1160 *amethIsto,..Tingit.* 1161 *crIsolitus...aDnIxus* C.

Thus we have,

1156   sardia primo loco, topazaE adiuncta smaragdus;
       saphirus hanc sequitur, cum qua carbunculus ardet
       iaspisque niRet fuluoque intermicat auro;
       tertiaE ligurius sedis, hinc iunctus achati,   5
1160   INDEque amethysto, fulgens quem purpura tingit;
       chrysolitus quartus, berillo adnixus onychnus.
1164   lintea quin etiam NiVoso albentia textu
       in laxos cohibere sinus atque indere membris
       praecipitur.   10

       1164   For *niuoso* (cf. Gen. 1375. Josh. 120) read *ViLLoso*. cf. Plin. VIII 193. Sil. XVI 450. A subst. *uillosa, ae* in Bonif. pp. 95. 116. 180. 270. 290 Jaffé.

1168   haec inter totus sacrorum euoluitur ordo:
       peccatum quae dona leuent quaeue hostia ferro   15
       leCta cadat sanctamque dei determinet iram.

       "*LAeta* C, *laeta* A." PITRA. *laeta* is right. It was a bad omen if the victim had to be dragged to the slaughter. I have many exx. of *determino*, but none that keeps so close to the etymological sense as this.   20

1173   cf. p. 228 ver. 143.   *Analecta* p. 204 ver. 82.
1174   noctemque suo de lumine uincat.

       cf. Judges 350. Aen. I 727.

1177   ponitur et liquidi nonnumquam suCcus oliui.

       liquidiS . . sucus C (Pitra ascribes *liquidVS* to C).   25

1180   adIECtusque leuIs, cuiusViS naribus aptus,
       halitus et dulces inrorat sensibus auras.

       "*aditusque leuEs cuius FiT naribus aptus* AC." PITRA. Plainly under *aditusque leues* the name of some spice lurks. All else is sound. It is possible that *aditus* may be   30
an anticipation of *halitus* in the next line. If we turn to Exod. 25 6 *aromata in unguentum, et thymiamata boni odoris*, we perceive that *aroma* is the word required. aROAtIs has the same beginning and much the same ending as *aditus*, and the form may have been contaminated by the *halitus*. Then *LeVes*   35
must be *SeGes*. But in the poetry of the time I find no such

transposition of the quantities of *aroma*. I prefer to suppose a greater corruption and transposition and read *NIDOR aROMAtICus* rather than *āromatisque seges*, which if you cling to tradition, is your only resource. Many verses are truncated.

So we have:

  nidor aromaticus, cuius fit naribus aptus.

1184 perdociles tribuit sensus ET maxima fabris
   ornamenta deus.

  ADC, rightly. Note the ἅπαξ λεγόμενον *perdociles*.

1187 ex Iuda cui classe fuit clarigenA origo.
     clarigenVs C.

  ἅπαξ λεγόμενον and surely doubtful, where *clarissima* is so near at hand. But *genVs origo* suggests *genTIs origo* (*u = ti*, where *t* does not rise above the line). Then *clara* may be *SaCra* (cf. Gen. 847. 1387).

Read: *ex IudaE cui classe fuit sacra gentis origo.*
Here again C has saved us.

1188 utque forent domini populo notissima dicta,
   accIpit e gemina formatas caute tabELlas
   propheta tribuente deo, quas pollice sancto
   et paribus scripsit digitis manus inclita regis.

  Once, in 1284, we have *prŏpheta*, and p. 235 ver. 490 *prŏphetarum*; elsewhere *ŏ*. *forent* and *scripsit* also point to *accEpit*. We may read *accEpit gemina tabVlas De caute propheta | formatas*, supposing such a corruption as we have corrected in 464. cf. 1343. If we retain *prŏpheta*, cf. 1153 n.

1192 interea populus metata in castra locatus,
   dum uatem dEesse suum iam tempore multo
   mordaci sub corde gemit.

  1193 Exod. 32 1 *uidens autem populus quod moram faceret descendendi de monte Moyses, congregatus aduersus Aaron, dixit: 'surge, fac nobis deos, qui nos praecedant: Moysi enim huic uiro. qui nos eduxit de terra Aegypti, ignoramus quid acciderit.'* We want 'their leader,' not 'their prophet.' *DuC-tORem* not *uAtem*. Read *ductorem dum desse suum.* cl. 1213. 1263.

1198 nataeque nurusque. On this use of *nurus* see Haupt opusc. II 402.

1204 confore. cf. Joshua 2. Exod. 121 *conforet*. Neue II² 597. Georges s. v. *confuit*.

1208 multique infundit pectora poclis.
   Read *multiS* with C. For *poclis* cf. Gen. 1353. Paulin. Petric. uit. Mart. III 384. IV 253. Georges. Mühlmann cites (*infundo* IV) Macrob. Sat. VII 3 4 *uino uel infusum uel aspersum paruus quoque dolor incitat in furorem*. ibid. 5 14 *infusus uino fit similis insano*.

1212 dum memorat: 'decurre citIus montemque relinque.'
   citus C.

1214   peccauit praesule multum
   te Iudaea suo, dum sanctos dePOSuit actus.
   "*deposcit* AC." PITRA. Read *deSpVit*, as in 393.

1218 furuaque exire Canopo. Joshua 48 *ex furua cum primum dempsit Aegypto*. Canopus (an exception to the general rule) is regularly masc. Iuv. XV 46 n. De-Vit onomasticon. But Auitus also has v 145 ampla Canopus and 321 deceptam...Canopum. Sidonius has the masc. twice.

1220 et libertatis memorant id nunc SVAe numen.
   The rhythm is very suspicious, and the sense halts. Restore cadence, and give force to *nunc* by reading (f and f scarcely differ):
      et libertatis memorant id nunc FORe numen.
         Cf. 1247. 1260. Gen. 32 n. 362. 568. 628. 1260.

1225 dabitur in terris multum praestantior armis.
   Read *in terris dabitur*, with relief to ear and mind. cf. Gen. 534 n.

1228   cur tantis motibus exit
   in populum NuNC ira tuum, quem dura gementem
   imperiA nimium metuens laxauit Aegyptus.
      1229 *TuA* (not, as PITRA, *sua*) C, rightly and in 1230 rightly *imperiO*, 'fearing exceedingly for her sway.'

1231 dum te, magne, timet, TuA celsae robora dextrae
   terrificant fracta miserum ceruice tyrannum.
      DuM C, rightly.

1239 sublimisQVE indulge tuis uultumque serenum
exhibe poscenti. nam quis te uiuere moto
in terris caeloQue potest, quem curAt ad unum
quod moritur uiuitque tibi?

   1239 *sublimis indulge* .. 1240 *te quis*. 1241 *caelone*
.. *curRIt* C, rightly.

1242 recurraNT. *recurrat* C.

1245   felix quos seruitus ornat,
quA placuere tibi.
 "quOD AC." PITRA. And rightly.

1247   dum spondes prognatos his fore cura,
rex inuicte, tua.
 "curaE .. tuaE AC." PITRA, who would have
done well to follow them.

1249 cf. Gen. 414.

1252 uatesque insTitit sedibus exsul.
 insiStit C.

1254 flectitur his Dominus tEtRamque expectorat iram.
 tOtam C, as reverence demands. The verb *expec-
toro* is rare, the subst. *expectoratio* occurs perh. only in Thom.
thes. p. 435.

1257   nam pagina sancta
E tergo commissa fuit.
 Read *A tergo*. The red initials are often wrong.
cf. VF. IX 675 *uincula, qua primo ceruic committitur artu*.
Claud. nupt. Hon. et Mar. 147 *qua pristis commissa uiro*.
Seru. Aen. IX 675.

1258   QVumque incitus exit,
uocibus iMmodicis populi defigitur aurIs.
 Cum iNmodicis C. *aurEs* AC. Restore the acc.
of respect. For this time it is not our friend Auses. See Exod.
32 19.

1274 ille pacem poscens.
 An impossible shortening of *a*. Read *pacem
illE EXposcens*, with manifest improvement, not merely in
metre, but in emphasis.

1280   illi alacres per nota sibi diuortia currunt.
         Aen. IX 379.

1282   ultores domini circum tria miLlia caedunt,
         quEis uicEna simul stVDIo SImiLIa iungas.

    1282 *milia*.. 1283 *quis...studiosi milia* C, which has *uel i* over the *e* of *uicena*. The *milia* of 1283 may have come from the line above. Students have no place in this turmoil. The quantity of *similis* you may learn from 1138 cet. I eject *similibus* above, p. 171 ver. 20, and below p. 230 ver. 206. and *facilia*, below 1296. Then, supposing *m* to have fallen out before *milia*, we get stRAToRV(m). *uicIna* is far better than *uicEna*. Then read EXAMINA rather than CORPORA.

  quis uicina simul stratorum EXAmiNa iungas.

1284   propheta.   1190 n.

1286   peccauit turba tuorum,
         rex inuicte, uirum plus quam mortalia QuAerunt
         pectora, mutarum pecudum simulacra colendo.

  "*Fuerunt* C." PITRA. No, *Suerunt*, rightly.

1289   his DEuota dedit et numEn crediDIT aurVM.

  ET uota...crediTA urO C. Pitra may be right in his *credidit aurum*. cf. p. 213 172 *dum cautes* numina credit. Prud. dipt. 40 *forma sed his uituli solus deus et* deus aurum. But it is tempting to read *his et uota dedit et numInA crediTA TAuro*.

1294   nomen, sancte, meum caelesti ex pagina dele,
         quOD scripsit ueneranda manus, cui subiacet orbis
                 1295 "*quAM A.*" PITRA. So read.

1296   orantem responsa dei facilia palpant.

  I hold *facilia* to be impossible. cf. 1284 n. and for the true quantity of *facilis* Joshua 177. Read *fELiCia*. See on the confusion of *felices* and *faciles* cet. Drakenb. on Liv. XXIII 11 2. Duker ib. XXXI 26 7.

1302   et ne sollicita tangant te cura naDEntem,
         nuntius anterior semper gradietur euntI.

  The true quantity of *uadentem* is seen 1053. Read

uaGAntem. 1303 *euntEM* AC. The *m* is from *uadentem* in the line above. Read *euntE.*

1304 ast Allos sua facta grauant, quos crimina fuscant. Read *IlLos* with C. For *fuscant* cf. p. 228 ver. 147. Mühlmann and Georges. Venant. c. VIII 3 109. ind. Cassian.

1305 cre ta ceruice. 144 n. 1232. Commod. apol. 229 (= instr. I 38 1) *dura* ceruice *recalces.* Claud. r. P. I 155 cernice *rebelli.* Aug. de gestis Pelag. 7 f. *praefidenti* ceruice *propriae uoluntatis.* de bapt. c. Donatist. II 3 *sine ulla inflata* ceruice *arrogantiae.* serm. 153 3 pr. ceruicem erigit. in ep. Io. tr. 1 § 6 *et quae spes est ? ante omnia confessio : ne quisquam se iustum putet, et ante oculos dei qui uidet quod est,* erigat ceruicem *homo qui non erat et est.* in euang. Io. XII § 6 f. *tollitur homini* ceruix, *sed aspera et dura, ut sit lenis ceruix ad portandum iugum Christi, de quo dicitur* 'iugum meum lene est et sarcina mea leuis est.' See Dutripon's concordance.

1306 quapropter SOCIO Secum.

quapropter Tecum C omitting *socio,* no doubt by error before *SECV.*

1309 nigranti stamine. *n. E stamine* C.

1311 indutus. Riddle-White says 'extremely rare, perhaps only in the two following passages' of Tac. and Amm. Add Varro l. l. v 131 *prius dein* indutui *quae sunt tangam.* X 27 (I see that Lewis-Short has these and others, after Mühlmann, not however cod. Theod. X 21 2. Sid. ep. VIII 3 5).

1313 de crimine. *discrimine* C. (Pitra only cites A.)

1314 his actis composta sibi tentoria promit
semotisque locat castris nomenque DOCentER
indidit, in testem cuius sententia uera est.

1314 *composta* see p. 224 ver. 2 n. 1315 "*DeCEntER* AC" Pitra, whose new coinage is everyway worse than *decenter.* Read *SenAtVS.* Exod. 33 7 (Vulg.) *Moyses quoque tollens tabernaculum, tetendit extra castra procul uocunitque nomen eius Tabernaculum foederis.* Engl. 'tabernacle of the congregation.' 1315 *A teste* C.

120   *EXODUS.*   [c. xxxiii—

> nomenque senatus
> indidit in testem, cuius sententia uera est.

Possibly however, the text may be less corrupt, and Pitra's O may stand. The Ashburnham ms. after the LXX σκηνὴ μαρτυρίου, has *tabernaculum testimonii*, which may suggest docen*DI*. But ἐπέχω.

1320   cf. 1120.

1322   dumque pius uates graditur, tum deinde recursat,
   aedibus in domini semper se condidit au*R*Is.

   1322 *tum deinde* 736.   1323 "*ausis* C." PITRA.
No, *ausEs*, as in p. 213 ver. 183, where Pitra prints

> innocuis dum poscit uocibus au*R*es.

Try to construe *auris* or *aures* and then turn to your Bible. Exod. 33 11 'And the LORD spake unto Moses (the *pius uates*) face to face, as a man speaketh unto his friend. And he turned again into the camp: but his servant JOSHUA ..DEPARTED NOT OUT OF THE TEMPLE.' Do you understand now?

   aedibus in domini semper se condidit Auses.

So Ashburnham Numbers 13 9 Ause *filius Naue* (LXX Αὐσὴ υἱὸς Ναυή) ib. 17 *et cognominauit Moyses* Ausen *Iesum filium Naue.*

1329   qua*M* libet.   Read *qu*O *libet.*

1332   munda*NA*.   "*munda*R*I* C."   PITRA.   No.

1333   eia age, depropera*NS* rup*EM* conscende Minaceam,
   et gressum defige tuum.
   *Heia age d. r. conscende*RE *in a*R*cem* C.   Read:
   *eia age, depropera rup*IS *conscende*RE *in a*R*cem.*
cf. 1070. 1300.

1334   Na*M*.   *Ha*C C, i.e. *ac*, as very often.

1339   meantis.   "me*T*ant*E*s C."   PITRA.   No, *metant*Is.

1342   haec fuerant ut iussa, fiunt mox caute d*O*lat*A*:
   consimiles tabulas diuina ad iura reformat.
   1342 "*d*E*lat*V C."   PITRA.   No.   Read:
   haec iussa ut fuerant, fiunt: mox caute dolata
   consimiles cet.   Cf. Gen. 6 11.

1344 consuetamque sibi solitis de curSibus arcem
      incomitatus adit.
        curRibus C. Read *decursibus*.

1346 cf. 793.

1351 o domine. As a choriambus also 1233, 1390.
Joshua 184.

1357   solus quia crimine cares.
        The true quantity is preserved 1089; the false has
slunk in 107. 447. Read *careAs qui crimine solus*, a transposition of word and letter. But see p. 227 ver. 93.

1359 natosque patrum natosque natorum.
        For the quantities see p. 255 ver. 1094. Il. XXIII
703 τίον. 705 τίον. So ἠνίπαπε (ῐ) and ἐνένιπε . ἐπ' αἶαν
and ἐπὶ γαῖαν. κονίη (ῐ and ῑ). Aen. 1 343 *Sychaeus*. 348
Sȳchaeum. Mart. 1 36 1 Friedländer. IV 89 1. IX 12 15.
Munro on Lucr. IV 1259. Nicander fr. 70 14 ἴσον ἴσῳ.

1365 ut cum uulnifica populus post bella quiesCet.
        uulnifica. p. 257 ver. 1164. Stat. Th. IV 87.
Claud. idyl. 2 (hystrix) 2. Namatian 1 603. Auien. descr.
orbis 948. Prud. apoth. 57. cath. III 49. c. Symm. 1 praef. 51.
"*qui esSet* AC." PITRA. So read, *quiesset*, cf. *nosset* 1366.

1369 prōfana. 326. Judges 95. 102.

1370 iamque quater denos celeri cum lumine solIs
      trinerat hic uates.
        Read *solEs*.

1373 illum conspicuae fulgentem lampade flammae
      obtutus timuere uirum, fraterque ueretur
      mortalIs reuocans fulgentia luminA uisus.
Read with C:
        mortalEs reuocans fulgenti a luminE uisus.

1376 nescius at uates subitae uirtutis honorem
      sacratA uisA sibi [*de*] formidine plebis
      noscitat iMmensi uelandum luminis ictum,
      ne Iudaea cohors cum uisu auerteret aures.

1377 "*sacratO uisISsE* A." PITRA. *sacratO
uisAE*...1378 *iNmensi* C.

Read *sacratO* and for *ViSisse NiTVisse*. (*n* for *u*):

nescius at nates subitae uirtutis honorem
sacrato nituisse sibi, formidine plebis
noscitat immensi uelandum luminis ictum,
ne Iudaea cohors cum nisu auerteret aures.

1378   I have not recorded *luminis ictum* in this primary sense; in another sense *ictus oculi* is common, 'twinkling of an eye' e.g. Aug. gen. ad litt. IV § 22 *ad fin.* Ambr. hexaëm. IV § 14. Hier. ep. 119 5 (802ᵃ). 1 Cor. 15 22. Neglected by Rönsch and lexx.

1387   sanctificos. 320. Gen. 480. 547. 733. Josh. 569. *Spicil. Solesm.* p. 249 ver. 923. 253 ver. 1063. 256 ver. 1123. Iuuenc. I 594. Tert. Prud. Paulin. Petric. Baronius 601 27.

1389   haec[1] QVum mobilibus sese dimouerIt auris,
castra monebantur.

Cum . . dimouerAt C, rightly.

1392   deferuet. Gen. 130. Vitr. 165 17 R. Apic. III 65. Seru. Aen. X 808. Greg. in Bed. h. e. I 27 p. 67 17.

Following the order of the *Spicilegium* I proceed to the book of JOSHUA (p. 218). For 145 lines we are destitute of the guidance of C. Yet Pitra cites it on 108, 131, 140.

    2   Observe *confore.* Exod. 1204 n.

    5   reposta.   cf. p. 224 ver. 2 n.

  12   nam praeter eximium REferta in proelia robur.

I cannot accept *praeter* as a pyrrich Exod. 694 n. Restore rhythm by transposition, *praeter EuIm* cet., and condemn *referta* as devoid of sense and halting in cadence.

Read *CONferta.*

  17   "eia age ViriLiTeR," deus intonat, "arripe curas!"

A most forcible-feeble utterance, limping in false quantities, and from the All-wise.

Read:

"eia age," MiriFiCe deus intonat, "arripe curas!"

[1] i.e. nubes.

19 legifero libro. Add to lexx. the subst. Namatian I 77. Tert. apol. 19. Cassian coll. xxi 5 4. ind. Sidon. Hier. nom. loc. Hebr. col. 127. adu. Iouin. I 20 (269ᵃ) and in vulg.

24 tertia puniceum signet cum linea mundum.
The third day is meant; *linea* seems to be used, as in Pliny and Persius, of the line on a sun-dial.

26 ut pecora et natos perceptA in rurA relinquant;
aC bellum commune gerant.
27 "aD bellum A." PITRA. Read *aT bellum* and in 26 *perceptO in rurE*.

30 aspera quaeque pares ferro notisque petentes.
I take this as parallel to:
So put your trust in GOD, my boys,
And keep your powder dry.

32 Aen. VII 132.
34 pinguia PER mediVM lustrant dum praedia terrae.
"QVI medium AB." PITRA. Read *QVI mediAE*.

39 quod postquam regi dictum, terrore minaci
exigit absconsos, stabili Cum mente loquVtA
egressos dudum portis.
40 *absconsus*. See Exod. 749 n. "*loquENtIs A.*" PITRA. Read *absconsus. stabili Tam mente locutA EsT, egressos* cet. cf. 46. The *dudum* of 37 is suspicious cl. 41.

48 furua Aegypto. cf. Exod. 1217 f. *Canopo*.

52 caelicolum uictuM niualis manna PArauit. cf. Exod. 1047 *adipemque niualem*, where the quantity has not suffered. Read: *caelicolum uictu ROrauit manna niualis*.

53 terrifici. 148. Gen. 645. 1080. *Spicil.* p. 248 ver. 896. Judges 55. Stat. Th. x 170 cet. Sil. XIV 371. XV 760. Plin. ep. VI 20 19. Solin. 15 7. 52 32. 53 11. Gell. V 14 9. Amm. XXVI 7 17. Iuuenc. IV 159.

58 150. Aen. IX 461.

60 uobis uera datur, iuuenes, uictoria, uobis.
Observe the alliteration (for which see ind. to Munro's Lucr.) and for the *uobis* at beginning and end cf.

Spicileg. I 258 ver. 1177 *solus sum dominus, uidete; solus.* Iuv. I 15 n. III 166 n. XIV 139 n.

62 *iuratis dicite uerbis.* Observe the expression.

63 *ut, cum depositis procumbent moenia muris.*

Auien. descr. orb. 517 *Croton priscis adtollit moenia muris.* Caes. b. c. II 16 2. Cic. n. d. III 94. Aen. II 234 Forbiger. Liv. I 7 2 Drakenb. X 10 2 Madvig. XXIX 18 17. Flor. I 4 2 Duker. Paulin. Nol. c. XXIII 104. Forcellini *moenia.*

64 *composta.* cf. Levit. 2 (p. 224).

65 *ne captiua fiam socia cum stirpe domuque.*

We cannot, without violence, here escape *fm. trahar* has only one letter in common with *fiam; ferar*, which has two, is not the technical term, but *ducar*. *RVam* would be better than these.

66 quor*Am*. Read *quorVm.*

69 sp*Ortea uincla*. Read *spArtea*. Festus p. 50. Apul. met. VIII 25. Prud. perist. V 457.

72 Aen. IX 314. 364.

73 OSA*Mo in colle trina sub luce latentes.*

"*osamo in colore* B. tantum legitur in sacris litteris eos perrexisse ad *montana;* timeo ne codex iterum uitietur: forsan legendum: *montano in colle.*" PITRA. *Mo* is *INo* (next line begins *ne duM*), which suggests VICino in colle.

74 *praepropero.* Add to lexx. Vopisc. Tac. 6 2. Cypr. p. 554 9. Hier. ep. 7 6 *ad fin.* Ruric. ep. I 14 1. II 35 4. Oros. V 5 7. 14 3.

76 *secura sui*. Amm. XXV 2 2 38. Ambr. de Parad. 25 *fin.* So Aen. and Sil. XVII 611 *s. mei.* Symm. ep. V 63 *s. tui.* Scheller cites Sen. Thy. 720. Here. Oct. 1693 for *s. sui.*

83 *signa leuent alacres promtim spatiumque relinquant, milia quoAd sensim duo compleat, atque fluentEs corpora purificent.* 84 Read *quod* with B, and by conjecture *fluentIs.*

90 bis sena tribus.   92. 111 (cf. 113). 122.

98 cf. 420. and p. 249 ver. 910.

101 cf. 543.

102 euolat inferius positi pars fluminis ac se
condit in oceanum uastoque immergitur aestu;
a regione pii quae condit membra Mosetis,

105 usque AD immensum dubiis cum fluctibus aequor.
atque ubi Iordanem transmeAVere frequentes.

Help two lame dogs over stiles by reading in 105 *usque SVB* (swallowed up after *usQVE* by *atQVE VBI* below) and in 106 *Iordanem trans EmeRSere*. In 97 *transmeat* is (rightly) a dactyl. Ovid has *usque sub ora*. Thielmann in *Arch. f. lat. Lexik.* IV 253 says: 'Eine Anastrophe von *trans* wagen nicht einmal die Dichter.' This confirms my observations. Looking at *frequentes*, I observe that it is otiose; we want an epithet of *Iordanem*, which will release *trans* from its spell. Read for *FrEQVenteS* (=*freq.ntes*) *rIGenteM*, and you have the satisfactory line:

atque ubi Iordanem trans emersere rigentem,
laxatur glacies, solis mollita vapore.

For *rigentem* cf. Paulin. Nol. c. XIX 98—101 *iam scio, non dicis, quod fors incerta procellas | et mare casus agat, mare cum discedere iussum | discessisse legas siccamque* rigentibus undis | *inter aquas patuisse uiam*.

116 uulnera mitificet sensim coitura cicatrix.

mitificet Gell. XIII 2 5. *coitura cicatrix* observe the choice Latinity. Add to lexx. Ov. P. I 3 87—8. 6 24. Sen. n. q. III 15 6. ep. 95 15. ben. VI 26 2. Petron. 113. Cels. VIII 8 *bis* and 10. Plin. ep. II 1 5. [Soran.] qu. med. 251. Claud. in Eutr. II 15.

117   et candens manna negatur
ditibus annonaM, quVm passim plurima messis
exhibuit populo certatim farra metenti.

"*annona quaM AB*." PITRA. Is it needful to say that the ms. reading is sound, *annona* being abl. instr.?

120   azyma niuosa pascit de polline laetos.
         cf. Gen. 1375. Exod. 1164. Read:
         deQVE FARiNosa aLit azyma polline laetos.
         The *a* of *alit* was absorbed in that of *farinosa*, and
then the line was recast.

121   noctis festa piae campo celebrantur aperto
         nouoRVM IN mense, senis bis solibus aLtis.
              122 is corrupt. Twelve days should be 14, the metre
is at fault, and *nouorum in mense* is not needed. C fails us
here. We know by this time the method of our scribes. They
open the door of a line, and there is a struggle for seats. πολλὰ
δ' ἄναντα κάταντα πάραντά τε δοχμιά τ' ἦλθον.   Read
         Mense noVO bidVO bis senis solibus aVCtis.
That is 'In the first half of the month (reckoning μηνὸς ἀρχο-
μένου, not μηνὸς φθίνοντος, as Hesiod says μηνὸς ἀεξομένοιο; cf.
uere nouo 'in early spring'), on the 14th day ('on suns twelve,
$2 \times 6 + 2$, increased by two days'). The scribe's eye wandered
from *-uo* to *-uo*, and condemned the intervening letters to extinc-
tion (even as the imperial wag among a gang of convicts *a calVO
ad calVO duci iussit*). Then in his helplessness, counting on his
fingers only five feet in the hexameter, he made a desperate
effort to patch up the rent, with what result you see. Say he
had *mense nouorum* or *novarum frugum* of the vulgate in his
memory. But how rare comparatively is the gen., how per-
petual the adj. abl. with *mense*!   I have no objection to Exod.
1034 *primo uos* mense nouorum; but I will not allow a
bacchius to stagger, reeling home, into the first room, a place
reserved for his betters, a *molossus*, a dactyl, a spondee, or a
choriambus. At the end of the line, below the salt, he is
welcome to a seat at the muses' board. Joshua 5 10 *manserunt-
que filii Israel in Galgalis, et fecerunt Phase, quarta decima
die mensis ad uesperum in campestribus Iericho*. Exod. 452
mense nouo begins the line. cf. 469.

125   interea uates quemdam mucrone micantem
         perspicit et celerI gaudet coniungere gressu.
              "*gressus* AB." PITRA.   Read *celerES gressuS*.
VFl. IV 176 *terga sequi properosque iubet coniungere
gressus*. Sen. Med. 847—8 *celeres domum | referte gressus*.

127   qua te de parte praesentas?
      cf. Gen. 44 1. 13 24.

131   totis cui militat astris | insignis legio.
         cf. Exod. 5 30. Paulin. Petric. uit. Mart. v 557 *qui caelum terramque regit*, cui militat *aer*.

136   "quo famulum celerare iubes." quas sumere curas
      dicitur.
      Mend the pointing.
      "quo famulum celerare iubes? quas sumere curas?"
      dicitur.

139   quin etiam ualidam muris aB obJice firma
      caEsuram Jericho uidEt.
         139 Read *aTQVE* (= *atq.*) *obice*. 140 "*casuram Hiericho* C." PITRA. Not C, but it is the true reading.
         casuram Hiericho uidIt.

145   sonitus septem proflare tubarum.
         proflo is not a common word. Add to lexx. VF.
      VI 435. Stat. Th. II 77 *anhelum deum*. Aus. epigr. 72 (Peiper
      = 65 p. 339 2) *animum*.

146   Here C begins f. 91 r° *ad fin.*, following immediately
      on Deut. 33 ver. 1200 (*Spicileg.* p. 258).

146   iussa dehinc legio tacite circumuenit urbem;
      ut QVVm belligerum tollat stipata clamorem,
      terrificum dederit proceris QVum tessera signum.
         Cum C. Read *i. d. l. t. c. urbem*,
         ut *IAm b. t. s. clamorem*,
         t. d. p. cum t. s.

149   patefecerat orbem.
         Ov. Met. IX 795.

150   cf. 58.

153   non aries caementa quatit turresQue retundit.
         Read *turresue*.

164   domino uirtutum. Prud. apoth. 323.
      'Lord of hosts,' often in the Psalms.

165 pascere uisum

A common expression (even in Cic.) is *p. oculos* cf.
Lambin and Munro on Lucr. II 419. Barth on Namatian I 523.
Ter. Ph. I 2 35. Ov. am. III 2 6. Sen. ep. 58 25. ben. III 17 3.
Tac. h. III 39. Suet. Vit. 14. Symm. ep. V 78.

167 Iacentes. "*Latentes* B, C." PITRA. Not C, it has *iacentes* with the long *j* which is very like *l*.

169 extremo dehinc, temptet si attollere portas.

Read *extremoQVE* (-*oq.*) *dehinc* cet.

171 idola sectatur populus et pronus adorat
saxa leuAta manu.

"*Leuita* C." PITRA. Not only C, but all readers of taste. Like people, like priest.

172 cf. p. 205 ver. 1289.

173 Carmeli filius Ambr. *AmbrI* C.

174 quem sCItata cohors dominum legemque reliquit,
175 in uetitis haud laeta diu: nam milia postquam
trina uirum conSVeta, nefas! sunt missa per arua
hostica, credunt Tum facili formidine uinci
GAeorum uRbem, trepide dant terga per agros
praecipitique fuga repetunt sua castra ducemque.

174 *sECtata* C. 176 Read *conTcta*, i.e. *contempta*.
The country was entirely *new*, just explored by Joshua's scouts
(c. 7 2); but if not 'familiar' (*consueta*), it was 'despised'
ver. 3 *et reuersi dixerunt ei*: 'non ascendat omnis populus,
sed duo uel tria milia uirorum pergant et deleant ciuitatem:
quare omnis populus frustra uexabitur contra hostes
paucissimos?' 177 "*credEntum* C." PITRA. Not C. Mend
the metre and bind the clauses by reading for *credunt Tum*
rather *Dum credunt*. 178 *Georum Pubem* C, rightly. Vulg.
Hai. LXX *l'ai*.

180 dedecus id postquam ductoris contigit aures,
discindit uestes et praeuida pectora tundit,
queM comitata senum ConFEStIm turba mOerentum
supplicat, innocuis dum poscit uocibus auRes.

180 Iuv. x 341. 181 *praeuida* here only. Read *prOuida*, and in Beda h. e. v 12 and Baronius 680 33 *prOuideo* for *prAEuideo*. In short choose always *pro*, *prae*, or *per*, as reason and usage dictate, not as mss. attest. See Drakenborch on Liv. vi 40 1. ix 10 7. 182 "qu*Ae* comitat*a* C, que*M* comita*NtE* AB" Pitra.

"*DAT turba CA*" Pitra, who says nothing of his *auRes*. C (as in Exod. 13 23, where see note), has *auSes*, *mErentum* C. *dat* is manifestly genuine and *ConFESsUm* conceals the object of the verb, i.e. *SonItVm* or *fREMItVm*.

quem comitata senum sonitum dat turba maerentum.
supplicat, innocuis dum poscit uocibus Auses.

Joshua 7 6 "And Joshua rent his clothes, and fell to the earth upon his face......, he and the elders of Israel, and put dust upon their heads."

184   o domine, quae causa fuit producere plebem
      Aegypti de sede tua*M*? quid pandere fluctus
      aequoreos, cunctaque dehinc quae tradita nosti,
      ingenti donante manu, qua ditius est nil?

184 *o domine* Ex. 13 51. 185 *tuaM*. "*tua* C" Pitra. No. 186 *nosti* needs explanation. Joshua says to Omniscience, 'which Thou knowest that Thou hast given; Thy mighty hand, richer than all the world, has delivered it up. Lord, Thou knowest it; and for what?'

188   an ideo adflictam tumidus ut sternat Amorreus?
      tutius ergo fuit trans magnum degere flumen,
      qui patuit nobis bibula siccatus harena?

191   saucia quid faciet aut quid confusa loquetur,
      quod mage seruiti*VM* cupias detrudere lectos?

191 With *saucia* and *confusa* understand *plebes tua* from 184—5; in 188 *adflictam* also implies *plebem*. But our poet is lucid. He would not have us hunt, as in a German *bedingter Satz*, for a necessary subject. Carry up 191—2 before 189, and all is clear as day, so far as 191 goes. Now turn to 192. Can you construe it? *detrudere lectos* 'to degrade Thy chosen,' is excellent. See Forcellini. Add Prud. apoth. 3 4 (of the Patripassian) *ille Patrem pellens* solio detrudit *in artum | corporis*

humani gestamen. The passive id. psych. 92—3 *occide, prostibulum, manes pete, claudere Auerno; | inque tenebrosum noctis detrudere fundum.* Add, from one of the *oases* of Silius, where Virtue and Pleasure woo young Scipio, as in the Choice of Hercules XV 40—43 *ni fugis hos ritus, Virtus te saeua iubebit | per medios uolitare acies mediosque per ignes. | haec patrem patruumque tuos, haec prodiga Paullum, | haec Decios Stygias Erebi detrusit ad undas.* The word recurs below, 228, 272. *mage* occurs also Exod. 81, and is hardly likely to have come from a scribe. *quod cupias in seruitium detrudere lectos* would be a good line, keeping to the ordinary construction of the verb. But *detrudere* may well stand on its own legs, or with the abl. instrum. Make scarcely any change at all, *seruitio* for *seruitiō*. Then the whole passage will run thus (remember that *loquetur quod cupias = dicet te cupere*):

188 an ideo adflictam tumidus ut sternat Amorreus?
191 saucia quid faciet, aut quid confusa loquetur,
192 quod mage seruitio cupias detrudere lectos?
189 tutius ergo fuit trans magnum degere flumen,
190 qui patuit nobis bibula siccatus harena.
194 te penes et quidquid clementia praestat.
     C supplies *MITIS* before *clementia*.

195 conuenient gentes dederaT quas uincere nobis.
     dederaS C.

196 mixta IebusAeus AmorrAeusque PHalange
     aduersum te, summe sator; fera bella mouebunt.
     Iebuseus Amorreusque Falange C. After *sator* place a comma.

198 ergo tuum nomen pOteriT ridere superbVs?
     pAteriS (not, as Pitra says, *pOteriS*) C. *superbOs* ABC. So read: *pateris...superbos?*

202 Plectenda. "*Flectenda* C" PITRA. No.
204 = Aen. IV 572.
208 quod facinus primus commissum DIxit Acharus
     infelix, praedae et spoliorum accensus amore:
     AchaRos (so LXX "Αχαρ, vulg. *AchaN*) did not *say till he was forced by the ordeal* (Joshua 7 13—19) and by the

adjuration of the General (19 '*Fili mi, da gloriam domino deo Israel, et confitere, atque indica mihi quid feceris, ne abscondas.* 20 *responditque Achan Iosue, et dixit ei: 'Vere ego peccaui Domino Deo Israel, et sic et sic feci'*). Look at the place of the unsavoury *dixit*, between *commissum* and *infelix*, and you will welcome even mourning as a deliverance from speech. Read *LVxit* (not from *luceo*, though I hope it brings light, cf. Gen. 14 31 *lucere*). *Suo ipsius indicio periit sorex.* 209 *accensus amore* Aen. VII 550. Ov. m. XI 527.

210 quae sepVlta domi propria tellure tegebat,
continuo hVc missi Sunt, quae CitO [*cuncta*] reperta
et coram composita duce populoque frequenti.

Help the metre by reading *sepElIta*. Diez *altrom*. Gl. p. 7 9 *SEPVLTA sepelita*. Renier inser. 1761 *sepellita*. Mommsen IRN 3187 *saepelitus*. euang. Palat. 314 a 2 *sepellitus*.
211 Take *hAEc* from C, and then restore thus

continuo hAEc missi QVAERunt, quaeSitA repertA.

212 As *coram* has the acc. elsewhere, we are tempted to read *duceM populVMque frequentEM*.

215 fare, age nunc, cunctis quae te dementia cOepit?
cepit C with Verg. ecl. 2 69.

216 aut quiS aVdiuit rerum tibi nescius usus,
immemor ut legis ritus sequerere nocentum?

"*quiD aVdiuit A, B, adiuit C*" PITRA. Restore *quiD* from all mss. Take *nescius* passive, as in Judges 404 *nescios ante sibi* ritus *Iudaea parauit*. Then read *adVLAtVR*. Before *rerum* the *ur* would naturally drop, and *ini* is not in strokes very unlike to *ula*.

aut quid adulatur rerum tibi nescius usus?

220 eia age, pEr cunctOs admissa piacula pAnde.
Heia . . prO cunctIs . . . . . pEnde C.

222 haec ubi disseruit, saxorum tollitur Imber
damnatumque premit stirpemque euerberat eius
et pecora et quiDquid rerum seruauerat iTem
caNdens flamma rapit, CanopI quAe puluere soluit.

222 *Ymber*..223 *damPnatum*..224 *quiCquid*..*iDem*
225 *cadens canopE in* C. 223 *euerberat* p. 244 ver. 740. p. 248
ver. 876. 224 *iDem* C (though A B have *id est*). 225 read
   candens flamma rapit cOnopEaque puluere soluit.

  Understand *conopea* of tents. Our poet would
scarcely use the late *cAnopeum* (see Ducange). The scribe was
more familiar with *famosus Canopus*, than with musquito
curtains. Happy man!

 226 *his actis curae emotae.* Aen. VI 382 *his dictis c. e.*

 229 *accipit hAEc dominI mandata insignia rector.*
   accIpit (not, as Pitra says, *accEpit*) *hIc dnm* (*M* thrown
back from *Mandata*) C. *hIc* is right.

 232 *belli furta.* Sall. h. I 86 D. Aen. XI 515. Mühlmann
cites *furtum armorum* (Sil.), *furta bellorum* (Frontin., Ammian.).
cf. Mützell on Curt. IV 4 15 p. 231.

 236 V*m*Brosa. *NEmOrosa* C.

 239 *postquam oblIQuO decertant agmine turmae.*
   obliquus is a favourite word of the scribe. True to
its name, it always thwarts and runs cross to the mind and
voice of the Muse. Read (*etant* om. before *c'tant*)
   postquam obluCTANTES d. a. t.

 241 Aen. XI 880.

 246 AC *flebile.* "*EFlebile* in marg. C." PITRA. No,
eflebile in text.

 249 Verg. g. I 473. Aen. III 574.

 252 [*pars*] *fixa ante oculos lacrimantumque ora parentum.*
CONfixa C, agreeing with *tela* above. The remainder of the
verse = Aen. XI 887.

 254 *aut captae portis sese arietat urbis.* Sen. ep. 103 4
non arietant *inter se nisi in eodem ambulantes.* prou. 1 2
*superuacuum est in praesentia ostendere...quae casus incitat
saepe turbari et cito* arietare. de ira II 3 3 *antequam inter
se acies* arietarent. uit. beat. 8 5 *nihil lubrici superest, nihil
in quo* arietet *aut labet.* cons. Marc. 11 3 *non tempestate magna,
ut dissiperis, est opus. ubicumque* arietaueris, *solueris.* n. q.
v 2 f. *ubi in magna laxitate corpora pauca uersantur, nec*

arietare *possunt nec inpelli.* Ambr. off. III § 67 *corruisse muros Hierico sacro tubarum sono, ictu et ululatu plebis* arietatos. Prud. ham. 488.

    256   aususque erumpere in aequum.

               235. Lex. Tac. s. v. *aequus.* Fabri on Liv. XXII 12 7.

    257   rex primo incursu capitur uinctusque tenetur CONfiGITuRque cruci, an impossible false quantity.

    258   Read *SVFfiXuSque* (or *AFfiXusque*) *cruci,* cl. 33 n.

    260   iumentaque tantum sunt DIrepta neci, subeunt quae pondera tergo.

    261 Read *Erepta* cl. Aen. v 690 *Teucrum res eripe leto.*

    268   FereSAeusque labEscit. *FereZeus* C. Read *labAscit* with B.

    269   IebusAEa.

    Read *et Iebusa* with A and C. cf. 385. Exod. 211 and p. 172 ver. 45.

    271   attollunt animos. Aen. XII 4.

    ib.   seseque in proelia firmant. Amm. XXVIII 5 6.

    273   conueniuntQVE GIbana loco, atque agmina sistunt. "*conueniunt GEbana* B" PITRA. And C. Carry back the comma before *loco.*

    276   coerCent. *coHerent* C, rightly, i.e. *cohaerent,* though it always has *coHercent.*

    279   dEscriBit iurA. *dIscriPSit iurE* C.

    280   deuteron est nomen, quoniam transacta reuoluit, quaM pariter totum fas est cognoscere mundum. Read *quaE.*

    282   arca sacerdotum uehitur ceruicibus alMa. Read *alTa.*

    290   colludia. This rare word occurs seven times in Symmachus. Sidonius has it ep. I 2 7. See too Dirksen's *manuale.*

    298   utque fidEI certae ualeant seruare colorem.

"*fidES* BC, *fidIS* A" Pitra. No, C has *fidIS*. With what follows in Pitra, I fully agree. "malim diphthongescat ultima fidei." It is true that in Matt. 6 30 Taur. we read *fides*, gen., but our poet must not be cut down by a barbarian Procrustes. *fide*, gen., has excellent sponsors. See Georges and Neue 1² 377–380.

300 pAtria portantes celeri molimine farra,
      quae ueteres lasso cohibebant tegmine sacci.
         300 *pVtria* C, rightly.   cf. Exod. 684.

302 consuti multo cum uulnere folles.
         Iuv. III 150.   cf. next line *plaga*.

306 *hiS dItor* (not, as Pitra, *hiC dAtor*) C, which omits DVM (*dū* after *uli*).

307 mentes credit cohaerere loquelae.
      "believes that their minds go with their words, that they are speaking the truth."

309 Et, ut saepe solet, non longum ficta teguntur.
      Read *ASt*.

310 coMpositosque dolos Operit testatio ueri.
      A strange effect of the light of truth.
      "*OperVit* C" Pitra. No, *AperIit* and *coNpositos*.
      Read *conpositosque dolos aperit testatio ueri*. For the confusion between *apertus* and *opertus* see Drakenborch on Liv. XXXIX 14 9.

311 ilicet hos nates coram castigat amicIS.
      "*amicE* C" Pitra.   And rightly.

313 sed ius commune negatuR.
         negatuM EST C.

315 exsorDes. *exsorTes* C.

319 acrius obLIQVans socios pro foedere rupto.
      "*acrius obliqVos sociis* in tribus nostris codicibus; quae quum nullo stent sensu, reparanda duxi menda notariorum. accepi uerbum *obliquans*, translate, uti solet *obliquus*, qui et *infensus* intelligitur." Pitra. No thank you. Read *obIVRans sociis*, for Diomedes says (p. 320 1 Keil) *actiua primae,*

obiurgo filium ueteres dicebant . . .; *nos autem obiurgo filio per datiuum, ut Graeci.* Elsewhere however, p. 241 ver. 633, we read: *obiurgat populVM.*

    321   at Gabaon cOetu multorum territa regum
           mittit oratoreM uatemque exposcit amicum,
           confestim toto succurrat milite maestis.

    321 *GabaonA cAetu* (not, as Pitra says, *cOetuM*) *oratoreS* C. Read *at Gabaon coetu . . oratoreS.* 322 *uatem exposcit...succurrat* Liv. v 35 5 *precibus plebem exposcentes, unum sibi ciuem...donarent.*

    326   timeas ne nomina regum
           multa simul, ualidasQue putes his esse cohortes.
           Read *ualidasue.*

    328   quamlibet inmensa confidVnt nube cateruae,
           nil pedes efficieNt equitum, nec tela ualebunt.

    328 *confidAnt* C rightly. 329 "*efficiet* BC" Pitra. Read *nil p. efficiet, equitum nec* cet.

    332   nusquam fronte pari concurrent cominus hostes
           palantes tumidA ualido cum milite caede.

    332 *coMminus* C. 333 "*tumido pallantes* in codd. manifeste corruptis" Pitra. Read *uNDiQVE p. ualido cum milite caede* (*undiq.* = *tumido.* Remember that initials are perpetually wrong, so that we have $\bar{u}diq.$ = $\bar{u}ido$).

    334   namque PaRum belli tenuerunt CAede tyranni.

    "*apafum* codd. omnino me fugit quid uox illa sit, aut sibi uelit totus uersus, prout ibidem exstat." Pitra. *SEde* C, no doubt rightly. *QVE aPaFum* is a corruption of Gabaon (Joshua 10 10). Read:
    nam Gabaon belli tenuerunt sede tyranni.

    337   cetera turba uirum confusae strAgis aceruo
           occubuit.

    "*rEgis aceruo* C" Pitra, who omits to say that *confusa eST* precedes. So C's reading is *confusae strEgis*, one letter wrong.

    338   impleuit. "*implent* C" Pitra. No.

    340   quantum praegelidi coMPerta ex grandine nimbi.

praegelidi Gen. 857 n. Read *conFerta*. In Gen. 1310 I restore *conPertus* for *conSertus*. for the confusion of *consertus* and *confertus* see Drakenborch on Liv. XXII 28 10. Hildebrand on Apul. m. VIII 16 p. 697.

341 eT Licet hinc enses, hinc fulmina clara coruscAnt. 5 "*eDicet* C" PITRA. No. "*coruscEnt* A" PITRA. And C, as grammar requires.

348 lunaris circulus = Sen. n. q. I 13 2. ib. I 2 *magnitudo*. ib. 10 f. *arcus*. prou. 1 + *sidus*. Stat. Th. x 283 (= Prud. cath. v 6) *lampas*. Amm. XXXI 13 11 *splendor*. Claud. in 10 Ruf. I 147 *iubar*.

349 Seu nescia. *Ceu* C, rightly. Gen. 152.

350 tempora protelent. Georges. Lucil. VI 34. XII 1. Symm. ep. I 90. Hier. ep. 38 1. adu. Iouin. I 25 pr. II 15. Rufin. in Iesu Naue hom. XI 3. ind. Cassian. Rönsch 197. 15 glossary to Beda.

351 auditur propere: sol sistitur et uaga luna
cohibuit faciles utroque in cardine cursus
353 nec minus et reges, quos concaua saxa tegebant,
obstricta ceruice palam consistere iussit. 20
355 undique tum positis concurrit Iudaea telis
inpressoque genu CONculcat colla gementum.

353—4 should follow after 355—6, for they refer to a previous victory. 354 *obstricta ceruice* Iuv. X 88 n. 355 Transpose c. p. t. I. u. t. cf. Exod. 221. 356 *PROculcat* C cf. 548 n. 25

368 et qui dumosis HABuERE IN collibus arces,
aut curuas Coluit ualles.

"*Voluit* in codd. uersus excidisse uidetur." PITRA. No; read in 368 *STRuCTAS* or rather *STabILeS*; or (best of all) *habITATAS collibus arces*. 30

371 ac dum cuncta fluunt successu laeta secundo.

fluunt Cic. Sall. Curt. Luc. Tac. Iustin. Claud. Sen. prou. 3 3 *ut ex uoto illi fluxerint omnia*. const. sap. 8 2 *ad illa nitens pergensque excelsa ordinata intrepida, aequali et concordi cursu* fluentia, *secura benigna bono publico nata, et* 35 *sibi et aliis salutaria*. [Quintil.] decl. 3 12 *ad omne uotum* fluente *fortuna*.

380 contermina regna.   Luc. IX 300—1 contermina
Mauris | regna.   Sil. V 510 Dr. VIII 39.   XIII 554.   CIL VI
15, 856.   Amm. XXXI 2 13.   Symm. ep. X 12 (= 25 = 32) 3 f.
(Freund says that *contermino* is 'perhaps only in Amm.' It
occurs in Sedul. p. 179 9 and Hegesipp. IV 27, and the passive
in Iren.).

382   iungitur Ernadurus et qui coniuncta ChanaunIs
      rura colit ponto.
      Read *ChanaunVs*.   Pitra rightly finds in *eRnadurus*
(= *Ennadurus*) the Φεναεδδώρ of LXX, the *Dor* of Vulg.   Josh.
11 2.

385—386   cf. p. 172 ver. 45 46.
          385 is super approperat.   Read *His s. a.*

394   aquas .. Aronis nomine dictas.
      Read *Maronis*, as Pitra hints.

400   ipsE regum princeps ferro dat pectus Asurus.
      urbs etiam totis procumbit subruta muris.
      Qu. *regum etiam pr. f. d. p. A.*
      ipsAQVE pr. t. u. s. m.

403   bis denos hac pugna duces noVEMque peremit.
      Read *noNOS* as Gen. 522.

407   gentibus obtentu positis et cardine terrae.
      obtentus in the literal sense is rare.

408   unde rubet croceum uenientis flamma diei.
      Exod. 671. [Auson.] perioch. Il. VIII lemma (p.
383 P) *Aurora in croceis fulgebat lutea ligis*. ib. XI (p. 385)
Tithoni croceum linquens Aurora cubile.

410   supinatam uallem.   Verg.   Add to lexx. Stat. Th. XII
289.   Prud. perist. XI 85.

420   cf. 98 and p. 249 ver. 910.

425   cf. p. 248 ver. 899.   Joshua 13 22.

429   (Caleb speaks to Joshua)
      tempore iam ex illo, pariter quo uiscre terras
      hostiles missi cunctis pavitantibus unus
      te socio expromsi nil posse obsistere nobis.
         430 Read *missiS.*

432   quamlibet immensi facerent noua bella gigantes,
         stare deum contra nostraeque OBsistere parti.
         433 Read *ABsistere*. The scribe was thinking of
obsistere in 431. See on repetitions Gen. 424—5 n. On the
confusion of *adsisto* and *obsisto* Drakenborch on Liv. XXXVI 35 4 5
(cf. XXXVII 27 5 on that of compounds with *ab* and *ob*).

437   Echiua de gente.
         "*Echiua*, alias *Enachim*. Promtum est aduertere
syllabas susque deque uersas" PITRA. True: read then
Enachi = *Enachim*.

439   etsi quaterdenIs bis iam mihi uoluitur annus.
         Read *quater denVs*.

440   sedemque aLLEga petenti.
         "*adLIga* codd." PITRA. Read *adSiḡa*, i.e. *ad-
sigNa*.

441   nati prolesque natorum. cf. Exod. 1359.

443   magnis haud decolor urbibus ardor.
         Iuuenc. IV 31 (a verse rejected by Marold) *d. mens.*
Prud. ham. 286 *inuidia*.

446   Et elementa graues pueris dictare magistros.
         Read *AtQVE e. g.* cet. but see 349.

448   animOsque in pectore praesens.
         Read *anim Vsque* with Aen. V 363.

453   LeuitAs merito bis ternas segregat urbes.
         Read *LeuitIs*, as 458.

456   librata expendere lance. Exod. 618. 1118 n.

462   condidit hic cultros, dura de caute paratos,
         e quibus obscoenos dictu truncauerat aCtus.
         For *E* read *De* (of the instrument) and then *obscenos*
and *aBtus*.

470   illud pro cunctis repetens uos saepe monebo,
         ut memores sitis quanta uos cura perennis
         diligat omnipotens, dederit quae praemia uobis,
         et quae constituIt sanctis facienda loquellis
         noVEritis seruanda fore, quia uita perennis

475 quaeritur his rebus, maneat si gratia legis
inoffensa dEi, semperque in pectore degat.
ergo deus dominusque simul timeatur, ametur
uisceribus totis totoque e pectore nostro.
sic Flet ut uestra pressentur sub iuga gentes.

473 Read *constituAt* and *noritis*, cf. Exod. 845 *siris*. The *perennis* of 471 and 474 cannot be genuine (cf. Gen. 424—5 n). For the former (*omnipotens* needing no epithet 468, 554) read *per AeVVM* (*euu* with a stroke = *enn* with a curve, cf. 542 n.). In 475—6 the poet wrote *si gratia dOMNi | legis inoffensa*, which was corrupted as Gen. 91 n. On *deus* and *dominus* ib. 282 n. cf. ib. 43—4 n., 444—5 n. 479 read *sic eRIt*, cf. Gen. 6 n. Yet see Judges 667. 677.

480 haec ubi dicta dedit cunctisque optandO poposcit.
Read *optandA*.

481 iter incOeptum peragunt.
Read *inceptum*. Cf. Gen. 879. Aen. vi 384.

486 Aronis candidus heres. Gen. 1048.

494 FagoBus.
Read *FagoRus*. cf. p. 248 ver. 865.

496 haec odhO INGENTI maNDant populosque patresque.

"INGENS A B" Pitra. Read (after Joshua 22 17 *an parum uobis est quod peccastis in Beelphegor et usque in praesentem diem macula huius sceleris in nobis permanet?*) *HodiE* and *maCVLant*. Remains the ablative concealed in *iNGENs*, i.e. *ViTIIs*, for *in = ui. n = ii* and *t = c = g*.

499 fines.. proferre libet. Iuv. XIV 142.

501 dummodo sidereo semper sacrata tonanti
sit synagoga paRens, uobis nec dissona distet.
502 Read *paTens uobis*. Josh. 22 19 *transite in terram, in qua tabernaculum domini est, et habitate inter nos: tantum ut a domino et a nostro consortio non recedatis, aedificato altari praeter altare domini dei nostri.*

506 unius ob noxam. Aen. I 41.

510   nEC opus ut testes ad publica facta nocemus.

Read *nIL*. Yet Alcimus Auitus has *nec* three times. The three exx. cited from Manilius by Daum in Paulin. Petric. p. 347 are corrupt.

514   ne quandoQVE fiant.   Read *nequando fiant*, cl. Gen 5 6 n. Yet see above 479.

517   nAe uero! ne tanta pios dementia mutet.
      Read *ne uero, ne*.   Anaphora.

521   manifesta fides.   Aen. ii 309. iii 375.   Luc. i 524.

523   interea longo uates iam seNior aeuo
      accitVM populum monitis fidelibus implet.

523 the true quantity of *senior* Gen. 724. 743. 748. 1416. read *seNior*, or (Hor. ep. ii 2 211) *Lenior*. 524 *fidelibus* is impossible, 558. 568. 746. Read *acciEt ET populum monitisQVE fidelibus implet*. cf. Exod. 163 n. 746 n. The true quantity of *fidelis* 558.   Spicil. Solesm. i 236 ver. 423.

525   cernitis ut, ciues, me iam longaeua senectus
      ingrauet [et] motu ardentur membra supremo.
      Read *Tardentur*.

537   uacuos...cultoribus agros.   Luc. ix 162.

539   ut reliquam partem conductis morsibus essent.
      The wild beasts are in the employ of the avenging God; *essent* is from *edo*.

540   discite.
      "*dicite* A B" PITRA, which must stand.

541   insuetoque modo fluuium sistente meatu
      concretum tenuis quo MODO DESVPER undA
      stringitur in glaciem.
      "*tenuisSE SE quo MundVM* A B" PITRA.

equoM vndVm makes *AequoRIS undAm*. *tenuisse* is genuine and requires *undam*. Then between *tenuisSE* and *SE* a word (∪ – ∪ ∪) has fallen out which looks like *tenuisse*, i.e. *diuinitus*. *ten* = *diu*. *uis* = *ini*. *se* = *TVse*. Carry on the *e* and you have *equom*: *M* is only a stroke over the line, and *IS* a curve, cf. 471. Read

      concretum tenuisse diuinitus aequoris undam.
      stringitur in glaciem.   cf. 101.

544 ut deus immensi per saecla ingentia facti
545 accipiat meritas laudes, dum consona plausu
   lingua canit nil esse deVM sublimius. unA
   pergite quo ducit dociliS sententia legi.

"*unO pergite ducit docilI sententia legiS.* A B" PITRA. Read *deO sublimius unO.*
docilES sententia legiS or at least understand *docilIs* as acc. pl. Yet see 445 *dociles fatus*.

548 ne uariis actus sub flexibus ambitus eSSet.

Here C, which has been silent since 363, reappears to save (f. 96 v° *ad fin.*) reading *eRRet*.

551 quod si cassa placent et mortua numina cordi,
   dicite. discedam, *nE cERNaM* uana colentes.

"Diu me tenuit lectio codicis insulsa: *nec cant me.* uereor ut nodum gladio citius explicuerim" PITRA. *nEceant ne* C. Change *e* to *o*, and you have *nOceant ne uana colentes*.

554 deserit omnipotens refugos longeque refutat,
   qui sub pestiferi quondam monumenta Balacis...
   omnia laeta magis uati Despondit amico.

"Hic pauca deesse uidentur." PITRA. No, the *uates amicus* is Balaam. Read *Respondit*, the technical word for an oracle.

558 et quam magna dEus cunctis fidelibus addat.

For the quantity of *fidelis* cf. 524 n. Read *et dOMINus cunctis quam magna fidelibus addat*. For the confusion of *dominus* and *deus* cf. *Spicileg.* 1 247 ver. 853. Gen. 282 n.

560 consona respondit populVS Sententia uati.

Read *populI*. The *S* was doubled and then *I* became *V*. It is true that *A* and *O* of the abl. may be short in our poet, but the text must be proof against criticism in each case. Here the following *S* convicts the *V*. *Habemus confitentem reum.*

561 accipe, magnE ducum, quae sit fiducia noSTRI.

"*magnA* A, B" PITRA. Also *C*, rightly. Read also, with C, *noBIS*. Remove comma after *ducum*, which is governed by *fiducia*, gen. obj. The lexx. have many exx. Gen. 1175 *fandi.* See Herzog on Caes. b. c. II 37 1. Iustin VI 4 10 *nullius alterius* fiduciam ducis *habebant.* XI 4 10 *oratores et duces, quorum fiducia toties rebellent.* ib. 10 12 *Carthaginiensium.* XII 6 3 *amicitiae regiae.* ib. 7 6 *religionis Liberi patris.* ib. 16 10 *sui.* XXVI 3 4 *pulchritudinis.* Iuuenc. I 331 *generis* (as Aen. I 132). 648 *patris.* Liv. XLII 62 14 *uirium* (so Iustin II 10 24. XI 6 8. XXIII 1 1). Aen. IX 142 *medii nulli* (so Stat. Th. XII 703). Sil. X 219 *mortis.* Stat. Th. VII 699 *leti.* VF. I 603 *structae puppis.* Frontin. str. I 1 1 *murorum.* Sen. ben. VI 33 2 *permansurae semper potestatis.* ib. VI 42 and tranq. 11 1 *sui* (so Amm. XIV 11 15). VF. IV 124 *nostri.* Quintil. decl. 343 p. 355 23 R *tui.* Plin. pan. 74 2 *nostri.*

563 dignatuR. *dignatu*S C, rightly.

566 percongrua. ἅπαξ λεγόμενον.

568 haec ubi disseruit populus fIDelia fatu.
To avoid *fidelia* we must read *fel*ICia. cf. 558 n.

569 pagina. Exod. 1257. 1294. 1298. Prud. dipt. 38 *scripta decem uerbis sacrorum* pagina.

570 ipse senex cautem terebinthi in codice ponit. Gen. 1027.

571 fidēi. Exod. 1010 n.

573 cuius uita fuit centum distIuCta per annos. *dist*Incta C, rightly.

576 iustitiae ob meritum LuCTV defletus amico.
"*N*VLLI codd." PITRA. *nulli* is right; we read of no mourning for Joshua.

580 "*fuerant* deest in C" PITRA. No.

582 functis = *defunctis* cf. 493. 574. p. 226 ver. 51 and Gen. 491. 1430.

585 subditur Eglomum propter [sua] facta tyrannis. s. E. QVE p. f. t. C. i.e. *quae p.*

Here ends JOSHUA f. 97 v° of C.

LEVITICUS Fr. 1. Pitra p. 224. C f. 57 r'.

2 imposta. Gen. 1317. Exod. 1314. Joshua 5. 64. 579. *Spicileg.* 1 p. 249 ver. 938. Iuvenc. I 514.

4 hostia peccatum quae demeret ATque salutem
       caesa daret. qu*AEVe* C. Pitra rightly reads *ATque*; he notes no variant. I infer that A and B are correct here. *AT* fell out after *ET*, and *VE* was added to make up the dactyl. Once before I have noticed a like shortening of the last syllable of the fourth foot, when long by position. But that also has yielded to criticism. Gen. 1064 n.

5 [*quae*] dona potens. *quae* is in C.

7 piae sociata. *prisco ciata* C, by error. cf. for the sense *Analecta* 202 ver. 12 n.

9 ignis edax. Exod. 904 n. Judges 607. This passage shews that in Judges 462 *liuor edax* is impossible.

14 haud multum nece dilata.
       "*dilataNTE nece* C. eamdem lectionem infra neglexinus." PITRA. C has *dilata nece*, in a wrong order. cf. 574.

14   nam fulgur ab axe
   emicuit supero atque inter [*haec*] nota necauit.
       Remove *haec*. The hiatus is usual.

18 abstinuit lugere. A constr. cited from Plaut. and Suet.

21   conCLuSerat omnes
   inSerto terrore uiros.
       Read *conFuDerat* and *inCerto*.

25 sicera. Rönsch 257. Hier. adu. Iouin. I 34.

27 uinoso. Gell. III 12 3. IV 9 2 12. Dioscorid. Langob. I 119 p. 97 b 7. Maximian. I 41. superl. Tert. de an. 48 *sucis*.

32 aut coruus picaue fiant, neu buteo furnus.
       Read *picaQue fiant aut coruus*. cf. Gen. 6 n. *buteo*. A rare word. Seru. Aen. I 394. See Georges.

33 AnT ore miluus obunco.

AuT (read uEL) obunco m. ore C. cf. 685. *milūūs* see Wilkins on Hor. ep. I 16 51. Add Ov. am. II 6 34. cf. larũa in Plautus. For *obunco* add to lexx. Arnob. VI 12 *fulc.* Claud. Gild. 470 *morsu*. Dares 13 *naso*. *Arch. f. lat. Lexik.* III 242—250.

Fr. 2. C 59 r°.

39 Et quAE praesens EST. *Vt quIA praesenTIs* C.

40 prAEnubitur. "*prOnubitur* C" PITRA. No. The word occurs Tert. or. 22 f.

41 temporibus certis seSE referatque locetque
    sacerdos. Read *t. MANDANS r. q. l. q. sacerdos | se certis.* cf. Gen. 43—4.

43 consistIt. "*consist.It* A, B" PITRA. Also C.

45 proque synagoga similes mox immolEt hircos. "*immol.It* C" PITRA. No. In Josh. 520 *synagoga* has its true quantity.

46 sorte suboblatOs.
    "*sorte sub oblat.A* A [and C]. in accepta lectione uel paulo insolens erit uerbum *subofferre* C [no], uel...." PITRA. Read with A and C.

48 alius = *alter*, as perpetually in late Latin. So Gen. 140, 144. Exod. 890 n.

50 bestia uel uolueris, nullo quae sanguine fuso
    functa fuit, nullis prendenDA est congrua mensis.
    functa Joshua 582 n. Read with C *prendenTVM*.

52 idcirco quoniam muLtorum in sanguine mens est.
    Read *mutorum*, as p. 171 ver. 16 n. The same confusion in Sen. Plin. Macr. (Jan on Macr. Sat. VII 5 11). Iuv. XV 143 n. cf. *Spicil.* p. 171 ver. 16 n. Sen. ep. 123 16. 124 1 8 13 15 16 18 19 21 22. Lact. opif. 3 2. Macr. Sat. IV 6 10. For the thought cf. Levit. 17 14. Deut. 12 23.

53 iterum. *etiam* C.

54 laxareT roSeam. *laxare CroCeam* C, by mistake. For *laxare* cf. Exod. 247 and *Spicil.* p 171 ver. 14.

55   ne sit non condita fraudi.

Roby's Grammar II p. xliv. Cic. in Serv. Aen. XI 708. Liv. XXXV 51 8. Iustin XXI 3 5. Ambr. hexaëm. III 39. Heges. II 11 19. Prud. dipt. 175. dig. XXX 114 14. Macr. Sat. praef. 5. cf. VI 1 5 *quis fraudi Vergilio vortat?*

After 58 read *Analecta* p. 204.

Fr. 3. C f. 60 v°.

60 uindemitor. This rare word occurs also in the c. de mensibus 19 (Bährens p. l. m. I 211) *Octobri laetus portat uindemitor uuas.*

62 mendum ne dixerit ullus. mendum = *mendacium* Gen. 612. Prud. apoth. 976. Beda II 42 27 Stevenson (in Keil's Gramm. Lat. VII 280 13 Beda transcribes Charisius). J. N. Ott in *Jahrbb. f. cl. Philol.* CIX (1874) 848 cites Io. euang. I 47 Palat. *ecce uere Isdrahelites, in quo* mendum (δόλος) *non est.* ib. 8 44 *qui loquitur* mendum (ψεῦδος), *de suo loquitur, quia mendax est.* Iudith 5 5 Pech *non exiuit* mendum (ψεῦδος) *ore serui tui.* Charis. 72 28 K mendum in mendacii significatione dicetur, *menda in culpa operis uel corporis.* gl. Par. p. 207 n. 106 mendacium, *infitias,* mendum. Papias: *menda in culpa operis,* mendum *uero mendacium.* Used also as an adjective: Habakkuk 2 18 in Priscillian 1 16 *fantasma* mendum (φαντασίαν ψευδῆ), with which Schepss compares Barnab. ep. c. 2 Hilg. *iuramentum* mendum (ὅρκον ψευδῆ). The vulgate here has *non mentiemini.*

63 pROdere. "*pERdere* A" PITRA. Also C.

64 nec SVper iustum iurandi imponere iura. Read *pRAETer iustum.*

66 operAE. "*operI* C" PITRA. No, *operE.*

67 VEL una sub nocte uiri. neu dicere surdo surdA uelis. Read *SALTEM una s. n. u. surdE* C. After Pers. I 128 *lusco qui possit dicere 'lusce.'*

69 iudicis arbitrium ne sit propensius umquam

70   in lacuum dextrumue latus, quia pauperis una
       eximiique uiri debet persona uideri
       illis qui posita reRum discernere lance
       mente queunt docili.

        70 cf. Exod. 11:33.   72 Read *reCTum* with C.   For *lance* cf. Exod. 11 18 n. Observe the classical cast of phrase and composition.

    76—78 placed by C after 84. Pitra has 78 twice over, once as 85. I print from line 73 direct from C f. 60 v°.

73   mox turgida pectora frena,
       inuisus ne forte fias, dum despicis omnes,
75   oderis aut fratrem, tacita si cogeris ira.
79   sed castiga magis coramque euolue locato,
80   ut uitet commissa prius mentemque reformet.
81   et cum iura tibi fuerint commissa nocendi,
82   motus pone libens iramque emitiga totam,
83   pectore quae tacitO[1] dudum contracta nigebat,
84   ne dominus sis ipse tui uindexque doloris.
76   utque tuis cupies iucunda et commoda rebus[2],
77   sic fratri deposce tuo, ne dissona mens sit.
78   hoc seruate, uiri, sanctoque insistite iuri.
86   sint iumenta tuis subnixa et subdita plaustris
87   corpore consimili, nec taurum iunge caballo.

       74 Read *ne forte inuisus fias.* cf. Gen. 6 n. Thus we save the construction in 75 *aut (ne) oderis* cet.

82   iramque emitiga totam,
       pectore quae tacitA dudum contracta nigebat.

       82 *emitiga*, ἅπαξ λεγόμενον. 83 C has rightly *tacitO*. With *contracta* cf. Judges 89 *contractas concutit iras*.

       86 87 the poet has mistaken the sense of *coire* in Levit. 19 19 *iumentum tuum non facies* coire (οὐ κατοχεύσεις LXX) *cum alterius generis animantibus*. See Sen. ben. VI 23 5 *debemus parentibus nostris pietatem. et multi non ut gignerent coierant.* Clem. recogn. VI 12 *ne passim feminis* coeatur.

---

[1] *tacitA* Pitra.
[2] So Pitra rightly. C has *inDIcAndu rebus et commoda.*

91   diligit ancillaS Si quis mercede seorsa,
nondum iure dato quod seruis missio praestat,
et data libertas, mortali crimine caret.

See Levit. 19 20 *homo si dormierit cum muliere coitu seminis, quae sit ancilla etiam nubilis, et tamen pretio non redempta, nec libertate donata: uapulabunt ambo, et non morientur, quia non fuit libera.* First restore sense by reading *ancillā* (*ancillaM*). The initial *S* of *si*, as so often, turned the preceding sing. into a plur. Then *diligo* of carnal love (= *amo*). Suet. Calig. 36 *commercio mutui stupri.* Iustin. XI 10 2 *tunc et Barsinen captiuam* diligere *propter formae pulchritudinem coepit.* Capitolin. Pert. 13 S *infamissime* dilexisse. Remove the comma after *praestat,* and turn the point after *caret* into a comma. Then we have "if a man corrupts a slave-girl, when the right conferred on bondsfolk by discharge or the gift of freedom has not been granted." Remains *mercede seorsa* Gen. 535 n., 902, Josh. 435. If this = the Bible words *pretio non redempta,* I suppose that *seorsa* is "where her ransom has not been forthcoming." It might mean "for a separate fee" apart from all question of emancipation. But it is obscure. See esp. Gen. 902 where the same phrase occurs. 93 *mortale crimen* is in Cypr. bon. patient. 14. Remains *cāret*. In Exod. 1357 I have corrected *quia crimine cares.* But the two passages confirm one another, and it is possible that our poet suffered the accent to lengthen the short vowel.

94   si puella non iuncta uiro sensum coniunxerit unum.
Expel the gloss PVELLA.

95   luctamine praestEt. *praestAt* C. For *luctamen* see Burman on VF. VI 510. Capitolin. Maximin. 6 5. Trebell. Claud. 13 6. Aug. doctr. Chr. II 30 47. serm. 94 4. Clem. recogn. III 4 f. Prud. 5 exx. Symm. ep. VII 108 and 7 other exx. Sedul. op. pasch. III 6. Dirksen *manuale.*

99   capite post ternos nequaquam poma decembres.
caRpite C. For *decembres* cf. Judges 208 n.

104   rutilaNTe. *rutilaRe* C. Iuv. XIII 164 n.

105   aut ferro signare cutem uel stigmata QVAEVIS
indere corporeis HauD umquam IMmitia membris.

"*membris* repetitur *ob similia* in utroque codice. habet C *mitia*" PITRA.

quaenis is not very happy. Rather PVNCTIS or IN-VRENS. C has by mistake *cutem signare* and *aut* for *haut* (*haud*). Its *mitia* is necessary. The two *MM* of *umquaM* and *Mitia* generated a third, which gave birth to the vowel *I*. cf. Gen. 83.

107   filia blandiloquis ne sit te mancipe moechis
      aut turpi transcripta toro.

Observe the classical turns. We have *blandiloquus* also in Fulgent. p. VII Lersch. *transcripta* Faustus ep. 1 ad Ruricium § 2 (in Luetjohann's Sidon. 265 10) *in eo naeuum generis manumissio religionis abstersit et in adoptionem Christi personam mancipii fide emancipauit et* transcripsit. Ambr. off. II 76 *neque* transcribatur *uita pauperum in spolia frau-dulentorum.* III 66.

109   dignaque arcessite noxa,
      si iuuenis uetulo non adsurrexerit.

arcesso ' to arraign ' is used by the best writers. cf. [Quintil.] decl. 12 1 *legibus*. Gell. XVII 1 11 *formam eius in suspitiones impudicitiae*. Cypr. p. 534 5 and 7 uses *arcessitio* and the verb of the summons to the supreme assize by the Almighty Judge, i.e. of death.

110 111   Iuv. XIII 55 56.

112   postulat officium patErNis quod dAtur annis.

This will not stand either for sense or metre. 116. Gen. 1316 n. Read *patrIis quod REDditur annis*. Dumesnil-Ramshorn Lat. Synonym. I p. xlvii. Ov. met. I 148 *filius ante diem* patrios *inquirit in* annos.

113   sit modio mensura tuo non debilis umquam.
      debilis (cf. Exod. 910 n.) ' short.'

114   semuncia fraudis. Borrowed from Pers. V 121 *s. recti*. The word also occurs in the c. de ponderibus 55 (Bährens p. l. m. V 74) and in CIL III 2 p. 953.

116   et qui uentriloquos poscunt responsa, refuta.

refutaT C, rightly. I have mended the pointing. In Aug. doctr. Chr. II 23 35 we have *uentriloqua*. cf. Rönsch 228. uet. Lat. in Aug. qu. in Leuit. 77.

117 deponere barbam. Iuv. III 186 n.

119 aut quicquam quo sit deformior Aptet.
 Read *Optet* with A and C. cf. *studeat* 118.

120 noctiuagus. Add to lexx. Stat. s. III 5 102. Egnat. in Macrob. VI 5 12. Querolus II 3 p. 32. Coripp. Iustin. praef. 32.

122 et quae de sensu quae sunt diuortia missa est, nesciat alterius thalamos.
 'She who has been cast off from sympathy, which is the real divorce.' But C reads *quO*.

125 quo perfusa prius sacrati uerticis arA est.
 Read with C *arX*. Cic. n. d. II 140 Davies and Mayor. Apul. apol. 50 Price. dogm. Plat. I 13 pr. Minuc. 17 11. Seren. Sammon. 190. Lact. opif. 8 3. 16 4. Macr. somn. I 6 81. Ambr. off. I 77. Alcim. Auit. I 82 *hinc arcem capitis sublimi in* uertice *signat*. VI 352—4. Sen. Claud. in lexx. HSt. ed. Didot s. v. ἀκρόπολις 1331ᵇ.

Fr. 5. C 62 rº.

126 huic coniunx de gente sua compertaque soli
 haereat. *comperio*, like *cognosco* (Hier. adu. Heluid. 5 on Matt. 1 25: *in quo primum aduersarius superfluo labore desudat,* cognoscendi *uerbum ad coitum magis quam ad scientiam referendum*. ib. 6. Dutripon has 13 exx.), *nosco* Gen. 511 n. See Ursin. analect. sacr. pt. 2 l. III c. 6. Pfochen diatr. de ling. gr. N. T. § 36. Wetstein on Matt. 1 25. Price on Luke 1 34. Gataker de Stilo N. T. c. 11 p. 74⁺ᶜ. Wyttenb. ind. Plut. s. v. γινώσκω.

130 [munia non hic] dignus erit qui sancta capessat.
 C has HAVD before *dignus*. Read [officia hic] h. d. cet.

131 corpora pLura placent, maculis HauD iLlita foedis.
 para..*auT* (i.e. Haut)..*iNlita* C. So *multorum* displaced *mutorum* above 62.

132   femineus quaS Flaxus.

quaE luxus C. Read *quas luxus*. The blemishes of priests are spoken of, not menstruation. See Levit. 21 7—9 and 13—15 and for *luxus* above 127.

133   quae captu pro quisque suo denouit ad altar.

The famous proverb pro captu *lectoris habent sua fata libelli* is in Terentian. 1286. cf. Vell. II 104 3. Sen. clem. I 19 2. Amm. XXVII 8 4 *p. c. uirium*. XXXI 10 20 *p. c. temporum.* ib. 7 1. XIV 11 4. Arnob. I 1. Symm. ep. VI 57. Ambr. de Cain et Abel 1 1. Aug. de trin. II 1. VI 9. The word *captus*, in this sense, occurs once only in Caes., once in Cic.

134   quin et uela simul nequaquam iungere fas est,
     nam maculis sordent. purus est rector in altis.

The passage paraphrased is Levit. 21 21 *omnis qui habuerit maculam de semine Aaron sacerdotis, non accedet offerre hostias domino, nec panes deo suo: 22 uescetur tamen panibus, qui offeruntur in sanctuario, 23 ita dumtaxat ut* intra uelum non ingrediatur, *nec accedat ad altare,* quia maculam *habet, et contaminare non debet sanctuarium meum.* Evidently 134 means 'they must not enter within the veil.' *simul* and *iungere* are corrupt, the rest sound. for *uela SImuL*, the simplest correction is *uela DOmuS* (*uelA Adyti* is too little like the ms. reading). Then *IuNGere* (*iñgere*) after *m* may be *iNRŌPere*, i.e. (unless we have here Levit. 19 19)

    quin et uela domus nequaquam inrumpere fas est.

135 *in altis.* cf. Exod. 180 n. below 182 *in celsis.*

136   filia sanctifici fuerit si tradita natis
     eXterni sub iurE uiri.

137 *HeSterni* C. cf. Exod. 1002. Then read *sub iurA*.

138   si coniuge functo
  aedibus in patriis coepit consistere, sumat
  cum genitorE cibum secura panemque uicissim.

138 read *siN* with C. 140 "*quEm genitor* C. *cum genito* A. *secura cibum* uterque." PITRA.

    Read *quem genitor s. c.* with C.

142 quintas deportAt. *quintas (partes)* also Gen. 1225. *deportEt* C rightly.

143 Exod. 1173.

After 143 three verses are omitted. They appear in *Analecta* 204. What is wanting after 152 C f. 62 v° is *ibid.* 204—5.

147 inmensum domini nomen fuscare querella.

fusco also lit. Exod. 387. 406. Gen. 555. Tropically, as here, Exod. 1304. Aug. c. Crescon. III 56. Symm. ep. I 3 3 and 40. Cassian. coll. XXII 7 cet. Baronius A.D. 600 11. Fr. 6. C 63 v°.

153 iussA. "*iuss*V C" PITRA. No.

154 pax tranquilla manet, nullo quEm bella tumultu
    proturbare queunt.

154 *quAm* C. 155 *proturbare*. Gen. 389. Add to lexx. Aetna 64. Sil. IX 447. But *pErturbare pacem* is a more natural expression, and the two words are often confounded Drakenb. on Liv. V 47 5. However, as a bolder trope, we may retain *proturbare*.

157 quin etiam si tela uelox dIstrinxerit hostis,
    exigua bellante manu detrusus abibit,
    quaSlibet inmensas acies in proelia ducat.

157 *uĕlox* is impossible. We might read *CelER* as Josh. 142. Then read *dEstrinxerit*, or q. e. *uelox si t. strinxerit h*. 159 *quaMlibet* C, rightly. cf. Gen. 1418. Joshua 328. Num. 544. 856. Plin. ep. III 4 6 n.

160 ast illum qui iussa dei sublimia uiOLat
    mortis terror agit, ceu ferrum torqueat hostEs
    praecipitique fuga trepida condatur in urbe.

160 *uiTat* C. 161 Read *hostIs* (c. h. f. t. *illum*; then the subject to *condatur* is the *ille*).

166 conlibitum. Seren. c. 3 L. Müller. Capella § 24. Neue II² 627. portis bipatentibus. Aen. II 330.

167 Tunc. *Hunc* C.

168 confundIt. Read *confundEt*.

170 iste. T*Riste* C, wrongly.

172 promIt. Read *promEt.*

173 natorum tum membra pater, Seu dulcia morsu,
appetet. 173 *Ceu* C. 174 *appetet.* Suet. Caes. 53 f.
largius. Obs. 29 *pisces epulis.*

174 demittet ad aluum.
Ov. met. VIII 825. 837. Ibis 385. Quintil. X 1 19 n.

176 flammaeque micantes
attollent rutilos per tecta ingentia crines.
Exod. 472 n. Manil. I 847 *et tenues longis iaculan-*
tur crinibus *ignes.* Seru. Sulpic d. 1 (II) 2 1 *cum iam altarium,*
sicut est sollemne, benediceret, globum ignis de capite illius
uidimus emicare, ita ut in sublime contendens longum admodum
crinem *flamma produceret.* Aug. gen. ad litt. II 6 flammae
crinis. Cl. Mar. Vict. aleth. II 106 crinita incendia. III
547. 552. AV. Caes. 41 15 crinitum *sidus.* cf. Suet. Nero
36 pr. Vesp. 23 f. So *coma* Dracont. X 569. Greg. Tur. gl.
mart. I 5 p. 494 8 comas fulgoris.

180 deficient tituli, uaRIarum insignia laudum.
uaNarum C. See Drakenborch on
Liv. XXII 7 4.

181 et quae pulchra prius fuerant.
fuerant prius C, by mistake.

182 ut deus in cOelis semper uenerandus ametur.
cel*Sis* C. cf. 135 *in altis.*

Verses omitted after 183 may be found in *Analecta* 206—7.

Fr. 7. 'Explicit liber Leuiticus. Incipit liber
Numeri.' C f. 64 v°.

184 uerterat interea solitis Recursibus annus.
Read with Sirmond (*opera* II 264) in the place of
Re cursibus Se cursibus.

186 lAEta. *leCta* C, rightly.

188 astrigera. Gen. 956 n. Capella § 584. incl. Venant.
and Ennod.

189 tribuum mandata tribuNIs.
    So C, not (as Pitra says) *tribuNum mandata tribus*.

191 sepositis pueris et quos iam grandiOR aeuum
    exhibet immunes trepidi sub cura duelli.
    Read *grandiVS*. We have *curā* abl. 470. Exod. 423. 453.

193 utque summa fiat, bis denis noscat ab annis.
    Restore metre and construction by reading *quAe summa ut f.* cet.

205 bis quaterna facit, sexcentis comminus auctIS.
    We have *quāter* Joshua 458. Judges 370. I corrected *quāterna* in Gen. 422, but as it occurs again 222, 306, I hold my hand here. The quantity of *quattuor* has given dignity to its kindred. Read *auctA*.

206 tertia bis ternis sImilibus atque ducentis
    exhibuit patrio dicta sermone Merara.
    Read *sED milibus*. A refractory *similia* has been already silenced in Exod. 1283.

210 prima legit pelagus, alia se pergit ad austrum.
    Read *seD* (*set*, written *s* with a *siglum*) to restore the construction. On this confusion see Drakenb. on Liv. VI 6 10. X 13 9. *alia = altera*. Exod. 890 n. Levit. 145. Rhein. Mus. XXXV 598. Caes. b. g. I 1 1. Cic. diuin. I 123. Brut. 95. Aug. serm. 161 4. 244 1 pr. 259 2 med. Capitolin. Anton. Pius 12 4.

211 praegelidas. Gen. 508. 857. Claudian. laud. Here. 68.

212 Et qua prima rubet uenientis flamma diei.
    "*Aqua* A. *ADquEM* B. *AtquE* C" PITRA. Read *At qua*.

216 bis undena simul bis centum si superaddas.
    undenaS bis simuS C, by mistake. Read *bisQVE u*.

217 dragmam. *Analecta* p. 205 ver. 116. Alcim. Auit. III 365. VI 320.

219 eliminet. Gen. 128. Exod. 528. Tert. apol. 6 p. m. Beda uit. Cuthb. 22. Baronius 650 24.

222   cf. 205 n.

227   morborum quis dira TABes corruperat artus.
Read *LVes* (*u* and *b* are constantly confused). The true quantity of *tabes* 449.   *lues* occurs 539.   Exod. 355.

228   ne ualidIs interpositi contagia ferrent.
"*INualidOs* B.   *INualidVs* C" Pitra.   C has *ne ualidVs*.   Read, as metre requires,
   ne ualidOs inter positi.
So below 359.   Gen. 563.

229   abdita dum calidis errant discrimina Senis.
Venis C rightly.
Fr. 8.   C f. 66 r°.

230   ilicet uxori tacito qui pectore zelat
nec testem qui prodat habet, si seruus adulter
polluerit casti quOndAM cubilia fulcri.
232 Read *quAndOQVE*.   The right quantity of *cubile* Gen. 586. 857. 1137.   Josh. 236.

236   cf. 297.

237   prouidus hic nates undam de fonte capessat,
fictilibus labris modico quam puluere tinguat.
238 *labris*.   cf. Aen. VIII 27.   Priscian perieg. 256. Hermes VI 314—5.   Ambr. ep. 53 4.   Lucr. VI 759 *lauabris*. Petron. 73.   Stat. s. I 5 49.   Orelli inscr. 3277.   Becker-Rein Gallus II³ 334.

239   quem capit e media pronus testudine templi.
Judges 710.   Aen. I 505.   Bed. h. a. 295 38.

240   mox illa nudare caput palmisque tenere
compellIt geminis memoris libamina sacri.
Read *illaM*.   Then *compellEt* (not, as Pitra says, *compellIt*) C.   As the word recurs in 243, there is no doubt a corruption in one line or the other.   Gen. 424—5 n.

242   utque bibat latices secum maledicta tenentIs.
Read *tenentEs*, or understand *tenentIs* as acc. pl.

245   at si sub tacitis celantur crimina fibris.
cf. 36. 245.   Exod. 353 n. *cornea fibra*.   Terentian. 54 *nec spirant animas* fibrae.   Paulin. Nol. c. x 304.

248   insuper et plebis acuit maledicta LoQVEntis.

IoCAntis C, rightly.   Sen. const. sap. 11 3 *pueros quidam in hoc mercantur procaces et illorum* inpudentiam acuunt *ac sub magistro habent, qui probra meditate effundunt, nec has contumelias uocamus, sed argutias.* ep. 124 21.   Auien. d. o. 1088 *cor studiis.*   Hier. ep. 133 11 (1040ᵇ) *stilum ingenii uestri.*   Capella 66 *stilos.*

Fr. 9 of the Nazarite.   C f. 66 vº.

251   uotique implere reatum.

We have the Virgilian *uoti reus* below (*Analecta* 203 ver. 50).

252   peruigili exoptat sensu, ne luxus in ipso
        corporeus certo possit sub fine uigere.

'That the observance of a fixed limit may quell in him the growth of greediness.'

256   Observe mead and cider.

258   horreat hic uuas, acinum nec mordeat ullum,
        quod uini uel rore madet uel solibus aret
        inSpaRsum crispo concretus margine rimae.

in paSsum C, a great improvement.   *Rima* must be the chink in the skin of the grape as it shrivels into a raisin; a graphic touch.   For *passum* see Iuv. XIV 271 n.   Cael. Aurel. tard. III 95.   Cass. Fel. 45 p. 114.   VM. IX 12 E 8 *passae unae suco.*   cf. Polyb. VI 2 3.

261   laticem mordacis nitet aceti.

So Prud. perist. XIV 10 *mordax alium.*   Dyna-midior I 48 *natura cardui.*   Aug. serm. 154 5 pr. *mordacissimum epithema* ('poultice').   Our poet's favorite Persius uses the very phrase V 86 *aurem* mordaci *lotus* aceto.

263   concretamque gerat toto CVM tempore barbam.

cum is at least unusual (very different from Sen. ep. 58 22 *quicquid uides, currit* cum tempore).   Read *toto AEVI tempore* (*aeui = eni = cū*).

264   praescriptus.

"*praescriptus* A" PITRA. and C, rightly.   I suppose that Pitra intended to read *pErscriptus.*

267   si forte sub isdem
coMpositus tectis aliquis laxauerit artus,
morte uelut sVBita infectum sordescere coget.
  268 coNpositus C.   269 morte sOPita infectum
uelutI sordescere C.   "oBLita...infectum uel ISti A" PITRA.
Read *morte obita infectum ueluti sordescere coget*.
Plautus and Cic. have *mortem obire*. Cic. also *morte obita*. So
Lucr. Aen. x 641 Forb. Auson. prof. praef. 4. Paulin. Nol.
c. XXXII 186. I have not observed *laxare artus* of the body's
dissolution elsewhere.

270 SI igitur.   IS igitur C.   Read *isTE*.

271 tondeat et crinem squalenti in uertice pastum.
For *crinem pastum* cf. Gen. 1210 n.   comm. on Hor.
s. II 3 35.

273 turtures aut simili candentes pluma columbas.
    This line recurs with variations *Analecta* 202 ver.
12 **turtures aut** *geminos similES aut terga* columbas. ib.
p. 203 ver. 32 **turtures aut** *geminos, similES aut forte* columbas. I have restored the broken order of Gen. 474, where the
scribe would make us accept *cŏlumbas*. No, no. *credat Iudaeus
Apella*.

275 AtQVE.   *Et* C, by mistake.

276 quo prius absteMIus fuerat.
    The ē is retained by Aus., Paulin. Nol. and Sidon.
Read *absteNTus* ($\bar{e}T = \bar{e}I$), and so mend rime and reason. The
form is common in Cypr., Optat. (VII 6 cet.). Iren. III 4 3.
concil. Arel. A.D. 314 c. 12; and the sense 'excommunicated,'
all that you can desire. Koffmane 1 28. 71. Cael. Aurel. tard.
1 21 *ab omni nutrimento* abstentus.

278 quaesitam .. meritis...metam.
    See Exod. 587 n.
    Fr. 10.   C 67 r° *ad fin*.

288 precatu. Judges 197.   Stat. Th. VIII 332.   s. v 2 81.
Paulin. Nol. c. XXVIII 7.   Paulin. Petric. uit. Mart. III 39.
Symm. ep. IX 3 and 25 2. Sid. ep. III 3 9 plur. VI 1 6. IX 3 4
plur.   Orest. trag. 885.   Venant. uit. Mart. IV 35.   ind. Ennod.

289 fatu. 331. 455. 518. Gen. 343. Exod. 808. Joshua 530. Judges 363. 565. Paulin. Nol. c. XVII 246. Capella §§ 23 *ad fin.* 24. 124.

290 dextera uerticibus hominum dum prona recumbit.
   Gen. 865 *omnipotens* prona *spectabat fronte ruentes.*

292 omnipotens, custosque fiat per saecula uester.
  fiat. cf. 128. 193. 594. 649. 851.

294 miserator. Tert. pudic. 2. adu. Marc. v 11. Aug. ep. 69 1 cet. Hier. in Es. IX (28 16 seq.). in Ezech. IX (29 8 seq.). Orig. in Ezech. hom. 6 6 cet. Paulin. Nol. ep. 34 7. Cassian. coll. VI 6 2. Cassiod. in ps. 144 8 cet. Arnob. iun. in ps. 85. Paulin. Petricord. uit. Mart. III 246. Rönsch 58. Koffmane 1 78. Prosp. Aq. de ingrat. 625 has *miseratrix.*

295 eleuet et multus, ut nos de sidere uisat
  inclYTO et ingenti dominus det munerA pacem.
   inclitA C (and A). *munerE* C, rightly. All is sound but *inclITa,* which contains a subst. Can you doubt, what it is? Read *incOla et i. d. d. munere p.* cf. 401. With *de sidere* cf. 814.

299   pinguique inrorat olino = 236.

306 quaterno. cf. 205 n.
After fr. 10 comes *Analecta* 206—7.
  Fr. 11. C 69 r°.

312 terrificasque tubas = 896. Paulin. Nol. c. XXIII 30.

313   pararEt. *pararAt* C, rightly.
314 lamina dum tenuis teretem sinuatur in orbem
315 exiguumque sOnum uentosa ad murmura pandit ordinibus positis.
  314 *laMmina*.. 315 *sIGnum* C, i.e. *sInum,* which is the true reading.

318 haec properat prima castrorum portio, quaeVe porrigit aurorae.
  quae Se C, rightly. Transpose *h. prima properat,* for sense and rhythm.

320 alios sonitus = *alteros.* cf. 210 n.

321 quod leVis obuerso de cardine respicit auster.
    "*leVis* A" PITRA. And C, rightly.

322 tertius Vt crepitus litui legionibus illis
    dat signum, quEM castra tenent conterminaponto,
    post, sua sElegit aquiloni obiecta iuuentus.
    322 Read *At* with C (A and B have *AD*). 323 quAE.

Then C supplies a fine restoration without changing a stroke 324 *post quaM* (i.e. *quā*) *Suusa* is *post quas uasa*.
    post quas uasa legit aquiloni obiecta iuuentus.
    C has *aquilonI* (not, as Pitra says, *aquilon*).

Well may L. Müller say that our poet must have had Latin for his mother tongue. *uasa colligere* is a well-known military term. For *contermina* add to lexx. Luc. IX 300. Sil. V 510 Dr. VIII 39. XIII 554. CIL VI 15, 856. Amm. XXXI 2 13.

326 commorant. cf. Gen. 1003 n.

330   hic uatEs amico
    exorat generum, fatu Raguele creatum.
    uatIs C, as usual, in nom. Then mend the pointing,
        generum fatu, R. c.

334   ubertim manArent.
    "*mOnErent* C" PITRA. No, *mAnErent*, only one error. For *ubertim* see Fronto 74 3. 168 16 Naber. Aug. conf. I § 11. III § 21. Hier. ep. 130 6 pr. uit. Pauli 9. Paulin. Nol. c. XXI 721. Possid. uit. Aug. 31. Greg. M. dial. II 5 *fin*. Greg. Tur. gl. mart. I 36 *fin*. Migne LXXXIX 104ᶜ.

339 Aen. XI 855.

341 semper honorata. Exod. 830.

342 causa nescia nobis. 'unknown.' Joshua 216 n.

343   ut fines repetas gentemque paternam?
    quam procul et dudum sensu meliora petente
    dimissa mediis heremus disiungit harenis.
    One M has dropt out. Read *dimissaM Mediis* cet.

346 in quo nulla tuos mouEt sententia sensus.
    Read *mouIt*.

347 et potuit tum causa fore qua iustiOR ista
   percuperes.

"quIa iustiOR C" Pitra. No, iustiVS.
Read *quia iustius*. For the rare *percupio* add to
lexx. 648. Gell. xiii 17 1.

350 spes incerta futuri. Aen. viii 580.

351   at nunc iam fine sub ipsO
   lABOris Modici, cum se felicia regna
   exhibeant iungantque dei, sic mente uacillas.

   351 *ipsA* C. So read, as in Fr. See Sil. x 396
Dr. xv 68. Iustin xxx 4 6. gromat. 311 13 and 21. 314 27.
315 14. 327 24. Commod. apol. 393. Rönsch Itala u. Vulgata
269. Neue I² 674—5. 352 *Modici* should be *IMModici*. Then
the first word is a dactyl, i.e. *PVlVEris*. *V* and *B* are con-
tinually confounded. When *immodici* was truncated, the gloss
laboris ousted *pulueris*. For *puluis* cf. Plin. h. n. xxxv 139.
Plin. pan. 13 1. Gell. v 6 21. Amm. xix 11 7. 353 *uacillas*
341. see *Archiv f. lat. Lexik.* iv 236—240. Sen. ir. iii 6 f.
Minuc. 16 1. Eumen. gratiar. act. Const. Aug. 12 2.

354 ceu suadeam peiora tibi.
   So C, not, as Pitra says, *Seu suadeam tibi*.

358   quae sunt meliora capessas,
   et proceres interpositus siT grandior actu.
   siS C. Read (as in 228) *et p. inter positus sis g. a.*
We have *grandior actu* in Gen. 366.

361   custodem dogmatis arcam.
   CVSTODEM Claud. Get. 232 *custos Romani carbasus
   aeui*. Tert. pall. 5.
      DOGMATIS Sen. ep. 95 10. Fronto p. 253 *fin.*
Naber. Lact. iii 6 14. interp. Orig. in Matt. 33 p. 252. Hier.
ep. 33. 119 11. 140 6 (1054ᵇ). Ambr. de Cain i § 4 *fin.* 32.
ii § 31 pr. Venant. uit. Germ. 675. Iren. ii 30 2. 27 1 *fin.*
Beda h. e. v 8. Burm. anthol. i 629. Cass. Fel. i p. 3 praef.
Clem. recogn. vii 32 f. x 42 f. 43. ind. Lucifer. Koffmane i
19. 35.

362   postquam se tertius alto
      lucifer extulerat caelo, iam nocte relictA.
         relictO C, rightly.

365   multa sub fasce. Read multO with C.

370   impete sensu. Judges 550 n.   5

373   nubs. Exod. 1120. 1320. Migne xc 158*. Rönsch
Itala und Vulgata 263.

374   obtentu uestis. *obtentus* is rare in lit. sense. Joshua
401. Another word of the same letters, from *obtineo*, is used
by Chalcid. in Tim. pp. 160. 181. 264.   10
      Fr. 12. Numbers 11. C f. 70 v°.

376   rabiosae Prob<us p. 199 K. *rabidus, non* rabiosus.
Yet it occurs in Plaut., Cic., Hor., Petron. Dioscorid. Langobard.
I 110 p. 93ᵇ 28 *canis*. Aug. c. D. xxii 22 (ii 606 2 seq.) *rabidus
canis... < facit > hominem* rabiosum.   15

377   apex ignis. Ov. P. iv 9 54.

379   sed flammas triste micantes
      in segetem pAEnE iVcunda oratio sanctis
      auribus exStinxit.
         iOcunda .. extinxit C. Read *pOenAe.* "Flames 20
flashing gloomily to bring on a harvest of vengeance."

382   obstipa ceruice. Gen. 722. Cic. Hor. Pers.

386   solaTia. *solaCia* C.

390   QVum prophetarum pariter tot consona VErBa,
      uno uelut sensu, diuina oracula ferrent.   25
         Cum .. COrDa C, rightly.

393   prius. "*pius* C" Pitra. No.

396   prophetali. Hier. ep. 75 1. 96 3. 107 3. 108 10. in
Rufin. iii 42. vi 36° (ed. Ven. 1768) i.e. comm. in Osee l. i c. 4
uer. 4 and 5. adu. Iouin. i 33 f. (ii 289*). Rufin. in Num. 7 4. 30
Clem. recogn. v 11. Gaudent. s. 8. Petr. Chrysol. s. 146.
Phoebad. 15. Migne cvi 1463*. Venant. Martin. i 97.

397   quod postquam nuntius aures
detulit ad procerIs, Iesus instantius urget,
ut uelut iLlicito narrantIs uera relatu
frAenet.

procerEs (by mistake) .. *iNlicito*. *narrantEs* .. *frenet* (rightly) C.

401   cf. 295.

403   AsrotHum. *AsErotum* C.

404   ceu bella forent nocturna timori.
Georges exemplifies this constr. from Cael. in Cic., Luc., Vopisc. See Judges 5 59. Luc. III 82. 690. VI 671. Sen. ir. 1 20 4. III 43 5. Vopisc. Aurel. 7 3. Trebell. Poll. 30 tyr. 30 7. Amm. XXXI 4 4 *negotium laetitiae fuit potius quam* timori. Roby has only three exx.

408   nam se quoque summi
percipere monumenta [*iuuat*] Dei et inclYta iussa.
Read with C (cl. Exod. 1070).
p. m. d. *ATQVE inclIta iussa*.

411   seque abdicat iraE.
Read *ira* (as *abd. se dictatura, tutela, consulatu, praetura*). Lact. III 10 14 *humanitate.* v 19 3. Ambr. hexaëm. III § 23 *illecebris intemperantiae.* id. de Cain II § 14 *leuitis mundanis uoluptatibus abdicatus.* ib. with *se* and abl. *Archiv f. lat. Lexik.* III 97—9. 102—3.

421   uiVens. So C, not, as Pitra says, *uiDens*.
"*uiDens* ABC" Pitra. Not C.

422   at non hic Moses, mea QVuM sententia uerax
donatur uati.
"*mos esT* ABC" Pitra. Moses appears to be right (cf. Num. 12 7). Then restore *CuI*.

425   meos coram uultus. 874. Exod. 283.

427   aenigmata. Plin. ep. VII 13 1. Gell. XII 6 1. Tert. Marc. III 5. IV 25 pr. 35 f. V 6 pr. cod. I 14 12 1. Iren. II 27 2. IV 26 1. vulg. 3 reg. 10 1. 2 paral. 9 1. Prud. cath. X 136. perist. II 118.

430 inuisum mortali. 'unseen by eye of man.' Sil. XIII
425. Migne XC 126¹.

432 mitificam pacem, tristesque abSolVere susurros.
   For *mitificam* cf. Gen. 949. 1605. Exod. 313. Apul.
Prud. dipt. 77. Read *abdere*.

433 nix haec dEderat, QVum raptim, nube remota,
   ira uenit domini.
   Read *EdIderat, Cum r.* cet.

438 peccatumque meum nostraeque Omitte sororis.
   Read *REmitte* cf. Exod. 429 n.

441 custodiA. "*custodiET* A" Pitra. Also C. cf. Exodus
88, where the *et* of *obstetrices* is represented by the first *a* of
mAritus. Deut. 1128.

442 nec mora, cum. Exod. 352 n.

449 atque tabem. We could read *aG*, but see 227.

450 illaesos. Gen. 751. Tibull. IV 3 17. Sen. prou. 2 6.
Sil. XIII 14. 536. XVI 657. Plin. ep. VI 16 20. Tert. adu.
Marc. I 19 f.

   Fr. 13.   Numbers 13.   C f. 72 r°.
458   sociisque exacta referrent.
   Sil. I 684 *mittique uiros, qui* exacta reportent.

460 permensique deserta. Omit *que*.

462 ut neutum ad uallem, iam tum quae consita ficis
   dulcibus, et malis, sed quae lapidosa uocatur,
   seu granata magis, laeta cum uite nirebat,
   ex hac poma ferunt.
   463 "*uocaNtur* ABC" Pitra. Necessarily, *quae
mala l. uocantur.* For *lapidosus* cf. Sen. ben. II 7 1 *prinem.*
Pallad. III 25 2. Sil. XIV 249. For *granatum* Ambr. hexaëm.
III § 56. Hier. adu. Iouin. I 31. in Zach. III (14 9 seq.). ep. 30
78 mans. 16. in Ioel I 9, 10 VI 178ᵇ. 179ᵇ. [Aug.] serm. 170 1.
Dioscorid. Langob. I 119 p. 97. Rose anecd. (1864) 145 1 *mali
g. flos.* Rönsch 218.

468 deTondEnt. "*deSCEndVnt* C" Pitra. No, *deCondVnt.*

470 471   at bottom of page in C, added at the same time as the rest. *reportant* 469, 471, is suspicious. Gen. 124—5 n.
        atque quaterdenis trepida cum cura diebus
        praeteNtis. *praeteRItis* C, rightly.

472   moenia uasto
      edita suspectu.
        p. 172 ver. 40.   Aen. IX 530.

        Fr. 14. Numbers 14. C 73 r°. A very fine passage on the flesh-pots of Egypt. I have printed it entire, on the back of the sub-title to this section.

476 Aen. I 465.

480 ambussit. Sall. h. II 21 D. Plin. II 133. Sil. X 413. XII 627. XIV 436, 451. Amm. XXX 6 5. XXXI 7 12. Claudian. in Ruf. I 120. Prud. hamart. 784. cath. V 23. c. Symm. II 979.

480—2 cf. 956—7.

481 minutal. Iuv. XIV 129 n.

488 uaria de plebe natantum.
       Verg. Cael. Aur. [Cypr.] de resurr. 69.

489 laeta uentres laxare sagina.
       A reminiscence of Iuv. IV 67.

Israel in the wilderness lusts after the garden-stuff of Egypt.

490 nos dites gregibus, cunctis nos pinguibus hortis
     inemtos pepones, alnumque inflare solentes
     cucumeres auido mordaces carpsimus haustu.

     491 the initial iambus is an infallible mark of corruption. The logic too is marred by coupling an essential characteristic of cucumbers 'windy,' with the accidental attribute 'unbought,' which, even if it stood alone, is here inappropriate. *uentrosos* 'pot-bellied,' is the word required. So Prop. IV (V) 2 43 *caeruleus cucumis tumidoque cucurbita* uentre. Verg. g. IV 122 *cresceret in* uentrem. moret. 88 *et grauis in lutum demissa* (so read) *cucurbita* uentrem. These and the copa are parallel passages to our text, and will make vegetarians' mouths water. *Ventrosus* is applied by Pliny to *dolia* and

is found also in Plautus, Cassiodorius, schol. Iuv. IV 107 and
S. Placit. IV 16 and glosses. First the termination -*osos* lost
one half. Remained *uentros* (or *uēt'os*). The scribe wanted a
trisyllable, and found it in *iētos*, or *inemtos*, together with the
stern joy that scribes feel in breaking the (metrical) head of
Priscian. Judges 691 *uirtutis inemptae* ends the verse. The
word *pepones* (see Adams on Paulus Aegineta, ind. Galen
and HSt. πέπων) occurs in Plin., Tert., Hier. ep. 121 2
(856ᵉ) a perfect parallel to our text: *et in Iesu uolumine*
(i.e. the book of Joshua) *torrens appellatur CANNAE, id est,*
CALAMI; qui aquas habet turbidas, quas elegit Israel, puris-
sima contemnens fluenta Iordanis: reuersusque mente in Aegyp-
tum et desiderans caenosam ac palustrem regionem, pepones-
que et caepe et alia et cucumeres ollasque Aegyptiarum
carnium, rectissime per Isaiam appellatur calamus fractus. On
the *cucumis* (σίκυος or σικυός and later ἄγγουρος) the ind. to
Sillig's Pliny treats you to more than a column e. g. XIX § 64 65,
a very interesting passage about the moving greenhouses of the
imperial gardeners, who kept Tiberius in cucumbers every day
in the year, § 65 *placent copiosissimi* Africae, *grandissimi*
Moesiae. cum magnitudine excessere, pepones *uocantur. ui-*
uunt hausti in stomacho in posterum diem nec perfici
queunt in cibis, non insalubres tamen plurimum. See
indd. to Oribase ed. Bussemaker and Daremberg (*concombres*,
melons), Celsus, Galen; Adams on Paulus Aegineta I 128—9,
esp. III 335, who, with ill-timed originality, having the choice
between oxytone and proparoxytone, has split the difference by
making it paroxytone. Galen de alim. fac. II 3 (VI 561 K) of
the indigestibility of the gourd (*cucurbita*, κολοκύνθη). id. de
probis prauisque alimentorum sucis 8 (VI 793) καρποὶ δ' εἰσὶ
καὶ σικυοὶ καὶ πέπονες καὶ μηλοπέπονες, ἀλλ' οὐδὲν
οὐδὲ τούτων εὔχυμον. εἰ δὲ μὴ ταχέως ὑπέλθοι, διαφθεί-
ρεται κατὰ τὴν γαστέρα καὶ τὸν ἐκ τῆς διαφθορᾶς γι-
νόμενον χυμὸν ἐγγὺς τοῖς θανασίμοις γενόμενον (sic)
φαρμάκοις ἐργάζεται.

     491 pepones. Hier. ep. 121 2 (856ᵉ).

     492 cucumeres. priap. 51 19. ed. Diocl. VI 28 *ad fin.*
Hier. in Am. II (c. 5 25—27 VI 306ᵃ). As regards the quantity.

Words of four syllables, beginning with a tribrach, are elevated to the rank of a *choriambus*. Thus 726 *inhibeat*. 912 *pecudibus*. 1014 (cf. Judges 490) *mulierum*. 1138 *luticibus*. Gen. 133 *operiens*. and in the new fragment, *Spicil*. p. 171 19 *similibus*. Exod. 303 *lateribus*. 567 *equitibus*. 820 and 1001 *misericors*. 886 *reciperet*. 983 *maleficum*. Josh. 352 *cohibuit*. Judges 643 *iuuenibus*. *Analecta* p. 206 139 and 142 *arietem* (-es).

  492 haustu. "*haustuS* AC" PITRA. Not C.

  493 alia. This false quantity shews that the word had only one *l*. Gen. 1232 n. In append. Probi p. 198 K *aleum*. The plur. in Verg. ecl. 2 11. moret. 89. Pliny has sing. 24 times, plur. never (Max Bonnet in *Neue Jahrbb*. 1869 1 179, citing XIX 99. 101 alium cepasque *inter deos in iure iurando habet Aegyptus*. cf. Prudent. c. Symm. II 865—8. perist. X 259— 265. XXXVI 79). Ambr. hexaëm. VI § 28. Varro also joins *alium* with *caepe*, as here, (in Cato uel de liberis educandis, Non. s. v. *caepe*) *ut cibo utatur modico et idoneo; ut nitet acria, ut est sinapi* caepa alium. fr. 63 Bücheler, *aui et atani nostri, cum* alium *et* caepe *eorum uerba olerent, tamen optume animati erant*. Macrob. S. I 7 35 *capitibus* alii *et papaueris sacrificari iussit*. ibid. sectile porrum Iuv. III 293 n.

  498 qui nostra anterius ponat moNVmenta salutis
     quam sua.

    nostraE and *suaE* C. For *anterius* see 457. Gen. 1130 n. Then read *momenta* cf. Drakenborch on Liv. V 52 1. Ov. P. IV 13 49 *quantu potes praebe* nostrae momenta saluti.

    Fr. 15. Numbers 14. C 74 r°.

  505 incita. 554.

  507 praetrepidant.

    Catullus 46 7 and Paulin. Petricord. VI 496 have the participle.

  508 discindunt habitus proceres pronique ruentes
    ad terram fluxere metu cunctosque precantur
  510 ne stolida in dubiis mittant conuiCia rebus
    in cOelum sedemque dei, neue ardua credant
    dEcretis promissa dei; QVOS deinde Chalebus
    Jesutis comitante fide sic procubus orat.

510 *mittant* (not, as Pitra says, *mittantVR*) C.
conuiTia C. 511 *cAelum* C. 512 *dISeretis* C rightly. "*QVom
AC*" Pitra. No, *Cum* C, as always, and so it must stand.
513 *Hiesatis* C. With *flucere* (509) cf. Gen. 721 *defluxit* 'dismounted.' *procubus* (513) is a new word, also 719. Gen. 649.
Exod. 767.

   514 repostas 2 n.

   516 tRIbVbus. "*tVb.Abus* C" Pitra. No.

   519 et nunc si parilis pRAEstat reuerentia nostri
        nominis.
        pERstat C, rightly.

   521 credite, compertis namquE fiducia, ciues!
        quAe C. cf. Exod. 496.
Read
        credite compertis. nam quae f., ciues,
        fallere nos faciat domini responsa sequentes
        nobiscum parilique modo per cuncta uadentes?

   524 quae quidam metuenda putEnt, dum uultibus albVs
   525 pallor inest sensusque labant formidine capti,
        uana quidem, quia iusTE dei nos maxima firmant
        nec uinci pelliue sinunt, licet alta gigantes
        colla leuent densoque opponant milite turmas.
        523 *putAnt..albVs* (not, as Pitra says, *albIs*)..
526 *iusSA* C, rightly.

   529 nobis terra patet, quam De pErditibus aruis
   530 felicem lustrasse inult, quae flumine multo
        lactis opima fLuit et dulcis gurgite mellis.
        529 *n. t. p. per quam e ditibus arvis*. 530 *iuuAt*
(so A, as metre and sense demand)...*fuit* (by mistake) C.
Read
        nobis terra patet, per quam prAEditibus aruis.

        Fr. 16. Numbers 14. Cf. 74 v°.

   537 atque synagogam. The true quantity in Joshua 502.
520.

   542 quos socium robur parili firmauerit Ausu.
        usu C, wrongly.

543 Videntes nil posse dei confligere iusSis.
"*iusTis AC*" PITRA. Not C. Read at the beginning *Fidentes*.

549 nec tamen euanuit metuenda inflectere dicta,
quae firma sub lege uOLunt; nam uisere nulli
arua fuit licitum soli concessa fidei.
Read *uETunt* (there is a form *uOtunt*).

552 namque quaterdenis populus bellator in aRMis.
aNNis C, rightly.

554 haec inter stolidis armata Et incita curis.
Read *AtQVE*.

556 signa locat praecepsque obliquum fertur in hostem.
cf. 890.
The scribe seems to be fond of *obliquus*. Possibly *oblitum* is right here. Verg. g. III 236 s. *monet p. q. oblitum f. i. h.*

Fr. 17. Numbers 16. C 75 r° *ad fin.*

562 contemtoR.
contemPto C, the *r* has dropped off as in 750.

567 fimbria sing. also Trebell. 30 tyr. 30 14. Paul. Nol. XXIV 123, who has plur. XXI 534. -um neut. Migne XC 133¹. The plur. in Petron. 32. hyacinthina Pers. 1 32.

568 nectitur et Toto distinguit limite uestes.
"*nectAtur et Noto*" PITRA, not naming his authority. *nectItur et Noto* C, rightly.

569 exiN. *exiM* C.

574 nece dilata. *d. n.* C by mistake, as in 14.

580 ac uelut in totos pariter nex una ueniret,
dispersi trepidare metu ignemque supReMum
nequiCquam fugere ac se abscondere teNtant.
581 *supeRNam* .. 582 *nequiquam* .. *seSE...teMPtant* C, rightly. 580 Gen. 248, where *nex* must stand.

586 natEs. "*uOtIs* codd. tres" PITRA. No. *uAtIs* C, which is, as usual, nom.

Fr. 18. Numbers 17. C f. 76 r°.

591 obtulerVnt. *obtulerAnt* C, rightly.
592 flaminE.
     "*flaminA* C" PITRA. No, *flāma in*.

594 idcirco quia sacra fiunt quaecumque feruntur.

C has *quia*. It would be easy to read *i. sacra quOD fiunt*, but the *i* occurs too often to admit of correction. See 292 n. 619. 851. Judges 496.

596 nec minus ut nates inter discretio summos
     atque tribus fieret, uirgaS deposcit ab omni
     principe bis senas, donec iam summa repleret.

597 *uirgaM* C. Punctuate *principe, b. s. d. cet.* Cf. *mensibus explicitis, bis senos quos facit annus*, as restored Exod. 437.

604 enodis. Add to lexx. Ov. m. x 94 *abies*. Vitr. II 9 7 p. 56 23. Plin. XVI 39 and 196. Claud. Mam. III 11 p. 175 l. In tropical sense Ambr. off. I § 44. cf. 2 § 8.

607 additur ad legis monumenta et iussa sacratae,
     ut uitulus, cui fOEDa cutis per membra nitebit,
     Occidat ante fores domini.

608 *fLAVa*.. 609 *Accidat* C. A red heifer Exod. 19.

610 utque cinis combusto e uiscere natIs
     corpora purificet foedo sordentia tactu.

natVs C. The final *us* in C is very like *is*, if you are not on your guard.

616 617 wrongly transposed by C.

617 infuscat. Plin. XXXVI § 184 *aquam umbra capitis*. Tropical use Tert. adu. Marc. II 9 *ante med.* Oehler. 20 pr. 22 *post med.* IV 28 *seneritatem eius.* Symm. ep. VIII 70 *ne paginas tuas mens tristis* infuscet. IX 123.

619 uulnusque dehinc quicumque cruentum
     contingit [*quique*] ossa uirum bustumue sepulti.

c. ossaQVE uirum b. ue s. C. As in Ausonius, the *u* of *que* (in our poet also *h*, see 726 below, *inhibeat*) with another consonant may make the preceding vowel long by position. See 35 595. 629 n. 645.

622   dominum tacito sub corde precatus. 639. Gen. 1156. *sub pectore* (Gen. 76. 565) is frequent e.g. in Aen. ib. x 464—5 *magnumque* sub *imo* | *corde premit gemitum.*

623   medici purgatus flumine rami.
      See 613, if you do not catch the meaning.
      Fr. 19.   Numbers 20.   C f. 77 r°.

625   Gadessa.   *Cadessa* C, rightly.

629   tostOque arderent corpora sole.
      Pray, gentle reader, what kind of dish may *roast sun* be? Look at the note on 619 and you will *dicto citius* correct *tostAque* 'scorched,' 'sunburnt.'

642   Iudaeas acies decuit fidemque referre.
      The poet knew the quantity of *fides* as well as you, gentle reader, *pace tua dixerim.*   Correct *decuitQVE* (= q.).

643   propTER.   "*proprie* C" PITRA.   No.
      Fr. 20.   Numbers 20.   C f. 77 v°.

646   Edomum.
      "*Sedomum* AC" PITRA.   Not C.   In any case it is merely a doubling of the final *s* of *populus* just before.

652   conditur Aronus nOtAque insignia liquit
      festa sacerdoti.
      "Pro *sacerdotii*, per syncopen" PITRA.   Perhaps; but when you have restored *n.AO* (cf. 654), it is not so necessary.   Still, I agree with Pitra that it is more forcible.

654   Eleazarum, ut deus ingens
      iusserat Et placitis ministrum adlegerat aris.
      Read *E. d. i. i. Vt p. QVE m. a. a.*   cf. 968—9. Gen. 89.   Exod. 416.

656   illic multimoda fidentes pube Chananni,
      terrorem iMmodicum ualida cum clade dedere;
      Iudaei QVum terga darent nudata per agros.
      656 *multimodus* occurs Gen. 46. 238. 780. Lucr. III 854. Auian. 15 5. Tert. idol. 18. an. 52. Hil. in ps. 139 4. Aug. trin. II 1. doctr. chr. IV 10 25. Hier. in Eph. III c. 6 11. Prud. cath. III 64.   V 83.   VII 139.   apoth. 989. perist. III 200. Petr. Chrysol. s. 81. Claud. Mam. *quater.*

Fulg. myth. I 11. Amm. Paulin. Nol. c. XX 30. 101. Clem. recogn. VIII 26 pr. Cassian. coll. XIX 14 cet. Sidon. ep. II 13 8.
657 *iNmodicum..IudaeiS*. *Cum* C. Remove semicolon and read

       terrorem inmodicum u. c. c. d. Iudaeis, cum cet.   5

    659 **assumunt animos**. I have not noticed this use of the compound elsewhere. cf. Symm. ep. II 23 *quin adsume constantiam*. IX 123 (113) *dignam uiro* adsume *patientiam*.

    663 **obliqui fremitus**. Here, for a wonder, *obliqui* is sound and good. Stat. s. I 2 27 *mendaces* obliqui carminis *astus*. 10 Amm. XV 5 40 *uerbis*. Fronto p. 52 Naber. Tert. ad nat. I 17. Capella § 9 *ambagibus*. In Stat. Th. XII 535—7 (*hanc patriae ritus fregisse seueras | Atthides obliquAE secum mirantur opertO murmure*) I see that Kohlmann reads (with some mss.) *obliquE*. Mend sense and cadence by reading *obliquO* .. 15 *opertAE*, 'in holes and corners with sly *innuendo*.' Fortunatian. I 5 p. 85 3 Hahn obliquus [*orationis ductus*] qui est? *cum periculum prohibet aperte agere*. cf. 6 l. 31 and p. 86 l. 10 and 12. C. Iulius Victor c. 22 'de obliquitate' p. 435 13 *aliud dicere et aliud uelle* obliquitas *appellatur*.   20

    666 Aegyptum post terga datam Nilumque feracem
          fragum et securo semper cultore cOLoNum.

        Some may be tempted to read *cANoPum*, but the part after the whole (*Aegyptum*) would be flat, and the text gives an excellent sense in choice Latin.   25

    668 id deus omnipotens aequato examine plectens
          nipereas acies letali ex fomite promsit;
    670 quae multos strauere uiros, dum tenuia quaEquam
          uulnera letali distendunt corpora suCco.

        669 *nipereas acies VIROSO LETALI ex fomite* 30 *promsit*...670 *quaMquam*. 671 *suco*. C. Evidently *letali* in 669 crept in from verse 671, then *uiroso* was added in the margin, as a correction, and both remained in the text, as *protinus* and *placidas* below 1167.

    The *uiros* of 670 might help the corruption. Read 35
        nipereas acies uiroso ex fomite promsit. With the *aequato examine* of 668 cf. Exod. 618 *librato e*.

672 (I punctuate for myself)
at populus lugubre gemens, dum procubus orat
ante pedes uatis et publica funera narrat
agnitione prIVs cunctorum iMPendere, pesti
accipit optatam domino saluante medelam.

Read with A *iNCeNdere*, and by conjecture *prEcEs*.
Then we have

publica funera narrat
agnitione preces cunctorum inceudere.

672 *lugubre gemens*. Aen. Sil. Anim. XXVI 6 16 *sentorum l. concrepentium*. ib. *procubus* 719. Exod. 767 n.

676 namque probus princeps, tumidum formare draconem
aerE flauO iussus malo suspendAt ab alto,
ut quemcumque uago fixissent dente cerastES,
exueret letum pendentem uersus ad anguem.

677 Read *flauI aerIS* and *suspendIt*. 678 "*cerastE AC*" PITRA. Not C, which has rightly *cerastAE*; anyhow the plural is intended and necessary. Add to exx. of *cerastes* Luc. VI 679 Oud. Sil. XV 681. Stat. Th. IV 55. VIII 764. Auien. deser. orb. 174. Isid. orig. XII 4. Dracont. Orest. 822.

680   Obetha. *ObAetha* C.

682 Iudaeas acies dOcuit fidemque referre
[*Moses*] nil non posse deum, id proBe dIScere plebem.

"*proPe dVcere plebem* codices tres, sine ullo quem probe percipiam sensu" PITRA.

C has not the lines here where they disturb the sense, but in 642—3, where Pitra himself gives *dEcuit* rightly, and in the second line, also rightly:

nil non posse deum, id proPTeR dVcere plebem.

684 iam uiridi in campo, sedEs ubi cultOr amoenae
AmorrHAeus agit opimo et pascitur aruo.

684 *sedIs . . cultVR* (not, as Pitra says, *cultVS*). 685 *Amorreus, opimo* (not, as Pitra says, *opTimo*) C.

Transpose (as in ver. 33).

Amorreus agit et opimo pascitur aruo.

686 illic et putens uitrea perlucidus uMBRa,
quem iuxta dominus sancto sermone loQVutus,
Moysetem iussit populum densare refertum.

686 *eSt uNDa* C, rightly.   687 *dominuS* (not, as Pitra says, *dominaM*).   *loCutus* C.   688 Pitra cites *referentum*, without specifying the authority.   C is right.   Going back to 686 we have *nitrea unda* in Aen. VII 759.   Iuuenc. I 354. Mart. XII 3 13 *torrente*.   Plin. ep. VIII 8 2 and Hier. uit. Pauli 5 11 pr.   9 exx. in Claud.   Sil. IV 346 *antri*.   VII 413 *sedibus antri*. Prud. 7 exx.   This verse establishes the emendation *uitreis perlucidus undis* in Exod. 1091.

689 riguos latices.   I have noticed no other parallel (active) to Vergil's *rigui amnes*.   In 702 *irriguus*, which is often active, 10 is used passively.

691 dominI dum laudes hoc canit hymno.
    dominO C.
694 pleno dum puteus patet profundo
695 et multum gelidis scatet fluentis: 15
    quem quondam TVMidi fecere reges,
    gentes dum ualidas regunt habenis.

"*VALidi fecere reges* lectione una omnes [i.e. three] codices" PITRA, who defends his conjecture at great length. But it is far more likely that *ualidas* in 697, coming between 20 *ualidi* in 696, and *pauidos* in 698, is corrupt.   Just in the same way *fuga* in Gen. 425 has taken the place of *opera*, after *fugum* of 424.   *ualidi* is a natural epithet of kings; subjects in 698 are *pauidi clientes*.   Possibly *domitas* or *famulas* or *uarias* or *placidas*.   Rather *domitas* after *dVm*.   25
    Read *gentes dum domitas regunt habenis*.

703 haec ubi sidereo dixerE cantica regi.
    Read *dixer VNT*.

706 oppositas acies ualido certamine fundunt,
    quas ille innocui deridens dicta prophetae   30
    struxerat et uana nequAquam laude fErebat
    gentis AmorrHAcae.
    708 Read with C *nequIquam* and *Amorreae* and correct *fVrebat* or *fReMebat*, rather the latter.

711 Sazera quin etiam simili uastata duello   35
    suscepit protrita iugum atque oppida multa
    Edidit optatae deposcens otia pacis.

711 Read *Iazera* (Numbers 21 32). The red initials are very often wrong. The *S* here is by attraction of the next line. 713 Read *TRAdidit* or rather *Dedidit*.

Fr. 21. Numbers 22. C f. 79 r°.

723 ad sedem regnumque suum. [nam] longe uideri.
ad s. r. q. s. longeQVE uideri C.

726 inhibeat reserare senem responsa Balaci.
Exod. 1153 n.

729 rursusque ad limina uatis
mittit ut orarent, dudum iam dicta rogantes.
So C, A *mittit oraTOreS*, as Judges 733.

731 nequiCquam. *nequiquam* C.

Fr. 22. Numbers 22. C f. 79 v°.

732 sed tamen emENsus uates conscendit asellam,
atque prAEcedentes collatis passibus aequat.

The poet had said that Balak's messengers had sued in vain, because *dicta dei contraria pugnant*. But yet Balaam is — and mounts his ass and keeps pace with the returning envoys. *emensus* is plainly out of place in speaking of the beginning of a journey. The word wanted is 'discharged,' 'sent forth,' i.e. *emISsus* for *emENsus*. 732 read *Et prOcedentes*; the latter with A and C.

735 pronam. cf. 756, 763.

736 cornipedem terret, celeri quae concita saltu
in PaRtem coNnisa fugit campoque pererrat.

Read with C *conisa*. *In partem*, for 'to one side' will not do. Our poet says *in latus* for that. Read *in Vatem* 'straining against the prophet.'

738 quam dum praecipiti temnenteM fERRa tumore
circumagit uates.
temPnenteM (not, as Pitra says, *temnente*) *fRENa* C.

740 calcibus eFfodit uirgaEque euerberat acri.
"*eFfodiAt* AC" PITRA. No, *eCfodiAt* C. Read *uirgA*. *euerberat* 876. Joshua 223. With the words cited by

lexx. from Quintil. (reading h*Astis*) cf. Curt. vi 11 31. See
Mützell on iv 3 18. ib. ix 4 13. Sen. n. q. vi 27 3. Amm.
xiv 11 4. Iul. ap. Aug. de sec. resp. Iul. ii 19.

742 semirutus paries cunctanti obiectus asellae
procursum impedit; pedem quAe ad saxa recussit
oblisitque senis sensuque adfecit acerbo.

743 Read *impediltQVE pedemque ad saxa recussit.*
pedem was as impossible for our poet, as for you,
'irresponsible, indolent reviewer.' Exod. 902 n. For *procursum*
add to lexx. VM. ix 3 pr. Sen. ep. 24 24. Sil. vii 566. ix 429.
Apul. met. ii 4. Amm. xxxi 15 15. Aug. retract. ii 43.

748 quadrupes hunc stricto uidEt mucrone micantem,
et multum pancfacta ruit. quam surgere iussam
uerberat et multa CVM uibice nectE coercet.

748 *uidIt* .. 750 *multa uectO* (i.e. *uectoIi*, cf. ver.
562) *uibice coHercet.* C. Pitra is mistaken: "*multa CVM
uectE uibice coercet* codd. perturbato ordine. non nemini
placeret: *recte coercet.*" For *uibice* add to lexx. Sidon. ep. iii
13. Hier. in Mich. ii (7 8 seq.). It would be easy to mend the
metre in 748 by transposition *hunc quadrupes;* but in *Analecta*
p. 204 ver. 77 ends with *quadrupes ulla.*

751 perdoluit. A rare word once used by Caesar. Hygin.
p. a. ii 40 p. 77 10 B *nato* perdoluit *inceptum.* not. Bern. 55 11.

753 quid feci meruiue tibi, quod uerbere multo
labAntem coNuixus agis?

Take *labEntem* from A, and *conixus* from C. In
737 we had *coniSus.*

754   num terga negaui
sueta tibi umquamue paRens mea pondera fugi?

Read *puVens* with C, as corrected. *p̈arens.*

756 praecipitemne dedi, prono dum cernuus armo
laberis et proNa fusus ceruice rotaris?

756 *cernuus.* A Vergilian word. Sil. x 255. xvi
412. Sidon. c. vii 46. xxiii 354. Ennod. 14 1 (opusc. 9
p. 18 32 Vogel). Baronius 649 81. Alcim. Auit. de subitanea

paenitentia (p. 31 34 Peiper) *publicanus fronte* cernuus, *fide rectus*. 757 *proPRIa* C, rightly, for we have already *pronus* three times in a few verses. For the repetition of a word in consecutive lines see 696—7. We have Gen. 996 *prona ceruice*.

759 exaestuat ira. Verg., Ov., Stat.

764 idcirco quoD [*haec*] non est tua semita summo grata deo.
idcirco quoNIAM n. e. t. s. s. C.

766 et nisi cornVpedem diuersa in parte Vadentem terror abegisset.
766 *cornIpedem* C. Then read (rather than *CaVentem*) *Cadentem* cf. 763 and 749 *et multum panefacta* ruit. But, if we look at the otiose *ET* at the beginning of the line, a better restoration presents itself.
ME nisi cornipedem diuersa in parte uIdentem terror abegisset.
For *diuersa in parte* cf. 745.

768 crudumque exegerat ensem. Ov. met. IV 733 *ter quater* exegit *repetita per ilia* ferrum. V 139. XII 567. Luc. VIII 656 *ensem*. X 32 *gladium*. Sen. Tro. 1158 *dextra penitus exacta*. Med. 1006 *ferrum*. Sil. I 515 *ensem*. 642 *trabes*. V 294 *ictum*. IX 585 *dentem*. VF. IV 390 *harpen*. Stat. Th. X 308—9 *ferrum per pectus*.

771 dEIIctum.
dIlEctum C. For the like error see p. 173 ver. 60.

Fr. 23. Numbers 23. C f. 80 v°.

773 relatu. Cited from Sen. and Tac. Add Aug. serm. 19 6. Baronius 725 21 pr. Prudent. apoth. 1. Symmachus has 8 exx., so that it may with more justice be called 'a Symmachian word,' than (as by Riddle-White) a Tacitean. It is still more common in Venantius.

774 uiam uincens. Gen. 942 n.

775 MiLite. "*LiMite* A" PITRA. And C. On this confusion see Drakenborch on Livy XXII 12 2.

782 quod deinde noluens Bis regem terruit orsis.
Read *His* with C, and by conjecture *Euoluens* after *deindE*.

785   tellus geminis inclusa fluentis.
Mesopotamia similarly described Gen. 848. Judges 138.

789 NoS igitur de colle procul mox uisere ius est
optAtOSque mihi iam iam dinoscere uultus
felicis populi, quem solum magna seQVuntur
dona dei, gentESque procul seiunctus et exsors
percipit optatas placito de numine sedes.

789 *Hos* C. Read *HoC*, cl. *mihi* 790. 790 *optatVsque* C, whence we obtain *optVtuque*. *optatos* is very feeble, esp. before 793 *optatas*. 791 *seCuntur* C. 792 Read *gentI* 'for its tribe.'

Fr. 24. Numbers 23. C f. 81 r°.

800 haec ubi disseruit, sensu torpente Balacus
concidit et uatem diuersa et dissona fantem
increpitaT, tumidum iussVS conscendere collem.
Read *increpitaNS . . iussIT*, cl. Gen. 1351. Josh. 261 n.

804 dIgestis. *dEgestis* C. 805 dImitte. Read *dEm*.

807 dissimilis hominum deus est, nec uera loQVutus
irrita uerba facit quicquamue iMpune minatur.
qui me magna monet subnixuS dona precari.
807 *loCutus* . . 808 *iNpune* C. 809 Read *subnixuM*.

810   plebemque dei per uota sacrabo,
quam dolor effugiet totus operumque labores
participi innetoque deo, qui dura repellIt
omnia.

812 Read *repellEt*, in accord with *sacrabo, effugiet*.

813 ditificae condonans munerA pacis.
munerE C. *ditificus* is a new word. Cassiodorus has the causative *ditifico*, or we might conjecture *Mitificae*.

814 sacro de sidere. 295.

818 Aen. XI 441.

819 unica regna fouet, nulloquE in augure fidit,
   carmina nulla canit, nec quicquam captat inane.

que in is corrupt, for the three latter clauses are special exemplifications of the first, and *fidere in* c. abl. is dog Latin. Read:

   unica regna fouet; nullo quin augure fidit,
   carmina nulla canit, nec quicquam captat inane.

By expanding *q. in* rightly, you restore connexion and music. *Journal of Philol.* XVII 317—8 (*que et = quot*).

825 crinigera ceruice leo.

   criniger marked as unique and uncertain in Lewis-Short. See 1001. Sil. XIV 585 *Titan.* Claud. Stil. I 203. Get. 481. Sidon. c. 12 3. *sese arduus infert* Aen. IX 53.

826 non ante assuetae repetens cubilia siluae.

   Restore metre and emphasis by transposition. *assuetae r. n. a. c. s.*

829 terruERit uirides minaCi EX murmure montes.

   terruerit C, not *terruit*, as Pitra says. Then the poet wrote *minITaNTi murmure* (*mīitāti*) where *t* resembles *c*. The scribe strayed from *t* to *t*, betraying himself by the untempered mortar of *ex* and the false quantity. His *iambic* panoply rivals that of Archilochus. Observe the fine alliteration when you have ejected *ex*.

Fr. 25.   Numbers 24.   C f. 82 r°.

836   honorem.   Verg. g. II 404.

838 sub rVpis fluminis acta.
   rIpis C rightly. For *aCta* read *aVcta*, or rather *aLta*.

841 cf. Judges 241.

845   contorquens spicula.
   Aen. VII 165.   XI 676.

846 aCclinis QVum deinde uenit, similisque leoni,
   securum, somno lapso, explicat inde soporem;
   dimouet ad uigiles confestim redditus actus.
   aDclinis . . Cum C.

M. H.   12

Read adclinis cum deinde uenit, similisque leoni
   se curVum somno lapso explicat, inde soporem
   dimouet, ad u. c. r. a.
   In what follows change the pointing.

849   hunc et quis tactu efficiet consistere rursum?
   qui tua sanctifico laudat praeconia fatu,
   felix ille fiet; at qui contraria dicit,
   is maledicta sibi uentoso ex ore facessIt.

In 849 I have restored the order: mss. have *et quis hunc*, a trochee in first place. 852 *facessIt* C and probably all mss. Read *facessEt*.

853   haec sunt quae nostra dEus te uoce moneri
   imperat. Read (cl. Joshua 558 n.) *dOMINus* with C. (*dūs* for *ds*.)

856   quamlibet argenti magnum dEferre talentum,
   atque tuos census, iMmensi pondus et auri,
   munera nil prosunt.
     iNmensi C.

Read quamlibet argenti magnum dO ferre talentum
   atque tuos census, immensi pondus et auri:
   m. n. p. cl. Gen. 1356. Aen. v 248 argenti magnum dat ferre talentum.

859 hiC actis. Read *hiS actis*. cf. 910. Gen. 126. 597. 699 (restored from C, edd. *hic a.*). Exod. 341. 797. Joshua 166. 361. 443. Judges 438.

860 duraque immensum dicta gementem. For the acc. obj. cf. Turpil. 177 R. *meas fortunas*. Aen. I 221. Sen. Tro. 41. Iuv. III 214 *casus urbis*. For acc. obj. and neut. adj. Verg. g. III 226 *multa gemens ignominiam*. for n. adj. Exod. 476. Num. 672 n. Sil. II 245 *raucum*. XII 418 *barbaricum atque immane*. Stat. Th. XI 593 *extrema*. XII 387 *alterna*. 530 *uulgare*. Claud. in Eutr. II pr. 26 *anile*. Alcim. Auit. c. III 296 *nanum*.

      Fr. 26. Numbers (not, as Pitra says, Leviticus) 25. C f. 82 v°.

864 Fegoro. See Joshua 494.

867 PatenTEm ad campum proceres procedere mandat.

Numbers 25 1 *morabatur autem eo tempore Israel in SETtIm et fornicatus est populus cum filiabus Moab*. Plainly the unmeaning participle, with its helpless iambic, conceals the name necessary to define the place and give colour to the picture. LXX Σαττείν. Restore *SaTtenVm ad campum*.

868 conuersus iubet.

Read *conuersusq. iubet*, i.e. c. QVE i.

869 noxale. Gen. 68. 97. (no longer 381) 389. Exod. 880. 891. 958. Joshua 206. Gaius I 140. Venant. Fort. and Greg. Tur. have *noxialis*.

870 id uates festinus agit ferrumque renudat
in nocuos, sontesque uago mucrone sequutus.

870 renudat. Judges 580. glossary to Beda. Read *innocuos sontesque*, otherwise the *mucro* would not be *uagus*, 'random.' The converse error Gen. 1433.

872 fraterna oPprobria prAEBens.
f. *oBprobria prVDeus* C.
Read *rIdens*. The *pr* is a reminiscence of *obPRobria*.

873 quVM. Read *quOD* with A and C.

874 coram cunctos.
See 425 and p. 171 ver. 4 n.

877 immensamQVE plagam per iusta piacula sedaT.
Restore metre and ease the construction by reading *inmensam plagam* (Josh. 303) *p. i. p. sedaNS.* cf. Judges 267 n.

879 atque aTrIa dominI dum telum currit in omnes.
Read (not *atrOX*, or *IRATI domini* or *IRatVM a dominO*) but *aCrE a dominO*, which comes nearest to the mss. cf. 740 *uirguque euerberat acri*.

880 *sacrata* om. C.

Fr. 27. Numbers 26. C f. 83 r'.

883 interea generata nouo de germine pubes

adlegitur numerisque dehinc subducta notatur.
primaeuo quae flore uirens IaM gERMine molli
uestibat uultus uicenos laeta per annos.

884 *numeris subducta.* Plaut. and Cic. in lexx. Cic. n. d.
III 71 Mayor. Lucil. XXIX 80 M. *haec est ratio peruersa; aera*
summai subducta *improbe.* Catull. LXI 208. Suet. Cl. 21.
dig. XXXIV 9 17. Ambr. off. II 23 *utilitatem autem non pecu-*
niarii lucri aestimatione subducimus, *sed acquisitione pietatis.*
id. de obitu Valentini 25 *itaque securus ueniae, dum dies* subduco, *aduentus tui iter lego.* Archiv f. lat. Lexik. 1 197.
II 126. Wouwer polymath. 7.

885 *primaeuo flore.* Exod. 127. For *IaMgER-*
Mine (*iṅgerine*) read *LāVgine* i.e. *lanugine.* The long *J* is only
to be distinguished from *l* by a careful eye. Dittography is a
sure indication of corruption 697—8 n. *germen* is a word of
constant occurrence, *lanugo* in this poem rare, if it is to be
found elsewhere. Do you hesitate? I send you to Lucr. v 887
molli uestit lanugine *malas.* Claud. Prob. et Ol. cons. 70
oraque ridenti lanugine uestiat *aetas.* Quicherat cites as
a fragment of Gallus: *candida quod nulla* lanugine uestiat
ora. A man of his real learning should have known that
these fragments (anth. Lat. R. 914 13) have long been given
up as a forgery. In all senses *mollis* is a standing epithet of
lanugo.

887 QVAe DeInDE summa sexcenta ad milia uenit
ATQVE bis octonA tErCEntVM super auctis.

Here we have $600{,}000 + (2 \times 8000) + 300$, $616{,}300$.
We want $601{,}730$; we want also a gen. to denote the class of
which the sum is given. We do not want *quae deinde*, nor
summa in that place. When we find a trochee (here we have
two) in the middle of a line, we may be sure that it is part of a
dactyl beginning the verse. Relegating *quae* and *deinde* to
their native 'Limbo large and broad, since called the Paradise
of Fools,' we look for our genitive of this length ($\smile - -$),
whereof the final spondee is *orum*; what is the initial *iambus*?
Read your Bible, Numbers 26 51 *ista est summa filiorum Israel,*
qui RECENSITI sunt, sexcenta milia et mille septingenti tri-

ginta. But you say, *recensitorum* is a syllable too long. Not so fast, my dear friend. We gained a short syllable by reading *sepelita* for *sepulta*; we get rid of a long one by reading here *recensorum*. See Neue II² 557—8. Now look for the *disiecti membra poetae* in the dust-heap of tradition: of reCensORum (if you please *recenso^rum*) I find in QVAe DeInDE summa, no less than six letters in the same order. Now for a little arithmetic. First *ter centum* may be often found in Iuuencus and the c. de ponderibus, but in our poet rarely (Gen. 577 *bis quinque*); he has *quater deni*, as *bis seni* cet. perpetually. Next the number is wrong; we want 30, not 300; trIGIntA not tErCEntVM. Next *bis octona* (presumably *milia*) 2 × 8000 (or even 2 × 8) is not what we want, but *bis octingena + centum* = 1700. First drive off the parasite ATQVE. Then take the *centum* of *tercentum*; you have now room to begin the line with it. In 687 we had 600,000 (*sexcenta milia*) in the nom. Here we have to add (the sign of which is +, *auct.A*, not *auctIS*) the thousands, hundreds and tens. Do it thus:

    centum, octINGEnIS bis, trIGIntA super auctA.

100 + 1600, + 30, which tallies with your Bible. I hope you see how the terminations *A* and *IS* would naturally confuse a poor scribe, and produce the muddle which we admire: *non equidem inuideo, miror magis*. I have restored this *aucta* '+,' elsewhere. You may keep nearer to tradition, with a sacrifice of cadence, by reading

    triginta, octingenis bis, centum super aucta.

If our scribe is weak in his numerals, are you, gentle reader, in much better plight? Roman numeration is at best a clumsy thing. Be thankful to the Arabs, or whoever introduced the Arabic numerals. If you are an unthank, read by way of penance the *metrologici scriptores* and the arithmetic of Boethius and Auson. epp. 15, 16 (7, 5) Theoni.

    889   cf. 793.

    890   illic et. As one word *ilicet*. cf. 556.

    893   quo se cuncta tribus mIScRat.

        miserat tribus C. For *miserat*, i.e. mis^{9}at, read mOVeat.

896   terrificas. Joshua 53 n.

899   uatemque Balamum | enecat. cf. Joshua 425.

908   primitiaeque deo nec non redduntur aeterno
      omnibus ex rebus domita de gente relatIS.
      Read perhaps *relatAE?* No.

910   cf. Joshua 420.

912   *tellus* om. C.

913   herbida, Iordani fluvio LAEta nirebat.
      "*cuncta* C" PITRA. No, *ciuncta*, i.e. *CONIVNCta*.

914   quOs licet intrepido ductor sermone negarit.
      Read *quIs*, i.e. *quibus*.

915   dum mutare putat Futura ob proelia mentes.
      "so long as he thinks that they are changing their
minds for fear of the coming fights." *Futura* should always be
changed into *uENtura* (*uētura* cf. 929), where it offends
against metrical laws. Gen. 1351 n.

Finit liber Numeri. Incipit Deuteronomium
Fr. 28. Deut. 1—4. C f. 84 r°.

923   sanctificus. 1063. 1123. Exod. 1387 n. Joshua 569.
Georges only cites 'eccl.' Riddle-White and Lewis-Short
give Iuuenc. praef. ad ver. 25. Beda mirac. Cuthb. 7 *fin.*
Unknown to Prud., Sidon., Ennod., Venant., Alcimus Auitus.

930   formidate deum totoque in pectorE sensu
      condite. *pectorA* C, rightly, though Plautus has the
abl.

935   nudata terga. cf. Aen. v 586.

937   piceam claro detersit lumine noctem.
      Gen. 297. 596 *piceis tenebris.* cf. Ov. m. 1 265.
II 333. Tibull. I 4 43. Stat. Th. VI 543. Capella § 15.
Namatian I 632.—For *detersit* cf. Gen. 87 *detersa nocte.* In
metaphorical sense Judges 145 *maestus deterget pectore curas.*
The verb is very common.

938   pectos. cf. 2 n.

941 ilicet. *illE et* C. Read *ille et IAM* (*ii* would drop out out before *Alterno*).

943 indeprensa. Even Mühlmann and Georges cite only Verg., Stat., Prud. (one ex. from each, and they are all that those poets have). Add Claud. Mamert. II 8. Claud. Mar. Victor precat. 125. Paulin. Nol. ep. 13 11.

944 sanguineam exsudans rubrantiA litTorA terram.
litora C. Read *rubranti a litorE*.

947 aequore diuiduo bifida dum pendet in unda.
A perfect parallel in Prud. cath. v 68 *dum plebs sub bifido permeat aequore*. Prud. has five other exx. of *bifidus*. Add to lexx. Claud. bell. Get. 336. laud. Stil. I 199. nupt. Hon. et Mar. 146. Namatian. I 241. Ennod. XIV 3 p. 196 Vogel *auctoritate*.

948 eVra. "e.tra C" PITRA. No.

954 terras domibus negatas.
1118. Hor. c. I 22 22. Sil. XVII 502.

955 uicistis. 775. Gen. 942 n.

956—961 cf. Alcim. Auit. v 450—7.

960 nec uestes periere situ uel corpore trita.
tritaE C, rightly.

967 a summo. "*aT summo* codd." PITRA.

968 ut legem aetheream, quam scripsit dextra tonantis
  sensibus et toto uelitis corde tenere.
Read: aetheream legem, quam scripsit dextra tonantis,
  sensibus Vt totoQVE uelitis corde tenere.
When *que* (= *q.*) fell out before *ue*, *Vt* was corrupted into *Et*, and then, to patch up the construction, *ut* was prefixed to 968 and the usual transposition effected. By this time we know the scribe's panacea. cf. 654—5 n.

Fr. 29. Deut. 5. C f. 85 v°.

972 utpote quae iubeant ut, quicquid non placet ulli
  commissum in sese, id nulli inferre laboret.

Paulin. Nol. c. v 60 61 *nec faciam cuiquam, quae tempore eodem | nolim facta mihi.*

976   Iuv. XIV 185.

977   nascendi sub lege pares. sit pascha quotannis peruigili cum nocte POTens septemque diebus otia lenta ferat.

977 Our poet's countryman, Auson. (ed. Schenkl) 17 33 4 nascendi *qui* lege *datus.* Sedul. c. II 38 39 *rerumque creator* | nascendi sub lege *fuit.* 978 *potens* is unmeaning. Perhaps *FREQVens* or *sacrum*? Ovid speaks of *pompa frequens.* Rather *sacrum.* Remember that *t = c*, that *n* and *m* are strokes over the line, and the lines are not very unlike. Indeed PARES just above will account for the *potens* without further inquiry.

981   coniugium uetitum externa in gente VITate.
      CA Vete C, rightly.

982   idola disJicite ritumque auertite lacuum.

"*id cladis sic iter trium* stupendo utriusque codicis sphalmate, nec tamen minus manifesto, quam proxime sequens." PITRA. C has *idola disicite ritumque a. l.*

986   et aerata seducunt classica turmas.
      Put the S in the right place.
      aerataS Educunt cet.

988   iungITe.   *iungERe* C.

991   iMbelles cohibete, domi mens saucia, turbat
      saepe uiros fortes omnique in tempore belli.
      iNbelles C. Punctuate *i. e. domi, m. s. turbat saepe u. fortes, o. q. in t. b.*

993   parcite supplicibus et debellate superbos.

1194. Aen. VI 854. In the *Journal of Philology* VII (1877) 12 13 I have cited many parallels to this famous maxim of Roman government. One is from our poet's Iona 15—17 (Cypr. app. 298 H.) *sed conscius ille | parcere subiectis et debita cedere poenae | supplicibus.* Bergk *Schleudergeschosse* (1876) 144 gives the inscription on a bullet debell. superb. Coripp. Iustin. III 328—332. Priscian. de laude

Anastas. 130—1 (Bährens p. l. m. v 269) *sed tamen Augusti superat clementia cuncta,* | *qui stratos releuat, domuit quos Marte superbos.*

994 cuitate, uiri, fOecundam euertere siluam
995 nobilibus pomis, steriles succidERe saltus
     tempore bellorum.

994 *fecundam* .. 995 *succidITe* C. Place a semicolon after *pomis*.

996   corpus si forte peremti
     cernitur in tectum, Lenitas cura tenebit
     IVuENcAe truncare PEDEM.

996 *peremPti* C. 997 Read *intectum*. 998 See Deut. 21 1 *quando inuentum fuerit in terra, quam dominus deus tuus daturus est tibi,* hominis cadauer occisi, *et ignorabitur caedis reus,* 2 *egredientur maiores natu et iudices tui, et metientur a loco cadaueris singularum per circuitum spatia ciuitatum:* 3 *et quam uiciniorem ceteris esse perspexerint, seniores ciuitatis illius tollent uitulam de armento* ... 4 ... *et caedent ceruices uitulae.* Plainly the IVuENcAe, betrayed by the *iambus*, conceals *CERuIceM* (iuuēce = ceruicē). Then the gen. *bouis* was corrupted into *pedem*, to govern *iuuencae*, or rather it had fallen out under LEVI just above, and the gap was filled up as we see. Foot or neck is all one to a scribe.

999   captiuam iungere lecto
     si placuit, ius omne sinet sub tecta tenerI.
     tenerE C, rightly.

1002 ter denosque dies lacrimis praestare maerentis
     extinctos.

"To *allow* 30 days for tears." We do not want *pERstare*.

1003 caesosque senes quis illa creata est.

Here *senes* evidently 'her aged father *and mother*,' on the analogy of *reges* 'king and queen,' *fratres* 'brother and sister, Geschwister.' We do indeed find Ter. eun. 357 *senem mulierem*, and in Hagen grad. crit. p. 2 med. *senex uel senia.* But this is a more ordinary usage. Bentley on Hor. s. I 1 100.

1005 post damnum pudoris. Ov. a. a. I 100. Claud. Gild.
188. Auson. epigr. 93 Peiper (= 90) 4. Paul. Pell. 581.

        Fr. 30. Deut. 21. C f. 86 v°.

1007 uxores si forte duas uir duxerit unus
      et non aequali seruet consortia cura,
      pignora contemptae [dupla] secum retinebunt
      omnibus ex rebus, peperit quas cura parentis.
        "*bis seni cum ire tenebunt* AC. *cum plebe* C (sic)."
PITRA, who does not understand that *pignora*, as constantly in
our author, are children.

From *bis sENI Cum ire tenebunt* we obtain *bis sImPLum iVre
tenebunt*, 'twice the single share,' 'a double share.' The repetition of *cura* (1008, 1010) is very suspicious. Gen. 424—5 n.
Read *lance* or *amore* in 1008.

1016 qui culmina panDit.
        "*panGit* AC" PITRA. And rightly.

1022 immundas inhibete lupas, ne praemia noctis
      uenditae ad aeternAM domini sacraria portent.
        1022 *lupas* Amm. XXVIII 4 9. Prud. ps. 47. c.
Symm. I 107. 1023 Read *aeternI*.

1024 fugacem ne reddat ero quicumque tenebit.
      Restore metre thus:
      ne*VE fugacem r. e. q. t.*

1027 nec nimia pressare uelit quod protulit uua
      uicini de parte sui: praecerpere sane
      RacEMos spicasque licet, non demere totum.
        1027 *pressare* Gen. 1137. Exod. 974. Sil. VIII 129.
Claud. r. P. III 163. Sid. ep. I 9 6. 1029 *racemos* is a corruption of the rarer *uel Nos* (raccos = acios) and afforded the scribe
a coveted opportunity for an iambic opening. He could not
understand the use of *que* (τέ) known to readers of Homer,
Vergil and Ovid (see Aen. III 91. IX 767. Ov. m. I 193. V 484.
Attius in Fest. p. 146. Grat. cyneg. 130. Sil. VII 647. Schneider
Elem. lat. I 691. 752. Wagner quaestt. Verg. 424. Lachmann
on Lucr. p. 75) which we will make bold to restore:

spicasque acinosque licet. See for *acinus* Augustus in Suet. 76. Plin. VII § 44. Fronto p. 67 17 Naber *acidos acinos*. Cypr. p. 754 9 Hartel. Ambr. hexaëm. III § 49. exc. ex physiol. 10. Iul. Valer. III 50 (21). The other form *acina* is in Cael. Aurel. IV § 61. Cass. Fel. 35 p. 75. The true quantity of *racemus* appears in Gen. 1166. Num. 258 *acinum*.

1030 alio dative. Neue II² 217.

1032 Judges 744. Iuv. VI 226.

1033 nemo nouam nuptam infecto eliminet anno.
For *infecto* cf. Plaut. aul. 4 10 13. capt. 5 3 19. Ter. Ph. 5 8 44—5. Liv. V 4 1. IX 23 11 Dr. XXXII 37 5. XXXVII 1 6. Hor. ep. 1 2 60. Sen. uit. beat. 2 3 pr. Plin. pan. 80 4. Gell. VII 3. Tert. adu. Hermog. 6 *a.m.* 7 *bis*. 12 *med*. 18 *p.m.* 27 pr. 31 pr. adv. Marc. I 3 *a.m.* 7 *a.m.* 9 *p.m.* and 15 (6 exx.). dig. XLIX 15 12 2. Iren. III 8 3. IV 2 *fin*. 3 *saepe*. 4. 38 1. Gennad. 65. Terentian. 410. For *eliminet* see 219. Gen. 128. Exod. 528. Tert. apol. 6 *p.m.* Sidon. ep. V 3 p. 79 26. Beda uit. Cuthb. 22. Baronius 650 24.

1039 triturantis. Tert. adu. Marc. V 16. Aug. serm. 311 10 *med*. Hier. in Amos I (1 3 = VI 227ª). Rönsch 159.

1040 pignore non genito, si fors discesserit iLLE
cui frater adstabit. Read *iS cui | adstabit jr*.

1044 at si uir renVErit. *renuit* C, rightly.

1046 iurgia se quotieNs in rixa perfida uertunt.
quoties C. Read *in rixaM*.

1047 frendentesque uiros alterna in iurGia pulsaNt.
Read *iniuria pulsat*; the scribe had *iurgia* in his head from the last line. See Gen. 424—5.

1048 inserat his mediam ne sese femina.
sese ne C, to the improvement of the metre.

1052 nec sterileS sentit consumtis mensibus annOS.
sterileM .. consumPtis .. annVM C.

1054 (after saying that the righteous prospers)
diuitias donante deo, qui crimina mundi
dispectat mitis iraEque in tempore pVnit.
1056 Read *iraM...pOnit*.

1061 utque etiam tabulas gemina de caute politas,
    bis quina quae iussa tenent metuenda per orbem,
    sanctificae aSseruent clausIs penetralibus arcae.
    1062 *aDseruent...clausAs* C.

1067 mentitos[que] deos hymno dat uerba melodo.
    C has the *que*. *melodus* a rare word. I can only add to lexx. Wernsdorf-Lemaire 1 575.
        Fr. 31. The song of Moses in hendecasyllables. C f. 88 r°.

1070 et tellus Humido diuisa ponto.
    Tumido C.

1073 ut sueuit pluuios potare rores.
    poto = give to drink. glossary to Beda. Tert. spect. 30. Commod. apol. 414. Aug. de spir. et litt. § 11. tr. in Io. XXXVIII § 7. de uera relig. § 100 *pascamus animum atque potemus.* Paulin. Nol. c. XXIV 106. ep. 13 22 f. Optat. II 8. Paulin. Petric. Mart. IV 354. Koffmane I 118.

1082 cuius eloquiis uerum cohaeret,
    CuI semper ualida uigent iNuenta.
        QuAE...iVuenta C, rightly. 1082 cf. Joshua 307.

1087 beatae dominus FIDELitatis.
    "*FELICitatis* C." PITRA. Yes, but *fidelitatis* is added as a correction.

1089 quamuis progenies iniqua Pactis
    pernix supplicium sibi laboret.
        Read *Factis*.

1092 haec reddis domino deoque nostro?
    illE qui genitor mauult uocari.
        Read *illI*, though we have a trochee beginning 1148.

1094 nātorum. Gen. 945. 1068. Exod. 1359.

1095 nVmine. *nOmine* C, wrongly.

1099 memento potius aeui perennis.
    Read *m. p. perennis aeui*.

1100 et quae post obitum funusque uinant.
        Ov. met. III 136—7 *dicique beatus | ante* obitum *nemo supremaque* funera *debet.*

1112 See Gen. 414. 458. Exod. 1249. And the Bible. Deut. 28 62.

1114 COhaesit domino plebes Iacobi.
  CVM haesit C.

1115 cuius cretio coRrogatur ipsi,
  hAeres nam domini deique uiui.

  1115 *coNrogatur*...1116 *heres*...*uiuiT* C, rightly. *cretio* is a legal term Sen. fr. 88 Haase. Gaius 97 14 cod. Veron. In Gen. 461 we have the kindred *cernat*.

1118 qua tellus iacet abnegata tectis.
  cf. 954 n.

1121 istic eliciens dOMINus nocentes.
  Read *dEus* or rather *domnus*, which is no change, dñs. See Gen. 466 n. So *poplus* 1190.

1123 et mox sanctificae dedit medelae
  subdens dextera, ceu laborat ales
  pullos TEgminE CONfouere pennAE.

  1125 *pullos SVB TEgminIS fouere pennIS* C. Surely you can guess now. *SVB* fell out; *gEminis* was flanked right and left by *TE* and that cowardly *CON*, while the abl. termination fell to the new subst., the gen. to the wing. No, no. Follow C and read:
  pullos sub geminis fouere pennis.

1129 solus quos dominus ademit hosti,
  ET caelum statuit fecitque terras.
  Read *QVI caelum*.

1146 dum rectum potius uidetur ipsi,
  ignotam refugiT praeferre gentem.
  refugiS C, rightly.

1152 seminibus iactis. Gen. 224 n.

1156 pallor corpora luCidus necabit.
  luRidus C.

1158 illos pennigerae ferIunt uolucres.
  ferunt C. Read *ferEnt*.

1164 nubnificus. Exod. 1365. Stat. Th. IV 87. Claud. idyl. II 2. Namatian. I 603. Auien. descr. orb. 948.

1167 ut totam PROTINVS sedauit iram.
    ut t. PROTINVS sedauit PLACIDVS iram C.
    Read *ut totam placidus s. i.* See above 669 and Gen. 428. Exod. 639.

1169 quorum uinea uitis est Gomorrae. Deut. 32 32.

1177 *solus* begins and ends the verse. See Joshua 60 n.

1179 ius est parcere, ius mihi ferire.
    ius est p., ius EST m. f. C. Read *ius est p., ius mihi EST f.*

1183 stelligera. Claud. 6 cons. Hon. 176. Prud. cath. V 145. hamart. 905.

1190 quem cunctus popVlus, angeli laudent.
    q. c. popVlus a. QVE l. C. Read *q. c. poplus angelique l.* See 1120 n. Rönsch 467. Corssen *Aussprache* II² 523—6. 609. C has the full forms *repositus, compositus, poculum*, where metre requires *ecthlipsis*.

1194 cf. 993 n.

1198 funetus. Gen. 491. 1430.

1200 Here C breaks off and begins again in Joshua (p. 212 *Spicil.*).

1202 nullis facta malis.
    Read *fRacta*.

1203 occiduo sub tempore. Gen. 124.

JUDGES.

FRAGMENTS.

ANALECTA SACRA ET CLASSICA.

Judges to c. 18 (vv. 1—760, pp. 181—202).

Fragments of { Leviticus (vv. 1—128, pp. 202—6).
Numbers (vv. 129—177, pp. 206—7).

EHUD AND EGLON.

His inflexa malis natio quae fecerat horret
deposcitque deum qui solus crimina donat
165 ilicet allegitur qui sceptrum sumat Aotus.
hic utraque manu conitens robore dextrae,
degenerem nullo sensit sub pondere laeuam.
is, cum uictori sociorum munera ferret,
ancipiti gladio furtim sub ueste recinctus
170 admissusque dehinc, regem subnixus adorat
inualidum, nam membra toris uacuata labubant
in tantum, ut modico posset procumbere pulsu.
adfirmat superesse sibi, quae dicere uellet,
confertamque rogat comitum discedere turbam.
175 adnuitur mediaque sedens dux barbarus aula
surgit et Aotus tuto se corpore iungit.
ac postquam longe fidorum abscesserat agmen,
eripit a femine gladium quem ueste tegebat
perque uterum regis capulo tenus abdidit omnem.
180 proripit hinc sese ferrumque in uulnere linquit,
limina concludens proceris postesque superbos.
at famuli dominum prodire ad munia suetum
mirantur tacita solum consistere cella;
uentris onus forsan subducta effundere ab alio
185 secretum, sociae dum uitat lumina turbae.
iamque memor facti socios in bella lacessit
terribilesque tubae sonitus permiscet Aotus.
raptim signa mouens, Iordanis litora claudit,
ne quisquam breuibus ualeat transire fluentis.
190 cumque decem duro fudisset milia ferro,
reddidit amissum sociis nomenque decusque.

ANALECTA

I pass on to the new volume (*Analecta sacra et classica Spicilegio Solesmensi parata edidit Ioannes Baptista Cardinalis Pitra.* Paris and Rome, 1888, pp. 181—207).

JUDGES. C f. 97 v°.

1 postquam conspicuo Iesus decesserat actu
reddideratque deus famulum post bella quieti,
confestim Iudaea tumens sibi poSCere regem
inciDit, et dominum, quae sit sententia, poscit.

    4 *inciPit* C. So careful a writer would scarcely use *poscere* and *poscit* so close. Probably (esp. as *post* is in line 2) the scribe has anticipated. Read *sibi poNere regem*. cf. Gen. 424—5 n.

6 aemula pugnaRi uersabat corda tumultu.
    pugnaCi C. See 53.

9 extinguit. "*exstingunt* C" PITRA. No, *extinguit*.
    Pitra on ver. 10 "sequentia usque ad v. 70 om. AB."

10 FereSi. *FereZi* C.

14 Ov. m. VIII 689. Ibis 617.

15 nam manibus pedibusque simul sine more recisVs.
    recisIs C. for *sine more* cf. Aen. v 694. VIII 635.

17 perfurit. Add to lexx. VF. VIII 383. Sil. IV 243. Prud. perist. XIII 50. Dracont. Orest. tr. 845. Seru. Aen. X 41. Coripp. *ter*.

21 ipsE etiam IeBVS capitur flammisque perusta
   concidit.
   ipsA e. IeVRV c. f. q. p. c. C.

26 praescia doctiloquae numeros ADuoluere linguae.
   cf. Judges 1 11. "*numerosa auoluere* BC" PITRA.
No. *numerosE uoluere* C. i.e. *numeros euoluere*. And on ver.
10 we were told that B has a gap here. For *doctiloquae* see
Gen. 1083 n.

27 quoDque magis celeri lapsarVnt moenia cassA,
   obtulit ut thalamis natam coniungeret Ascam
   Chalebus genitor, illiquE fVrENtibus armis
   arduus obliquas uertisset funditus arces.

   27 *lapsarEnt...cassV*. Read *quo...casu*. In verse
56 also C reads *cassu*, and in Exod. 380 *cassum*. 28 *AscHam*
C. Ἀσχά LXX. In 29 *illi quI* C. When *quI* degenerated
into *quE*, *fOrtibus* was altered for metre into *fVrENtibus*.
Similarly Gen. 55 C reads *fluENtibus* for *fluCtibus*.
   The whole will then run:

   quoque magis celeri lapsarent moenia casu,
   obtulit ut thalamis natam coniungeret Ascham
   Chalebus genitor illi, qui fortibus armis
   arduus obliquas uertisset funditus arces.

   obliquus, a favorite word with our scribe, has nothing in the Bible to suggest it. Qu. *ANTiquas*?

32 Crotoniezelus, proles laudata GeneSae.
   GeneZae C, rightly, or rather *Cenezae*. LXX Γοθονιήλ, υἱὸς Κενέζ.

35 nam praecelsa dedit et collibus ardua curuis
   iugera et optatos SiNIfar praestitit usus.
   "De *Dinifar* [sic, with *D*] silet uulg. et LXX." PITRA.
LiMfarVM C, i.e. *lympharum*. See Judges 1 15.

37 dimissi properant PHAenicum et moenia nota
   linquenteS solas eremi scrutantur arenas.
   fOenicum...linquente (*s* dropped before *S*) *solas...
Heremi...Harenas*. C. Judges 1 16 *ascenderunt de ciuitate
palmarum*. LXX καὶ οἱ υἱοὶ Ἰοθὸρ τοῦ Κιναίου τοῦ γαμβροῦ

Μωυσῆ ἀνέβησαν ἐκ πόλεως τῶν φοινίκων μετὰ τῶν υἱῶν Ἰούδα εἰς τὴν ἔρημον. Plin. XXIX 56 has *phoenix elate* as a Latin word. In our poet Judah and Simeon (ver. 8) remain the actors throughout (*ambobus* 41).

39 deueniunt celeres ubi concitus exCiTat alas Auster.
    exPLiCat C. cf. Ov. am. II 6 55.

41 fit domus ambobus, AradVm quam nomine dicunt.
    AradAm C.

44 et domitam tristi compellat nomine terram, esset ut extorris et semper facta seVIsa.
    seORsa C. cf. Gen. 535 n. Judges 1 17 καὶ ἐκάλεσε τὸ ὄνομα τῆς πόλεως ἀνάθεμα.

47 Ascalon atque Acaron nec fines subdere lActi.
    lOeti C. "iuxta LXX pro *leti* legendum uidetur *Azoti*." PITRA. Very true. LXX Judges 1 18 τὴν Ἄζωτον.

49 successus bello faciles capiAbat in omni.
    capiEbat C.

51 non ualuit, forti fuerat quae uota Chalebo.
    Pitra tacitly corrects the order (*quae fuerat* C). *uota* 'desired' seems to be right.

52 his actis IosepHI cohors cum IVdice Iuda.
    Read with C *IosepA*. then (cl. 70 *Iudaeo VINdice*) we must read *ViNdice* (*uī* for *iu*). cf. Judges 1 22.

54 cf. Judges 1 23.

60 patrium gaudens conuAllere uallum.
    conuEllere C.

63 CetHae *cetaee* C. Judges 1 26.

64 auolat et patriO de nomine construit aulam.
    patriE C, i.e. *patriAE*.

65 Vt parET. AT alia Manasses praedia BeSTae non tenuit scythicis fuerant quae capta colonis.
    65 *At parTE EX alia* M. p. *BeTSae* C. so in 73 *Betsae* (not *BetHsae*) C (*Bethshean* Judges 1 27). LXX καὶ οὐκ ἐξῆρε Μανασσῆ τὴν Βαιθσάν, ἥ ἐστι Σκυθῶν πόλις. See Dict. Bible s. vv. Bethshean. Scythopolis.

67   nec TaVRa CaRmazasque nec culmina Dorae.
"*cum uiculis suis* uulg. *cannaza* (sic) uox noua uidetur, prorsusque ignota." PITRA.

taNa caMnaZasque SVAS n. c. D. C. i.e. *nec Tanacam (Taanach* Judges 1 27) *naTasque suas*. LXX οὐδὲ τὴν Θανὰκ οὐδὲ τὰς θυγατέρας αὐτῆς. See Dict. Bible s. v. 'daughter' n. 6 and 7.

68   Abalam. *Ieblaam* Judges 1 27. Ἰεβλαάμ LXX with n. l. Βαλαάμ. So read:
          nec Iebláām nec cet.

69   hiNC quoniam COePIt ChanaNaus fidere terris.
       hiS q. SVeRAt ChaNnanus f. t. C.

70   "hic recurrunt A C lacunosi archetypi apographa." PITRA. Not C, but B.

72   commodO perpetui solitus praestare tributi.
       his tantum quAe Midfa fouET ET quAe cultio
                                                 BetHsae
       immunis nullum uectigal praestitit hosti.

commodA..queM Idfa. fouet queM..Betsae. C. "*is tantum queM idsa fouIt* A nec lux fit ex LXX" PITRA. *Idfa* seems to stand for the Χεβδὰ (vulg. *Helba*) or Δαλάφ (vulg. *Ahalab*); Betsa is (Judges 1 33) Βαιθσαμύς (*Bethsames*) of Judges 1 31.

Read:
          his tantum quem Idfa fouet, quem cultio Betsae.

75   nec minus intrepidus dum bellum temnit AmorrEus.
       "*amorrAs* AC" PITRA. C has *amorrI's*. cf. Judges 1 34.

79   incoluit montem, quo plurima turba ferarum
       pullulat et uario pErterret murmure saltus.
       exiNfusa manus redeuntem concipit iram.

prOterret...exiM fusa C. *exim* as 192. Pitra, by dropping spaces, may give trouble to lexicographers. Beware of the *decompositum* 'exinfundo.' For *proterret* cf. Gen. 1260 n. Caes. b. G. VII 81 4. Apul. met. III 5 f. Hild. Claud. Mam. I 3 p. 29 18. With the text cf. Judges 1 35 LXX καὶ ἤρξατο ὁ Ἀμορραῖος κατοικεῖν ἐν τῷ ὄρει τῷ ὀστρακώδει, ἐν ᾧ αἱ ἄρκτοι καὶ ἐν ᾧ αἱ ἀλώπεκες·...καὶ ἐβαρύνθη ἡ χεὶρ οἴκου Ἰωσὴφ ἐπὶ τὸν Ἀμορραῖον καὶ ἐγενήθη αὐτοῖς εἰς φόρον.

82   uulneribus accensa suis.
         uulneribusQVE accensa suis C.

84   inpositumque iubet uectigal pendere Amorreum
       magnaque terrarum CultaRum parte coercet.
"*MulTa Cum parte* A." Pitra. *MultaRum* C, by assimilation with *terrarum*. Read, from all the evidence, *multaTum*. *coIIercet* C always.

86   nam qua plana iacet grauidA telluris IdemA,
       scrupAea quaque patent pendentis saxa Cabinae.
grauidAE...YdemAE (i.e. -me, nom.) *scrupea... CHabinae* C. Judges 1 36 LXX uar. lect. καὶ τὸ ὅριον τοῦ Ἀμορραίου ὁ Ἰδουμαῖος ἐπάνω Ἀκραβεὶν ἐπὶ τῆς πέτρας. The form Idume occurs in Luc. VF. Sil. III 600. Stat. s. v 2 138. Tert. res. carn. 11. Add to lexx. under *scrupeus* Pacuuius p. 97 R. Iuuenc. I 684. Sidon. c. XXII 130. Ennod. c. I 1 29.

89   contractas concutit iras. Iuv. X 327—8 *se* | concussere *ambae*. cf. for *contractas* Levit. 83.

91   qui memor aeternI domini depromeret orsa.
       aeternA C.

92   emicat ille uolans, Chlaumona et Galgala uERsVs,
       ueniens A, B. *uisens* A. Pitra. C has *uiCens*, no doubt for *uincens*. Gen. 942 n. Pitra's latter *A* seems to be a misprint for C. Judges 2 1 LXX καὶ ἀνέβη ἄγγελος κυρίου ἀπὸ Γαλγὰλ ἐπὶ τὸν Κλαυθμῶνα.

93   BethAla ueniens.
"*BethEla* A." Pitra. *BethEla* C.

95   gentiles uenerata deos profanaque tura.
We might read *ET tura profana*. But we have ō 102. cf. Exod. 326 n.

98   rerumque oblita tuarum. Aen. IV 267.

102   (I have corrected the pointing)
       quo abiit, profana, deus, qui dura gementem
       Niliacas inter gentes Pharaone tyranno
       per mare diuiduum, eremi per torrida saxa,

103   eXHiBuit tantasque dedit tibi caedere gentes,
      ut uiXtrix totisque simul perfuncta duellis
      diffluores, alios ritus et sacra dicares?

104 *diuiduum.* Gen. 348. 418. 929. 979. 1341. Exod. 933. VM *ter.* Colum. XII pr. 8. Luc. VIII 465. Plin. II 170 and 5 other exx. Stat. *bis.* Sil. XIV 234. Apul. Namat. I 180. Hil. trin. II 22. Claud. one ex. Auson. p. 166 13 P. Claud. Mam. I 17 p. 63 10. Ennod. ep. IV 2 p. 72 19 H. Auit. II 224. 105 *exhibuit,* in a sense akin to our 'exhibition,' 'maintained,' may be right. So Iustin. and dig. in lexx. Add Lact. m. p. 7. Cypr. *eRiPuit* involves a very slight change. 106 *uiCtrix* C. 107 *diflueres.* Sen. prou. 4 5 *diuitiis.* Prud. cath. VII 16 17 *num si licenter* diffluens *potu et cibo* | *ieiuna rite membra non coerceas.* ham. 252—3 *ut flura uoluptas* | diffluat, where the word is absolutely used, as in the text. Alcim. Auit. III 269 *opibus amplis.*

108   quamQVE sEdere dederat tibi regula legis.

"*quamQVE sEdere dederat* AB. *sidere* C" PITRA. No. *siduere* C. Read *quam PIA sidereaE* = *cuelestis,* as very often in our poem. So we have:

      quam pia sidereae dederat tibi regula legis.

109   ecce tenes terram PatRibus iurata sacratis
      quae fuit atque datur IAEta per saecula plebi.

"*Vatibus* codd. mox *per specula* B" PITRA. *lECta* C. read *lectae.* For *uatibus* cf. Exod. 1151.

Then we have:

      ecce tenes terram, uatibus iurata sacratis
      quae fuit atque datur lectae per saecula plebi.

112   quoD.   *quo* C.

113   exoras mutos fabrorum pignora diuos.

pignus, for child, is very frequent in our author. See Corte on Luc. II 370. V 473. Mützell on Curt. p. 341. Tac. G. 38. Plin. pan. 37. 39. Schulting on [Quintil.] decl. 1 3. Iustin. XXVI 1 8. Namatian. I 599. Tert. idol. 12 Oehler. Ambr. hexaëm. IV § 14 *post med.* v § 7 f. On idols, as the work of men's hands, see Deut. 4 28. 2 Kings 19 18. Ps. 115 4—8.

135 15—18. Is. 2 8 and 20. 37 19. 40 19 20. 44 9—20. 46 6 7.
Jer. 10 3—5. Hos. 13 2. Habakkuk 2 18 19. Wisd. 13 10—
14 13. 15 4—17. Baruch 6 throughout. Acts 17 29 Price and
Wetstein. 19 26 Wetstein. Xenophanes in Clem. Al. 601ᶜ. 711ᵇ.
Hdt. I 131. II 163. Hor. s. I 8 1—3 *olim truncus eram ficulnus,
inutile lignum,* | *cum faber, incertus scamnum faceretne Pria-
pum,* | *maluit esse deum.* Auian. 23 Cannegieter. Minuc. 23.
Tert. apol. 12. 16. 25 f. ep. ad Diogn. 2. Athenag. 26 p. 30ᵇ.
Arnob. III 12. VI 8—26. Clem. recogn. IV 20. Aug. c. D. VI
10 with the striking citations from Seneca.

    114 *fueraNt* C, by mistake.

    115 omnia conterere fictosque auerTere cultus.
                      auerRere C. Read perhaps
o. c. ET f. a. c.

    116 sed QuIA nulla meis data Est fiducia iussis.
         Read *s. CuM n. m. d. sIt f. i.* cl. 394. Gen. 1316 n.

    117 C also has *Sursum* for Pitra's true correction *Rursum.*

    120 uertitur ad gemitus et tristia pectora tundens
         uberibus lacrimis ueniam rogat. NEC mora uotis
         ulla fuit, sanctaQVE dei per templa petentes
         prosequitur pietas, quae maestis laeta resignat.
        In Gen. 1063 I have restored a line similarly
afflicted in the 4th foot. Read *HAVD mora uotis* cet. cf.
Aen. V 749 haud mora *consiliis.* 123 *sanctAE dei* C. Read
saCRAta (*sacrata* for *sactae*) a known epithet of temples. ulla
fuit, sacrata dei per templa petentes. If *resignat* is right, it
must mean 'opens,' 'reveals,' and *maestis* probably be masc.
though 'to a sad estate' would do.

    124 dispersus igitur populus ad nota recursat
         tecta libens locoque dEdit plorabile nomen.
        124 Read *REdditque l. p. n.* cf. Gen. 1423. *plora-
bile* a third ex. of this rare word.

    126 rursus corda labant redeuntQVE ad crimina sueta.
         redeunt ad C, removing the tedious *QVE,* which
haunts us at every step.

129   subduntur dominis quos uicerunt, dolor atrox!
        NEc miseris QuOquam respondit conscia uirtus.
       QVI dolor codd. Read *HIc miseris, NuSquam.*
When *hic* was corrupted into *nec*, the mss. added *qui* to make
grammar (for *dolor atrox!* as an exclamation is impossible).
For exact parallels to *qui* see Gen. 1063, 1116, and to the
whole passage, 117—8 above, 197—8 below. Num. 862 *sanc-
tasque putat, quas uicerat, aras.* Read:

       subduntur dominis quos uicerunt (dolor atrox
         hic miseris): nusquam respondit conscia uirtus.
       Perhaps we should read *respondEt.* The thought is
'a sorrow's crown of sorrow is remembering happier things.'

135   intonsos lucos. 381. Gen. 67 i. *nemus.* Stat. Th. IV
420 (*silua*) -*ae frondis.* VI 105 -*a cacumina.*

138   qui tum iura dabat, geminos qua diuidit Omnes
        insVla, ab AssyriIS disiungens limite Persas.
       Amnes insOla C. Mesopotamia. *AssyriOs* C, whence
we get *AssyriO*. See Gen. 848 n.

140   cf. Judges 3 8.

141   congemuit. Cic. Lucr. Verg. VF. Suet. vulg. Jer.
22 23. Hier. ep. 130 3. A rare word. Ambr. hexaëm. IV § 4
mecum congemiscit. Rom. 8 22 in Aug. propositionum ex ep.
ad Rom. expos. 53 *creatura* congemiscit. Aug. ib. f.

142   fractus amico | numine. Stat. Th. XI 435—6 *non
uerba magis suadentia* frangunt | *accensos.* 375—6 *illum gemitu
iam supplice mater* | frangit. Symm. ep. I 78 1 *ut indicii
seueritatem* frangat *adfectio.* Hier. ep. 108 20 (714^d) *in luctu
mitis erat et suorum mortibus* frangebatur, *maxime liberorum.*
Mühlmann *frango* 542 f.

143   solamina uitae. Exod. 930. Verg. Luc. Sen. VF. Sil.
IX 163. Cypr. app. 860 8. Symm. ep. IV 74 2. V 71. 97. IX 78 f.
CIL II 1180. [Hier.] ep. ad. amic. aegr. 1 4 *bis*. 9. 10. Rufin. in
Num. prol. p. 10. Auson. parent. 4 16. technop. 12 1. Paulin.
Poll. euchar. 497 *apta senectuti iunctae ad* solamina uitae.
Ennod. ep. III 13 pr. Auit. c. II 149. app. p. 188 II 7.

145 detergIt pectore curas. *detergEt* C. *detergit* in Dioscor. Langob. I 71 p. 81 b 12. 14 p. 64 a 21. Neue II² 424—5.

146 GeSeasatus. *GeZeasatus* C.

148 uirtutis dote cluentem. 237. Neue II² 426. Prud. c. Sy. I 417. ps. 2. Terentian. Maur. 7. Cypr. app. 300 66 (c. de Iona) *quo populo, qua sede* cluis? Iul. ap. Aug. c. sec. resp. Iul. v 15. Iul. Val. I 4. 13. 42. Symm. ep. I 1 5 ver. 12 *bis seno celsus, Symmache, fasce* cluis. Alcim. Auit. II 95 96 *pars magna retentat | uim propriam, summaque* cluit *uirtute nocendi*. Ennod. c. II 104 2 *innumeris doctor* dotibus *ille* cluit. ind. Venant.

150 hic ualidus fidusque deI.
    hic ualidus fidusque deO C.

154 sed postquam princeps decursAE tramite uitae.
    "*decursO et A*" Pitra. *decurse* C. Read *decurso tramite*.

155 decubuit. Exod. 919 n.

159 ferrata grandine. Ov. m. v 158 *tela uolant hiberna grandine plura*. Sil. Amm. XXIX 5 25 *tela uolitantia grandinis ritu*. XXXI 7 13.

161 deduntur proceri, qui mortem euadere quaerunt,
    perpessiQVE deCEM DOMInOs et mensibus octo.
    C writes *dominos* in full, which is very suspicious. The *et* must connect *mensibus* with some tale of *years*. *annus* (a̅n̅u̅s̅) and *dominus* (d̅n̅s̅) are perpetually confounded. The scribe forgot that the object to *perpessi* can be understood out of *proceri*. The reign was 18 years (Judges 3 14), but our poet makes it 10 y. 8 m. Read
    perpessi deNIS annis et mensibus octo.

163 his inflexa malis natio quae fecerat horret.
    We can escape *natio* by reading *IVDAEA h. i. m. q. f. h.* But as *uatibus* twice has ā, perhaps the text is sound.

164 deposcitque deum, qui solus crimina donat.

Sen. ir. III 11 1 *quaedam interpretatio eo perducit, ut uideantur iniuriae: itaque alia differenda sunt, alia deridenda, alia* donanda. Stat. Th. VI 556 Barth *an suspectus ego? abscedo et mea uulnera* dono. Apul. flor. I 9 p. 32 Hild. *quis enim uestrum mihi unum syllogismum ignouerit? quis uel unam syllabam barbare pronuntiatam* donauerit? Tert. adu. Marc. II 23 *post med.* IV 35, v 19 *bis.* Cypr. 821 30 H *peccata.* Arn. VII 8 p. 243 8 *peccatoribus* delicta. Pacian. ep. 3 *mortale peccatum.* Commodian. apol. 739 *qui renouat hominem peccata pristina* donans. Ambr. off. I 233. hexaëm. v 89. Aug. prop. ex ep. Rom. 31. serm. 46 4. tr. in Io. ep. I 5 f. de peccator. meritis II 57 *peccata.* Paulin. Nol. c. ult. 225. Paulin. Petric. uit. Mart. III 244 *errantes reuocans, reuocatis crimina* donans. So *donatio* Aug. tr. in Io. ep. I 5 f. peccatorum. id. proposit. ex ep. Rom. 29 *bis.* Cl. Mar. Vict. aleth. I 470 *ipsa probat dominum mitem* donatio *culpae.*

165   illic et adlegitur, qui sceptrum sumat, AotHus.
     illicet (i.e. *ilicet*) .. *Aotus* C.

166   (story of Ehud and Eglon, Judges 3)
     hIc utraque manu coNnitens robore dextrae,
     degenerem nullo sensit sub pondere lacuam:
     VT QVum uictori sociorum munera ferret,
     ancipiti gladio furtim subueRtereT ictus,
170   admissus dehinc, regem subnixus adorat
     inualidum, nam membra toris uacuata lababant
     in tantum, ut modico posset procumbere pulsu.
     affirmat superesse sibi, quae dicere uelIt
     confertamque rogat comitum discedere turbam.
175   adnuitur mediaque sedens dux barbarus aula
     surgit et aDMotus tOto se corpore iungit.

     166   *hVc..coNitens...*168   *IS Cum subueRtere cinctus* C (i.e. *sub ueste recinctus.* Remember the similarity of the Anglo-Saxon *r* and *s*, and compare

178   eripit a femORe gladium quem ueste tegebat.
     femINe C). 169 *ancipiti gladio.* vulg. Judges 3 16. ps. 149 6. Hebr. 4 12 (*biceps* prov. 5 4). Sid. c. v 418 *ensis.* Prud. cath. v 86 *gladius.* 170 *admissusQVE dehinc* C.

171 do not take *toris* for 'couches.' 173 take *uelLEt* from AB. 176 from *aDMotus* take *Aotus* (cf. 187), from *tOto* take *tVto* (see Judges 3 19 and for the confusion of the two words, Drakenborch on Liv. XXVIII 4 7).
   Then the whole passage is sound :
   165 ilicet adlegitur qui sceptrum sumat Aotus.
        hic utraque manu conitens robore dextrae
        degenerem nullo sensit sub pondere laeuam :
        is, cum uictori sociorum munera ferret,
        ancipiti gladio furtim sub ueste recinctus
   170 admissusque dehinc, regem subnixus adorat
        inualidum, nam membra toris uacuata labahant
        in tantum, ut modico posset procumbere pulsu.
        adfirmat superesse sibi, quae dicere uellet,
        confertamque rogat comitum discedere turbam.
   175 adnuitur mediaque sedens dux barbarus aula
        surgit et Aotus tuto se corpore iungit.
        With 172 cf. Macr. VII 3 4 *in praecipiti stantem uel leuis tactus* impellit.

20 179 perque uterum regis Scapulo tenus abdidit omnem. *capulo* C. cf. Aen. II 553. For *uterum* cf. Iuv. X 309 n.

    181 postesque superbos. Aen. II 493.

    184 uentris onus forsan subducta fundere ab aluo.
         EFfundere C. *uentris onus* (*pondus*) generally of the embryo. As here Mart. I 37 1 uentris onus *misero, nec te pudet, excipis auro*. XIII 29 2. Lamprid. Heliog. 32 2 onus uentris *auro excepit*. cf. Iuv. XIV 199 *soluunt tibi cornua uentrem*. Cass. Fel. p. 147 cet. *uenter facit,* 'acts'. pp. 38, 69, 79, 143 *uentrem facere*. p. 104 cet. *deducere*. p. 74 pr. *uentris egestionem clystere prouocabis*. AV. epit. 41 22 (an exact parallel) *quasi ad uentris solita secedens*. 12 6 *impetum uentris differre*.

    186 iamque memor facti socios in bella lacessit
         terribilIsque tubae sonitus permiscet aCuTOs.
         "*factis otiosi* C" PITRA. No, *factis ociosi*, i.e. *facti socios*. Take *terribilEs* from C, and find in *aVDOs*, the reading

of A, B and C, by transposing two letters and changing one, *AOTVs*, our old friend Ehud of *aD.Motus* fame (ver. 176).

190   see Judges 3 29.

193   ib. 30.

194   post haec Semegras parili uirtute superbus
      Iudaeos rexit populos clarosque reliquit.

SImegras C. See Judges 3 31 *post hunc fuit Samgar filius Anath, qui percussit de Philisthiim sexcentos uiros nomere.* Another version of this story, with a further corruption of name, has been foisted between the stories of Samson and Micah (below 721—2) and should in all future editions be placed here. Remember that C ends with v. 507. I do not find in LXX or vulg. any second Shamgar after Samson; but in Sulp. Seu. chr. 1 24 5 a first *Semigar* after *Aod*; ib. 28 7 *huic* (to Samson) *Simmichar successit de quo nihil amplius scriptura prodidit. nam neque finem imperii eius repperi et fuisse populum sine duce inuenio.* called *Semigar* 29 7.

721   hunc sequitur Semada ducem, qui fortibus ausis
      sexcentos peremit et tempora laeta reduxit.

Peremit there, whether written with *e* or *i*, must be present.

196   sed dum securis pOTIuntur gaudia rebus.

"*patiantur* B, C, an bene *pascuntur?* A, B" PITRA (sic). *pASCuntur* C.

197   precatu.   *Spicileg. Solesm.* 1 232 ver. 288 n.

198   numinibus miseris, quaE uicit, consecrat aras.
      cf. 129 n.   *quaS* C.

199   ergo exercentur poenis et crimine digna
      supplicia expendunt.

Aen. VI 739 740 e. c. p. *ueterumque malorum* | *s. c.*

201   Chananaea manuS, IaZuris pube coacta.
      chanaNuaea manu, IaSuris C.

202   Sisara militiae ductore et principe pugnat.

This order is far more forcible than *militiae Sīsărā*. For *i* see 214, for *i* 226.

203 see Judges 4 3 as also for 208.

205 plus terror quaSsAtus agit.
     Restore from ABC quaEsItus.

206 from Aen. VIII 596.

207 uincuntur Solimi passim grassante CanannA
     CHanannO C, rightly.

208 bisque decem ducunt per tristia quaeque decembres.
     decembres Levit. 99. Hor. ep. 1 20 27. Auson.
parent. 9 25 p. 36 P.

209 tempore non alio proPHetis Debbora regnat,
     cui coniux IEpidoth fuit METiBill sedE
     iura ferens populIs aCclinis caVdicE palmae.
        *proFetis .. coniuNx LApidothA ... metibilE sedIS ..
populVs aDDinis cLudicAe .. C.* "metibile sedis A, B, C,
metibilis sedes uidetur ea quae publice erigitur et probatur,
sicut moneta proba et publice recepta, sed rarissima uox quae
ante saec. XII hactenus dicta non cognoscitur." PITRA.

Read

209 tempore non alio prophetis Debbora regnat,
     cui coniunx Lapidotha fuit, IN LiMiTe sedis
     iura ferens populis adclinis caudice palmae.
            m = *in*. *imi* becomes *ini* and that *ibi* by known
laws. a scribe would say *bile* I know, but what is *bite*? Add *e*
to connect *m* and *t*, and change *l* into *t* (perhaps the *t* placed as
a correction over the *l* of *bile*) and the thing is done. Many
words in Ducange rest on no surer foundation than *metibilis*.
211 cf. Num. 840—1 *in omnes* | iura ferens populos. *ad-
clinis* Num. 846. Plin. VIII 39 *arbori*. VF. 1 147 *tapeti*.
Ammian. XXXI 2 16 *orienti*. Claud. 5 cxx. Arnob. VII 13 f.
Capella 11. Ennod. ep. V 8 6.

215 profetEn. Read *profetIn* perhaps.

216 nescius ingenti coepti sibi defore palmam,
     si pariter ad castra uocAt, cui gloria prima est.
     at mulier solo sexu noua munia sumit
     dIlectasque mouet per barbara culta cohortes.

216 Read *ingentiS* with C (whose *coeptiS* has borrowed an *s* from *Sibi*). *defore* is here, by exception, fut. 217 read *uocEt* with C. 218 *solo sexu* are perhaps datives; 'new to her sex alone.' Her bodily frame was a woman's; her mettle the warrior's, her intellect the stateman's. Or *s. s.* abl. 'with nothing but her sex to help her assumes new functions'. cf. Gen. 1428 *decessit* solo *terrenis corpore uates*. Exod. 67 solis *non tumet armis*. 219 Read *dElectus*, or at least translate 'chosen.' *culta* Verg. g. I 153 *interque nitentia* culta. Aen. X 141 *pinguia* culta cet. Lucr. Hor. Ov. Plin. Auian. 30 1. Claud. Prob. et Ol. cons. 53. bell. Gild. 110. laus Ser. 70.

221 ripasque tumens euincere gaudet. cf. Aen. II 497.

222 intra iactum teli. Aen. XI 608. Curt. IV 3 14. So *extra t. i., ad t. i. peruenerant, uix t. i. abesse* (Mühlmann s. v. *iactus*). Curt. III 10 1 *extra t. i.* Sen. const. sap. 1 1 f. *extra omnem t. i.* Hegesipp. III 20 13 *ultra i. sagittae*. Hier. uit. Hilar. 41 *post med. iactu tantum lapidis medio*.

223 QVum dominus, cui uirtus inest quae sidera mutat,
quaMque tremunt terrae, qua fulmen nubibus ardet,
quaE mouet incertum refugo molimine pontum,
terrore immisso Sisaram fugat: male praeceps.
Cum...qua..qua.. IS male praeceps C. In 223 we expect *mOtat*. In 536 we have *queM terra tremit*, which confirms *quam* here.

228 caEssuram medio liquit certamine pubem.
cassuram C. Remember *cassu* above. Read *casuram*.

230 *IoelAm* C as *IoelA* in 232.

231 femineo festinat uiuere dono.
cf. *beneficio tuo saluus, seruari beneficio Caesaris.* Aen. VIII 658 *defensi tenebris et dono noctis opacae*.

237 quisque = quicumque. See Tertull. apol. 7. uirg. uel. 13. e. de Iona 61. AV. Caes. 33. Davies on Minuc. 13 1. Symm. ep. I 58 with Juret. Iuuenc. III 490. Cypr. Hartel ind. p. 448. Rönsch das N. T. Tert. 78. Itala u. Vulg. 326. Gruter inscr. 608 4. 656 2. 661 1. 678 11. inscr. Pomp. 1937.

1997. Zangemeister on n. 1645. Claud. Mam. an. p. 158 15. 189 4. Hegesipp. v 27 p. 339 86. Aug. de lib. arbitr. II 41 f. Arat. ad Parth. 10. [Auson.] VII sap. sent. Pitt. 5. Cleobul. 5 (p. 407 P.). Sidon. 8 exx. Venant. ind. Koffmane I 138. For earlier exx. Brix and Lorenz on Plaut. mil. 156. Holtze I 405. Neue II² 249. *cluis* 148 n.

238 qui satrapAs uel sceptra geris a rege secunda.

   satrapEs C. Neither *satrapas* nor *satrapes* can be a verb; the nom. *satraps* occurs in Sidon. and Alcimus Auitus. Read *qui satrapA es*, a form used by Curtius. *sceptra a rege secunda*. bell. Alex. 66 *ut sacerdos eius deae maiestate imperio potentia* secundus a rege...*habeatur*. Sil. x 433. Hand Tursell. I 43—4. Plin. XXXIV 53 *placuit eligi probatissimum ipsorum artificum qui praesentes erant indicio, cum apparuit eam esse quam omnes* secundam a sua *quisque indicassent*. Iustin. XVIII 4 5 *qui honos* secundus a rege erat. XXXII 1 9. Tert. adu. Prax. 5 f. 7 *bis*. Eutr. v 8 f. Hier. homil. Orig. in cantic. cantic. (III 528ª, ed. Ven. 1767) *si fueris mons, salit in te sermo dei. si non ualueris esse mons, sed fueris collis* secundus a monte, *transiliet super te*. Ambr. off. III 123 *ipse..rex Persarum,...quem* secundum a se *ac praecipuum inter omnes amicos haberet, cruci tradidit*.

239 procuruus uenerare deum, da digna pErenNi
  cantica: namQVE aliud dominus te cogere non uult.

  pArenDi (i.e. *parenti*) C, perhaps rightly. *nam aliud* C, by mistake. 239 *procuruus* Gen. 996. 1088. Exod. 185. 489. Isid. x 230. Hitherto only known from Verg.

241   qui flamine pontum
eMoVet.
  eVoMet C by a common transposition.

243 This is the last verse of C 103 v°. Go on to the last leaf 110. f. 104 r° begins with 284. "Tumultus inde grauis et foliorum confusio in C. mox uero A usque in finem diris uulneribus confoditur." PITRA.

244 dulcisoni cantate chori, collesque nemusque
  responsent, laudesque novENT et tinnitibus, quae
  PROtiNus et uerae concordent murmura uoci.

243 *nou* VS C.

et has been transposed. Restore it to its place before *quae*. Then *et uerae uoci* (the natural voice opposed to echo, the *imago*) shew that a dat. lurks in the feeble *PROtiNus*. This may be *pLAVSiBus* or *CANtiBus*.

Thus we have:

> dulcisoni cantate chori, collesque nemusque
> responsent laudesque nouent tinnitibus et quae
> cantibus et uerae concordent murmura uoci.

244 *dulcisoni*. Terentian. Maur. 2644—6, 2653—4, 2665. Sidon. c. VI 5. Valerian. hom. X fin. (bibl. max. patr. VIII 511ᶜ). Paulin. Petric. uit. Mart. IV 572. Capella 888. 908. Glossary to Beda.

248 reddidit imperium medioque ex hoste recepTI.
    recepIT C.

252 nomenque dei numenque relinquunt.

    nomen C twice. Iustin. XXIV 5 9 *nunc Alexandri Philippique regum suorum* nomina *sicut* numina *in auxilium uocabant*. Macr. Sat. I 18 21 numinis nominisque interpretationem. Orest. trag. 87 88 nomine *tu quocumque dea praeclara uocaris*, | numine *mox ipso praestus quodcumque rogaris*. Bentley on Hor. ep. II 1 16. Drakenborch on Sil. XVI 655. Remember the significance of the divine Name in the O. T.

253 quos dominus laesOs septem disperdidit annis.
    laesVs C. cf. 127.

255 non ulli dare se campo, non obuia ferre
    pectora. cf. Aen. IX 56. XII 540.

257 castra modo celsaque metu munimina firmAnt.
    fornicibusque cauis absconDITi, sic quoque pOllent.
        firmEnt (by error)...*pAllent* C. The form *absconSi*, here required, is found in Exod. 749 n. and very frequently in late Latin.

261 ergo inopes famemque simul ferrumque timentes
    ad dominum redire deum, qui supplice turba
    flectitur ac uatem mittit pia iussa ferentem,
    ut tandem memores rerum bellique recentis

265   respiciant dominumque colant, qui numine dextro
       dilectum PHaria populum reuocauit ab urbe;
       neC rursus uetitis adolenT altaria flammis
       nEC semper faciles incurraNt numinis iras.
       nuntius inde dei sub quercu sedit AMOena
270   et Gedeum, dum farra terit, his uocibus urget:
       "eia age, rumpe moras, dominus te sumere iussit
       sceptra quibus [ualeas] populum subducere fraudI."

261 To avoid the false quantity and bring out the force of the alliteration, read *ergo inopes simul* ET *ferrumque famemque timentes*. Cic. in Pis. 40 ferro fame *frigore*. Sall. Iug. 24 3 ferro *an* fame *acrius urguear incertum est*. 38 9. h. v 21 D (= III 67 Kr.) *sin uis obsistat*, ferro *quam* fame *aequius perituros*. Liv. X 35 14. XXII 39 14. XXVI 6 16. Tac. h. IV 32 f. [Frontin.] str. IV 7 1 *C. Caesar dicebat, idem sibi esse consilium aduersus hostem quod plerisque medicis contra uitia corporum*, fame *potius quam* ferro *superandi*. Coripp. Ioh. VII (VI) 309 *uictor eris uictosque* fames ferrumque *necabit*. Widukind I 35 fame ferro *frigore* (from WOELFFLIN). A less violent operation would be to add *q.* after *inopes*. The scribe might well take fright at *que que que* in one line. 266 *Faria* C. 267 *ne* C. 268 *non* C. 270 *urgVet* C. 271 *Heia* C. 272 *ualeus...fraudE* C; remove the brackets. Then read in 267 *adolenS*, in 268 *incurrat*, in 269 *EFRena*. With the correction *adolens* for *adolent* in 267, cf. *dolens* for *dolet* Gen. 241, *retractans* for *retractant* Gen. 434, *praesentans* for *-ant* Gen. 441, *increpitans* for *-ant* Gen. 1351 (cf. Spicil. Solesm. 246 ver. 802), *secutus* for *secuntur* Exod. 522, *sedens* for *sedat* (Spicil. 248 ver. 877). With 271 cf. Aen. IV 569, and with the whole Judges 6 11 *uenit autem* angelus domini et sedit sub quercu, *quae erat in EPHRA*.

274   infeNsum. *infeSsum* C, by mistake.

280   hedulus eligitur, solo qui lacte refeCtus,
       mollior et cunctis, erRabat nescius herbae.
            "*aeLuDus* codd. tres. forte *HINNuLus*" PITRA. No, h*Aedulus*. "*refertus* AB" PITRA. *lacter eFjeStus* C. No

doubt Pitra's *refectus* is right. 281 *cunctis erVabat* C, by a reminiscence of *seruabat*.

282 Gen. 585.

283 haec iuuene admonito uicino infundere saxo
ipse manum REtInens summo de uertice uirgae 5
contigit atque uirum medio sermone reliquit.

284 *tEnens* C. Read *tenDens* cl. Judges 6 21 extendit *angelus domini* summitatem uirgae, *quam tenebat in manu, et tetigit carnes.* For *de* cf. Gen. 860 n. 285 Aen. IV 277. IX 654. 10

289 see Judges 6 24

292 ac ne profanus genitor contraria ferret
iurgia, per noctem tacitus male conditA uertit,
conSTiTVens iuuenEM subuersa ad templa iuuencum.

292 *profanus* Exod. 1070 n. 293 *condit'* C, by 15 attraction from *tacitVS*. 294 read *conFiCIens iuuenIS*.

295 quae postquam coMperta, paLLent.

coNperta C. Then read *paVent* (*pauent*). The two horns of the *u* have grown too high.

296 flammarunt animos. Aen. I 50 *flammato corde* 20 = Stat. Th. I 248 = Sil. XV 560. cf. Sil. X 426 *flammata mente*. ib. 136. XI 226. XII 680. XIV 287. Stat. s. I 2 204. Th. VII 590. XII 714.

301 spiritus hic domini Gedeon ad proelia firmat,
classica iamque sonant, dat cornea bucina signum, 25
oratur dominus, candenti ut uellere lanae
caelestes fluitent nocturno in tempore rores.

305 nec mora, permaduit ac peluem pressa repleuit.
inde aliud posCit rursus, terraque madente
sicca pruinosos non sensit lana liquores. 30

I have revised spelling and pointing; take *posVit* from C and all is sound and good (C's *terraque madentē* is wrong). With the whole passage cf. Sid. c. XVI 15—17. With 302, Aen. VII 637. 307 *pruinosos*. Ov. (also fr. 6 R. in Lact. II 5) Vitr. Petron. Claud. r. P. II 257. [Ausen.] idyl 14 13 p. 410 P. 35 Ennod. *ter*.

308 additur his aliud, bis dena ut milia plebis
atque duo iubeat rursus remeare timentum,
310 milibus inque decem certandi ut summa locetur.
hVnc etiam monitus minuit, ne turba coacta
robore fida suo, domini non cerneret arma.
Read hAnc with C.
?15 praecipit ut socios lECtae uirtutis haberet.
lAEtae C, which is very good, 'of a cheery valour.'

From 317—346 occurs the first of four series (30 in each case) of truncated lines. I give Pitra's supplements in italics and in brackets, not pausing to fill the gaps to my own satisfaction, except here and there. It will be understood that I neither accept nor reject them, except when I say so expressly. "Triginta inde uersus sequuntur qui eodem omnino uulnere in tribus nostris codicibus confossi, capite truncantur; unde tria simul exemplaria ab eodem archetypo deriuantur, in quo unum folium a margine cusectum (sic) est. id quod bis subinde, diro et singulari casu, geminatur. de quo dixi in *Spicil.* t. I proleg. p. XXXVII, ubi uide uarietates stipatas." PITRA.

318 [*in sedes*] reditura suas, Seu nescia pugnae.
Ceu C, and *reditura* (not, as Pitra says, *reDditura*).

319 [*paruo cum*] cuneo bellum tot milLibus infert,
[*quae NVME*]Rare uiri nequeVnt, quibus arte magistrIS
[*porrectis*] mos est digitis concludere summas.
milibus...BELLare...nequeAnt...magistrA C. Read in 320 cum bellare uiri nequeant, quibus arte magistra.

322 [*tot*] acies. Read [*inde*] acies.

324 [*insimul*]. Read [*ET simul*].

325 nocte obteNtus opaca. *obteCtus* C.

326 [*ingredi*]tur. *egreditur* C in full.

327 [*audiuit*] *it* is in C.

328 [*quae m*]ale sopitus. *male* C in full. sensu uigilante. Ov. P. 1 2 44. III 3 94.

329 [*ipse*] uidebatur panem sibi uiscere uolui,
[*hord*]ea quem faciunt, quotiens frumenta negantur.

Happily restored. On barley as fodder for cattle, barley bread as a punishment ration, see Iuv. VIII 154 n. Opposed to *frumentum* (in the later limited sense, unknown to Riddle-White), as here, so also Amm. XXVI 8 2 (an early mention of *beer*) *est autem sabaia ex* hordeo *uel* frumento *in liquorem conuersis paupertinus in Illyrico potus.* Hier. ep. 78 1 (468ᶜ, ed. Ven. 1766) *nos autem derelinquentes Capharnaum, agrum quondam pulcherrimum, et cum Iesu egredientes in desertum, pascamur panibus eius: si insipientes sumus et iumentorum similes,* hordeaceis: *si rationale animal, triticeis et ex grano* frumenti *commolitis.* id. adu. Iouin. 1 7 (II 246ᶜᵈ) *uelut si quis definiat: 'bonum est* triticeo *pane uesci et edere purissimam similam. tamen ne quis compulsus fame comedat stercus bubulum, concedo ei ut uescatur et hordeo'. num idcirco* frumentum *non habebit puritatem suam, si fimo* hordeum *praeferatur?* In the edict of Diocletian c. 1 1 *frumenti.* 2 *hordei.* See Damogeron c. 7 (ad calc. Orph. lith. ed. Abel). See other exx. in my glossary to Beda under *frumentum.* cf. Georges. Rönsch and editors neglect this use of the word.

332 [*donec*] per mediA uenit munimina ualli,
      So C. Read *mediI*.

333 [*et praeceps*] regiAs inuasit pondere sedes.
      regis C, rightly.

336 [*hinc*] postquam dominuM ueneratus iuuenis abiuit.
      *dominu*S C wrongly. Restore thus (cl. 436):
      [*sed*] postquam dominum iuuenis u. a.

339 [*cornea*] tela, tubaE manibus et lampadas indit.
      Read: [*ollas*], tela, tubaS manibus et l. i.

340 [*exemplum*] *exemplum* C in full.

341 [*cla*]mAntesque deo grates.
      ABC all begin with *mEntes*. Qu. [*sol*]*Ventes* or [*pro*]*mentes*?

342 [*pend*]ere. [ ] *abere* C. The context primordia pugnae
      [ ] abere, ne desit dominus, quo principe uincant, rather suggests [*C*]*aRPere*.

344 [cum] rapidi incursant portis clausasque reuellunt
[postes] atque tubas uentosis flatibus implent.
Change the case and all is well:
[postIBVs] a. t. u. f. i.

346 [hyd]rias [ ] rigas C. The conjecture is at least probable.

347 cf. Aen. IX 503.

348 leuant ad sidera uoces. *leuo = tollo.* Dutripon's concordance. Glossary to Beda. Rönsch and editors neglect this use.

349 praeteXta. *praeteNta* C, rightly.

350 Exod. 1174 n.

351 Aen. IX 498.

352 Aen. I 82.

354 pars fontes riguos et raucos occupat Omnes.
Amnes C, as Gen. 277. On the confusion cf. Drakenborch on Livy II 26 1.

355 Gen. 1218 n.

357 nec tanti Recidere dolO: namque agmine prono
MEdiae proceres ueniunt Horebus et Axes.
Cecidere MAdiae... Orebus C. "*dolI* ABC" PITRA. Read with C.

359 ferrumque simul pro gurgite sumunt.
Seeking the stream, they find the steeL

363 om. C.

364 EccE Dum post bella dapes dum poscit amice.
C again restores a proper name *OccOdum* i.e. *Socco-Tum*. While, in friendly fashion, he begs a meal of Succoth. Judges 8 5 *dixitque ad uiros* Soccoth: '*date, obsecro,* panes populo, *qui mecum est,* quia ualde defecerunt.' The S fell off before the *spernitur* of 365.

367 minitAnSQVE recedit. "*IMmitEnDA* C" PITRA. No, the offence is less: *minitEnDA.*

368   inde opus incOeptum peragIT.

inceptum C, cf. Aen. VI 384 *ergo iter i. peragunt.*
The connexion requires *peragENS*, and perhaps *haereNS*, or (better) *peragit*, with a full stop after *haerens*.

369   inuenit in caRris metantes castra Sabaeos.

"*in casTRis* A, alias *Cascar*" PITRA, who thinks there is here a proper name. No. *in caRRis* C; take T from A, and you have *incaVtOs*. Judges 8 11 *percussit* castra *hostium, qui securi erant*.

371   post cladem centum Fuerant qua milia ferro.

Read *Ruerant*. C has *qua* not (as Pitra says) *quam*.

373   sed meritis innIxa suis gens concidit omnis. *innExa* C.

376   haesit ad extrema ueniens ludibria sortis.
Read *extremaE* with C.

379   omitted by C, though Pitra cites that MS. Read *poscentEm* for *poscentVm* and *uictuM* for *uictuS*.

380   nec mora: pEr sentes raptantur membra nocentES.

"*prAEsentes* C, *per sORtes* AB" PITRA. C has *per sentes*. Read *nocentVM*, corrupted by the bad company of *sENTES*.

381   intonsique uirum roTantur sanguine dumiS.

dumi C. Then read *roRarunt*. cf. Aen. VIII 645 *et sparsi* rorabant sanguine *uepres*. There also the line before had a *ruptabat*.

382   quin Vt nequE forent sceleris uestigia tanti.

"*quin Et* ABC" PITRA. Not C, which omits this verse. Read *quin Et nequA*. cf. Verg. ecl. 4 13. Aen. VIII 209.

384   om. C (not stated by Pitra).   cf. Aen. VIII 192.

385   post reges iubet esse palam, quos undique turba
          mirantis claudit populi.

Cic. Verr. V 67 *consuetudinem omnium tenetis, qui ducem praedonum aut hostium ceperit, quam libenter cum* palam *ante oculos omnium esse patiatur*.

387   quoT et quanta uiros strauissent caede superbi.
          quoS C.   cf. Judges 8 18 19.

388   tantos dixere fuisse,
ut regum natos formarum pErderet ardor.
Read prOderet, 'might betray their royal birth.'

392 tum sic motus ait: 'testor te, sancte deorum,
omnipotens, et facta tuae sublimia dextrae,
femineae meritum daret memorabile laudi.'

Read in 394 *dare tE*. "quorsum haec et superiora respiciunt, non liquet, nec lux oritur ex uulgatis graece aut latine bibliis: non deesse uidentur lacunae et turbae foliorum in codd. totum cap. IX Iudicum omittitur." PITRA. Immo uero, pace tua, uir reuerendissime, in extremo capite nono (ver. 53 54) haeret quod petis: *et ecce una* mulier *fragmen molae desuper iaciens, illisit capiti Abimelech et confregit cerebrum eius, qui uocauit cito armigerum suum, et ait ad eum: 'euagina gladium tuum, et percute me: ne forte dicatur, quod a femina interfectus sum.'*

395 hunc sequitur TholaNus. *TholaMus* C. Judges 10 2.

397 IaDirus inde uiget Galaditicus atque quiete
IN multa sceptrum bis denis possidet annis.

397 Read *Iairus*. Judges 10 3 *Iair Galaadites*. 398 *AC multa POTENS sceptrum* b. d. p. a. C. A and B also have *multa potens*, which is the true reading *multā* abl. fem. with *quiete*. *ac* and *in* are due to scribes.

399 praediues genitor deno ter pignore gaudens
nobilis undenis regnum bis possidet annis.

Judges 10 3. "In A succedunt duo uersus quorum initia tantum manent: *praediues gent..nobilis undecus*: bini uersus in B omittuntur" PITRA.

402 nam praeter adsuetum daemonis Astaratis aras.

We have rejected *praeter* as a pyrrich Gen. 1036. Exod. 694. Josh. 12. Here also we may read *praeter EnIm*. Then *daemonis* is to be scanned ⏑ ⏑ − apparently. The *o* is never long.

403 et deos Assyriae uel Sidonis atque Moabi
nesciOs ante sibi ritus Iudaea parauit.

It would be easy to mend 403 by transposition, *Assyriaeque deos*, but it is unnecessary. In 404 also *nescios* is a dactyl. *nesciVs* C, wrongly. The word is passive in sense, as Josh. 216 n. Num. 342. So in Plaut. and Tac. Gell. IX 20 20 seq. cf. *gnarus, ignarus.*

    406 bis nonas hiemes [*rExit*] confecta periclis.
        TrAxit C. *Dele* the brackets. See Judges 10 8.

    407 [*Iudaea*] ET tandem recolit tandemque reuoluit
       [*idolis*] magis esse deum, qui numine summo
       [*assuetus*] longum populi sedare reatum.
    410 [*placatur*] MITiS ira dei; nam protinus aras
       [*subuertunt*] cunctosque deos et saxea frangunt
       [*numina*] MAnsuri memorIs per saecla tonantis.
       407 *ALTO tandem* C. 410 *PIA ira* ABC.
412 *Insuri* C. Read *memorEs*.

    Read:

       [Bach]alI tandem recolit tandemque reuoluit
       [placandum] magis esse deum, qui numine summo
       [institerat] longum populi sedare reatum.
       [comprimitur] pia ira dei: nam protinus aras
       [subuertunt] cunctosque deos et saxea frangunt
       [numina], mansuri memores per saecla tonantis.

    415 [*uel bello*] uel pace queat urbes moderari.
       The supplement will stand. Then read (C has *m. n.*) *moderariER urbes*. We have *miscerier* in Exod. 305.

    416 [*Iephtea*] placuit quidEm Galatide natus.
       quidAm C.
       [*cuius no*]bilitas maculam de matre trahebat.
       nobilitas (in full) *t' m. d. m. t.* C.
    419 [*hunc*] fratrIs pOpulere domo, qui decolor hAeres.
       fratrEs pEpulere .. heres C. see Iuv. VI 600.
    420 [*atque ca*]rens certAe rebus genItricis OBerrAt.
       [   ]*rens certO .. genEtricis HerErET* C.
    421 [*atque fugit*] metuens et colles inter opacAs
       [*consci*]uit scelerum comites raptIsque potitur.
       [*at par*]te ex alia Ammonus bella gerebat
       [*as*]surgens: SolYmVs ET Iudaea caDebat
    425 [*abs*]que duce facilesque dabat labefacta triumphos.
       [*mitta*]batur iuuenes, qui clarum Ieptea bello

[adiuuent] blandoque uocent in proelia suasV.
[Ieptea] primum renuit, mox agmina miscet.
　　　421 [　　] it metuens .. opacOs C. 422 nitibi scelerum c. raptOsque p. C. 423 [　　] parte ex alia C. 424 surgens SolimOS Iudaea caRebat C. "cauebat AB" Pitra. 426 [　　] Intur iuuenes C. 427 suasSE C.

Read:
421 　[mox abi]it metuens et colles inter opacOs
　　　InStiTViT scelerum comites raptoque potitur.
　　　[at] parte ex alia Ammonus bella gerebat
　　　[as]surgens: Solymo set TVM Iudaea carebat
425 　[gens]que duce facilesque dabat labefacta triumphos.
　　　[mittu]ntur iuuenes, qui clarum Ieptea bello
　　　[exorent] blandoque uocent in proelia suasu.
　　　[at iuuenis] primum renuit, mox agmina miscet.

　　　422 raptO uiuere cet. (not raptIS) is the standing term. Add to lexx. Liv. XXX 13 7 (and see Fabri on XXII 39 13). Sen. ep. 121 18. ben. IV 17 4. Plin. XI 159 rapto uiuentibus)(collecto. Sil. II 502. Ambr. off. III 111. 116. Rufin. h. e. II 22 529ᵈ Migne.

434　in ferrum ruit. Verg. g. II 503—4. Aen. VIII 648. Luc. I 460—1. Iustin. XI 14 1.

436　ilicet ut quisquis primum redeuntem adiRet.
　　　adiSSet C. Then transpose ut primum r. quisquis adisset. cf. 336.

443　filia, quae patrios seruabat sola labores.
　　　= Gen. 1266.

444　occurrit laVdESque canit cum congrege turba.
　　　BlaNdVMque C. For congrege t. cf. Exod. 719 n.

445　= Iuv. VI 507.

448　heu faCtis funesta meis uictoria, uotum
　　　hoc potius hostile fuit.
　　　Read fatis, rather than faCtis, which must mean 'by my own act and deed.'

450　Aen. II 520 = IV 741 = X 811. and VI 466.

451　nam dum signa mouens dominI munimina posco.
　　　"dominVM ABC" Pitra. Read dominVM.

453 secura sui. Joshua 76 n.
455 (of Jepthah's daughter)
quin etiam exorat ut sit sententia certa,
neu dubitet haereatQue parens, [et ipsa] precatur
tempora quEis ualeat lacrYmis lugere iuuentam.   5
aBnuitur mensesque duo praestantur oRanti.
456 Read *haereatue parens, [sed parua] precatur.*
457 *quis .. lacrImis .. aXnuitur .. oVanti* C. "*oVanti
AB.*" Pitra. cf. Sulp. Seu. chr. 1 26 6.
456 cf. Exod. 775 *corda* haereant *legi.* In Levit. 127 10
haereat is a dactyl.
462 cognatasque acies urget furor et liuor aVdax.
liuor aEdax C.

The double false quantity in *liuor ēdax* seems very
suspicious. Read *liuor edax acies cognatus et furor urget.* 15
When *edax* became *Aedax* and *AVdax*, the transposition followed. *liuor* 654. Gen. 781. *līuentia* Gen. 793. cf. Exod. 905.
For *ignis edax* cf. 607. Exod. 904 n. *liuor edax* is from Ov. am.
I 15 1. rem. 389. Luc. 1 288. (Seru. Aen. VI 320.) cf. Paulin.
Petric. uit. Mart. II 44. Alcim. Auit. III 185.   20
463 dum carpit pia facta uiri, sese ipsa prOemit.
pEremit C.
464 decumbunt. Exod. 919 n.
465 eX populis, EPHremE, tuis uictoRque duello
ciuiTes etiam meruit Ieptea triumphos.   25
eT (by mistake)....*EFremA...uictoque...ciuiLes...
eptea* C. For the dropping of the *r* in *uictoR* see *Spicil.* 1 245
ver. 750.
468 Punctuate:
Israelita prius Esebon, dux postea dictus.   30
470 cf. Judges 12 9.
472 ter denas cohiHens uno sub tempore NVPTAS.
cohiHens C. om. *nuptas* C.
475 insequitur sceptrumque tenet CabALlonius heRoS.
HeLoN C. See Judges 12 10 *AhIAlon ZabV-* 35
lonites. Read *Zabulonius Helon.*
476 cf. Judges 12 11.

477 subditur huic propere princeps SaBELLEnius Abdon.
SubAllenius C. Judges 12 13 *Abdon...Pharatho-nites.* Read *FaRaTHOnius Abdon.* The epithet has been corrupted from 475.

478 natarum triginta pater, nam masculiNA proles.
masculI proles C. Read *mascul.I.*

479 quaterdena fuit. cf. *Spicileg. Solesm.* 1 230 ver. 205 *quaterna.*

480 supposita de mOre parens.
mATre C. He had 40 sons, 30 grandsons.

481 cf. Judges 12 14.

482 ac dEIN sola dei uiguit cultura perennis,
pax laetis seruata fuit: Namque idola rursus
ADorata uiris bellum mouere CRVeNtum.
dVM...QVIetum C. Read *Iamque* for *Namque.*
Then *EXorata* cl. 113. *QVIetum* is a mere error.

486 cf. Judges 13 1.
Story of Samson.

487 illis temporibus iuuenis MaNOea uigebat.
"*HaNea AB*" Pitra. *HaBea* C. The true form is retained in 503.

489 optabat uotis titulIs gaudere natorum.
490 huius mulieriS dominus super aethera lapsus
491 adstitit insueti promittens munera partus,
492 imperitans: natus ne uina et sicera Bibet,
493 neu maculosa sinaT patulo decerpere morsu.
489 *titulOs.* 490 *mulieri.* 492 *Libet* C. 493 *sinuS.*
Read the three latter and *titulO.* For *mūlieri* cf. *Spicil. Solesm.* 1 237 ver. 492 n.

Two verses, 494—495, have found their way into the angel's speech.

I have brought up 494 495 to their true places. They interrupt the angel's address. Read

490 huius mulieri dominus super aethera lapsus
491 adstitit,—insueti promittens munera partus,
494 idcirco quoniam cunctis felicior esset
495 matribus et numeri damnum pensaret in uno,—

492 imperitans: natus ne uina et sicera libet
493 neu maculosa sinas patulo decerpere morsu,
496 nam uirtus generosa fiet nullOque licebit
497 inuictum uiolare caput eT laedere ferro,
ut lectus dominO, fecundo ex uiscere foetae
[Hebraeos] saluarI queat, bellumque retundens
500 [plebis in] hostiles conuertat damna maniplos.
496 *nullI*...497 *VeL*...498 *dominI*...499 *saluarE*...500 *damPna* C. Here, not at verse 504, ends the angel's speech. For *fIet* 496, cf. *Spicil. Solesm.* 1 240 ver. 594 n.

501 [cuncta suo] confessa uiro: nam flammea, dixit,
[ora] uisumque dei fulgentis honorem
[dant, iussit] quI dei nomen tacuisse tonantIS.
 In 503 *quE...tonantEM* C. Supply rather [haec uxor] confessa uiro [est]: "nam flammea," dixit, "[ora gerens] uisuque dei fulgentis honorem." cf. for *gerens* Exod. 271. In 503 *que dei* seems to be a dittography from 502. So A in Exod. 1361 substitutes *uirtute* (from 1360) for *ceruice.* cf. Judges 13 6. The verse may have run [uir uenit referens] *nomen t. t.* cf. Gen. 987.

504 '[magnus] natus erit de te qui gignitur,' inquit.
  C begins with *s erit.*
505 [audiit] uxorem uotis Manoea iugaTis.
  Read *iugaLis.*
506 [quis uates] fuerit sanctus, pia dicta retexIt
[postulat] atque nouum lumen quo noscere posSit
[promissum] queat, et qui nondum natus ametur.
 506 Supply *si uates.* C gives *retexAt.* 507 Supply *protinus* and read *posCit* which was changed into *posSit* to make sense, for C ends here, at the foot of f. 109 r°. 508 Supply *augurium.*

509 [angelus] e caelo dimittitur et noua pandens
[respicitur] nuptamque uidens in gramine fusam
[ipsi] sepositae confestim comminus adstat.
 In 510 supply *dona uiro.*
512 [exsur]git cursimque uiro quae uiSerat infit,
[surge], cur pauitans sanctumque inuisere gaudens
[neglegis] eximio fulgentem lumine uultum?

515 [*ob*]editur, poscitque uirum, si uera loquatur,
[*aperi*]at, quae facta uelit. quibus ore sereno
[*angelus*] exprImit PaRibus fas esse teneri.

Supply in 513 [*en age*]. 515 [*ingr*]editur. 516 [*expon*]at, or [*praecipi*]at, or [*ostend*]at. 517 [*legibus*] exprOmit, and *GRaVibus* for *PaRibus*.

518 [*filius*] immundis ne commodet ora creandIs.

Read (with A) *creandI's* (the child to be born). Exod. 699 *quod uideat generanda manus olimque futura*.

519 [*non*] uinum siceramue bibat, neu pocula sumat
[*mixta*], quibus ualeat mentem depellere sensu.
Rather [*ne*] [*ulla*].

524 [*ambo*] quin etiam domini condiscere nomen,
[*noscere*] quod nemo potest, mirabile namque est.
Rather [*poscunt*] [*scitari*].

527 [*cap*]rigenam prolem. Add to lexx. Auson. epigr. 76 (5 p. 313 Peiper) 2 caprigenum*que pecus*. Capella § 224. Paulin. Nol. c. XXXII 452 caprigenûm.

536 cf. 224.

537 quI fretus per castra Danisque Thalisque.
inde pubescenti uenit iam corpore ThEnam.

538 *ThAnam* A. So read (Judges 14 1 *Thamnatha*). Read

quO fretus, per castra [*agitat*] Danisque Thalisque.
Thalis is *Esthaol* (Judges 13 25).

540 patribus. 'father and mother,' lexx. from inscr. cf. Hebr. 11 23, where Bleek cites Parthen. erot. 10. Ov. m. IV 61 (see Burman there). Stat. Th. II 464. Schäfer meletem. p. 43. Claud. Gild. 389. cf. *fratres* in lexx. Ruddiman-Stallbaum II 37. Bentley on Hor. s. I 1 100.

542 (Samson's wooing).

hic acrius instat,
confirmans iuransque sibi placuisse parentes
quos habeat optatoriS quaesita iugatur.

Read *quos habeat. optatori q. i.* Add *optator* to lexx.

545 ac dum per uirides laeto cum palmite uites
incedit tacitumque mouet per singula uultum,

> ecce leo quasi regnaT maxilla per arua,
> rugitu horrisono stimulans se uerbere caudae
> excutiensque toros, patulo uenit obuius ore.

In 547 turn *regnaT* into *regnaNS* (*regnās*), transpose and dissect *maxilla* into *maxi'* (*maxIMVS*) *illa*. This gives:

> ecce leo regnans quasi maximus illa per arua.

546 *per singula*. Plin. ep. III 9 11 n. Tert. adu. Marc. IV 1 pr. de carne Chr. 22. Minuc. 18 1. 21 9. Lamprid. Heliog. 25 9. Sulp. Seu. uit. Mart. 19 5. Hier. praef. in reg. Pachom. 2 (II 54ᵃ). regula Pachom. n. 14 (58ᵈ). n. 20 (59ᵉ). Clem. recogn. I 6 *ter*. 8 *med*. 13 f. 14 f. 16. 17. 25 f. 64 f. 71 f. 72 f. 74 *bis*. II 48. 548 *rugitu*. Of a lion Alcim. Auit. hom. 7 p. 114 26 *bis*. Greg. dial. III 4 5. of a camel Hier. uit. Hilarion. 23 pr. met. of a crowd peregrinatio ad loca sancta (1887) pp. 93 94 **rugitus** *et mugitus totius populi*. 549 *excutiens toros*. Aen. XII 7.

Samson and the lion.

550   hunc illI exceptum, neque enim labor, impete dextra,
       disCEEPit et lacero diuisum dissipat artu.

Read *illE*. *diSSIcit*, or rather *diVIDit et l. d. d. a*. Or *disceRpENS lacero* cet.

For *impete dextra* cf. 701 *molam rotat* **impete dextra**. *Spicileg*. I 234 ver. 370. for *neque enim labor* Aen. XI 684.

552 dotatus tacitae uirtutis munere. Tert. adu. Hermog. 29 pr. *et ipsam terram non statim uaria fecunditate* dotauit. Pacat. 8 f. *quos etsi plurima laude* dotauerit *amplificatrix ueri uetustas*. Prud. ham. 273—4 *muneribus* dotata *dei quae plasmata fuco | inficiant*. Ennod. 6 cxx.

553   animo conteXtus teste laetatur.
       Read *animo conteNtus teste lactatur*.

555   = Aen. III 26.

559   esse timori. 666. Num. 404 n.

567   ex mandente, uiri, communis proditur esca,
       dulciuM atque fauo ualidi de corpore fINxit.

Read *dulciuS* and *fLVxit*. So Exod. 1091 *fluit* has replaced *finit*.

```
569  ID cum uerIdICo nullus depromeret ore
570  et septem post poena dies remearet amicis
     confusis, struxere dolos sociumque perosi
     ad ciuem uenIre suam, quam diximus ante
     conubio placuisse uiri, rogitantque minaces,
     Samsone ut luso secretum nuntiet; ac ni
575  id faciat, flammas testantur uindices esse.
     TERrIta femineo permulcent pectora flexu
     dura uiri, nam clausa tegit, memoransque, parenti
     et matri non dicta suae cur garrula poscat?
```

I have mended spelling and pointing. in 569 "codd. *uerE doli*" PITRA. Read:

HAEC cuM INuerSA doliS nullus depromeret ore.
571 *struxere dolos*. Sen. Herc. Oet. 118. Iustin. XXIV 3 3. Amm. XXX 1 18. 572 read *uenEre*. 576 *FrVStRa*.

```
580  uincitur ac tacite mentis secreta renudat,
     et docet illa uiros seXtena in luce diei.
```

Read 580 *tacitAe*. ib. *renudat*. Spicil. Solesm. I 248 ver. 870 n. 581 Read *sePtenaE*.

```
582  occiduus dubio pallebat lumine mundus,
     respondent socii: "melle quid dulcius, aut quid
     fortius esT potest crines uibrante leone?"
585  coniugis esse dolos confestim noscitat heros,
     et simul; "iuuenes, non haec sententia nestra est:
     nam nisi me blando lactasset femina suasu,
     cognita non fuerat permixtis quaestio causis."
```

Read 584 "*melle AVT quid dulcius, aut quid fortius esSE potest*" cet. and then 586

et simul: "O iuuenes, non haec sententia uestra est." 585 *noscitat* Exod. 754 n. Livy has 5 exx. in the first decade, 2 in the second (*Archiv f. lat. Lexik.* IV 208. Fabri on XXII 6 3). Add to lexx. Curt. III 11 10. VIII 13 24. Plin. ep. IX 6 2. 23 5. pan. 17 2. 587 *lactasset*. Gen. 234. 509. Rönsch 213—4. Koffmane I 9. Hier. in Luc. hom. 9. in Ez. XI (39 1). ep. 60 9 pr. 82 8. c. Ioann. 30. Symm. ep. V 10.

VIII 58 f. IX 62. Zeno II tr. 55. Greg. in Beda h. e. I 17 p. 66 14.

593 nam socer ambiguae ductus cupidine mentis.
　　　ū (or *cuppedo*) Gen. 770, as in Lucr. Lachmann on v 45. Rönsch 68.

594 denegat uxorem iuueni atque ipse iugatam
595 [*spons*]at externo, ne post accensus et acer
　　　[*uindict*]am fortasse petat. natuque minorem
　　　[*offert, an*] forte uelit; quO maximus ultor
　　　[*egreditur*] toruisQVE EX oculis immane minatuR,
　　　[*facturum*]que diu multum, pro talibus ausis,
600 [*unius*] excidii quo saeuiat inuenit usum.

　　　595 supply [*colloc*]at. 597 [*dat laeso, si*] and qu*A*. 598 [*contempta*] toruis oculis i. minatuS. 599 [*scrutatus*]que. In 600 *unius* may stand, or *hunc uafer*.

601 [*ter cent*]um uulpes alacer capit atque reuinctis
　　　[*post tergum*] caudis, binasQVE ex ordine iunctas
　　　[*connectit*] perque oleas uinCtaque collis amoeni
　　　[*mittit*] agens, caudisque ardentes lampadas indit.

　　　Read (with the vulgate) *reuinctis* [*ad caudas*] *caudis binas ex o. i.* Then [*nectit*]...*uinEtaque*.

605 [*quae sil*]uis dimissae campos petiere feraces
　　　[*praecipites*] Eleuant incendia lata trahentes.
　　　[*hinc furit*] ignis edax uentorum flatibus auctus,
　　　[*crescunt*] et superant flammae tractaeque sequuntur
　　　[*oli*]ueta.

　　　605 Supply [*sil*]uis. 606 [*praecipitesqu*]e leuant.
609　　　　　loci cultorum conflua turba
610 [*conqueritur*] grauibus mactata malis se congregat,
　　　　　　　　　　　　　　　　　　　　　　　atque
　　　[*uxorem*] dudum iuuenis ipsumque parentem
　　　[*flammis*] iniciunt tectaque arsere domorum:
　　　[*atque*] SCElus quod poena fuit, quod flamma, sepulchrum.

　　　Read 610 [*tum*] *grauibus*. 613 [ ] " *ullus quod AB*" PITRA. [*fit*] *CVMulus*. "the scene of their punishment turns into a ruinous heap, what was the flame to burn them forms the

tomb to guard their ashes." cf. Dracont. Orest. trag. 569 fit
nutrix, quae mater erat, regina ministra. Auit. III 370
sarcina fit, *quae cura* fuit. 609 *conflua* Prud. Paul. Nol.
Venant. Fort. c. x 9 47.

621   tum uincula promunt
[*scir*]pea, quae nouies conectunt brachia nodis.

622 Read [stup]pea, as Aen. II 236. Luc. x 493.
Levit. 13 47—8 Ashburnham. Ennod. 168 23 Vogel. cf.
112 31. Prud. perist. x 864. Claud. Mam. II 9 p. 136 24.
Aug. qu. in Leuit. 49 stuppeum *est utique lineum*, which shews
that *stuppea uincula* here may in ver. 626 be called *linea*. In
Apul. apol. 4 we have *s. tomentum*.

623 [*uol*]*uitur* e saxo maxilla.

Pitra's testimony "*illatur* A *illitur* B" does not
agree with his text, but is enough to make us read [*toll*]*itur*.

625 dumque auidi intentant dextras fremituque minantur
horrisono, trahit ille manus et linea rumpit
uincula: tum curuam (nam quid non ira ministrEt?)
maxillam tardi conixus stringit aselli.
hac mille, res mira! uiros pulsatque necatque,
630 cumque sitis sicco iuuenIS pulmoneM Oneret
auxiliumQVE sperare dei, qui semine nullo
cuncta creat, cui, cum uoluit, res torrida fons est,
qui iussu uel sicca rigat uel flumina siccat,
qui uastos inter scopulos heremumque calentem
635 irriguos duris laxauit cotibus amnes.

627 read *ministrAt*.

On 630 Pitra notes "codd. *iuuenEM*, in fine B
honoret."

Read

cumque sitis sicco iuuenEM pulmone MOneret
auxilium sperare dei.

636 nec mora cum. Exod. 352.

639 mVra facit et magna uidet.
Read m*Ira*.

640 cuius imperio bis denis Iudaea POLLENS
　　　Vrbibus enituit, duce hoc et milite fidens.
　　　　Read *i. c. b. d. Orbibus* (cf. Judges 15 20 and Gen.
211 n.) *AVCTA e. Iudaea, d. h. et m. fidens.* cf. Exod. 221 n.

643 iuuenibus calidis uendebat socia noctes.
　　　　iuuenibus. Spicil. Solesm. I 237 ver 492 n. *socia* has
its true quantity always Gen. 626 n. Read *sAVcia* Gen. 1135
n. cf. Drakenborch on Liv. XXI 2 5. Corssen I² 656—660.

648 nocte fere media Samsonem somnia linquunt:
　　　excitus immane furit, tum limina pulsans
650 conuellit geminos stridenteS a cardine postes.
　　　succedensque oneri cursim super ardua defert
　　　eminus oppositi montis iuga, Atque periclis
　　　fortior. at Dalilae capitur bellator amore.
　　　hanc omnes adire uiri, quos liuor agebat
655 inuictum superare uirum, ut iuncta cubili
　　　dulcibus illecebris lenitum mulceat, et mox
　　　quae CVrIs fomenta NoCeANt, quae semina tantum
　　　robOrENT; natura fiat tam fortis an arte?
　　　quae si dicta canat, donandam munere firmant.
　　　　In 650 read *stridente a cardine.* With 651 cf. Aen.
II 723. In 652 read *FItque* (FI for A, as in 513). In 654
adiEre as *coIere* in 706. In 657 read *quae PrAEsTENT fomenta RoGet, quae CARmina* (spells) *tantum.* 658 *robVr(eNT*
added from 657 and before *NaT): natura fiat tam fortis an arte.*
From Hor. a. p. 408—9 natura fieret *laudabile carmen* an arte
quaesitum est. 659 *dicta canat* is highly improbable. *docta*
(instructed) is more likely. *canat* is unnatural. *prodiderit* or
rescierit, might do, if the mss. lent their help. O for the light
of C! *firmant* Paucker hist. Aug. 64. Sall. fr. nov. X 2. Lucr.
Cannegieter on Auian. pp. 296—7. lex. Tac. Amm. XV 5 10.
XXII 14 6. XXVIII 1 29 and 37. XXXI 12 3.

660 oratus iuuenis, 'si septem uinciar [una]'
　　　uafer ait 'neruis, quos nondum deserit umor,
　　　omne robur perdam cunctisque ignauior exstem.'
　　　　660 supply rather *arte* 'tightly.' 661—2 *uafer*
and *robur* are impossible; for the latter cf. 658.

The gap at the end of 660 indicates some confusion. Perhaps:

> TVM uafer oratus: 'si s. u. ARTE
> neruis, umor,' ait, 'q. n. d., omne
> ET r. p. cet.' In 664 iuuenis occurs again.

665 quos modico attRactu ceu molli uellerE rupit.

Read *attactu*, adding to the cxx. of this rare word Paulin. uit. Mart. v 609. Claud. Mam. an. I 23 (nom. though White-Riddle confines the use to abl.). Cassian. coll. XII 16 (acc.). Arnob. iun. de deo triuo I 9. II 20. Paulin. Nol. ep. 28 2 f. 29 5 pr. Then *molliA uellerA*.

666 consultusque dehinc VeCtes fert esse timori
intactos, qui nulla fiant uersura soluti.

666 read *ReStes*. *timori* 559 n. 667 Observe *uersura*, rare in strict material sense, 'loose by twisting and turning.'

669 proflarent tenuem marcentia pectora somnum.

Joshua 145 n. Aen. IX 326 *toto* proflabat pectore somnum. Sidon. c. v 27 proflabat *madidum per guttura glauca* soporem. Coripp. Ioh. II 473 somnos iam proflat amaros. VII 19. Auson. ecl. 13 (26 = anthol. 642 R) 6 *longuificosque* Leo proflat *ferus ore uapores*.

672 bis uariis clusa modis tAmEN cauSa precari
rursus adumbrato temptat Samsona rogatu.

671 Read *tVM* (cf. Drakenborch on Liv. XXII 17 5) *cauTa*. 672 *adumbrato*. Petron. 106 *inscriptio*. Capitolin. Ver. 1 5 *erat enim morum simplicium et qui nihil* adumbrare *posset*. Cypr. ep. 73 6 *gratiam fidei* adumbrata *simulatione frustratur*.

677 sic fiet ut uirtus pereat. cf. Joshua 479.

678 quae fuerant praedicta, facit, trepideque reuoluens
suspensa nectit dextra palisque reflectens
680 illigatO et captum sociis Dalila resignat.
exiliens reiEcit palos crinemque renodat.
nil totiVs periura timet tacitaque repulsa.

Read 680 *illigat*, 681 *reicit*, 682 *totiEs*. Verses 679, 681 are cited by Aldhelm p. 281 Giles. 681 *reicit*. Verg. Stat. *renodat* Hor. VFl.

683   lacrimis paratis Iuv. VI 273.

684   [se *uincire*] sCinit quO sit *fAciLIor* arte.
      [*multos*] confictos mensae molita macrores.

684 Read [discere quae]*siuit quA sit fELIcior arte*, [rursus].

688   [*uis*] in crine mihi est; nec lamIna capillos
      [*ferrato*] mucrone secat, quaSI quis adacta
690   [*scurra com*]am faciat nudato uertice caluam.

Read 688 [*omnis uis*]...*lamna*. cf. p. 207 ver. 163. 689 [*ulla meos*]. *quaSI SIquis adacta*. In 690 the *sculp*, not the *hair*, must be made bald: then a substantive denoting 'shears' or 'pruning-hook,' for *adacta* to agree with, is wanted. The allusion to the shorn *moriones* (see my note on Iuv. V 171) is as inconceivable from the pen of our entirely sane poet, who is at his best in his Samson, as it would be in the mouth of the hero himself. *quasi* implies a *comparison*, say with pruning (*falce hederam* or rather *oleam*).

692   mox munere sumpto
    [*Samsona*] mulier gremio fouET ET eximit omnes
    [*septemplices*]que comas tonsor mercede locatus,
695   [*eiicitur*] Samson foraS SeD mutatuR et idem
    [*et crines*] unaque deum cum robore linquit.
    [*constrictus*] geNVino uiduatur lumine, namque
    [*orbibus*] effossis uacuas liquere lacunas.
    [*atque hae*]ret dura constrVctus compede crura.
      693 Read

                fouet, eximit omnes
    [*eradit*]que comas tonsor mercede locatus.
695   [*egreditur*[1]] Samson foras eT mutatuS et idem
    [*nam uires*] unaque deum cum robore linquit.
    [*apprensus*] geMino uiduatur lumine, namque
699   dura constrIctus compede crura.

---

[1] So the vulgate Judges 16 20.

701 [*carcere*] conclusus molam rotat impete dextra.
   Read *conclususQVE. impete d.* cf. 550.

703 [*crescit*] longa die crinis redeuntis honore
   [*caesu*]ries rediuiua fuit.
   Read in 703 [*tandem*].

706 [*ecce*] die quodam proceres coGere frequentes,
   [*facturi*] sollemne deo, quem uana colentes
   [*nu*]men habent; Dagone uocant ET nomine pestem.
   706 Read *coIere* and 708 *HANC*.

709 [*qui*] dum depositi Samsonis clade laetantur,
710 [*ads*]tantIs longE media testudine templi
   [*ac*]ciri iussere uirum iam uincere promptum.
   atque mori iussus trahitur, risuque solutis
   praebet nequitiae cOcco de lumine causas.
   forte domus tota gemina subeunte columna
715 pendebat: has inter agens constringit utramque
   amplexuque tenet toto, retroque resedit
   ut nisu maiore ruat, dominumque precatus
   ultricem traxit propria cum morte ruinam.
   quo pater orbatus, fratresque et pignora [*cara*]
720 conueniunt, functumque dolent decorantque se-
                                        [*pulcro*].

720 "Codd. *decorantque se cuncta*" PITRA.
   Pity that the Cardinal, having the bird in his hand, let it fly to the bush.
   Read in 710 *adstantEs longI*; in 713 *cAeco* and 719 quo pater orbatus, fratresque et pignora CVNCTA conueniunt cet. 710 cf. *Spicil. Solesm.* I 231 ver. 239 n. 714 *subeunte.* Iuv. III 28 n. 720 Aen. IX 213 (215) decoretque sepulcro.

Story of Micah (Judges 17).

721—2 These are out of place (Judges 3 31). See above 194—5.

723 pergrande. Rare. Qu. *pRAEgrande*?

726   mox celsa facit donaria sancto
   et Seraphim templumque deo, Finibusque repletis

qui minor est natus domino fert dona sacerdos.
      Read (here and 744) *Teraphim*. *Sinibus* (Exod. 251).

729 cf. Judges 17 7.

729 post Iudam Micia legit. Sulpic. Seu. I 28 7 *ideo, cum aduersus Beniamin tribum ciuile bellum fuit,* Iudas temporarius dux belli assumptus est. sed plerique, qui de temporibus scripserunt, annuum imperium eius annotauerunt. plerique ita eum praeterierunt, ut post Samson Heli sacerdotem subiunxerint. nos eam rem ut parum compertam in medio relinquemus. 29 5 *huic bello* Iudas, *ut diximus, dux fuit.*

732 ecce tribus Dana subito noua regna requirens
       mittit oratores socio de corpore quinque,
       scrutEnteR ut cuncta probent, quae portio terrae
       sit melior, qua deinde ueNit componere sedes.
      733 *ōratores* Num. 730. 733—4 Read *scrutAnteS ueLit*. cf. Judges 18.

739   poscentibus ille
       quae postquam exprompsit compulsus, consulit ALTI
       et domini mandata dei, ueniamque supernam
       exhibuit.
      alti is corrupt: neither *altar*, nor *arcam*, nor *Urim*, nor *astra*, are probable in this connexion, but *EPHOD*. See Judges 18 14, 17, 18, 20.

741 iussVsque dehinc discedere laudat.
      Read *iussOs*, bids them go in peace.

743 sexcenti ueniunt *EfVDEm*.
      Read *EfRAIm*. cf. Judges 18 14, 16, 17.

747 Judges 18 27.

748 DImittit sedes. Read *Amittit*.

749 uincentumque manus studiose conlocat illic
       et nomen TribuTe dedit: nam Dana uocatur.
      Read *studio se* and *tribuLe*. cf. Judges 18 29.

751 uir quidam Leuita fuit, qui coniuge nulla
       concubitum de serua petit. haec dedit aC cessit…
       dissociaM commune iugum infeSsaque longe
       … auDat et spreti refugit consortia lecti.

755 quam cum sollicite uellet PrOuocare maritus,
     communem famulum secum iumentaque ducEBAt
     ad socerum ueniens, natamque ex foedere poscit.
     promittit blande fouet sensimque tenendo
     inlicit ut secum maneat; mox ille residens
760 uescitur et placida securus sede quiescit.

752 read *dedita cessit*. 753 read *dissociaNS...in-*
feNsa. 754 marked as incomplete by Pitra, is, reading *anOLat*,
a complete line (with *refugit* for *repetit*) of Iuv. VI 226. cf.
Spicil. Solesm. 1 252 1032. 755 read *REuocare*. 756 read
ducIt. 758 read *blandeQVE fouet*.

With p. 202 of the *Analecta* we pass to "ἀποσπάσματα
omissa in Spicilegio Solesmensi."

Fr. 1. Levit. 12. A fol. 126. C. 57 v° *ad fin.* (following
Spicileg. I 225 ver. 36).

 1 viscerA.   uiscerE C.
 2 si puerum generat, septIMo in lumine sordet.
                        septENO C.
 3 corpore cum toto, sed cum Reuerterit axis.
                        Se uerterit C. cf. Num. 184 n.
 4 octauVS quO soleMnE ESt truncare pudenda.
    pelliculam deMet ueretri atque inde sedebit
    terdenis tribusque dehinc iam feta diebus.

4 *octaua qui sole nitet* C (though Pitra attributes
qui sol nitet to ABC). Read *octauO* and *pudendaM*. 5 *de-*
Bet C. 6 read *terdenisQVE*. Then we have:

 4 octauo qui sole nitet, truncare pudendam
    pelliculam debet ueretri, atque inde sedebit
    ter denisque tribusque dehinc iam feta diebus.
 7 ne quae sanctificis adOletur cultibus, audax
    polluAt aut uisu aut foedo altaria tactu.

7 "*adVletur* ABC" PITRA. No, C has *adVleNtur*.
Pitra is right in the verb, wrong in the number. 8 *pollutaut* C.
Read:

    ne quae sanctificis adolentur cultibus, audax
    polluat cet.

9 quod si concepta laxaret membra puellaE,
   obseruans geminum tempus, nil fraudis habebit.

puellaM C. Read laxarIt .. puella abl. and understand *l. membra* of pregnancy. In 10 *habebit* is accurate, but prosaic. Exod. 886 n. *haerebit* is used in the same place in the sense wanted here, and so no doubt the poet wrote.

11 quo deinde expleto, confestim dona FAuebit,
   turturIs. 11 *VOuebit* C. 12 *turturEs* C.

12 cf. 32. 50. Num. 273.

15 morborum quoque effigies et signa docentur.
   Read *m. q. ET e.* cet.

16 dumtaxat, quos lepra creat, quOS corpore toto
   ANtea pOllentE perfundit uiscera TABO.

16 Read *quAE* with C. 17 *LVtea pAllAntI* (i. e. *palanti*) *p. u. PESTE* C.

19 ut quIa per domini nonnumquam EXaestuat iram.

Maestuat iram C, by a reminiscence of *Maestus*. Then read perhaps *quaE*.

20 hoc medicante fugam capiat corpusque relinquat
   orantEs pro noxa uiri munusque ferentEs
   paupertas quod praestat ouans, quae Munere diVes
   saepe solet dominus, uotum quaE simplicis Haurit.

21 *orantIs...ferentIs* C. 22 *quae uInCere diTes* C. 23 *saepe solet, dominus u. quIa simplicis aurit* (i.e. *auDit*) C.

26 ut uitulo coniungat oueM IIIs praecipit omne.
   oueS IVs...omneM (the last by mistake) C.

27 polline cum tenui quVm sparsit riuus oliui.
   quAm C. *pollen* is fem. also in Judges 282. For *riuus oliui* cf. below 137.

28 haec diues offerre potest, sed munera parum
   parua manent: nam[que] aut uitulum mactabit ad
                                                 aram.

parVum and *namque* (without gap) C. cf. Hor. ep. 1 7 44. It is not necessary to transpose: *haec o. p. diues.*

31 aut quiddam de farre pRo quo miscEt oliuO,
   turturIs aut geminos, similes AVT FORTE columbas.

31 *pIo quoD miscIt oliu V M* C. *turturES...similes NAMQVE* C.

See 12 where the same line ends *similes aut terga columbas.* Possibly here *similes PLVMaque columbas.*

33 quin etIAM somnos hominum, quAE saepe uoluptas
per noctem DEludit, tenero si forte ueretro
semina distillant, fit corpus turpe iacentum.

33 *PER* s. and *quIA* C, rightly. Read also *quin et.* 34 *eNEr* C. Read *ILludit* and *tAeTro.*

36   donec iam uesper IN aethra. *AB* C.

38 nec solum foedo deturpantE corpora nOeuo.
deturpant...nAeuo. C.

41 redeat ut puritas. C in right order *p. u. r.* So Hil. Gen. 184 *ueritãs.*

42 testea quin etiam ius est perfringere uasa
contactu maculata uiri, aC facta metalli
diluere ac uitreo sordes dEducere riuo.

42 *testea.* Cael. Aur. tard. III 23 testea *uascula, quae Graeci amphoras uocant.* II 168. v 134. Cass. Fel. 1 p. 8. 52 p. 102. 66 p. 161 cet. 43 *aT...metallO* C. 44 *dIducere* C.

45 hac etiam liciti coitus sub lege piantur.
haEc C, by mistake.

50 uotique reus. Aen. v 237. *Spicileg.* I 231 ver. 251 uotique *implere* reatum.

53 et quiDquid tangit [MENSIS] dum septimus exit
Lucifero redeunte dies.
et quiCquid tangit, MACVLAT, dum cet. C without gap. See Levit. 15 19.

56 Observe the gen. *reati.*

58 ex his quOs domino constat placuisse uolucres.
quAs C.
Fr. 2. Levit. 18. C 59 v° *ad fin.* (follows on *Spicileg.* I 226 ver. 58).

60 in quo nupta iacet nullumque agnouerit usum
excepta pietate sui mens sedula uati.

usus often denotes carnal knowledge. With 60 cf. Iuv. VI 269.

With all the verses from 62—4 repeat from 59 *cubili accommoda non est.*

62 et quae paternis nonnumquam Amplexibus haesit.   5
    Read *quaeQVE p. n. COmpl. h.*   Exod. 849 n.

63 hoc germana modo eOdem DE matre creata,
    aut neptis suscepta tibi natoue nataEue.

65 non amita affectu nec sit matertera foedo.
    SAnctior in uenArVm noxalis luxus AbHOrret.   10
    uel nuptaM quam frater habet, non noueriT usu.
    filia quAM genetrix lectoVe incubat eodem
    uni mixta uiro iunctaQue nomina turpet.

70 si noueNa fiat carorum feta nepotum
    Et quae prinigno coniungitur.   15

63 *eAdem VEL matre* C.   64 *natuue* C.   66 *IVnctior in uenOrVm* (i.e. *Venerem*). *ObErret* C.   67 *usum* C. Read *nuptaM usu*, or *nuptaE usuM* and *noueriS*.   68 Read *Ne*. C supplies *quO* and *incuMbat*.   69 *uiro CONiunctaue* C.   70 *noueRCa* C.   71 read *Vt*.   20

66 iunctior in uenerem noxalis luxus oberret.

Here *noxalis* must have the force of a predicate. 'Debauchery with next of kin, would stray into amours to its ruin.'

67 uel nuptam quam frater habet non noueris usu.   25
    (or *nuptae usum*).

68 filia quo genetrix lecto ne incumbat eodem,
    uni mixta uiro, coniunctaue nomina turpet.

70 siQVE nouerca fiat carorum feta nepotum,
    ut quae prinigno coniungitur,—et duas uno   30
    germanas cohibere sinu,—res absona iuri est.

73 VeL quam coniuncta Vobis de plebe capessit
    proximus aut natus, detur seruire potenti,
    ne uetito nomen domini uioletur in actu.

73 *Nobis* C. Read *NeV*. For the passage para-   35
phrased is Levit. 18 20 *cum uxore proximi tui non coibis, nec seminis commistione maculaberis.*

76 masculus obsceno ne sit mixtus amore.
   PERmixtus C.

77 quadrupēs. *Spicileg.* 244 ver. 748. Prud. apoth. 212.

79 crimina quae propter dominum IaCTAre potentem
   gentes multimodae, terra quAe his omnibus
   exhibet et sordes quibus est infecta refutat.
      79 *LaESEre* C. 80 *terraque his omnibus IRAS.* C.
      Fr. 3. Levit. 24. C f. 62 v° (following *Spicileg.* I
228 after ver. 142. ver. 82 here is 143 there.)

82 pendeat e tholO lYCInus laquearibus altis.
   p. ANTe tholVM lIGnus l. a. C.
      Fr. 4. Levit. 25 25. C 62 v° (follows *Spicileg.* I 229
ver. 152).

86 indigus alterius quoties uult sumere nummos,
   pignore deposito SYrus addixerit illi,
   cuius poscit opem, reddIt sibi credita promptim,
   cum fuerit ditata manus, NEque illa receptet,
90 quae fuerant transcripta prius in pROpete uita.
      87 *sI ras* C. 89 *ATque* C. 90 *pERpete* C. In
88 read *reddEt*.

95 ne post emissum dimittat praedia tempus.
   praeSIdia C.

96 sic tVnC orantum danda est pecunia dextris.
      sic t.AMEn or *Nantum*, C (Pitra attributes *orNatum*
to "codd."). Read *sic t. orantum est d. p. d.*

105 ac sic ceu domini imperio distractus abibit.
      distr. 'sold'. Gen. 1397 n. Paulin. Nol. c. 21 702.

106 proximus hunc redimat, aut, si non adfuit ille,
    CONtribulis quicumque sui commercia fratris
    VIsus agat, iugumque uiro seruile sequestret.
      107—8 *tribulis...IVSsus* C. Read:
   proximus hunc, aut, s. n. a. i., tribulis
   VEL quicumque sui redimat c. f.
   iussus agat MiSEroque i. s. s.

110 seruiAt. *seruiEt* C.

LEVITICUS (c. xxv xxvii).   NUMBERS.   [c. vii—

112 aut si parua fuit nummorum summa, labore
    compleat hanc proprio manuum quAm praestitit actu.
    sic HabEat quAEcumque uolet secumque reducat
    libera securOs pariter cum coniuge natos.
       113 *quEm* C.   114 *abIat* (i.e. *abeat*) *quOcumque* C.
    115 *securVs* C.

    Fr. 5. Levit. 27. C f. 64 r° *ad fin.* (follows *Spicileg.*
    1 229 ver. 183).

116 quae deinde in notis maneat taxatV dragmae.
       taxatIO C.   *Spicil.* 230 ver. 217 n.

120 seu domus aut fundus, seu quiDquid mente dicatur,
    cum secura deo gaudet mens Credere summo;
    seu cum sollicitVs agitur permota periclis.
    in quibus implicitus ne sese inuolueret error,
    pars expressa manet, pars est concredita uaSi.
       120 *quiCquid* C.   121 *reDdere* C.   122 *sollicitIs*
    C.   124 *uaTi* C.

127 donantis sub iure fuit, mox pendAt ad altar,
    commoda quae pretiis indVCunt concordia nummi.
       127 *pendEt* C.   128 *IndVunt* C.   Read *indunt*.

           Explicit liber Leuiticus.

    Fr. 6. Numbers 7. C f. 68 r°.

130 discretos habuere dies.
    "*discretAs* codd." PITRA. C has *discret* only. cf.
    144.

131 sunt quinQVAgInta simul uiginti et milia bina.
    Read *quingEnta*.

132 bis Denis ducenta uiris, quorum ordinI primo.
       Senis. ordinE C. The number of Israel in Exod.
    28 36 and Num. 1 46 and 2 32 is 603,550; in Num. 26 51
    601,730. Here we seem to have 522,212. I leave the problem.

134 in quo uasa dedit argento insignia FuLVo.
    'red (or tawny) silver'? Read *PuRo*.

137 sacrorum ex more riuo uiridantis oliui.
    "codd. *oliuo*" PITRA. C has *oliui*. cf. 27. Numbers 35
    236.

138 praemadida. ἅπαξ λεγόμενον.

139 arietemque simul, haedus cui iungitur albens,
qui peccata leuAt, simili cum fronte iueneVs
una dIEs quae sacra ViuVnt coniuncta saluti.

140 Read *leuEt*, and with C *iuueneAs*. 141 read with C *dVAs* and *iuuAnt*, or rather *iuuEnt*. See Numbers 7 17 cet. *in sacrificio pacificorum* boues duos. I take *una* as the adverb, and punctuate:

        simili cum fronte inuencas
  una duas, quae sacra iuuent coniuncta saluti.

'two heifers, to help (give efficacy to) the sacrifices which are combined with (which by divine decree carry with them) healing.

142 arietes quinque, hircosque agnasque sequentes
consimili numero.

Aid metre and sense by reading *hircos QVINque* (*quīq.*). Num. 7 17.

143 primiS sunt muneris ista. *primi* C, rightly.

144 discretis diebus 130.

145 dona dedit, nusquam fraterno IN munere discors.
Read   *A munere discors.*

146 omnibus in uasis pariter si summa LoCetur.

Possibly right, but I should be glad if a ms. supplied *NoTetur* or *PVTetur*.

147 at uero in gabatiS.

"*gabati*" PITRA, without stating the source. C has *gabatiS*.

148 uiginti centumQue fiAnt per pondera librae.
centumue fiVnt C. See 70 and Numbers 7 86.

149 haec ubi denouit sacrorum INsignia uatEs.

"*sacrorum signia uatIs* codd." PITRA. C has *INsignia uatIs*, the latter being almost always nom.

150 Effantem. *Affantem* C.

152 atque cherubin osteNdat dogmata legis.
a. cherubinos INteR dat d. l. C.

155   dum brachia pandVNt
     aurea cereforum. *pandIt* C.

157 interea Leuita, manuS donaria tractans.
         Read *manu*, as Pitra apparently wished to do, for he cites *manuS* as the reading of the mss. See Numbers 8 5 24—26.

159 et qui seruitium iam denis quinquies annis
     explerit, dominI uacuus sit cura parendi.
        Read *dominO*.

161 inque locum uetuli iuuenTVs succedat et adsit.
                  iuuenIs C.

162 quorum rore leui redduntur corpora pura
     fluminis aut fontis, ACVTI ET lamina ferri
     caesarEAm comAE, si crinis sordIuit ingens.
        caesarIEm comIT. *sorduit* C. Read in 162 *et acuti laMmina ferri*. cf. Judges 688.

166 nequaNDO occultim maculent contagia corpus.
        ne qua VEL C, rightly. *occultim* Josh. 42. Only known hitherto to lexx. and Neue II² 664 from one passage of Solinus.

169 exorant procerem, si possenS pascha sacratum.
        possenT C. See Numbers 9 7—12.

172 mandatumque refert quod CVnctis crimine iusSA
                  TInctis... *ius EST* C.

173 insignem sERVare diem.
        insignem sACRare diem C.

174 quem Mox laeta monet decurso cONuenit anno.
        Nox C.   *cVM uenit* C.

175 at uero innocuus populi si festa Retractet.
        See Numbers 9 13. Read *Detractet*.

177 crimen habet mortis, lex est haec omnibus uNa.
        AEQua C.

ADDENDA.

Genesis.

3 *inmensus dominus* also Spicil. I 243 ver. 692.

6 *fĭunt, fĭunt*, cet. are more common than I thought in our author. Retain *lux fiat et laeto* cet.

43 *uiritim* keeps its true quantity Joshua 405.

91 I have restored *domni* at the end also of Joshua 474.

105 cf. Prud. perist. XIII 57 *ille ego, uipereis quem tu bonus oblitum* uenenis.

140 from Hor. s. I 1 28 *ille grauem duro* terram *qui* uertit aratro. HERTZ.

188 Tobellum. Gen. 4 22 Θόβελ. Aug. c. D. XV 17 Thobel. vulg. Tubalcain.

212 Arevalo, I observe too late, conjectured *demere*.

240 cf. Iuv. XIII 100 n.

248 cf. 292. Num. 580 confirms the reading of edd. *ac uelut in totos pariter* nex una *ueniret*.

272 *uchend* Vs C.

303 *post hunc albentem mittit per stagna columbam*. Alcim. Auit. IV 579 *protenus* albentem mittit *de sede* columbam.

319 C has *secVndo*, but Arevalo and Migne *secAndo*.

326—7 cf. Hor. s. I 2 89 *breue quod* caput, ardua ceruix. HERTZ.

356 cf. 1122 n.

369 see Judges 288 n.

469   munere pro tanto, quo natum gignat inerti
corpore, iam gelidis decursa ob tempora membris.
admonitus nitulam iam trimi TEMPoris aptat.

On the repetition (in 5th foot) *tempora -is*, cf. 424
—5 n. Read *iam trimi ROBoris*.

502   Num. 467 C reads *promIserat* for *promPserat*.

545   Gen. 19 19 LXX (Lot to the angel) ὁ παῖς σου. Lugd. *puer.* vulg. *seruus.* Paulin. Nol. ep. XIII 7 f. (of David, after his son's death) *sciscitantibusque* pueris *suis, quos obstupefecerat tum inusitatus patriae ordo pietatis,...respondit.*

547   cf. Hor. ep. I 15 4 5 *gelida cum* perluor unda | *per medium* frigus. HERTZ.

553   tum uitulus tumida procuruans cornua fronte.

cf. Hor. c. IV 2 54 57 uitulus...fronte curuatos *imitatus ignis.* HERTZ.

598   cf. Cypr. Sodoma 79 80.

612   in uerbis domini numquam se adiungere mendum, i.e. *mendacium*, which is C's reading. Levit. 62 n. Aedilvulfi c. 6 47—8 *namque ego confiteor, nullas me dicere* mendum | *aestimet.*

615   cf. Exod. 547.

620   sarcina. Paulin. Nol. c. VI 138.

685   C has *nOminis* wrongly for *nVminis* 653, and *nOmen* twice instead of once, Judges 252.

688   trisyllabic forms of *undo*, like other *molossi*, are so often shortened at the end of the line, that I should not now alter any of them for merely metrical reasons.

759   Philistina, begins the line as 684.

770   cf. Judges 593 n. No correction is needed.

803   et uenerans structa dominVM mox supplicat ara.

C rightly *dominO*; the *m* is by reduplication from *mox*.

901 and 919   soceris. Verg. in lexx. Ov. met. III 132. Sen. Tro. 1005. VF. VI 274. Stat. Th. XI 217. XII 201. dig. XLVIII 9 4 (during betrothal). cf. XXXVIII 10 6 1.

911   C has *CastaliOs*.

916 tandem sera deus largituR dona Rachelae
aethereas tenerum Iosephum gignit ad aras.
   Read with C *largituS*, and place a comma after Rachelae.

933 *herem* is cited in lexx. from Naeuius and an inscr.

945 pariter pariterque. 'Aen. x 756.' H. N.

955 *ecce uiae medio uates uidet ardua castra*. Gen. 32 2 LXX καὶ ἀναβλέψας εἶδε παρεμβολὴν θεοῦ. Lugd. et respiciens Iacob uidit *concilium* Dei. vulg. ait *castra* Dei sunt haec. Here our poet follows LXX and vulg. against Lugd.

1027 our poet elsewhere uses *nullos diuos* in the same sense (de Iona 50) *expansantque manus* nullorum *ad numina diuum*.

1035 with the verse which I have supplied cf. Paulin. Nol. ep. XIII 4 *Iacob quoque dilectam illam exspectatam Rachel et tumulo celebri honorauit et titulo*.

1038 *genetrice citauit* C.

1053 nam quia non poterant angusto in limite terrae
crescentes gregibus multOS cohibere colonOs.
   multI...colonEs C. Read *multIs...colonOs*.

1114 Cilicum. Alcim. Auit. IV 380 *mollibus abiectis Cilicum dant tegmina saetae*.

1130 anterius. *Spicileg.* p. 238 ver. 498.

1148 cf. Hor. s. I 7 31 *magna conpellans uoce cucrdam*. HERTZ.

1254 ferre laborem = Hor. e. I 4 12. HERTZ.

1259 memori cum mente. Hor. s. II 6 31 *memori si mente*. HERTZ.

1260 proterret. Judges 80.

1330 uiuere recte. Gen. 29 6 LXX εἶπε δὲ αὐτοῖς Ὑγιαίνει; οἱ δὲ εἶπαν Ὑγιαίνει. Lugd. dixit autem eis: *Recte est*? Et illi dixerunt: *Recte est*. vulg. *Sanusne est*? inquit: *Valet*, inquiunt. 37 14 LXX πορευθεὶς ἴδε, εἰ ὑγιαίνουσιν οἱ ἀδελφοί σου. Lugd. Vade, uide si *recte* sunt fratres tui. vulg. Vade, et uide si cuncta prospera sint erga fratres tuos. 43 26 LXX καὶ εἶπεν αὐτοῖς· Εἰ ὑγιαίνει ὁ πατὴρ ὑμῶν;... 27 Οἱ δὲ εἶπαν

Ὑγιαίνει ὁ παῖς σου ὁ πατὴρ ἡμῶν. Lugd. Et dixit eis. Si *recte est pater noster?.. Et illi dixerunt: Recte est puer tuus pater noster.* vulg. interrogauit eos dicens: *Saluusne est pater noster senex?...Qui responderunt: Sospes est seruus tuus pater noster.* Symm. ep. III 40 recte *ualeo. hoc enim scribendi debet esse principium, quod maxime expetunt uota lecturi. ueque tibi oblatum* uigorem *nimis gaudeo.* IV 23 1 *te languore discusso rectius ualere cognoui.*

1346   scyphus. Gen. 44 2 and 5 and 12 and 17 Lugd. poculum as here, ver. 1350 and 1353. vulg. scyphus (-*um*). *aureus* will not stand, for the cup was of *silver* (ver. 2). *ardens* 'bright' (like *ardens purpura* in Iuv.), must denote the purity of the metal, cf. 1350 *fulgentia pocula.*

1351   cf. Judges 267 n.

1380   genesis ut formula cauit.   cf. *Spicileg.* 172 ver. 38 ut *legis* formula cauit.

Spicileg. p. 171 19   similibus may stand Num. 492 n.

38   cf. Gen. 1380.

44   hiNc...hiNC.   *hic...hic* C.

Exodus.

88   as the *a* of *admAritus* has supplanted the *et* of *obstETrices*, so *s.Iiunior* in Gen. 206 is *sET iunior*. Prud. cath. XII 149—152 is able to preserve the true quantity: *mens obstetricis sedulae | pie in tyrannum contumax | ad spem potentis gloriae | iurata seruat paruulum.* The third syllable of *inuolucrum* and *noctilucis* is shortened in like manner 1147 n.

112   pedisequis (so, with one *s*, Pitra in *addenda*) cf. Num. 492 n.

216   forte restituendum: "ac ne praetrepidus referas incepta, sub actu." Pitra, p. 569.

221   cf. Judges 644 n.

223   infelici numeri molestiorem, fateor, adhibui medelam; expunge quidquid uncinis includitur. *altus* metro satis conueniret. Pitra, p. 569.

ADDENDA.

251 candore niuali. 'Aen. III 538.' H. N.
293 see *addenda* on Gen. 688.
306 Aen. XI 366 pone animos *et pulsus abi*. H. N.
336 cf. Gen. 607 olido *cum turbine*.
338 nihili est quod annotatur; uidendum uero an alio in codice legatur: *quadrupedumque hominumque et tellus tota repletur*. PITRA, p. 569.
370 retain *arente* and perhaps *laturus* at the end of 379.
400 Aen. IX 324 *sic memorat* uocemque premit. H. N.
406 lege cum codice D [C]: *iamque deus piceo*. PITRA.
414 tum uero incumbunt = Aen. IX 73. H. N.
437 cf. Num. 597 n.
440 cuiusque e sanguine postes tinguere magnificum. *eST sanguine* C.
522 Cypr. Sodoma 60 dicta et facta simul. Alcim. Auit. VI 428—9 *nam si Christicolas nosmet sanctosque putemus, | adgrauat hoc etiam, ni* dictum facta sequantur. Paulin. Nol. ep. 31 5 f. *nec mora*, uerbum factum.
563 Pitra (p. 569) handsomely withdraws his note: 'insulsam omitte notam 1.'
662 primo redeuntEs lumine solis. *redeuntIs* C. cf. Num. 868.
763 tertius interea sese per tempora mensis festinus uariata dedit cum sole per arua.
764 necesse est aliter legatur; *cum sola per arua*, uti p. 247 ver. 824. PITRA, p. 569. C has *sola*.
849 *Analecta* 204 ver. 62.
874 Et uero. *At uero* C.
883 gaudeT. *gaudeNS* C.
886 cf. *Analecta* 202 ver. 10 n.
919 decumbat. 509. Gen. 686. Judges 464.
1020 Qu. alternis?
1120 nubs. Num. 373 n. *Archiv f. lat. Lexik.* I 263. Gramm. lat. V 361 34 seq. K. Old Lat. Lugd. Exod. 40 28—32 (5 exx). Num. 9 15 16. 10 11 12 36 (34). 12 10. 14 14.

1149   ardenti e murice. Iuv. XI 155 n.

1208   nihil haesitans, legeris: *multisque*. PITRA.

1310   quAe bonus eloquiis uates deponere tristes
       indutus luctumque iubet. *que*M C, rightly (*populum*).

1315—6   C's reading, *decenter…a teste*, may stand.

1386   *uatis* pro *uates* temere uenit e codicibus, qui constanter habent *uatis*. PITRA.

1392   sic fert numerorum series, sed ob nonnullos in locis peregrinis uagantes, exactius ultimus uersus erit 1389. PITRA.

JOSHUA.

66   corrige foedum sphalma typographicum: *quoram* pro *quorum*. PITRA.

155   sed fragor et uastae concordi murmure uoces
      tormentum mortale gerunt.

156   morale B. C. En lectio unice uera: '*tormentum murale* gerunt,' ut in Aen. XII 921—2 '*murali* concita numquam | *tormento* sic saxa fremunt.' PITRA.

164   domino uirtutum. In the Old Latin (Lugd.) and vulgate *uirtus* represents δύναμις or ἰσχύς or κράτος of LXX. Arn. I 20 plur. II 58 med. sing. Cypr. or. domin. 9 pr. Sulp. Seu. chr. I 14 2 f.)(*infirmitas* Paulin. Nol. ep. XIV 1 f. 2 bis. 3 pr. even XXIV 10 *quae illic uitiorum* uirtus, *quanta* uirtutum *infirmitas sit*. ibid. 23 *infirmet in nobis* uirtutem *peccati, ut confirmet* uirtutis *suae spiritum*.

173   in fine lege: *Amri*. PITRA.

209   infelix, praedae et spoliorum accensus amore. Aen. XI 782 *femineo* praedae et spoliorum *ardebat* amore. H. N.

254   Aen. XI 890 arietat *in* portas. H. N.

337   Aen. VI 504 confusae stragis aceruum. H. N.

439   leg. *et si quater denus bis*. PITRA.

446   et elementa. cf. 309 et, *ut saepe solet*. 349 ut *elementa*. 510 nec *opus ut*. Levit. 67 uel *una sub nocte*.

463   actus. lege *artus* PITRA.

549   idola nulla uirum de uicta gente supersint.
      deuicta EX gente C.

LEVITICUS.

15   dele quod in uncinis additur. PITRA.
39   *quae praesens est.* lege *quae praetentis.* PITRA.
93   crimine caret. Exod. 107 n.
131 lege: *corpora pura placent.* PITRA.
172 culmVs. *culmIs* C.

NUMBERS.

196 prAEstant. *pErstant* C. cf. 519.
232 *Analecta* 204 ver. 59 we have *cūbili.*
254 uina neget sibi nata.
     From Hor. a. p. 122 *iura* neget sibi nata.
294 miserator. Iuuenc. euang. II 295. Exod. 34 6 Lugd. Paulin. Nol. ep. 13 4 f. 26 5. 30 4. Venant.
296 lege: *munere pacem.* PITRA.
315 Prof. Nettleship (*Classical Rev.* II, 1889, 129) corrects in the same way *corpus glossar.* II 261 47 γαῦλος· ποιμενικὸν ἀγγεῖον, *hoc siGnum*, reading *hoc sinum.*
352 *modici* is right: 'only a little toil remains.' Perhaps *laboris* may stand.
390 forte *cumque prophetarum.* PITRA.
491 inemtos pepones. On behalf of the text I must confess that LXX Lugd. and vulg. have δωρεάν, *gratis* in Num. 11 5; but there it is the *fish* that can be had for the taking, not the melons and cucumbers. The number of verses beginning with a short syllable is also larger than I thought. cf. Joshua 446 n. in *addenda.*
492 add Exod. 112 *pedisequis.*
501 ěnormi, written *inormis* in later times Boniface pp. 38. 43 (61). *inormiter* ib. 46 (36). 44 (84) Jaffé.
610 lege *natus.* PITRA.
738 tVmore. *tImore* C.
757 prona. so C, not (as I said after Pitra) *propria* which is I suppose in A, and is certainly right.

774 Paulin. Nol. ep. XXVIII 1 pr. uictor *longissimarum uiarum*; *bene idem dicendus simul et uictor et uictus, quia uincitur caritate, qua* uincit *uias duras*.

824 solA per arua. *solE p. a.* C, wrongly, cf. Exod. 764 n.

838 melius forte: *sub ripis fluminis*. PITRA.

856 rather *des ferre*.

862 cf. Judges 129 n.

876 forte *Phineas*, ut 895 et p. 221 ver. 486. PITRA.

DEUTERONOMY.

933 carcere solus Aegypto. lege *Aegypti*. PITRA. for sustulit eT uinclis read with C *s. e uinclis*.

960 lege *tritae*. PITRA.

991—3 Pitra corrects the punctuation as I have done.

1023 lege *aeterna*, aut *aeterni*. PITRA.

1125 C reads *pOPulos sub tegminis fouere pennis*.

1168 eorum. *Reorum* C.

JUDGES.

138 cf. 354 n.

177 ac postquam longe fidorum abscesserIt agmen.
Read *abscesserAt*.

288 domino sacratum suscitat altar.
This confirms Gen. 369 sacratas suscitat *aras*.

295 with *pauent* for *pauent*, cf. *illuc* for *inuat* Exod. 653.

350—1 the repetition of *territa* denotes a corruption Gen. 124—5 n.

354 cf. 138 n. ET raucos. *AC raucos* C.

368 Joshua 481 n.

Levit. 32 (*Analecta* p. 203) cf. Num. 273 *simili candentes pluma columbas*.

INDEX.

a- and *e*- confused, 40 24; -ā in abl.
  sg., xlix; 25 33; 96 35; 153 5;
  215 21
A for AE, 108 18; 117 13; 183 21,
  cf. 246 12; 197 13; 223 21; 214 15
A for CO, 234 6
A for E, 11 23; 13 29; 22 37; 32 4;
  74 30; 75 7; 76 32; 80 35; 89
  10; 95 2; 100 27; 101 11; 104 16;
  106 14; 110 15 17; 112 28; 121
  30; 123 10; 131 31; 133 26;
  136 6; 145 32; 151 2; 157 16; 174
  26; 176 33; 183 8; 195 18 27; 197
  29; 206 3; 207 25; 228 7; 231 16;
  235 35; 236 5 20; 237 5; 245 14
A for EM, 128 22
A for ET, 76 32; 162 11
A for FI, 226 22
A for I, 62 8; 63 18; 85 35; 86 6; 128
  12; 138 25; 171 16; 172 33; 175 15;
  205 3; 212 21
A for IE, 196 9
A for IN, 38 22; 119 35, cf. 244 5
A for M, 116 37
A for O, 61 22; 66 30; 79 32; 80 26;
  97 21; 105 24; 109 7; 116 34; 121
  35; 123 10; 132 5; 141 6; 146 28;
  149 6; 160 3 4; 217 3; 231 24; 234
  17; 236 24
A for OD, 117 10
A for R, 116 25; 117 6
A for S, 6 24
A for V, 31 28; 33 37; 41 2; 54 34;
  124 16; 134 9; 146 36; 176 13; 194
  13; 196 27; 218 35; 237 29; 239 20
A for VM, 46 25
A for VN, 182 9

A for X, 149 15
A inserted, 49 4; 104 33; 135 7; 212
  23
A omitted, 17 36; 46 5; 87 34; 94 10;
  107 16; 166 35; 168 4; 173 33; 231
  33; 227 11
AB for ER, 103 27
AB for ICT, 75 32
abdicare, constr. of, 161 20
abnocto, 100 5
absconsus, 98 21; 123 21; 208 30
abstemius, 156 24
abstentus, 156 25
abstinco cum inf., 143 23
AC inserted, 215 21
ac l. *atque*, 51 15
ac for *-que*, 91 32
accent, influence on quantity of, 1 li
accus. pl. in *-is*, 82 16; 121 25 30;
  141 7; 154 33; 161 5; 203 37; 232
  8; 233 1
acer, 179 29
acerbus and *acervus*, 84 25
acinus (*acina*), 187 1
acuo, 155 2
ad- for *e-*, 194 6
ad for *ex*, 219 16
AD for SVB, 125 9
AD inserted, 29 13; 83 28
Ădāmus, quantity of, 6 8; 7 8; 12 37
ADE for IA, 82 29
ADE for OIA, 97 30
adelinis, 205 27
adire, 226 23
adipem nivalem, 41 2
aditus l. *orbatis*, 144 28
adlapsus, 16 16

248   *INDEX.*

adque, inque, exque, 28 36
adsisto and *obsisto,* 138 3
adsumo, 170 6
aductus, adfectus, 62 26
adumbro, 227 26
adurgeo, 91 12
ae, scansion of, xlix
AE for A, 161 20; 165 24; 199 24; 206 22; 232 3; 234 16
AE for AM, 102 28; 187 36
AE for E, 83 8; 118 18; 130 25; 135 26; 140 7; 143 5; 152 32; 160 20; 161 6; 171 7; 181 5; 189 7; 196 19; 197 13; 198 19; 205 14; 218 16; 235 7
AE for EC, 198 24
AE for EM, 129 5; 244 1
AE for I, 43 12; 45 6; 99 15; 132 11
AE for IA, 144 7; 232 24; 233 8
AE for IS, 95 12; 189 18
AE for IT, 238 15
AE for O, 90 25; 107 28; 110 15; 149 13; 236 5
AE for OE, 135 7; 194 34
Aegypti l. *exegit,* 59 34
aenigmata, 161 32
AEQ omitted, 238 32
aequa lance, 111 26; 146 5
aequus, 133 5
aerumna, 91 7
aetherius, eus, 112, 9
Aedelwulf, imitations of Cyprian's poem in, xxx
AF for VT, 8 36
AH inserted, 89 26
alacer-cris, 38 32; 66 31; 82 7
albens, 239 17
Alchuin quotes Heptateuch, xxxi
Alcimus Auitus credited with a Pentateuch, xxxvi; his authorship rejected by L. Müller, xxviii; quotes Heptateuch xxxii; school of, lv
Aldhelm supposed author of C, xxiii; his authorship rejected by L. Müller, xxvi, xxvii; quotes Heptateuch, xxxviii
aliger, 37 19
alio dative, 187 7
alios for *illos,* 119 4

alium, 165 9
alius=*alter,* 10 33; 40 12; 103 31; 144 21; 153 22; 157 25
alliteration, 100 9; 123 34; 209 10
alta, 78 28; 150 26
altar, 38 15
AM for I, 186 20, cf. 246 14
AM for O, 120 22; 234 19
AM for OQVE, 154 16
amburo, 163 12
āmissus)(*āmitto,* 75 16
amnis and *omnis,* 16 22; 200 17; 213 16; 246 18
AMO for EFR, 209 25
amoenus, 6 36
amor comp. edendi, 64 24
Amorr(*ha*)*eus,* 171 33; 172 33
ampnes C, 42 28
AN for LV, 232 14
AN for OV, 100 8
AN inserted, 226 24
anaphora, 140 7
anceps, 202 35
animos ponere, 83 31
anonymous passages identified, 93 21
ANT for OR, 59 10
ANT omitted, 235 11
anterior=*senior,* 59 24
anterius, 56 7, cf. 241 23; 78 15; 165 24
anticipation, corruption by, 36 5
ānulus, 59 21
AP omitted between A and P, 65 24
apertus and *opertus,* 134 23
appeto, 152 4
arcesso, 148 19
ardens, 64 30; 242 11; 244 1
ardua ceruix cet. 17 33
[*ārente*] l. *inerti,* 86 5; 243 8
Arevalo, Faustin, edits the Genesis, xvi, xvii; account of, xvi, xvii
arieto, 132, 29
ārōma?, 114 35
arx, 149 15
-as final, xlix
assimilation of termn., 26 3; 54 24; 197 8; 210 15; 244 20
astriger, 7 18; 19 12; 94 37; 152 33

INDEX.   249

asta and *acta* confused, 19 16; 20 37
AT for EX, 195 33
AT lost after ET, 143 5
atque for *et*, 16 34; 173 21
atque for *et quae* 86 17
atque inserted, 181 14
attactus, 227 7
AV for RS, 125 11
AV for VI, 42 25
auctius l. *partibus*, 24 12
auersus, 107 13
aureus disyll., 64 32, cf. 242 11
Auses, 120 18
AVT omitted, 223 29
aut = haut, 85 14; 148 4; 149 35; 144 1
azyma, 33 24; 89 22

B for D, 160 26
B for ER, 232 4
B for H, 176 2
B for L, 219 27
B for M (m = u = b), 205 22
B for NO, 219 20
B for O, 132 16
B for P, 156 6
B for PS, 133 26
B for R, 139 20; 219 3
B for RP, 212 36
B for T, 9 25
B for TQ, 127 13
B and V confused, 84 25; 86 21; 154 3; 159 14; 217 9
B inserted, 61 13
B omitted, 217 29
Bähr, J. C., identifies Morel's fragment with Martène's publication, xxiv
Beda quotes Heptateuch, xxxviii
beneuolentia, 63 3
Beniaminus, 52 5
Bernays, Jakob, on the neglect of Christian poets, lv; services to Phokylides and Sulp. Seuerus, lvi
Bernhardy accepts Iuuencus as author of Heptateuch, xxviii
bifidus, 183 13
[*bitumen*], 15 12; 18 10
blandiloquus, 148 10
bonis lost under LEVI, 185 20

Bryennios, lviii
[*bumina*] 86 18
buteo, 143 22
BVS for VRV, 194 3

C for E, 99 15; 103 18; 114 17; 113 12
C for G, 101 5; 226 23
C for L, 140 2; 177 27
C for M, 9 30
C for P, 88 4
C for PL, 195 7
C for Q, 35 22; 188 20
C for R, 138 30, cf. 244 33; 189 32
C for S, 38 8 21; 50 7; 78 17; 83 35; 91 35; 104 16; 121 21; 129 10; 134 17; 135 26; 144 33; 178 23; 196 11; 227 14
C for T, 24 21; 54 35; 62 30; 76 31 32; 114 6; 122 33; 123 9; 144 33; 162 34; 177 19; 197 8; 233 20
C for V, 210 31
C for Z, 218 35
C doubled, 231 7
C inserted, 103 9; 142 24; 209 22; 217 33; 228 7; 236 16 20; 240 36
C omitted, 3 13; 14 6; 43 6; 74 31; 100 27; 152 32; 232 23
CA for SE, 94 22
CA inserted, 87 3
CA lost after TA, 23 34
Caesarius of Arles, xl
Cain, traditions concerning, 12 18
Cainus, 10 28
candidus, 52 33
cannaza, 196 2
Canopus, gender of, 116 16
căore for *čare*, 84 15
caprigenus, 221 16
captus, 150 6
carbunculus, 6 33
cardinal for ordinal, 137 21; 201 21
[*căreo*] 77 13; 89 21; 121 8; 147 22
cassus, 58 8
cassus -urus cet. C, 194 13; 206 16
castra, 211 7
causa, 109 1
cedere, 17 29
CEEP for SIC, 222 21

celeres cet. *gressus*, 126 36
celsa, 152 25
celsiingus, 16 36
cerastes, 171 18
cernere, cretio, cet., 26 19
cernuus, 174 33
ceruix, 77 32; 119 6
Champagny on *L'Empire de la Phrase*, lxx
CI for EC, 128 22
Cilices, 241 21
circes, 109 7
circumfluus, 53 29
citius and *citus*, 116 11
CL for F, 143 27
CL for S, 115 15
clara and *sacra*, 115 15
clarigenus, 115 13
classical and sacred philology, lvi
Claudian quoted in Hept., xlii; 92 7
cleptat, 103 20
cluo, 201 5
CO- for CVM, 189 4
CO for S, 98 29
Cobet on the French 'renascence,' lxiii
coelum for *caelum*, 166 2
coco, 125 26; 146 31
cognosco, 149 23
cohereeus l. *cohaerens*, 28 5
coerceo for *cohaereo*, 133 24
COL inserted, 17 36
colludia, 133 32
columbas at end of line, 233 3; 246 28
coma, 94 26
commenta, 112 25
committo, 117 25
Commodian's apology, lx
comperio, 149 23
compressa fames, 43 9
CON- for CVM, 238 28
CON for PRO, 136 25
CON for SVF, 133 7
con- not *conu-*, 173 26; 171 26
con- inserted, 189 18; 235 31
con- omitted, 31 31; 132 27; 234 19
concutio, 197 19
condere in constr. of, 182 23
confertus and *consertus*, 136 2
[*configo*], 133 7

confluus, 225 3
confore, 116 3; 122 22
congemisco, 200 20
congrege, 50 12; 97 15
coniugium, 41 9
conlibitum, 151 32
conopea, 132 5
contamination of case, 19 17
contermina, 137 1; 158 14
contermino, 137 4
contractus, 146 29
conuincere, 64 36
coram, case after, 73 5; 131 18; 179 21
cornea fibra, 85 24
corpore trunco, 57 30
correction incorporated in line, 170 30; 190 5
CR for V, 113 10
creatum for *generatum*, 103 17
credens l. *ridens*, 30 33
cretio, 189 8
crines cet. of fire, 152 10
crines pastos, 58 24; 156 13
criniger, 177 11
crinis, 10 19
croceus, 96 6; 137 25
crudus, 175 18
CSCI for HOC, 80 26
CTA for ESE, 235 7
ctant omitted before *c'tant*, 132 20
CV for O, 77 25
CV for TI, 238 24
cūbile, 154 16; 245 9
cācumeres, 164 37
cucumis, 164 15
cūi, 28 5
culta, 206 9
CVM for AEVI, 155 31
cum and *con-*, 50 12; 85 20
cum for *quem*, 150 34
cum omitted before *con-*, 25 35
cum, quum, 127 25
cūpido (cuppedo), 224 4
cupitam for *optatam*, 77 25
cur, use of, 20 32
cura and *causa*, 109 1
curis l. *praestent*, 226 23
custos, 159 27
cyclos, 112 15

cynomyia, 85 10
Cyprian, S., credited with Heptateuch, xvii xxxii
,, first edition of the *Genesis* fragt. (1560), vii
,, works of, published, ix x
Cyprian, 3rd bishop of Toulon, account of, xxxix—xli
,, edited by Peiper, xxxiv
,, MSS. of poems, xxxvii xxxviii
,, school of, lv

D for C, 57 2; 93 31; 100 27; 101 26; 181 5
D for CL, 205 14
D for G, 186 16
D for L, 131 7; 231 8
D for Q, 97 7
D for R, 96 4; 111 21; 199 31; 217 11
D for S, 236 29
D for SS, 92 28
D for T, 3 8; 29 36; 30 2; 40 17; 51 11; 54 36; 132 1; 134 29; 158 6; 203 37; 213 27; 228 32
D for V, 64 31; 105 35
D doubled, 67 35
D inserted, 21 2; 194 13; 198 29; 215 20
D omitted, 6 26; 10 24; 12 9; 173 3; 210 7; 233 1; 236 16
DA for S, 213 33
DA for TVM, 144 25
daemōnis, 215 30
damnum pudoris, 186 1
Daniel regards Iuuencus as author of the Genesis, xxiv
dapes for *epulas*, 64 17
Darwin, Charles, lxiv lxv
DAT omitted, 129 7
dāturus l. *iacturus*, 14 6
de, 44 27; 210 9
DE for CA, 37 28
DE for ET, 118 20
DE for CA, 12 9; 119 1
DE for IL, 233 9
DE for OR, 181 5
DE for QVI, 13 15
DE for VEL, 234 16
DE for DI, 133 26; 168 2

debilis cet., 104 19; 148 31
decem for *denos*, 53 10
decembres, 117 34; 205 8
decenter l. *senatus*, 119 30, cf. 214 5
decolor, 138 18
decōro, 67 15
decumbo, 106 8; 218 23; 243 31
deesse for *desse*, 115 36
deest, sense of, 54 11
deferuo, 122 17
deficio, 110 10
defore fut., 206 2
dein for *dum*, 219 15
delambere, 28 17
delibat, 43 13
delictus dilectus confused, 71 31
denarrat, 86 30
deōs, 215 36
deposcit l. *despuit*, 116 15
depromere, 113 1
[*deserta*], 162 22
detergeo, 182 30
detergo, 201 1
determino, 114 19
detrudere, 129 35
deturpo, xlv
deuia as subst., 29 16
DEVS for *dominus* (DNVS), 4 2; 17 31; 80 6; 139 10; 178 13
DI for A, 230 29
DI for E, 133 12
DI inserted, 146 36
'*dictum factum*', cet., 91 19; 243 15
diffluo, 198 12
diligo, 147 9
discito, 99 1
discreti dies, 236 24
discrimen leti, 87 29
disrumpere, 54 14
dis(s)icite, 184 17
distractus, 235 27
distraho, sense of, 67 23
ditesco, 18 32
ditificus, 176 33
dittography, 45 29; 89 32; 107 35; 180 14; 229 17
diuiduus, 198 4
diuinitas lost after *tenuisse*, 140 32
diuortia, 27 14

DM inserted, 203 2
DO for NE, 100 28
docilis, 98 12
doctiloquus, 54 19
dogma, 159 29
dominē, 121 5; 129 20
domini = master and mistress, 29 23
dominus (DNVS) and *annus* (ANVS), 201 24
dominus (DNVS) and *deus*, 4 2; 16 26; 17 31; 139 10; 141 25
dominus (DNS) lost after *dum*, 105 32
domnus, 26 31; 189 13
dono (verb), 202 1
dono (subst.), 206 30
doto, 212 26
doubtful quantities, 121 12
double letters written once, liv
dragma, 153 32
dudum l. *vitulum*, 105 30
dulcisonus, 208 10
dum omitted, 134 12
Dupanloup, defence of classics, lxii

e for *de*, 115 25; 138 29
-*ē* final of abl. and adv. not shortened, xlix
-*ē* final of imper. shortened, xlix
E for A, 4 9; 14 25; 17 31; 75 10; 78 7; 111 7; 117 24; 129 6; 133 14; 135 33; 137 19; 147 28; 150 30; 151 15; 153 28; 155 2; 157 25; 158 9 22; 166 23; 182 24; 194 3; 208 30; 213 21 33; 214 28; 216 25 31; 219 2; 221 22; 225 27; 227 11; 230 15; 237 33; 243 25 28; 246 4
E for AC, 10 22
E for AD, 12 9
E for AE, 5 28; 140 30; 142 32; 145 29; 153 8; 160 20; 166 14; 171 24; 198 19; 223 20
E for AR, 62 16
ET for AST, 134 18
E for C, 45 35; 109 16; 182 9
E for H, 164 8
E for HY, 89 34
E for I, 48 22; 50 36; 57 23; 46 5; 50 22; 58 35; 59 18; 60 22; 69 3 8; 74 31; 86 5; 89 34; 109 37; 111 12; 114 7; 118 6 23; 124 33; 125 17; 140 2; 151 30; 158 35; 161 5; 162 8; 171 16 32; 174 15; 186 11; 188 29; 194 15; 197 24; 198 18; 201 1; 205 31; 231 24; 232 3 14 23; 233 1 20; 243 22
E for III, 99 33
E for IS, 119 26; 189 18
E for M, 96 28; 97 23; 100 37
E for O, 15 4; 18 4; 33 8; 41 2; 44 36; 100 14; 117 19; 119 30; 141 16; 174 15; 178 19, cf. 246 6; 201 16; 213 27; 225 31; 239 14; 241 20
E for R, 222 22
E for S, 77 29; 150 2; 204 27; 212 28; 223 15
E for V, 39 4; 80 6; 99 28; 106 30; 108 28; 109 6; 144 7; 179 6
E for VNT, 172 28
E inserted, 20 15; 46 11; 48 24; 97 3; 99 13; 127 13; 150 34; 168 4; 173 34; 205 22; 206 26; 216 31; 228 1; 233 12 23
E omitted, 16 7; 22 5; 68 10; 86 2; 101 31; 113 1; 114 1; 115 17; 119 20; 125 11; 140 14; 162 8; 176 2; 215 7; 226 23; 237 5
EA for IE, 238 15
EB inserted, 231 10
Ebert denies authorship of Heptateuch to Iuuencus, xxix
EC for AE, 211 7
ecthlipsis not found in C., xlix; 7 4; 8 31; 34 19; 56 10; 63 28; 65 5; 68 13; 109 33; 116 6; 190 15; 218 11; 228 12
EF omitted, 203 25
effatur, 95 34
efflagito with double acc., 60 11
elebile v. l. *flebile*, 132 24
EHO for I, 98 30
EL for AB, 11 7
EL for V, 115 25
elimino, 153 34; 187 17
EM for E, 98 29; 100 23; 101 31; 119 2; 210 32; 232 27
EM for AE, 111 7 12; 158 7
EM for IN, 186 29

INDEX. 253

EM for IS, 120 27; 210 16
EM for IV, 108 2
emitiqo, 146 28
emo and *mitto*, compounds of confused, 18 37; 28 11; 56 2
EMP- for TEN-, 106 20
EN for C, 6 26, cf. 194 17
EN for IS, 173 16
EN inserted, 194 15
Ennodius, school of, liv
Enochus = Enos, 13 22
Enoch, names of his sons, 12 7
enodis, 168 15
inormis, inormis ect., 245 28
ENS for AM, 94 5
ENS for IT, 38 34
ENT inserted, 226 24
epanalepsis, 123 35; 190 8
equitibus, 93 37
ER for IT, 185 7
ERE for IT, 11 23
eripio, 133 12
ERM inserted, 180 12
ERV for ACR, 238 26
-*es* final, xlix
ES for AE, 171 17
ES for EM, 94 33
ES for I, 176 14
ES for IR, 15 29
ES for VM, 214 20; 217 29
esopus for *hysopus*, 89 34
-*esco* and -*isco*, 8 36
EST for IS, 114 5
EST for SIT, 199 16
EST inserted, 144 7
EST omitted, 12 35; 123 22
Estienne and Morel, xii
et for *ac*, 246 26
et for *at*, 81 12
et for *atque*, 89 11; 138 21; 156 22; 161 18; 167 11
et for *que*, 88 12; 169 27; 234 6
et for *qui*, 189 26
et for *ut*, 183 27
ET = A, 76 32; 162 11; 242 21
ET for AD, 115 10
ET for AL, 216 12
ET for HANC, 229 9
ET for IF, 41 31

ET for ME, 175 15
ET for R, 3 13
ET for VBI, 30 27
ET for VT, 234 20
ET inserted, 19 17; 56 20; 114 5; 222 22; 228 30
ET misplaced, 44 2
ET omitted, 40 26; 46 36; 62 8 37; 68 7; 93 16; 102 32; 140 14; 199 13; 209 10; 232 11
etiam omitted, 28 21
euerbero, 173 34
ex plebe scorsu, 30 21
EX for AP, 64 17; 89 2
EX inserted, 177 19
EX omitted, 50 33; 53 19; 61 12; 117 35; 244 35
exacta referre, 162 21
excitat aras, 19 28, cf. 246 22
excitus, 32 37
exhibeo, 198 9
[*exinfundo*], 196 32
expectoro -atio, 117 19
exposco with dep. subj., 135 8
externus and *hesternus*, 108 15; 150 29

F for C, 173 33
F for P, 108 11; 236 33
F for PH (C), xlviii
F for R, 214 11
F for S, 96 5; 108 9; 230 2
F for ST, 17 3
F for TR, 57 2
F for V, 76 25; 77 6
F doubled, 209 37
F inserted, 125 17; 135 27; 150 2
F omitted, 8 37
FA for IV 12 33
FA for VO, 232 8
Fabricius, George, *Thesaurus*, xiii; sketch of life of, xiv
[*facilia*], 118 29
facilis and *felix*, parts of, confused, 118 29; 228 7
fames and *ferrum* alliteration, 209 10
fare, 80 28
fascis, sg., 76 7
fatu, 157 1
femine, 49 33

254 INDEX.

femore and *femine*, 202 35
-FER omitted, 101 6
feriāta, 76 18
ferra for *frena*, 173 31
festinus, 66 27
FI for RV, 124 14
fiam, fias, cet., xlix; 3 13; 16 25; 23 35; 89 30; 124 12; 139 12; 140 5; 146 24; 153 8; 157 7; 168 6; 220 10; 237 29; 239 2
fibra, 154 35
ficulna, 8 23
fide, gen. 134 5
fideī, 108 21; 142 22
[*fidelis*], 98 16; 140 13; 141 24; 142 17
fidelis and *felix*, parts of, confused, 142 17
[*fidere in*], 177 4
[*fides*], 169 13
fiducia, 141 37
FIET for ERIT, 139 12
fimbria, sg. pl., 167 19
finis fem., 159 10
firmo, 226 30
firmus, 64 3
fit...quod...fuit et sim., 225 1
flammare animos et sim., 210 20
flebile plangit, 62 10
fluo, 136 32
fluor, 45 17
fluxere, 166 4
fomes, 106 35
fore = *esse*, 5 17; 19 8; 35 4; 54 11; 57 1 27; 61 13; 83 12; 116 25
foret, 51 29
FORE = FRVC, 45 30
fore omitted, 64 35
formula cauit, 212 15
frango, 200 24
fraudi, 145 2
fraudiger, 9 35
French classics, lxi; lxiii
fretum and *fluctum* confused, 92 16
frigus captare, 31 7
frumentum, 212 3
FV for VIC, 65 1
[*fugas*], 186 23
[*fuga*], 206 22

functus, 27 27; 142 29
furta belli, cet. 132 13
fusco, 119 4
fuscus, 151 8
future in clauses expressing impossibility, 22 7
futurum, 63 33; 64 35; 77 6; 182 14

G for C, 169 7
G for CT, 48 36
G for H, 53 17
G for I, 229 9
G for P, 150 23
G for R, 114 4
G for S, 109 10
G for T, 14 33
G inserted, 187 27; 213 5
galata, xlv; 237 26
Gams P. B. claims Genesis for Iuuencus, xxv
Gaul, three schools in, liv—lv
Gaume J. J. *Le Ver Rongeur*, lxii
GEL for IG, 11 7
gemere with acc., 178 26
gen. case)(adj. in agreement, 126 24
gen. obj. with *fiducia*, 141 37
Gĕrărum, 41 17
gerens, 229 16
GIT for X, 133 7
Giles, J. A., account of, xxii; discovers Trinity ms. (C), xxiii; edits Aldhelm, xxiii; letter to Dr Whewell, xxiii
glaucus, 16 11
glosses in text, 5 23; 97 21; 104 7; 117 27; 159 15
gn, the guttural nasal, is written *g*, 138 14, and *n*, 157 29, cf. 245 15
Goldwin Smith on the state of philology, lvi
GR for C, 36 20
gradus, 90 7
granatum, 162 29
grando, missiles compared to, 201 19
Greek church, lviii; lix
Greek words with altered quantity, li
Gronov, J. F., 4 32
gutta, 63 7

h as consonant, 64 30; 113 23

INDEX.   255

h initial: the usage in C is erratic; wrongly prefixed, 97 3; 102 2; 109 26; 150 29; 213 21; 236 5; wrongly omitted, 3 8; 5 23; 6 24; 13 22; 137 13; 139 25; 148 4; 209 36; medial, it is often inserted between vowels, e.g. 52 36; inserted or omitted after explosives, e.g. 17 36; 18 30; 197 14; 202 19

H for B, 216 31; 218 33
H for M, 219 20
H for Q, 98 1
H for R, 95 6
H for S, 48 16
H for T, 188 11
HA for TRI, 80 6
habeo and *haereo* confused, 103 27
hace inter, 32 31; wrongly, 42 12
haereo, 218 10
ἅπαξ λεγόμενα, *clarigenus, discito, ditificus, emitigo, expectoratio, fraudiger, insertus (-tis dextris), lentigradus, occulo, optator, percongruus, perdocilis, praemadidus, praecroro, praecuidus, salsa*. See also xliv—xlvii
Hartel's edition of Cyprian, xi, xii
hand omitted, 149 32
Heptateuch, Arevalo on, xv, xvi; date of, xlii; excluded by Giles from Aldhelm, xxiii; known to Sirmond, xiv, xv; lexicography of, xliv—xlvii; Martène on, xv, xvi; mss. of, xxxiv—xxxviii; O.-L. version and, xliii—xliv; opinions as to author, xxiv—xxxii, xli; published by Pitra, xvii—xxi; quotes Claudian, xlii; reference to confused by uncertainty of authorship, lxvi; value of to scholarship, lxvi; Vulgate and, xliii—xliv
heptateuchus, xxxvi
HI for A, 195 23
HI for IV, 232 27
hiatus, lii; 109 37; 143 22; 161 18; 187 1
HIC omitted, 46 27
Hilary, school of, lv
'hinc illae lacrimae,' 44 6
hordeum, 212 1
horrisonus, 54 13; 88 1

hortus and *ortus* confused, 6 24
Huxley on Shrewsbury school and Cambridge, lxiv, lxv

i final shortened, xlix
j and I, 128 6
I for A, 32 21; 41 7; 75 13; 100 24; 122 16; 113 10; 139 6; 166 28; 188 4; 197 22; 219 6; 220 28; 246 20
I for AE, 96 10; 107 19; 188 20
I for C, 197 24
I for E, 6 6; 11 29; 18 37; 19 5 22; 22 7 37; 33 27; 38 22; 49 10; 59 34; 79 9; 80 32; 82 16; 87 23; 99 13; 113 10; 114 28; 115 25; 117 30; 120 10; 121 25 30; 133 22; 141 7; 142 24; 151 24 35; 152 2; 154 33; 158 19; 161 5; 176 22 31; 178 10; 179 28; 185 26; 200 11; 203 37; 206 8; 209 23; 214 13; 216 13 29 31; 220 8; 222 21; 223 17; 232 8; 233 1; 235 19; 236 5 27; 236 29; 237 31
I for ED, 153 17
I for EM, 62 22
I for ER, 89 26; 99 31
I for ES, 64 21; 126 36
I for II, 18 31
I for L, 180 12; 223 1; 235 7
I for LE, 203 1
I for MA, 216 13
I for N, 86 25
I for O, 11 20; 51 19; 69 21; 89 1; 95 25; 96 13; 172 13; 179 29; 200 17; 201 14; 214 6; 219 27; 221 5 24; 233 20; 238 9
I for P, 18 37; 28 11; 240 6
I for S, 59 18
I for T, 156 25
I for TA, 77 25
I for V, 7 30; 16 21; 20 5; 21 2; 39 11; 87 27; 88 12 20; 97 23; 100 27; 129 10; 131 7; 137 7; 138 12, cf. 244 30; 202 31; 221 8; 239 16
I for Y, 15 29; 17 36; 33 24
I inserted, 20 28; 103 9; 116 11; 127 13; 238 15
I omitted, 14 6; 86 12 25; 128 15; 159 3; 174 7; 182 9; 232 23

INDEX

IA for AE, 232 8
IA for M, 199 16
Iācŏbus, Iācŏb, 60 27
iactus teli, et sim. as a measure, 206 13
iam l. *cum*, 39 15
IAM for PER, 233 8
IAM inserted, 46 16
IAM omitted, 6 13; 90 36; 96 10; 99 20; 183 1
iambic opening, li; 101 5; 126 8; 163 25; 177 21; 245 21
Jared, age of, 13 16
IB for D, 107 10
IB inserted, 5 18
IC for PL, 186 11
ictus luminis cet. 122 6
ID for HAEC, 223 15
Idfa, 196 20
idols made with hands, 198 35
IDV for EN, 13 2
Idume, 197 15
IE for VA, 237 5
Iericho and *Hiericho*, 127 15
IF for E, 5 17
ignis edax, 104 13; 113 14
ilicet for *ille et*, 183 1
illaesus, 162 16
ille for *is*, 187 22
illic et l. *ilicet*, 181 34; 202 18
IM for EN, 231 18
IM inserted, 148 5
IM omitted, 7 26; 159 13, cf. 245 18
immensus (inm-), 3 4; 239 1
impete, 160 5; 222 23
impletur cet., 55 38
imponere, 20 24
impostus, 143 2
IN for A, 237 21
IN for AB, 233 10
in- for *con-*, 36 28
IN for LV, 110 19
IN for M, 20 23; 32 29
IN for OD, 14 21
IN for V, 92 15
in for *ui*, 139 27
IN inserted, 7 28; 78 27; 95 36; 215 21; 219 6
in omitted, 107 34; 223 15; 237 31 35; 242 29

in ferrum ruere, 217 21
in unguem? for *ad unguem*, 5 18
incensum, 63 6
inconcessus, 69 12
indeprensus, 183 3
indutus, 119 21
inemtos pepones, 163 25; 245 21
iners, 86 6
infectus, 187 10
infer, 16 8
infessa for *infensa*, 27 34
infinitive passivo in *-ier*, 60 10; 83 29; 216 22
infit = dixit, 65 23
informis, 58 20
infundo, 116 8
infusco, 168 27
ING for RVD, 77 5
ingens for *uitiis*, 139 27
iniqua and *iniusta* confused, 108 28
innumerosus, 75 1
inormis, 245 28
insertis dextris, 43 9
inter positus divisim, 154 8; 159 24
intercursare, 20 4
intermixture of lines, 55 15
intonsus, 200 13
inuisus "unseen," 162 1
inuōlāeris, 48 21
irriguus passive, 172 10
-is in nom., 167 32
-is for *-us*, 168 24, cf. 245 30
IS for A, 9 14; 153 14; 181 19; 211 26
IS for AE, 77 11
IS for E, 134 26
IS for EX, 43 8
IS for OV, 181 36
IS for V, 171 24
IS omitted, 206 22
IT for EN, 33 8
IT for ENS, 222 22
IT for ER, 94 3; 184 23
IT inserted, 157 17
IT omitted, 18 32
iterum and *etiam*, 144 32
IV for N, 17 37
IV for VE, 83 8
Iudaea, scansion of, 80 9; 226 3
IVDIC for TAX, 103 36

INDEX. 257

IVI for VLA, 131 26
iuuëcc = ceruice, 185 20
Iuuencus, published by Martène, xv xvi
    ,,   credited with Genesis by Martène, xvi
    ,,   credited with Heptateuch by Pitra, xix—xxi
    ,,   and generally received as author, xxiv—xxvi
    ,,   summary of opinions, xli

Kennedy, Professor B. H., lxvii—lxix
Kyriakos, Demetriades, lix

L for B, 63 2
L for C, 11 16; 182 9
L for D, 90 12
L for F, 122 33
L for I, 155 2
L for MV, 20 17
L for S, 138 11; 150 21
L for T, 167 7
L for V, 234 35
L inserted, 73 15; 84 25; 144 27; 149 35, cf. 245 5
L omitted, 166 29
LA for AV, 205 14
LAB for SVD, 98 2
lābentem? 9 25
[*lābor*], 75 25; 98 1; 159 10; 245 18
labrum, 154 21
Lachmann on the Vulgate, lvi lvii
lacrimis paratis, 228 1
lactare, 28 37; 223 35
lacunae
     of lines: 9 10; 17 18; 21 35; 52 14; 66 10; 97 10; 151 4; 213 25; 214 16 27 29;
     of half line: 99 6
     of words: 3 8; 15 11; 17 18; 18 13; 22 5; 37 19; 41 7, cf. 240 29; 76 34; 78 23; 80 16, cf. 242 32; 81 24 35; 84 13; 85 4, cf. 243 5; 95 13; 98 3 17; 99 27; 110 10; 115 2; 119 18; 126 8; 140 32; 149 3; 179 31; 182 7; 215 21; 226 3; 230 21; 235 7
Lamech, traditions concerning, 12 15
lampada &c., 83 19; 94 30

lancinat, 107 21
lanugo, 180 16
lanx aequa, 111 26
lapidosus, 162 28
lateribus, 83 15
lāturus, 25 19; 86 35, cf. 243 8; 90 14
laxare, 102 9; 144 33; 156 9; 232 3
LE omitted, 12 9
legifer, 123 1
"L'Empire de la Phrase", lxx
lengthening of short syllable, li lii; 83 15; 93 37; 117 25; 157 21; 164 37; 197 31; 237 2, 13
lentigradus, 50 28
lentus of anger, 14 33
leues and *seges* confused, 114 35
leuigatus, 112 20
leuo = tollo, 213 8
lex and *rex* confused, 25 12
lexicography, advance of, lviii; of Heptateuch xliv—xlvi
LI for N, 118 13
libratus, 170 36
lictor 'taskmaster', 75 32
linea of a sundial, 123 5
limit (?), 15 11
LIQV for IVRG, 134 34
litus not *litt.*, 183 8
[*liuor*], 218 14
LL for AN, 51 23
LL for ST, 97 25
LL for V, 210 18; 246 25
LLE for THO, 219 3
Lock W. on Heptateuch, xxix
LOE for AZO, 195 15
laetum for *letum*, 95 21
longus for *largus*, 43 20
longus for *lentus* cet., 14 33
loqui = uocare, 48 29; 54 11
LS omitted, 63 14
LV for R, 236 33
luctamen, 147 28
lues, 154 3
lugubre, 171 10
lumen, oculus, cet. *mentis*, 44 27
lumen, play on, 79 4
lunaris, 136 8
lunata fronte, 106 4
lupae, 186 19

M. H.   17

258 *INDEX.*

luxus, 150 4

M for AE, 35 22
M for B, 231 25
M for D, 103 41
M for E, 47 25; 133 29
M for EX, 232 17
M for F, 47 4
M for GR, 51 12
M for I, 161 30
M for IN, 120 26; 124 23; 205 22
M for IV, 37 5
M for -IVS, 93 35
M for N, 167 30; 238 28
M for NS, 231 7
M for NT, 78 17
M for RIS, 140 30
M for S, 17 26; 54 10; 91 20; 135 8; 223 1; 232 27
M for T, 49 7; 108 11; 133 31
M for V, 3 5; 180 12
M doubled, 12 35; 240 31
M inserted, 54 8; 97 21; 103 3; 123 27; 125 34; 210 32; 231 24; 232 27; 246 16
M omitted, 9 28; 16 10; 41 29; 78 7; 87 21; 92 15, 29, 31; 108 28; 118 11; 119 35, cf. 244 5; 137 15; 154 29; 158 33; 172 34; 187 25; 206 22; 231 25; 234 19
Macarius Magnes, discovery of, lx
Madvig and J. F. Gronov, 5 4
mage, 75 21
magis, superl. with comparatives, 53 26
magis for *mage*, 95 18
[*magorum*], 84 10
maius l. *gravius*, 51 12
malesuada, 40 21
malignus = 'devil', 89 36
mandans omitted, 144 11
mandier, 60 10
Manitius on date of Heptateuch, xlii
manuscripts of the poem, xxxiv—xxxviii
manuscripts A and B, relation of, xxxv
Martène, Edmond, publishes Gen. (to 1441) under name of Juvencus xv—xvi; notes reprinted xvii

masc. pl. for m. + f., 29 23; 185 32; 221 26
matres, 17 4
MBR for ND, 172 1
melodus, 188 6
mendum = *mendacium*, 145 11; 240 17
mens est with inf., 62 34
MER for CIN, 44 19
mercede seorsa, 147 16
[*mercem*], 46 16; 47 32
merx = *merces*, 47 32, cf. 241 5 [Cypr.] de laude martyrii 18 f. (p. 42 2 Hartel, append.) *etenim secum ipse voluebat quantae* mercis *existeret ut ei cui sufficeret morte carere non tantum salutis daret praemium, sed et conscendere caelum.* ib. 27 (p. 48 13) *igitur, carissimi fratres, aemula religione certantes uelut incentiuo quodam* mercis *agitati.* In Sedul. carm. Pasch. 1 58–9 there is a various reading *merces futura* (p. 20 Huemer): *ut messis queat esse dei* merci *sque futurae | maxima centenum cumulare per horrea fructum.* id. pasch. op. 1 1 f. *segetem..., quae nimia frugis ubertate multiplicis dei queat esse iam messis ac spem futurae* mercis *aperiens centenis cumulis fructum maxima recondat in horrea.*
mersit l. *transit*, 86 26
Mesopotamia described, 176 5
Methuselah, age of, 13 34
[*metibilis*] 205 14
metitur = 'ponders', 26 35
metitus, 5 33; 69 27
metrical licenses, xlviii—lii
miles and *limes*, 175 33
millia milia, 118 5
mölas, 144 1
minaci for *militati*, 177 19
minutal, 163 16
miratio, 37 2
misecator -trix, 157 8; 245 12
misericors, 100 36
mitescere, 15 7
mitis, 57 4
mitis omitted, 130 22
mitinco, 125 26

mitificus, 49 4; 162 3

mitto and *emo*, compounds of, confused, 18 37; 28 11; 56 2

MM for N, 61 37

MM for RD, 9 30

MM for V, 62 18

moderarier, 216 22

moenia, 124 5

[*māla*], 229 2

mole gigantes, 14 28

moles belli, 75 14

monumenta, momenta, 165 25

mordax, 91 10; 155 26

mordicus, 9 30

Morel, John, xii

Morel, William, Turnebus on, x; Hartel on, xi; edits and publishes frag. of *Genesis*, vii; edits Cyprian, ix; sketch of life, xii

mox deinde, 62 21

MP for NC, 171 6

MP for RR, 44 22

Müller, L., protests against received authors of Heptateuch, xxvi—xxviii; on *De Sodoma* and *De Iona*, xxviii; testimony to scholars of 16th and 17th centuries, lvii, lviii

mulieri, 219 27

multimodus, 14 21; 49 32

multus cet. and *mutus* cet. confused, 73 15; 144 27

Munro, anecdote of, 4 34

muralis, 244 15

MVS omitted, 222 5

N for B, 208 5

M for C, 9 30; 95 6; 211 30

N for D, 207 25

N for E, 96 23

N for G, 12 9

N for H, 46 29; 176 12

N for I, 219 15

N for II, 139 27

N for L, 230 16

N for M, 49 7; 167 25; 215 17

N for MP, 93 1

N for P, 47 3

N for PRI, 175 2; 245 32

N for R, 79 9; 108 2; 140 13; 226 23; 237 35

N for RC, 234 20

N for RI, 163 4

N for S, 15 27; 91 35; 92 24

N for T, 34 32

N for V, 43 32; 64 31; 100 36; 114 12; 188 20; 223 1; 233 4

N inserted, 37 17; 42 1; 51 22 33; 69 27; 84 8; 91 21; 104 12; 111 5; 129 6; 187 27; 199 11; 209 24; 235 24; 238 32

N omitted, 45 14; 55 13; 105 35; 113 34; 117 7; 135 16; 150 34; 195 23; 197 21; 242 19

NA for CV, 18 21

NA for DVO, 61 26

nam for *ac*, 120 29

nam for *enim*, 122 26

nascendi lex, 184 7

natae, 196 5

natantes, 163 18

nātarum, 48 33

natatus, 77 20

nātio (?), 201 32

nātorum, 69 11

nātus, 121 12; 138 16; 188 30

NC for S, 196 11

NDO for VEL, 238 18

NE for AT, 235 19

NE for HI, 200 3

nĕc, 110 2

NEC for AVD, 199 23

nec for *non*, 35 11; 209 22

nec for *set*, 76 31

nec mora cum, 85 20; 162 14

nectant l. *conuincant*, 64 36

necto crimine, 65 2

negatus with dat., 183 17; 189 11

nequeo, non queo, 34 22; 43 35; 93 10

nequiquam not *quic-*, 167 30

nescius passive, 131 25; 158 29; 216 1

new lines supplied by C, 24 30; 36 15; 97 10

nex, 167 31

NF for MP, 37 6

NI for M, 194 31

nihil iam l. *Niliacum*, 40 16

nimbosus, 74 21

Nippold, Fr., work of, lix; and Döllinger, lix—lxvi
[niualis], 123 26
[niuosus], 66 20; 96 9; 114 11
NN for VV, 139 9
NO for PA, 91 35
nobilis 26 6
noctilūcus, 113 12
noctiuagus, 149 7
nomen, numen, 208 17; 240 23
noscere, 29 8
noscito, 99 5; 223 32
nouem for nonos, 29 35
nouem for nonies, 29 34
[nŏuorum at beginning of line], 126 8
noxale, 20 15; 179 9
NS for CT, 3 5
NS for T, 34 14; 103 10
NS inserted, 120 27
NS omitted, 23 26
NT for L, 9 14
NT for M, 93 1
NT for R, 147 35
NV for M, 228 34
NV inserted, 47 3
nubs, 112 9, cf. 243 33; 160 6
nullus, 51 22, cf. 241 11
numerals wrongly expanded, 53 12
numeration, 181 7
nunc for tua, 116 33
nurus, 116 1

ŏ final, xlix
O for A, 11 26; 16 20; 41 9; 46 33, cf. 240 36; 48 16; 50 31; 52 6; 124 17; 130 30; 131 17; 134 21; 139 15; 154 16; 159 10; 169 9; 196 19; 200 17, cf. 213 16; 246 18; 208 30; 224 13; 228 7; 232 14; 233 32; 234 16
O for AE, 50 20; 99 33; 114 5; 246 31
O for AS, 77 11
O for AT, 219 10
O for AV, 226 7
O for C, 5 23
O for E, 11 33; 59 10; 139 24; 167 7; 171 27; 195 30; 246 29; 231 10; 234 16
O for I, 24 10; 35 22; 90 18; 99 15; 100 6; 131 31; 157 29; 171 16; 182 11; 213 21; 220 8; 231 24; 246 10
O for RE, 85 5; 88 22; 162 10
O for S, 152 25; 200 3
O for V, 19 5 11; 25 30; 27 37; 33 8; 37 24, cf. 240 23; 64 12; 98 1; 107 1; 138 23; 176 13; 187 32; 188 31; 196 11; 200 17; 208 17 25; 226 24; 236 6; 244 15
O for VM, 7 31; 28 12; 73 5; 233 1; 235 11
O for VN, 89 2
O inserted, 92 24; 95 36; 107 24; 228 1
O omitted, 157 18; 223 31; 231 8
OB for AD, 76 32; 138 3
obire mortem, -te, 156 7
obiurgo, govt. of, 134 34
OBL for ANT, 194 24
oblimans, 16 23
obliquus, 132 18; 134 30; 167 14; 170 9
obscurantists, liv lvi
obstipus, 39 8; 160 22
obtentus, 157 23; 160 8
obtima, 109 33
obuncus, 144 3
occa, 86 28
occulo = lateo, 43 1
occultim, 238 18
octona l. octingena, 181 13
[odescit], 18 31
odio and hodie, 139 25; and olido 84 25
OE for AE, 229 26; 233 12
OE for E, 131 20; 138 29; 139 17; 185 7; 214 2, cf. 246 27
OED for LAV, 168 21
OL for ID, 83 8
OL for T, 151 30
olidus, 243 4; -o and odio 84 25
OM omitted, 87 2
omission, 38 14
omnis and amnis, 16 22; 200 17; 213 16; 246 18
ON for AR, 43 20
ON for CI, 18 22
OO for AM, 118 27
OP inserted, 246 15
[ŏpimus], 79 23

INDEX.

optator, 221 35
OR for IN, 202 35
OR for VS, 153 2
orbis = annus, 13 31; 17 8; 226 3
orbis = world, 40 31
orthography of C, xlvii xlviii
-os final, xlix
OS for A, 144 18
OS for AE, 232 14
OS for E, 96 10
OSA for VIC, 124 24
OTI for ASC, 204 23

P for B, 135 27; 198 9
P for D, 193 9
P for F, 4 5; 52 36; 136 1; 188 26
P for FR, 41 2
P for GR, 221 6
P for S, 109 37; 179 6
P for ST, 83 35
P for T, 45 6
P for V, 173 26; 198 24
P inserted, 15 29; 179 19; 231 10
P omitted, 92 16
PA for BE, 57 35
PA for RO, 123 27
[*păcem*], 117 34
pactu, 62 2
pagina, 142 18
palaeography of C, xlvii—xlviii
palam esse, 214 32
palam facio, 102 32
paliurus, 10 2
palpabo, 109 29
papula, 85 27
părăsceuē, xlix
parasceue, 96 25
parcere supplicibus, cet., 184 29
paratus, 57 14
părco, 79 35
pariter pariterque, 48 33; 211 6
pascere uisum, cet., 128 1
pascit for *abit*, 126 3
pass. inf. in *-ier*, 60 10; 83 29; 216 22
passum, 155 22
pater, 21 7
[*păternus*], 41 2; 78 19; 102 2 24; 103 17; 110 5; 148 26; 234 6
patres = father and mother, 221 26

patristic studies, revival of, lviii
Paulinus of Nola, school of, liv
pecus balantum, 17 22
[*pĕdem*], 174 7
pĕdisequis, 242 27; 245 27
Peiper's ed. of Alcimus Auitus, xxxii xxxiv
Peiper, R., promised edition of Cyprianus, Dracontius, &c. (Vienna Corpus), xxxiv
penna and *pinna*, 112 24
pepones, 164 7 36
PER for OC, 83 35
PER for QVI, 123 17
PER omitted, 73 25; 99 18; 235 2
per- and *prae-* confused, 7 13; 100 19; 110 22; 129 1; 166 11 31; 229 31; 245 8
per and *pro* confused, 102 29; 129 1; 131 31; 145 26; 151 25; 196 32; 215 3; 218 21; 235 19
per singula, 222 7
perceler, 10 11
percongrua, 142 15
percupio, 159 4
[*perdito*], 21 13
perdocilis, 115 10
perdoluit, 174 22
perfaro, 193 22
pergrandis, 229 34
periuro, 101 18
persegnis, 107 33
pertaesus crimina, 14 20
Phărum, 95 26
phoenix = 'palm,' 194 35
PI for RA, 196 11
PIC for ILV, 107 2
piceus, 182 28
pignus, 198 31
pingere, 4 5
pinna plaudente uolucrem, 17 6
Pitra, Jean-Baptiste, Cardinal, assigns Heptateuch to Iuuencus, xix —xxi
  ,, letter of, to Dr Whewell, xxi
  ,, on Heptateuch, and O-L. version, xliii
  ,, publishes Heptateuch, xvii xxi
services of, lix

Pitra, works of, xviii
,, death of, 270
PL om., 233 4
PLA for HV, 109 16
placidus, 29 36
[*plaga*], 179 24
Plato on dangers of book-study, lxiv
platea, 33 15
plausibilis, 77 17
plebis, nom., 111 14
plorabilis, 199 32
plura for *para*, 149 35, cf. 245 5
plural for sing., 73 23
plus iusto et sim., 96 14
polenta, 96 19
pollen, fem., 232 29
[*pomae*] l. *formae*, 39 17
ponere partum, 28 25
posco, corrupt, 60 7
possit replaced by *queat*, 102 24
potens for *sacrum*, 184 9
puto, causative, 188 13
PR for QV, 53 20
prae v. *per*
prae- and *pro-*, confused, 24 21; 99 33; 124 1; 173 21
praecelsus, 22 24
praedives, 39 32
praegelidus, 28 22; 136 1; 153 26
praelucidus, 110 20
praemadidus, 237 1
praenubor, 114 8
praenosco, 27 16
praenuntia, 43 2
praepropera, 124 25
praerorant, 73 10
praescius, 59 12
praescius for *pressans*, 77 29
[*praeter*], 122 25; 215 30
praetrepido, 165 30
praetrepidus, 79 31
praetumidus, 90 26
praeucio, 112 13
praevida, 129 1
praevolare, 66 32
prasinus? 6 31
precatus, 156 33
-*prehendo* for -*prendo*, 22 6

prepositions rarely assimilated in C., xlvii; 3 4; 7 27; 113 35; et saep.
present indic. for participle; 15 2; 64 17; 176 20; 179 24; 209 25; 214 3; 243 29
present indic. for perfect, 134 28
present pple. for indic., 34 14; 103 10
pressare, 186 27
pressans, 87 16
prex and *preces*, 98 8
primaevo flore, 97 26; 180 12
prius l. *preces*, 171 6
pro v. *per-* and *prae-*
pro- in compounds, 95 32
pro captu lectoris cet., 150 6
procubus, 35 35; 99 19; 166 5; 171 11
procursum, 171 8
procurrans, 32 7
procurruus, 207 26
profanus, 84 1; 109 36; 121 22; 197 34
proflo, 127 17
proflare, 227 18
prolectat, 64 12
promere l. *ponere*, 36 4
promisi : *prompsi*, 28 11; 240 6
promptim, 43 28; 108 13
pronus, 157 5; 173 23
prona l. *propria*, 175 2, cf. 245 32
proper names, variations in, 23 23
propheta, 115 23, cf. 245 20
prophetalis, 160 28
prosata, 46 18
protelo, 136 13
proterreo, 61 3; 196 34; 211 29
protinus l. *plausibus*, 208 5
pruinosus, 210 34
[*puellae*], 78 13
puer = *servus*, 31 15; 240 7
pulais, 159 16
punctuation corrected, 5 32; 127 9; 130 27; 133 22; 141 36; 147 13; 149 1; 158 20; 168 12; 170 3; 171 1; 177 6; 178 2 4; 184 26, cf. 246 13; 185 7; 211 4; 218 30; 237 8; 241 3
[*pupare*], 57 35
puritas cet., 233 13
puto, 88 15
[*puto*], 88 16

INDEX.

Q for C, 199 16
Q for G, 125 17; 135 27
Q for N, 200 3
Q for R, 181 5
Q for S, 118 18
QV for C, 102 7; 155 2; 161 30; 172 2; 176 14 26; C regularly has *cum* where Pitra reads *quum*, cf. 87 27; 117 30; 160 26 et saep.
qu makes position as a double consonant in 168 33
QVA inserted, 236 27
quadrifidus xlvi; 6 29
quădrupēs, 174 20; 235 3
quae for *que*, 24 32; 37 6
quae his for *quis*, 68 3
QVAER omitted, 131 17
QVAEVIS for PVNCTIS, 148 3
quamlibet, 151 25
quantus = quot, 67 7
quāter, 219 7
[*quăternus*], 153 11; 157 21
-*que* and *et* correlative, 28 33
quĕ, 186 30
-*que* for -*atque*, 109 37
QVE for IAM, 89 10
QVE for PIA, 198 18
QVE for QVAE, 59 5; 63 23
-QVE for QVEM, 100 6
QVE for QVOQVE, 51 31; 79 13
QVE for REX, 90 36
QVE for VE, 100 7; 117 5 32; 135 13; 218 7; 234 19; 237 29
QVE inserted, 4 2; 19 35; 28 1; 29 34; 36 30; 51 30; 52 7; 65 5; 117 5; 133 22; 140 5; 162 22; 179 24; 199 34; 201 24; 224 20
-*que* omitted, 8 21; 27 35; 38 5; 45 23; 64 29; 66 16; 68 15; 78 17; 89 20; 94 36; 95 26; 102 2; 109 19; 126 3; 128 9; 137 19; 140 15; 168 33; 173 6; 179 8; 183 27; 197 5; 202 37; 207 25; 209 20; 213 33; 229 2; 231 11 26; 234 29; 245 20
QVE EX inserted, 224 14
que in for *quin*, 177 3
queis for *quis*, 10 15; 218 8
quem inserted, 55 25

qui inserted for grammar, 200 4
QVI for LA, 55 37
quicquid, cet., 101 26
quid rerum gero, 32 21
QVIN omitted, 237 16
quintas, 151 1
"*quis = quibus*," 58 36
quisque = quicunque, 206 32
quoad for *quod*, 124 33
QVOD for HOC, 24 1
quod for *quoniam*, 175 8
quotiens, quoties, 187 25
quum for *iam*, 127 26
quum for *quoniam*, 101 32
quum for *quod*, 179 20

R for A, 76 18; 143 12
R for C, 193 6; 213 21
R for CT, 146 5
R for D, 39 4; 41 12; 88 7; 232 24; 238 30
R for I, 233 1
R for L, 218 35
R for N, 137 9; 173 31
R for NT, 83 8
R for P, 128 30
R for QV, 32 6
R for S, 5 32; 56 20; 91 21; 103 11; 120 10; 121 3; 129 8; 133 7; 142 14; 152 31; 155 20; 202 31; 224 14; 228 32; 230 15; 231 20; 241 3
R for SS, 217 24
R for T, 139 31
R for V, 76 25; 174 30; 221 6
R for XII, 198 9
R inserted, 52 32; 100 36; 117 19; 150 23; 173 26; 186 28; 198 24; 227 7
R omitted, 11 7; 38 34; 63 33; 85 26; 86 25; 120 26; 147 34; 167 18; 171 29; 174 15; 190 24; 218 27; 246 16
RA omitted, 199 24
rabiosus, 160 12
[*răcemus*], 186 28
Rachel, 43 26; 46 7
rapere colores, 47 15
rapto uiuere, cet., 217 16
raucisonus, 40 1

RB for ND, 101 5
RE- for CON, 122 28
RE for IT, 241 17
RE inserted, 210 7
RE omitted, 19 5; 41 18; 70 2; 80 9; 81 2; 88 30; 120 26
Rebecca, 43 23
recte, 241 30
RED- omitted, 148 27
redhibere, 107 10
referre l. *reprendet*, 76 31
regitleus, 57 13
reicio, 228 2
relabens, 17 5
relatus, 175 27
remittere, cet., 88 23
reowlo, 179 14; 223 20
repetition a sign of corruption, 9 25; 13 15; 14 23; 23 4 19; 31 26; 43 20; 49 26; 60 7; 103 17; 104 7; 154 30; 163 2; 175 3; 186 12; 193 9; 210 4; 246 24
resigno, 199 26
respondeo, 141 21
reuersae l. *reddunt se*, 78 14
reuersus, 35 16
[*reuigescere*], 58 27
reuirescere, 58 27
revival of learning in France, lxiii
RI for N, 152 20
RI for OM, 14 21
RI omitted, 97 23
rideo with infin., 51 3
rigens, 125 21
rigidor, 86 34
riguus active, 172 9
rimosus, 83 25
Riquier, S. xxxi, xxxii
riuus oliui, 236 35
RM for NN, 167 9
[*robur*], 226 36
ROT for LAVS, 208 5
RR for CT, 40 11
RR for VT, 214, 6
rubus, gender of, discussed by Alchuin, xxxi
rubus, fem. 78 30
rugitus, 222 13
rumpere insidia cet., 54 15
rumpere silentium, 84 18

S for B, 59 30
S for C, 11 16; 19 16; 20 37; 50 10; 59 35; 136 12; 143 27; 152 4; 176 12; 210 1; 211 21; 220 29
S for D, 78 8; 143 27
S for E, 205 3
S for F, 39 30; 47 24; 103 1; 116 25; 210 16; 219 3
S for I, 173 1
S for L, 140 13; 153 31; 194 31
S for M, 107 2; 125 17; 151 25; 168 12; 176 26; 187 32; 212 25; 214 17
S for N, 209 33; 218 35; 231 8
S for P, 63 13
S for QV, 82 4
S for R, 47 8
S for RE, 79 33
S for T, 62 18; 107 10; 114 28; 130 24; 227 25; 230 2; 236 17; 238 22
S for TV, 122 1
S for V, 16 13; 154 11
S for X, 150 29
S for Z, 193 18; 194 26; 201 4; 204 32
S doubled, 4 9; 6 32; 12 1; 19 25; 58 4; 61 37; 66 25; 106 21; 141 29; 147 8; 169 18; 194 13; 203 21; 206 1; 228 32; 237 18
S inserted, 4 9; 18 8; 77 5; 94 21; 109 2; 140 25; 153 31; 155 20; 156 6; 162 5; 176 13; 200 18; 214 23; 219 27, 28; 221 35; 226 21; 238 4
S omitted after X in C, xlvii
S omitted, 43 3; 67 4; 69 30; 87 18; 111 16; 114 25; 116 6; 126 36; 137 36; 141 5; 170 3; 172 1; 178 15, cf. 246 6; 194 34; 206 1; 213 27; 217 9; 223 15; 231 24; 241 20
SA for EST, 234 24
SA for IV, 234 16
sacella, 108 6
sacra ferre, 89 26
salsa as subst., 16 13
Saluianus credited with Heptateuch, xvii
salato, 50 16
sanctificus, 122 11; 182 19
sanctiloquus, 43 10
sanguen neut., 37 24
satrapa -*ps*, 207 8
saucius and *socius*, 226 7

SC for N, 193 11
SC omitted, 6 6
SCE for CVM, 224 36
SCEEP for VID, 222 21
Schenkl, K., ed. of Cl. Mar. Victor, xxxii; commented on, xxxiii
Schrödl regards Iuuencus as author of the Genesis, xxiv
Schwabe, L. rejects Iuuencus as author of the Heptateuch, xxix
'*Scientia furiosa*', lxv
scinifes, 38 1
sciscitat, 64 8
scrupeus, 197 17
scyphus, 64 30; 242 9
SE for CAR, 226 23
SE for FO, 34 32
SE for V 217 6
se for *sese*, 167 30
se for *set*, 153 20
se promere, 39 26
secundus a, 207 10
securus for *se curuus*, 178 2
securus sui cet., 124 28; 218 1
sedet, 101 32
Selden on English scholarship, xv
semuncia, 148 32
senes = masc. + fem., 185 32
senex 1. *se rex*, 79 9
[*senior*], 140 12
sepelitus and *sepultus*, 131 13
sequax, 82 18
[*sirenus*], 90 13
seruitum, 57 11; lxxiv
SES for VOC, 83 10
sese for *se*, 32 29; 144 11
seu and *ceu*, 11 16; 152 4
seru dat.?, 206 3
Shamgar, two of the name, 204 7
short syllable begins line, li; 101 5; 126 8; 163 25; 177 21; 245 21
short vowel lengthened, 147 25; 242 17, 27; 244 31
shortening of long syllable, l, li, lii
shortening before 2 consts. impossible, 53 19; 143 8; 199 22
shortening of 1st syll. of molossi, 240 25
Shrewsbury school under Dr Kennedy, lxvii lxix

SI for DO, 150 21
SI for RV, 118 11
SI omitted, 228 13; 235 22
sibi lost after *subdi*, 81 35
Sidonius Apollinaris, school of, liv
sidereus, 3 10; 198 19
signanter, 57 6
[*similis*], 73 23, cf. 242 17; 118 8; 153 17
sine more, 193 21
single letters doubled, liv
Sirmond, James, reference to 3 mss. of Heptateuch, xiv; merits of, xiv, xv
Sisara, 204 34
SIT for EST, 108 9
sitientibus ucnis, 59 1; 225 18
soceri, 240 33
socius, 34 35
[*socius*], 226 6
sol flagrantior, 31 5
solamina uitae, 200 30
Solesmes, p. s. dedication to the brethren of, 269
solo dat.? 206 3
solum uertere, 78 2; 88 28
solus, 206 5
somno grauatum, 74 1
sordida for *sordentia*, 101 32
sparteus, 124 17
species, sense of, 61 15
SS for R, 76 34
SS for RR, 141 10
ST = M, 76 32
ST omitted, 243 14
stelliger, 190 12
Stern, E., accepts Iuuencus as author of Heptateuch, xxix
stimulator -trix, 107 25
storax (*styraca* cet.), 47 8
STR omitted, 12 36
-STRI for -BIS, 141 35
stringere = 'deduct', 12 36
struere dolos, 223 16
stuppeus, 225 7
SV for T, 128 22
suadela, 9 35
SVB omitted, 189 18
sub corde et sim., 169 1
subduco, 180 5

subeo, 229 29
sublimo, 79 15
subofferre, 144 19
subula, 102 8
sucus not *succus*, 47 14; 114 25
sui compos, 102 4
Sulpicius Severus, school of, lv
summissi petere solum, 60 34
summula, 14 3
super for *praeter*, 145 28
supinatus, 137 28
supine, 57 11; lxxiv
suscito, 19 25
Swete, Dr, and Pitra, lxi
synagoga, 144 15; 166 33
syncope, 50 18; 101 35; 139 6; 158 16; 169 22
syrtes, 97 8

T for C, 102 2; 104 18; 123 22; 128 6; 139 27; 160 23; 166 2; 179 28; 195 7; 210 16
T for D, 7 27; 11 16; 94 3; 116 37
T for H, 151 34
T for L, 12 29; 220 8 24; 230 32
T for NS, 15 2; 64 17; 176 20; 179 24; 209 25; 214 3; 243 29
T for R, 199 13; 214 23
T for S, 24 19 30; 27 32; 64 35; 108 18; 112 11; 117 17; 119 18; 130 30; 159 24; 167 2; 189 29; 209 24; 214 36; 219 27; 222 4; 234 17
T for SC, 78 17
T for SE, 223 29
T for SS, 103 10
T for V, 92 24
T for X, 218 26; 17 31
T inserted, 3 8; 94 15; 128 28; 161 29; 210 16; 246 10
T omitted, 13 29; 106 14; 120 30; 140 18; 149 4; 171 29; 189 7; 217 9
TA omitted, 118 23
[*tabes*], 154 3; 162 15
tabo, l. *poste*, 232 15
tamen and *tum*, 227 25
tamen, *tunc*, 235 24
tardigradus, 50 28
TE for SA, 166 29
TE inserted, 189 18

TE omitted, 156 11
-TEM for S, 60 23
TEMP for ROB, 240 4
TEMPS for CESS, 47 24
tempno, 173 31
tenero l. *taetro*, 233 9
TER for DI, 120 6
TER for IG, 44 10
[*ter centum* cet.], 181 8
terecentum for *triginta*, 181 11
[*terniqua*], 22, 32
terrificus, 123 28; 157 24
territa l. *frustra*, 223 17
Tertullian credited with Heptateuch, xvii; with *de Sodoma* and *de Iona*, xxviii; on classical learning, lvi
testatius, 106 26
testea, 233 18
tetricus l. *terrificus*, 42 31
Teuffel on Heptateuch, xxix
theca, 97 4
Theodore of Mopsuestia, lx lxi
Theodosius, apostrophe to, 92 1
Thirlwall, Connop, on the value of classics, lxii
TI omitted, 144 7, cf. 245 3
timori predic. dat., 161 10
TO for I, 216 15
Tobellus = Tubalcain, 239 10
Tollens van mijne verzen, lxiv
tonans, 10 35; 39 23
tosta fornace, 18 5
tostat, 83 21
totus and *tutus* confused, 203 2
TR for C, 77 11
TR inserted, 152 4
trans, anastrophe of, 125 13
trans inserted, 18 8
transcribo, 103 21; 148 11
transmeo, 125 11
transposition of letters, liii; 5 13; 7 18; 17 15 31; 18 22; 22 37; 40 13; 45 14; 46 14; 49 18; 54 34; 64 31; 66 25; 67 4; 68 3; 76 18; 77 29; 84 25; 86 5; 94 10; 95 25; 103 34; 116 15; 117 17; 121 9; 128 30; 143 12; 152 25; 155 11; 161 8; 167 30; 169 23; 172 34; 175 25 33; 179 6; 189 18; 195 24 33; 196 9 12; 203 37; 204 7; 205 22; 207 30; 208

INDEX.

15; 209 36; 214 23; 229 26; 233 4
　　　of lines, liii; 31 33; 34 11; 50 35; 52 16; 55 5; 129 31; 136 23; 146 8; 168 26; 171 26; 204 9; 219 30
　　　of syllables, 22 32; 80 26; 138 8; 228 7
　　　of words, liii; 3 13; 6 16 32; 8 31; 11 2; 16 7 34; 18 36; 21 25; 24 12; 25 10; 26 26 37; 27 6 35; 29 22; 30 21; 38 14; 41 8 17; 45 28; 46 12; 49 20 33; 50 22; 55 2 18; 56 11; 60 22; 63 23; 64 17; 77 15; 78 4; 80 35; 82 10; 84 13; 86 36; 89 10; 93 2 14; 94 16 36; 96 10 35 37; 98 30; 102 24; 103 17; 107 2 10; 109 14; 110 4; 115 2 25; 116 27; 117 5 34; 120 34; 121 9; 122 26; 123 26; 126 3; 128 29; 136 24; 137 18; 139 10; 143 18 22; 144 1; 146 24 36; 150 35; 151 24; 152 23; 153 9 31; 157 33; 167 26; 169 27; 171 34; 174 15; 177 15; 183 27; 186 23; 187 22 30; 188 33; 190 10; 195 20; 199 31; 208 2; 217 24; 222 4; 226 3; 233 13; 238 15; 242 29

Traube, L., *Karolingische Dichtungen*, xxix

tremo cum acc., 206 23

tristifico, 24 2

trituraus, 187 19

TV for I, 238 11

TV omitted, 99 34

TVM for CANS, 10 4

TVM omitted, 87 11; 90 22; 98 3; 217 11

tum deinde, 62 30; 98 3; 120 10

tumide, 103 13

tumido l. *andique*, 135 20

TVR for NDI, 25 36

Turnebus, letter of, to Charles IX., x xi

-*u* final shortened, xlix

V for A, 20 23; 48 29; 61 35; 69 3; 77 36; 93 20; 97 12; 98 12; 102 27; 111 7 21; 125 31; 135 16; 140 30; 154 6; 168 2; 195 9 33; 211 6 26; 232 29; 237 5

V for AE, 131 16

V for C, 175 12

V for D, 6 6

V for E, 162 34; 189 34; 194 13; 214 17; 228 1; 234 16

V for F, 56 25; 62 26; 114 28; 167 3

V for I, 21 27; 57 28; 67 35; 69 32; 73 21; 82 27; 92 25; 103 27; 112 35; 141 29; 175 11; 177 27, cf. 246 5; 179 19; 193 21; 205 14; 210 16; 225 35; 228 35; 236 10 16; 245 6 31

V for IC, 77 6

V for IL, 94 4

V for LL, 114 12

V for M, 122 33

V for N, 63 2; 89 14; 122 1; 126 3; 217 29; 234 18 35

V for NE, 132 16

V for O, 6 24; 36 4; 41 21; 52 6; 63 33; 116 25; 130 30; 154 8; 156 6; 160 20; 171 32; 187 36; 194 15; 216 1; 217 11; 226 3; 230 25; 231 32; 240 31

V for R, 56 4; 210 1; 218 8; 227 14

V for T, 232 23

V for TI, 115 14

V doubled, 236 20

V inserted, 10 29; 17 13; 162 5

V omitted, 21 2; 83 28; 178 2; 186 11; 229 8; 232 34

VA for PE, 80 35

[*uădentem*], 37 28, cf. 240 25; 175 9

[*uădo*], 37 37; 82 29; 97 30; 103 2; 118 35

[*uăfer*], 226 36

ualidus l. *domitas*, 172 18

uatem for *ductorem*, 115 31

uătibus, 113 20

uatis, 244 6

ubertim, 158 23

ubi inserted, 8 20

VDE for RAI, 230 27

VDI for RAT, 118 11

-*ue* omitted, 16 14; 95 12; 100 8; 186 23

VE for CO, 160 26

-*ue* for -*que*, 143 32

ae for *se*, 157 33

uel for *saltem*, 145 31

VEL omitted, 235 33

uelox and *celer*, 151 23

[*uelox*], 154 23
ueluti for *uelut in*, 43 36
VEM for NOS, 137 21
Venantius Fortunatus, school of, liv
uendor, 106 22
uentosus, 54 29
uentriloquus, 149 2
u. atris onus et sim. 203 25
uentrosus, 163 29
uerber, rare use of, 56 36
uerbera, 100 9
VEREIN for ITATAS, 136 30
uernacula, subst., 103 32
verse composition, lxiii
uersura, 227 14
VI for IVS, 235 31
VI for MISE, 235 34
VI for OR, 195 12
VI for RE, 46 34
uibice, 174 18
uice sermonis, 50 24
uicinus for *unicus*, 37 24
Victor, Cl. Mar. ed. Schenkl, xxxii–iv; imitates Cyprian?, xxxii, xlii; school of, lv
VID for IVB, 111 23
VIE for NO, 24 10
uillosus, 111 12
uinco=supero, 48 25; 175 32; 246 1
uindemitor, 145 8
uinosus, 143 29
uipereus, 9 16; 239 6
uiritim l. *discretim*, 6 6; 239 4
uirtus, 64 3; 244 18
VIT for CAV, 184 15
uitalia, 34 28
uitrea, unda, cet., 172 3
ulua l. *aluo*, 29 14
VM for A, 82 10
VM for AE, 123 17
VM for I, 132 11
VM for IS, 24 21
VM for O, 26 3; 42 23; 98 30; 100 23; 118 20; 130 13; 141 6
VM for ON, 11 13; 39 14; 135 27; 238 28
VN for I, 238 2
uolucrum princeps, 99 21
VR for A, 27 22; 100 7

VR for AS, 84 9
VR for IS, 7 15
VR for RE, 49 18
VR omitted, 43 33
VR omitted before R, 131 27
VRE for NN, 80 27
-*us* final, xlix
VS for ENT, 208 1
VS for EX, 19 26, cf. 246 22
VS for IT, 176 20
VS omitted, 10 29; 87 23
usque sub, 125 11
VSVA for LITE, 5 28
usus, 234 1
ut for *ex*, 214 27
ut omitted after *impello*, 43 20
VT for HV, 111 23
VT for IS, 202 31
VT inserted, 31 28
VT omitted, 79 26; 111 25
ut is for *uti*, 49 15
uterus, 203 21
Vulgate, Lachmann's judgement on, lvi, lvii
uulnificus, 121 18; 190 1

work for scholars, lxiii
wrong division of lines, 6 16; 187 22; of words, 10 24; 14 11; 18 31; 39 31; 43 8; 69 19; 96 23; 101 31; 107 16; 121 3 30; 135 33; 144 18; 152 31; 158 9; 179 15; 184 2; 185 12; 196 4 19; 202 31; 203 36; 209 37; 210 1; 225 31; 230 32; 231 7 20

X for C, 198 11
X for N, 213 11; 222 32
X for P, 223 21
X for S, 16 31

Y for I, 33 24; 111 19; 161 18; 218 8; 235 19
Y omitted, 85 10
YCH for IG, 235 11
YR for OL, 51 35

Z for T, 196 1

MVNVSCVLVM · HOC

VIRO · ALIENAE · HAVD · INDIGENTI · COMMENDATIONIS

IOANNI · BAPTISTAE · PITRA

VIVO · DESTINATVM

EIVSDEM · IN · DOMINO · DEFVNCTI

FRATRIBVS · SOLESMENSIBVS

MAERENTIBVS · MAERENS

DO · DICO · DEDICO

DEVM · OPTIMVM · MAXIMVM · PRECATVS

VT · QVAMDIV · ORDINI · SANCTI · BENEDICTI

SEDEM · IN · TERRIS · INDVLSERIT

DVPLICI · EVM · ILLIVS · PORTIONE · SPIRITVS

AFFLARE · DIGNETVR

QVI · SVPER · MABILLONIOS · MARTENIOS · PITRAS

REQVIESCEBAT

SPIRITV · SAPIENTIAE · ET · INTELLECTVS

SPIRITV · CONSILII · ET · FORTITVDINIS

SPIRITV · SCIENTIAE · ET · DOCTRINAE

SPIRITV · PATIENTIAE · ET · INDVSTRIAE

SPIRITV · PACIS · ET · CARITATIS

SPIRITV · TIMORIS · ET · AMORIS · DEI

On 5 May 1889 a friend brought to me from Rome a photograph of Cardinal Pitra, with the intelligence that he died about two months before. By the favour of Canon Scott of Cambridge I have received from the Lady Abbess of St Mary's Abbey, Stanbrook, Worcester, a mortuary card, printed at Solesmes, which gives the date of Cardinal Pitra's death as 9 Febr. My dedication was in print in November, and all that I have said of the Cardinal was written, as I believe, while he was yet alive. It is a satisfaction to me to know that I have not wilfully sinned against the law DE MORTVIS NIL NISI BONVM. I will only add, what Thomas Baker said of Bishop Fisher, if I believed words of mine could profit the dead, I would follow him on my knees, with an conventional R. I. P.

www.ingramcontent.com/pod-product-compliance
Lightning Source LLC
Chambersburg PA
CBHW031848220426
43663CB00006B/540